H. Bodemeyer

Die Hannoverschen Verfassungskämpfe Seit 1848

Erster Abschnitt

H. Bodemeyer

Die Hannoverschen Verfassungskämpfe Seit 1848
Erster Abschnitt

ISBN/EAN: 9783743374195

Hergestellt in Europa, USA, Kanada, Australien, Japan

Cover: Foto ©ninafisch / pixelio.de

Manufactured and distributed by brebook publishing software (www.brebook.com)

H. Bodemeyer

Die Hannoverschen Verfassungskämpfe Se t 1848

Die
Hannoverschen Verfassungskämpfe
seit 1848

von

Dr. Hildebrand Bodemeyer.

Erster Abschnitt.

Vom März des Jahres 1848 bis zur Berufung des Ministeriums von Schele am 23. November 1851.

Hannover.
Carl Meyer.
1861.

Vorwort.

Einer Rechtfertigung des nachstehenden Versuchs einer Schilderung der hannoverschen Verfassungskämpfe wird es nicht bedürfen. Wenn die Demokratie fortwährend geschäftig ist, in Broschüren und in der Tagespresse die Rechtsgültigkeit unserer Verfassung anzugreifen, wenn sie Versammlungen beruft, in welchen sie die Wiedereinführung der Septemberverfassung des Jahres 1848 offen als ihre Parole ausgiebt, — dann ist es wohl an der Zeit, daß die Conservativen, so viel in eines Jeden Kräften steht, jenen Agitationen mit Entschiedenheit entgegentreten, daß namentlich auch von conservativem Standpunkte aus eine Geschichte der Entstehung und der Abänderung jener von der Demokratie so hoch gepriesenen Septemberverfassung geliefert werde.

Einzelne wichtige Punkte, z. B. die Modificationen des Finanzcapitels, die provinziallandschaftliche Frage u. s. w. sind in dem vorliegenden ersten Abschnitte nur kurz angedeutet, um die Darstellung dieser Cardinalpunkte in dem zweiten Theile der Arbeit in ununterbrochenem Zusammenhange zu liefern. Eine Erörterung dieser Fragen streng nach der chronologischen Reihenfolge würde nothwendiger Weise das Verständniß erschweren, wenn nicht durch vielfache Wiederholung der früheren Darstellung diesem Übelstande vorgebeugt würde.

Ob die Schilderungen der Excesse im Lande, der zahlreichen Demonstrationen der s. g. Volkspartei, des Vereinswesens u. s. w. in der Geschichte der Verfassungskämpfe einen so großen Raum beanspruchen durften, kann vielleicht bestritten werden. Allein ohne eine ausführliche Schilderung würde die Darstellung derartiger Agitationen ohne allen Werth, ohne jedes Interesse gewesen sein, während jetzt, wie ich zu hoffen wage, der Leser manche Lehre daraus entnehmen kann, wohin es führt, wenn man dem politischen Gegner allein das Feld überläßt, oder durch Concessionen den Bestrebungen der Agitationspartei glaubt Halt gebieten zu können. Von Interesse dürften jene Schilderungen aber heutigen Tages auch namentlich um deswillen sein, weil eine große Zahl der Männer, welche jetzt wieder an der Spitze der künstlich erzeugten Bewegung stehen, schon in den Jahren 1848 und 1849 bei den Agitationen eine Rolle gespielt und mit anerkennenswerther Offenheit damals ihre radicalen Pläne enthüllt haben.

Möge die Arbeit dazu beitragen, auch in nichtjuristischen Kreisen das Interesse für unsere Verfassungsgeschichte zu wecken und den Leser von der Nichtigkeit der landläufigen Angriffe der Demokratie gegen die Rechtsgültigkeit unserer Verfassung zu überzeugen.

Hannover, im September 1861.

Hildebrand Bodemeyer.

Inhalt.

	Seite.
§. 1. Einleitung	1—9
§. 2. Der Anfang der Bewegung im Königreich Hannover.	10—34
Antrag des Hofdestillateur Peters auf Abfassung einer Petition an Seine Majestät den König	11
Adresse des Magistrats und des Bürgervorsteher-Collegiums. Die Allerhöchste Erwiederung	13
Petitionen aus den Provinzen	17
Königliche Proclamation vom 14. März	18
Bürgerversammlung	20
Adresse. Begleitschreiben des Magistrats	25
Eine Straßendemonstration	26
Erwiederung auf die Adresse durch den Cabinetsrath von Münchhausen. Straßenexcesse	29
Königliche Proclamation vom 20. März. Rücktritt des Freiherrn v. Falcke und sämmtlicher Vorstände der Königlichen Ministerial-Departements	31
Das Ministerium Stüve und sein Programm	32
§. 3. Rundschau im Lande	35—52
Die Führer der Bewegung	35
Celler Emissäre	37
Wie man Petitionen fabricirt	38
Der Auszug der Studenten aus Göttingen	39
Aufruhr in Hildesheim	42
Excesse in Loccum	49
Excesse in St. Andreasberg und Clausthal	50
§. 4. Das Vereinswesen und die Verbindung der Vereine unter einander	53—68
Die einzelnen Vereine, deren Führer und Tendenzen	53—62
Die Versammlung in Eystrup am 1. Juni 1848	62
Der Protest von 95 Dorfschaften gegen die Beschlüsse der Versammlung	63
Ausschreiben des provisorischen Central-Comités. Zusammenkunft in Hannover	64
Dr. Gerding über das Scheitern der beabsichtigten Centralisation	67
Letzter Versuch in Braunschweig	68
§. 5. Die Condeputirten und die allgemeine Ständeversammlung	69—118
Verzeichniß der Condeputirten	70
Ihre Pläne und Beschlüsse	71—76

	Seite
Aufhebung des §. 180 des Landesverfassungs-Gesetzes	75
Die Adreßdebatte	81—85
Aufhebung der Verpflichtung zur Unterschrift eines Reverses	86
Siedenburg's Antrag auf ein politisches Autodafé	88
Spannung zwischen Stüve und seinen früheren politischen Freunden	91—94
Ausschreiben der Central-Correspondenz-Commission der Condeputirten	95
Stüve und die Condeputirten	97
Ellissen und Bueren als Ankläger gegen das Ministerium	101
Permanenter Ausschuß	103
Thätigkeit der Ständeversammlung	107
Erklärung der Regierung über ihre Stellung zur deutschen Frage	113
§. 6. Die sogenannte Volkspartei im Sommer des Jahres 1848	**119—133**
Tumult in Hannover	119
Studenten-Adresse an Hecker	122
Versammlung auf der Plesse	124
Schlägerei in Mariaspring. Kampf zwischen der Göttinger Bürgerwehr und den Einwohnern von Bovenden. "Nothgedrungene Verwahrung" aus Emden	127
Die Hannoveraner in Frankfurt	130
Hannover und die Centralgewalt. Hannover lehnt die befohlene Huldigung für den Reichsverweser ab	131
Versammlung auf dem Schützenhofe. Dr. Poyns. Lehrer Gallin. Neue Volksversammlung	132
Ein Mittel, bei Volksversammlungen die Zahl der Anwesenden zu constatiren	133
§. 7. Zur deutschen Frage	**134—143**
Grundrechte	134
Erklärung Hannovers	135
Galten die Grundrechte im Königreich Hannover? Verneinende Entscheidungen der höchsten Gerichte. Österreichs Stellung zu Frankfurt	136
Hinrichtung R. Blum's. Feier zu Andenken R. Blum's in Hildesheim	140
Celle	141
Emden	**142**
Northeim	142
§. 8. Die erste Diät der X. allgemeinen Ständeversammlung vom 1. Februar bis 15. März 1849	**144—176**
Die Zusammensetzung der Kammern	144—150
Schreiben der Regierung über das deutsche Verfassungswerk	151
Die Berathung des Regierungsschreibens. Lang's 1. Antrag auf ein Mißtrauensvotum für das Ministerium	159

	Seite.
Das Ministerium erklärt, es habe seine Entlassung eingereicht	162
Erklärung über die Nothwendigkeit dieses Schrittes . . .	165
Die Hannoveraner in Frankfurt	170
Lang I. versucht vergebens, ein Ministerium zu bilden . .	171
Erklärung des Ministeriums vom 13. März, daß es sein Entlassungsgesuch zurückgenommen	173
Neue Mittheilung der Regierung über die deutsche Frage .	174
Vertagung der Stände am 15. März. Auflösung der zweiten Kammer am 25. April	176

§. 9. **Das deutsche Verfassungswerk und die Agitation in Hannover** . . . . 177—204

Die Kaiserwahl	178
Der Bruch Preußens mit der Nationalversammlung . . .	180
Das Rumpfparlament	183
Berliner Conferenzen. Das Dreikönigsbündniß	183—188
Versuche, das hannoversche Militair zu verführen. Soldatenkatechismus. Mordanfälle	189
Zusammenkunft der Demokraten in Celle	190
Congreß der vereinigten Volksvereine in Celle. Versammlungen in Göttingen, Hildesheim, Emden, Verden . . .	191—194
Zweite Versammlung in Eystrup am 6. Mai 1849 . . .	194—196
Verunglückte Massendemonstration in Hannover am 7. Mai	197—199
„Aufruf an das hannoversche Militair." Der Volkstag in Bremen am 11. Juni	200
Der Siebener-Ausschuß. Centralcomité für die hannoverschen Wahlen	203

§. 10. **Der Verfall des Dreikönigsbündnisses** . . . . . . 205—218

Die Opposition in Hannover gegen das Dreikönigsbündniß	205—207
Die Erklärung von fünfundvierzig Professoren in Göttingen	207—210
Die Versammlung der Gothaer oder das Nachparlament .	210
Das Interim	211
Die Union	214
Das s. g. Vierkönigsbündniß	214
Der Reichstag zu Erfurt	215
Der Berliner Congreß	216
Der s. g. halbe Bundestag	217

§. 11. **Die erste Diät der XI. allgemeinen Ständeversammlung vom 8. November 1849 bis 24. Juli 1850** . . 219—263

Die Zusammensetzung der Kammern	219—221
Die Thronrede	222
Anträge: Thiermann's auf Amnestie für politische und Preßvergehen	225
Gerding's für Jagdvergehen und auf Auslieferung der in Baden verhafteten Hannoveraner	229—232
Ellissen's auf Erlaß eines Bürgerwehrgesetzes	233

	Seite
Freudentheil's auf Beseitigung des Seitengewehrs außer Dienst	236
Bueren's auf Civilehe	240
Pastor Pfaff über die „beste Juden-Mission"	241
Die deutsche Frage	243—258
Lang's II. Antrag auf ein Mißtrauensvotum	254
Rückblick auf die Ständeversammlung	261—263

§. 12. **Die Restauration des Bundestages** ... 264—269
Der s. g. halbe Bundestag	264
Die Warschauer Conferenzen	267
Die Olmützer Convention	268
Die Rückkehr nach Frankfurt	269

§. 13. **Der Rücktritt des Ministeriums Stüve und die sogenannte Volkspartei im Sommer 1850** ... 270—280
Fortwährende Ministerkrisen	270
Die Civilcommission	271
Rücktritt des Ministeriums Stüve am 28. October	272
Berufung des Ministeriums von Münchhausen-Lindemann	273
Die Königliche Proclamation über den Ministerwechsel	274
Demonstration gegen den Berliner Frieden	276
Robert Blum-Feier	277
Volksversammlung bei Gelegenheit des Durchmarsches der österreichischen Truppen	278
Ein Hildesheimer Aktenstück	280

§. 14. **Die zweite Diät der XI. allgemeinen Ständeversammlung vom 12. Februar bis 3. Juli 1851** ... 281—317
Die Zusammensetzung der Kammern	281
Eine seltsame Interpellation	283
Bueren über demokratische Unterofficiere	284
Lang's II. Antrag über die deutsche Frage	285
Schreiben der Regierung vom 15. Februar über die deutsche Frage	287—292
Anträge von v. Garßen, Glissen, Hausmann, Erxerde. Ein Excitatorium in Betreff der Provinziallandschaften	298
Verhandlungen über einen Protest des Schatzcollegiums	301—311
Enttäuschung der Opposition	311
Ein Compromiß. Niederlagen der Regierung. Stüve tritt aus der zweiten Kammer	316
Vertagung der Ständeversammlung am 3. Juli	317

§. 15. **Die Berufung des Ministeriums von Schele** ... 318—323
Die Stimmung im Lande. Der Bundesbeschluß vom 23. August 1851	319
Tod des Königs Ernst August am 18. November	320
Patent Georg's V.	321
Rücktritt des Ministeriums v. Münchhausen-Lindemann	323

§. 1.
Einleitung.

Wenn auch die Geschichte der großen politischen Ereignisse, welche im Frühjahr 1848 als Nachwehen der französischen Februarrevolution ganz Deutschland erschütterten, dem Leser mehr oder minder genau bekannt sein dürfte, so glauben wir doch bei der Schilderung der hannoverschen Verfassungskämpfe eine kurze Übersicht jenes gewaltigen Umschwungs wenigstens insoweit liefern zu müssen, als das Verhalten der hannoverschen Regierung zu dem deutschen Verfassungswerke Gegenstand der aufgeregtesten Kammerverhandlungen und Veranlassung zu allen möglichen politischen Demonstrationen wurde.

Seit den früheren revolutionären Bewegungen waren die Bannerträger des süddeutschen Liberalismus fortwährend in engster Verbindung mit einander geblieben. Alljährlich fanden bei dem bekannten von Itzstein auf dessen Landgute Hallgarten im Rheingau Versammlungen der politischen Freunde statt, und schon auf einer Versammlung zu Offenburg im Großherzogthum Baden am 12. September 1847, wo namentlich Hecker, von Struve und der Heidelberger Professor Kapp die Hauptrollen spielten, hatte man die „Forderungen des Volks in Baden" formulirt, welche im Frühjahr 1848 das Schema für alle die Petitionen der unzähligen Volksversammlungen abgaben. Vier Wochen später, am 10. October 1847, lud von Itzstein die entschiedensten Oppositionsmänner[1] der deutschen Ständeversamm-

---

[1] Die bedeutendsten waren: die Badener Bassermann, Mathy, Welcker, Soiron; der Hessen-Darmstädter H. von Gagern; der Würtemberger Römer; der Nassauer Hergenhahn und die Preußen Hansemann und Mevissen.

lungen zu einer Zusammenkunft nach Heppenheim an der Bergstraße ein, um Verabredungen über ein gemeinsames Verfahren zu treffen, welches die liberale Partei in den deutschen Ständeversammlungen beobachten sollte. Auch hier wurde von verschiedenen Seiten als Hauptartikel des politischen Glaubensbekenntnisses die Volksvertretung am Bundestage aufgestellt, jedoch von Heinrich von Gagern mit solcher Entschiedenheit bekämpft, daß diese Forderung in dem Programme gestrichen wurde. Im Frühjahr 1848 schien der günstige Augenblick gekommen, jene zu Heppenheim beseitigte Forderung in den Vordergrund zu stellen. Schon am 12. Februar hatte Bassermann in der zweiten Kammer des Großherzogthums Baden einen Antrag auf Vertretung der deutschen Ständekammern beim Bundestage gestellt. Am 27. desselben Monats fand, als erste Frucht der Pariser Ereignisse, unter dem Vorsitze von Itzstein's eine Volksversammlung zu Mannheim statt, welche als Forderungen: Volksbewaffnung, Preßfreiheit und ein deutsches Parlament, aufstellte. Tags darauf wurde zu Stuttgart eine Bürgerversammlung abgehalten, welche dieselben Beschlüsse wie in Mannheim faßte, und an demselben Tage stellte von Gagern mit anderen Mitgliedern der zweiten Kammer des Großherzogthums Hessen ebenfalls den Antrag auf Umgestaltung des Bundes, Berufung eines deutschen Parlaments u. s. w.

Auf die Einladung von Itzstein's versammelten sich am 5. März in Heidelberg einundfünfzig Männer, zum größten Theil Führer der Opposition aus den südlichen und westlichen Staaten, unter ihnen Bassermann, von Gagern, Gervinus, Hansemann, Hecker, Römer, von Soiron, von Struve, Welcker u. s. w., welche unter der Form eines Zeitungsberichts eine Erklärung an das deutsche Volk erließen, deren Hauptinhalt dahinging: „die Versammlung einer in allen deutschen Ländern nach der Volkszahl und Kopfzahl gewählten Nationalvertretung sei unaufschiebbar, wenn die inneren und äußeren Gefahren beseitigt werden sollten". Zu gleicher Zeit wurden sieben Mitglieder erwählt, die s. g. Siebner (von Gagern, von Itzstein, Binding, Welcker, Römer, Stedtmann, Willich), um hinsichtlich der Wahl und der Einrichtung einer angemessenen Volksvertretung Vorschläge zu machen und die Einladung schleunigst zu besorgen.

Am 12. März erfolgte die Einladung an alle früheren und gegenwärtigen Ständemitglieder und Theilnehmer an gesetzgebenden Versammlungen Deutschlands, während noch besondere Einladungen an andere bedeutende Männer in Aussicht gestellt wurden. Die 500 bis 600 Mitglieder, welche in Folge dieser Aufforderung sich in Frankfurt a. M versammelten, bildeten das s. g. **Vorparlament, Notabelnversammlung,** auch **wildes Parlament** genannt.

Schon bei dem ersten Anfange der Bewegung suchte die Bundesversammlung, deren Beseitigung die Hauptparole in mehreren Ländern gewesen war, der drohenden Gefahr dadurch zu begegnen, daß sie plötzlich aus der Passivität heraustrat und im Anfange des Monats März eine Reihe der freisinnigsten Beschlüsse faßte und zwar in solcher Hast, daß sie ohne Instructionseinholung handelte, weil sie nur auf diese Weise ihre Existenz glaubte retten zu können. Schon am 1. März[1] erließ die Bundesversammlung eine Proclamation, in welcher sie als das gesetzliche Organ der nationalen und politischen

---

[1] An demselben Tage setzte eine großherzoglich badische Verordnung das Preßgesetz vom 28. December 1831 (vollständige Censurfreiheit) wieder in Kraft, und ein königlich würtembergisches Decret hob ebenfalls die Censur auf.

Am 2. März stellt eine Volksversammlung in Wiesbaden eine ganze Reihe Forderungen auf: 1) allgemeine Volksversammlung; 2) unbedingte Preßfreiheit; 3) sofortige Einberufung eines Parlaments; 4) sofortige Beeidigung des Militärs auf die Verfassung; 5) Recht der freien Vereinigung; 6) öffentliches mündliches Verfahren mit Schwurgerichten; 7) Erklärung der Domänen zu Staatseigenthum u. s. w. Der Minister von Dungern bewilligte auf eigene Hand in Abwesenheit des Herzogs Nr. 1 und 2.

Einheit Deutschlands sich vertrauungsvoll an die deutschen
Regierungen und das deutsche Volk wendete, zu einmüthigem
Zusammenwirken aufforderte und erklärte „Deutschland wird
und muß auf die Stufe erhoben werden, die ihm unter den
Nationen gebührt, aber nur der Weg der Eintracht, des gesetzlichen Fortschritts und der einheitlichen Entwickelung führt dahin." Am 3. März [1] hob die Bundesversammlung die Censur
als bundesgesetzliche Einrichtung auf und gestattete einem
jeden Staate, die Censur abzuschaffen und Preßfreiheit unter
Garantien zur Sicherstellung des Bundes und der Bundesstaaten gegen den Mißbrauch der Presse einzuführen. Am
9. März [2] wurden sogar der alte Reichsadler und die früher
verpönten Farben des ehemaligen deutschen Reichspaniers zu
Wappen und Farben des deutschen Bundes erklärt und dieser
Beschluß am 20. März in folgender Weise auszuführen
befohlen: „1) das Bundeswappen und die Bundesfarben
werden sofort in den Bundesfestungen angebracht; 2) das
durch die Bundeskriegsverfassung für den Fall eines Bundes-
krieges vorgeschriebene gemeinschaftliche Erkennungszeichen aller
Bundestruppen ist diesen Emblemen zu entnehmen; 3) die
Siegel der Bundesbehörden haben das Bundeswappen zu
führen". Tags darauf (10. März) [3] ging die Bundesversammlung noch einen Schritt weiter und beschloß, sämmtliche Bun-

---

[1] In Braunschweig Bürgerversammlung mit gleichen Tendenzen
wie in Wiesbaden. Krawalle zu Hamburg und Köln. Am 4. Censur in
Frankfurt aufgehoben; daselbst Krawall, der Pöbel erstürmt den Römer.
Zu Homburg und Sigmaringen Bürgerversammlungen. Petitionen des
mehrfach erwähnten Inhalts. Alles bewilligt. In den nächsten Tagen überall
größere oder kleinere Krawalle.

[2] Am 5. beginnen die Volksversammlungen in Berlin; von demselben
Tage datirt eine Petition der Hanauer, welche unverhohlen den Aufruhr proclamirte, wenn der Kurfürst nicht die Forderungen bewilligen werde. Die Garnison von Hanau zieht ab, die Stadt wird barrikadirt. Am 11. bewilligt der
Kurfürst die Forderungen.

[3] Verordnung des Großherzogs von Oldenburg, daß eine landständische
Verfassung eingeführt werden solle.

desregierungen zur alsbaldigen Absendung von Männern des allgemeinen Vertrauens einzuladen, welche bei Revision der Bundesverfassung auf wahrhaft nationaler und zeitgemäßer Grundlage mitwirken sollten. Die Abordnung der Vertrauensmänner war in der Weise beschlossen, daß jede der siebenzehn Stimmen des engeren Raths einen senden sollte, die s. g. Siebzehner.[1]

Die erste feierliche Sitzung des Vorparlaments fand am 31. März in der Paulskirche statt; zum Präsidenten wählte die Versammlung Mittermaier, zu Vicepräsidenten von Itzstein, Dahlmann, Robert Blum und Sylvester Jordan. Schon in dieser Versammlung traten alle die Differenzen und Spaltungen offen zu Tage, an denen später hauptsächlich das ganze deutsche Verfassungswerk scheiterte. Man sprach den Grundsatz der Volkssouverainetät freilich in seinem ganzen Umfange aus. Als es sich nun aber darum handelte, die Consequenzen daraus zu ziehen, schrak die Versammlung davor zurück; der Antrag der Republikaner, sich für permanent zu erklären, wurde abgelehnt und der Beschluß gefaßt, daß von je 50,000 Seelen ein Abgeordneter zu wählen sei und die „constituirende Nationalversammlung" am 1. Mai in Frankfurt zusammentreten solle. Sodann stellte das Vorparlament den Antrag an die Bundesversammlung, dieselbe möge von den verfassungswidrigen Ausnahmegesetzen sich lossagen und die Männer aus ihrem Schooße entfernen, welche zur Hervorrufung und Ausführung derselben mitgewirkt. Die Bundesversammlung beschloß wirklich am folgenden Tage (2. April),[2] „daß die gedachten beanstandeten Ausnahmegesetze und Beschlüsse für

---

[1] Für Hannover der Klosterrath von Wangenheim, später Professor Dr. Zachariae. Die Auflösung des „Raths der Vertrauensmänner" erfolgte durch Beschluß der Bundesversammlung vom 5. Juni 1848.

[2] Vom 1. April datirt das berüchtigte Manifest Herwegh's, in welchem derselbe schleunigste Abschaffung der Monarchie für ganz Deutschland verlangte.

sämmtliche Bundesstaaten aufgehoben, mithin als völlig beseitigt zu betrachten und, wo es erforderlich befunden werden sollte, darüber die nöthigen Bekanntmachungen zu erlassen seien". Damit hatte also die Bundesversammlung das Vorparlament thatsächlich anerkannt. Der erste Schritt war auf der abschüssigen Bahn gethan, welche zur Einigkeit, zur Macht und Größe Deutschlands führen sollte und schließlich den bittersten Hader, Zwietracht und endlose Verwirrung hervorrief.

Am 4. April constituirte sich der vom Vorparlament zurückgelassene Fünfziger-Ausschuß,[1] dessen einzige Basis die Gewalt der Thatsachen war. Ohne irgend eine Legitimation durch das deutsche Volk, erhielt er doch eine gewisse Anerkennung dadurch, daß ihn die Bundesversammlung ebenfalls factisch anerkannte, indem sie sich mit ihm in Vernehmen setzte.[2] Der Ausschuß erließ nun sofort eine Proclamation an das deutsche Volk mit der Aufforderung, das große Werk fortzusetzen und ein einiges, freies Deutschland zu begründen. Dem Antrage an die Bundesversammlung, den Beschluß des Vorparlaments vom 31. März rücksichtlich der Wahlen in Vollzug zu setzen, war diese schon durch den Tags zuvor aus freiem Antriebe gefaßten Beschluß zuvorgekommen, „die Bundesregierungen aufzufordern, in ihren sämmtlichen, dem deutschen Staatensystem angehörigen Provinzen, auf verfassungsmäßig bestehendem Wege, Wahlen von Nationalvertretern anzuordnen, um zwischen Regierungen und dem Volke das Verfassungswerk zu Stande zu bringen." Von je 70,000 Seelen, nach der Bundesmatrikel, sollte ein Vertreter gewählt, einem Staate von geringerer Seelenzahl jedoch ebenfalls ein Vertreter zugestanden werden. Dem Antrage des Fünfziger Ausschusses ge-

---

[1] Aus dem Königreich Hannover: Dr. Freudentheil, Professor Dr. Zachariae, Stadtgerichts-Assessor Siemens; als Suppleanten: Advocat Detering und Julius Meyer.

[2] Das Nähere bei v. Kaltenborn, Deutsche Bundesverhältnisse, Bd. 2, S. 48.

mäß ließ die Bundesversammlung ihren Beschluß vom 30. März fallen und adoptirte am 7. April den Beschluß des Vorparlaments, der von je 50,000 einen Vertreter erwählt wissen wollte und keine Rücksicht auf den verfassungsmäßigen Weg in den Einzelstaaten nahm, sondern die Nationalversammlung einfach auf das Urwahl-Prinzip basirte.[1] Die meisten Staaten ignorirten jedoch diesen Beschluß und hielten an dem indirecten Wahlmodus fest.[2]

Am 18 Mai, — so lange war der Zusammentritt der Nationalversammlung auf Ersuchen Preußens und Hannovers hinausgeschoben, um die Wahlen vollenden zu können — fand die Eröffnung der Versammlung in dem Kaisersaale statt[3] und in derselben Stunde löste sich der Funfziger Ausschuß auf. Nach der Wahl eines Alterspräsidenten (Syndicus Lang senior aus Verden) und seines Stellvertreters (von Lindemann) zogen die Abgeordneten in feierlichem Zuge nach dem eigentlichen Sitzungssaale, der Paulskirche. Tags darauf wurde

---

[1] Vollständig abgedruckt in der Hannoverschen Zeitung von 1848, Nr. 94.

[2] Die Hannoversche Verordnung datirt vom 14. April 1848. Gesetz-Sammlung von 1848. Abth. I. S. 101.

[3] In den 26 Bezirken des Königreichs Hannover waren gewählt: Prof. Dr. Albrecht in Leipzig; Prof. Ahrens zu Knieestedt; Justizr. Behnke in Hannover; Justizrath v. Bothmer zu Carow in Pommern; Banquier Preusing in Osnabrück; Consul Brons in Emden; Advocat Detmold zu Hannover; Stadtgerichts-Assessor Dammers in Rienburg; H. J. A. Dröge in Bremen; Assessor Groß in Leer; Justizrath Hugo in Göttingen; Canzlei-Procurator Freudentheil in Stade; Advocat Grumbrecht zu Lüneburg; Syndicus Lang in Verden; Justizrath Lüntzel in Hildesheim; Schatzrath Merkel in Hannover; Advocat Nicol daher; Conrector Plaß in Stade; Advocat Röben zu Dornum; Rath Wachsmuth zu Hannover; Amts-Assessor Wedekind zu Bruchhausen; Amts-Assessor Winter zu Liebenburg; Oekonom Schmidt zu Fallingbostel; Dr. v. Reden zu Berlin; Professor Dr. Zachariae zu Göttingen; Senator zum Sande in Lingen.

Nach einzelnen Resignationen traten ein: Amtmann von Quintus-Icilius; Advocat v. d. Horst II.; Conrector Gravenhorst; Regierungsrath Lodemann zu Lüneburg.

Heinrich von Gagern[1] zum Präsidenten, von Soiron zum Vicepräsidenten gewählt.

Die Beschlüsse der Nationalversammlung, soweit deren Mittheilung zum Verständniß der hannoverschen Verfassungskämpfe überall nöthig, werden wir im weiteren Verlauf anzuführen haben, nur die Gründung einer provisorischen Centralgewalt und die Wahl des Reichsverwesers bedarf schon hier einer kurzen Erwähnung. Zur Ausführung des Gesetzes über Einführung einer provisorischen Centralgewalt für Deutschland vom 28. Juni wurde der Erzherzog Johann von Österreich am 29. Juni zum Reichsverweser gewählt, dessen Wahl sämmtliche deutsche Regierungen anerkannten.[2] Am 11. Juli zog derselbe in Frankfurt ein; am folgenden Tage erschien er in der Nationalversammlung und gelobte, das ihm daselbst vorgelesene Gesetz über die Centralgewalt halten zu wollen. Von dort begab sich derselbe in das Bundespalais, woselbst ihm der Bundespräsidialgesandte von Schmerling eine Adresse vorlas, deren wesentlicher Inhalt in Folgendem bestand: „Nach der Verfassung Deutschlands war die Bundesversammlung berufen und verpflichtet, den Bund in seiner Gesammtheit vorzustellen und das beständige Organ seines Willens und Handelns zu sein; sie war berechtigt, für die Aufrechterhaltung friedlicher und freundlicher Verhältnisse mit den auswärtigen Staaten Sorge zu tragen, Gesandte von fremden Mächten anzunehmen und an sie im Namen des Bundes Gesandte abzuordnen, Unterhandlungen für den Bund zu führen und Verträge für denselben abzuschließen. Der Bundesversammlung war es übertragen, die auf das Militärwesen des Bundes

---

[1] Wurde am 16. December zum Präsidenten des Reichs-Ministerraths ernannt. Am 18. December wurde Simson zum Präsidenten der Nationalversammlung gewählt.

[2] In Hannover, Bekanntmachung des Gesammt-Ministeriums vom 22. Juli. Gesetz-Sammlung von 1848. Abth. 1. S. 199.

Bezug habenden militärischen Einrichtungen und die zur Sicherstellung seines Gebiets erforderlichen Vertheidigungsanstalten zu beschließen und zu überwachen, über Krieg und Frieden zu entscheiden. Die Bundesversammlung überträgt Namens der deutschen Regierungen die Ausübung dieser ihrer verfassungsmäßigen Befugnisse und Verpflichtungen an die provisorische Centralgewalt. Die deutschen Regierungen, die nur das wohlverstandene Interesse des Volks kennen und brachten, sie bieten freudig die Mitwirkung zu allen Verfügungen der Centralgewalt, die Deutschlands Macht nach Außen und im Inneren gründen und befestigen sollen."

In der Erwiederungsrede hielt sich der Reichsverweser genau an die Worte der Adresse; er übernahm die „Ausübung" der ihm von der Bundesversammlung übertragenen Befugnisse. Der Bund bestand also noch immer, er übertrug nicht das Recht, sondern nur die Ausübung desselben auf den Reichsverweser und auch diese nur provisorisch. Kam also die beabsichtigte Verfassung nicht zu Stande, so hö.e das Provisorium auf, und die alten suspendirten Verhältnisse traten wieder auch factisch in Kraft.

§. 2.
Der Anfang der Bewegung im Königreich Hannover.

Antrag des Hofdestillateur Peters auf Abfassung einer Petition an Seine Majestät den König. Adresse des Magistrats und des Bürgervorsteher-Collegiums. Die Allerhöchste Erwiederung. Petitionen aus den Provinzen. Königl. Proclamation vom 14. März. Bürgerversammlung. Adresse. Begleitschreiben des Magistrats. Eine Straßendemonstration. Erwiederung auf die Adresse durch den Cabinetsrath v. Münchhausen. Straßenexcesse. Königl. Proclamation vom 20. März. Rücktritt des Freiherrn v. Falcke und sämmtlicher Vorstände der Königl. Ministerial-Departements. Das Ministerium Stüve und sein Programm.

Während schon in allen deutschen Staaten Excesse der traurigsten Art den Frieden störten und an einzelnen Orten offen die Fahne der Empörung aufgepflanzt war, herrschte im Königreiche Hannover noch überall die größte Ruhe und Ordnung. Als in Mannheim die Parole zur Revolution ausgegeben war, benutzten freilich auch bei uns einzelne unzufriedene Bürgermeister, Advocaten und Literaten die aufgeregte Stimmung des Landes, um den Samen der Zwietracht zwischen Regierung und Volk auszustreuen und die Köpfe der Bevölkerung zu erhitzen, allein längere Zeit hindurch ohne irgend erheblichen Erfolg. Längst schon war das Regiment des Königs wahrhaft volksthümlich geworden; die Vorurtheile, mit denen ein großer Theil der Bevölkerung den Herrscher empfangen, waren längst verschwunden, und längst hatte man eingesehen, daß man dem greisen Königlichen Herrn mit dem jugendlichen Herzen, das so warm für das Wohl seines Volkes schlug, unbedenklicher vertrauen dürfe, als den Volkstribunen, welche das Füllhorn des reichsten Segens über ihre getreuen Anhänger auszuschütten versprachen.

Endlich begannen jedoch die Liberalen sich auch in der Residenzstadt zu rühren. Der Hofdestillateur Peters stellte nämlich am 3. März in dem Bürgervorsteher-Collegium den Antrag auf Abfassung einer Petition an Se. Majestät auf Einberufung der Stände, Abschaffung der Censur, Organisation von Bürgergarden und Vertretung des Volks beim Bunde.

Am 6. März kam wirklich in der gemeinschaftlichen Sitzung des Magistrats und des Bürgervorsteher-Collegiums folgende Adresse zu Stande, welche noch an demselben Abend von dem Magistrats-Director Evers in dem Königlichen Palais abgegeben wurde.

„Allerdurchlauchtigster Großmächtigster König,

„Allergnädigster König und Herr!

„Das große und unerwartete Ereigniß in einem Nachbarstaate und die möglichen Folgen dieses Ereignisses, haben die gespannteste Aufmerksamkeit des gesammten deutschen Vaterlandes erregt, haben lebhafter als je zuvor die Überzeugung hervorgerufen, daß nur die innigste Verbindung der Regierungen mit ihren Völkern und aller deutschen Stämme unter einander im Stande sei, das Vaterland nach Außen zu kräftigen, ihm im Innern die Ruhe zu sichern, deren es bedarf, um nicht in seiner Entwickelung gestört zu werden.

„Aber selbst die Vorbereitung zur Sicherung der Ruhe und des Friedens wird Opfer erfordern, Opfer an Mitteln des Wohlseins und Opfer an Wünschen, geduldige Erwartung der ruhigen, gesetzmäßigen Entwickelung.

„Um aber an dieser nicht zu verzweifeln, bedarf es Thatsachen, welche den ernstlichen Willen, jene gesetzmäßige Entwickelung zu befördern, beweisen und die Abstellung von Mängeln, welche hier und da tief empfunden sind, verbürgen.

„Der Aufruf der Durchlauchtigsten deutschen Bundes-Versammlung, deren mit allgemeinem Jubel begrüßter Beschluß wegen Aufhebung der Censur, die schon jetzt bekannt geworden, energischen Maßregeln mehrerer hohen Regierungen geben uns erfreuliche Kunde von der Bereitwilligkeit deutscher Fürsten, ihren Unterthanen Vertrauen zu gewähren.

"Auch in unserm engern Vaterlande und in der Stadt selbst, die wir vertreten, haben sich die Gesinnungen lebhaft ausgesprochen, welche allgemein das deutsche Volk beseelen, namentlich wird auch bei uns das unabweisliche Bedürfniß gefühlt, daß, zur Herstellung des Vertrauens, die Presse in Gemäßheit des Bundes-Beschlusses unverzüglich von ihren bisherigen Fesseln befreit, vor Allem aber zur Wahrung der nationalen Interessen von der Durchlauchtigsten deutschen Bundes-Versammlung eine Deputation sämmtlicher deutschen Stände berufen werden möge, um derselben die ohne Zweifel zu treffenden Maßregeln zur Bewahrung der inneren und äußeren Sicherheit des deutschen Vaterlandes zur Berathung vorzulegen.

"Eure Königliche Majestät sind der Beherrscher eines Landes, welches von allen norddeutschen Staaten am frühesten die Schmach und das Elend der Unterwerfung unter fremde Willkür kennen gelernt hat; Allerhöchstdieselben sind uns im Jahre 1813 der erste Bote einer glücklichen Zukunft gewesen!

"Vertrauungsvoll hoffen wir, daß Eure Königliche Majestät an den Gesinnungen der Treue Allerhöchstihrer Hannoveraner, die sich in der Zeit feindlicher Unterdrückung ebensowohl, als im Parteikampfe der Meinungen bewährt hat, auch jetzt nicht zweifeln und die gute Absicht nicht verkennen werden, wenn wir unsere Wünsche mit Freimüthigkeit allerunterthänigst vor Eurer Königlichen Majestät Throne aussprechen.

"Näheres mögen wir hier nicht berühren, indem wir solches den Ständen des Königreichs, welche von Eurer Königlichen Majestät ohne Zweifel bald werden berufen werden, überlassen dürfen und müssen.

„Wir wagen daher die allerunterthänigste Bitte, Eure Königliche Majestät wollen Allergnädigst geruhen:

„„Nicht nur die Preßfreiheit in Gemäßheit des Beschlusses der Durchlauchtigsten deutschen Bundes-Versammlung baldmöglichst im Königreich Hannover anzuordnen, sondern auch mit Allerhöchstdero deutschen Verbündeten Communicationen zur Erreichung einer Vertretung des deutschen Volks bei der Durchlauchtigsten deutschen Bundes-Versammlung zuzulegen und jedenfalls die Allgemeinen Stände des Königreichs schleunigst zu berufen.““

„In zuversichtlicher Hoffnung auf huldreiche Berücksichtigung dieser Bitte verharren wir Eurer Königlichen Majestät unsers Allergnädigsten Königs und Herrn treugehorsamste

„Der allgemeine Magistrat und die Bürgervorsteher der Residenzstadt Hannover.

„Hannover, den 6. März 1848."

Am 7. März, Nachmittags um 4 Uhr, empfing Seine Majestät eine Deputation des Magistrats und des Bürgervorsteher-Collegiums[1] im Königlichen Palais und erwiederte im Wesentlichen das Folgende:

„Es hat Mich gefreut, aus Ihrem Vortrag und aus Ihrer Eingabe den Ausdruck Ihrer Mir bekannten loyalen Gesinnung, so wie Ihre Wünsche zu vernehmen. — Ich freue Mich doppelt, Sie selbst zu sehen und in Ihren eigenen Worten Meine Überzeugung befestigt zu finden, daß die Hannoveraner es treu und redlich mit Ihrem Lande, mit Ihrem Fürsten meinen. Ich selbst werde Meine Liebe zu Ihnen und zu Meinem Lande nie verleugnen und derselben unter allen Verhältnissen treu bleiben.

---

[1] Magistrats-Director Evers, Stadtgerichts-Director Kern, Stadtrichter Meißner, Stadtgerichts-Assessor Dr. Siemens und die Bürgervorsteher Meyer, Lüde, Rive, Gersting, Dr. Schläger.

„Ihre Petition hatte Ich schon am gestrigen Tage gelesen und erwogen; und um Ihnen dies zu beweisen, beziehe Ich Mich auf deren Eingang, in welchem Sie erwähnen, daß Ich im Jahre 1813 der Erste war, welcher das Land als Bote der Befreiung von fremder Gewalt, und um jede Gefahr zu theilen, von der Hannover noch bedrohet werden konnte, wieder betrat. Jetzt bin Ich seit elf Jahren in Ihrer Mitte, und diese elf Jahre sind unausgesetzt der Sorge für die Verbesserung der vaterländischen Einrichtungen, für das Heben des Wohlstandes, für unparteiliche Gerechtigkeit und für Beförderung des Geschäftsganges in allen Behörden gewidmet gewesen. Ich glaube Mir selbst das Zeugniß geben zu müssen, und es von Ihnen, Meine Herren, bestätigt zu sehen, daß Meine Bemühungen nicht vergebens waren, und daß die Residenzstadt selbst davon Zeugniß giebt. Vor Allem ist Mein Bemühen auf Ermittelung der Wahrheit und auf strenge Unparteilichkeit gerichtet gewesen, welche dem Favoritismus gleich fern ist, wie allen anderen Nebenrücksichten. Ich glaube, daß Ich auch Ihnen, Meine Herren, also, und als ein Mann von offenem und geradem Character bekannt bin. Ich höre Jeden und gebe ihm offen den Bescheid, welchen Ich nach bester Überzeugung für den richtigen halte.

„So auch Ihnen jetzt, Meine Herren.

„Um mit dem letzten Punkte Ihrer Eingabe zu beginnen, kennen Sie, Meine Herren, denn nicht die verfassungsmäßigen Bestimmungen, nach welchen die Allgemeinen Stände alle zwei Jahre zu berufen sind, namentlich in diesem Jahre berufen werden müssen? Wissen Sie nicht, daß vor dem 1. Juli die Beschlüsse gefaßt werden müssen; daß bis dahin nur noch eine dreimonatliche Frist übrig bleibt; daß Ich daher nicht anstehen konnte, die Stände zu berufen? Ich habe das nicht vergessen. Um zu vermeiden, daß die für das Land sehr kostbaren Stände nicht unthätig hier versammelt sind, ist es erforderlich, die nöthigen Vorarbeiten für die ihnen vorzulegenden Gegenstände vor ihrer Berufung beendigen zu lassen. Die langwierigen Sitzungen der Jahre 1846 und 1847 haben nothwendig die Geschäfte gehindert, da viele Meiner thätigen Diener den Ständen ihre Zeit widmen mußten. Nach diesen Diäten ist die Arbeitskraft Meiner Regierung während der Zwischenzeit doppelt in Anspruch genommen. Es mußte aber, wie schon gesagt, von Mir Sorge getragen werden, daß in den letzten Tagen dieses Monats die Stände hier versammelt erscheinen, und daß es an Vorlagen nicht ermangle, damit nicht durch fruchtloses Beisammensein das Land mit unnöthigen Kosten belastet werde. — Dies ist jetzt geregelt. — Augenblicklich sind die Stände bereits berufen. Der dieserhalb von Ihnen geäußerte Wunsch ist mithin schon erfüllt.

„Den zweiten Punkt, die Preßfreiheit, anlangend, so bin Ich derselben nicht entgegen. Völlig ungeregelte Preßlicenz werden Sie selbst nicht wollen. Die Aufhebung der Censur ist aber nicht ausreichend, um den Zustand der Presse zu regeln. Es bedarf dazu weiterer Bestimmungen und Garantien gegen den Mißbrauch der Presse, rücksichtlich deren eine vorgängige Benehmung mit Meinen Nachbarn und Verbündeten sowohl, als mit Meinen Landständen unerläßlich ist. Ich verspreche Nichts, was ich nicht gewiß bin halten zu können. Ich kann deshalb auch in dieser Hinsicht keine umfassendere Zusicherungen ertheilen, so lange ich nicht bestimmt weiß, was ich an die Stelle der Censur setzen will. Die Versicherung aber ertheile Ich Ihnen, daß Ich Ihren Wünschen die thunlichste Berücksichtigung schenken werde.

„Der dritte Punkt ist der schwierigste. Eine Vertretung bei dem deutschen Bunde, welcher ein Fürstenbund ist, durch das Volk widerspricht der Natur des Bundes; und Sie, Meine Herren, möchten es sich selbst nicht völlig klar gemacht haben, auf welche Weise dieser Wunsch zu realisiren sein könnte. Ihre

Bemerkung selbst, daß die Resultate der bisherigen Bundes-
thätigkeit nicht in allem Maße den zum Nationalgefühle er-
wachten und davon beseelten Deutschen entspreche, rechtfertigt
noch lange nicht das gestellte Begehren. Es ist der Beruf der
Landesherren, für das wahre Beste ihrer Unterthanen, ihres
Landes zu sorgen. — Ich fühle noch die Kraft in Mir, dasselbe nach Innen und nach Außen würdig zu vertreten, und
Meine innige Liebe zum Vaterlande möge Ihnen Bürge sein,
daß Ich diesen hohen Beruf stets treulich und in seinem vollen
Umfange erfüllen werde.

„Das ist, Meine Herren, der Bescheid, welchen Ich Ihnen
zu ertheilen habe. — Ich wiederhole Ihnen, daß Ich Meinem
Volke vertraue, und daß Ich Mich auch davon überzeugt halte,
daß dasselbe auch Mir vertrauet. — Ich bin davon gewiß,
daß, wenn Ich heute der andringenden Zeitereignisse wegen
die Hannoveraner rufen müßte, um bei Mir zu stehen, daß
diesem Rufe von Ihnen, meine Herren, und von allen Hannoveranern die bereitwilligste Folge geleistet werden würde; wie
denn auch die Stunde der Gefahr Mich selbst, obgleich Ich
kein Jüngling mehr bin, noch stets bereit finden würde, Meine
treue Liebe und Anhänglichkeit für alle Meine Hannoveraner
mit Meinem letzten Blutstropfen zu besiegeln."

Als in Hannover das Signal zu den Petitionen gegeben
war, begannen auch die Provinzen sich zu rühren. Überall
wurden Volksversammlungen abgehalten und Petitionen ausgelegt und keine Mühe schien zu undankbar, wenn man eine
möglichst große Zahl von Unterschriften dadurch erlangen
konnte. Wer nicht zu schreiben verstand, setzte wenigstens drei
Kreuze unter die Petition, welche Preßfreiheit und dergleichen
verlangte, und ein guter Freund des Unterzeichners bescheinigte
alsdann daneben, die Kreuze seien das Handzeichen des Meyer,
Müller, Schulze, oder wie er sonst heißen mochte. Namentlich
unter den Petitionen aus Ostfriesland, welche die Anerkennung

der Volkssouverainetät verlangten, spielten solche Kreuze eine Hauptrolle. Im Allgemeinen war der Inhalt der hundert und einigen siebenzig Petitionen, welche im Laufe weniger Wochen an Se. Majestät den König gerichtet wurden, ziemlich stereotyp. Die Petenten hielten sich streng an die Instructionen, welche sie von den Führern der Bewegung erhalten, daneben fügten sie jedoch die Wünsche hinzu, welche ihnen als die Hauptsache galten und für deren Erfüllung sie sicher gerne auf alle anderen verzichtet hätten, durch welche sie ihre politische Reife beurkunden sollten.

Diese Hauptwünsche, denen die meisten „Forderungen der Zeit" nur zur Verzierung beigegeben waren, mußten freilich nach der verschiedenen Stellung der Petenten sehr verschieden ausfallen. Eine Anzahl Einwohner der Residenz glaubte von der neuen Ära wenigstens erwarten zu dürfen, daß ihnen die verpfändeten Kleidungsstücke ohne Zahlung des Pfandschillings zurückgegeben würden. Die Häuslinge in Nörten verlangten eine größere Quantität Ziegenfutter. Die Gemeinde Beckershausen im Göttingenschen wollte alle Verbesserungen dem Allerhöchsten Ermessen Sr. Majestät des Königs überlassen, vorausgesetzt, daß die Holztermine aufgehoben würden und den Gemeinden in Zukunft gestattet werde, ihren Flachs in der Leine zu rotten. Der Magistrat von Markoldendorf wünschte billigere Holzpreise. Die Gemeinden Hagenohsen und Völkershausen zählten in ihrer Petition das ganze Register der Volkswünsche auf, um schließlich Allerhöchsten Orts Dasjenige zur Sprache zu bringen, was sie eigentlich veranlaßt hatte, eine Petition zu unterschreiben; sie baten nämlich um Zurücknahme des Befehls — Sperlingsköpfe zu liefern, und sprachen den Wunsch aus, das Domanium möge ihnen — einen ordentlichen Springochsen halten. Wir meinen, solche Einzelheiten erklären es am Besten, auf welche Weise die Führer selbst den Bauernstand in die Bewegung hineinzuziehen verstanden. Hätte es sich nicht um die Sperlingsköpfe und den tüchtigen Springochsen gehandelt, schwerlich würden die Bauern eine solche Adresse unterschrieben haben.

Außer derartigen Wünschen finden wir in einzelnen Petitionen noch besondere Abänderungen der bestehenden Verfassung befürwortet, welche ein helles Licht auf die ganze Richtung der Bewegung werfen. Die Beeidigung des Heeres auf die Verfassung wurde von dem Magistrat der Stadt Münden, von den Bürgern und Einwohnern zu Osnabrück, Celle, Lehe und von der Landesversammlung des Landes Wursten beansprucht, während eine Hildesheimer Petition die Beeidigung sämmtlicher männlicher Einwohner nach dem zurückgelegten zwanzigsten Lebensjahre befürwortete. Außerdem verlangte die letzterwähnte Petition die „Gewährleistung der Existenz des Arbeiters durch Arbeit". Daß ein solches Verlangen reine Thorheit, wußte der Verfasser der Petition wahrscheinlich eben so gut, wie die meisten gebildeten Menschen; allein da gerade in Hildesheim der Proletarier die Hauptrolle spielte, so mußte dessen Hauptwunsch ebenso berücksichtigt werden, als das Verlangen der Bauern nach einem tüchtigen Springochsen.

Am 14. März erfolgte auf alle die verschiedenen Eingaben durch eine Königliche Proclamation folgende Antwort:

„Hannoveraner! Diese Anrede erregt in Mir nur die Gefühle von Liebe und Zutrauen, welche durch die stärksten Beweise der Anhänglichkeit an den angestammten König und das Vaterland in der unglücklichen Zeit von 1803 bis 1813 von Euch ohne Ausnahme bewiesen, auch seit dem bethätigt sind.

„Von diesen Gefühlen erfüllt, antworte Ich hierdurch Selbst auf alle Eure Petitionen; denn von früh Morgens bis spät Abends, oft bis zur Erschöpfung, mit Geschäften überhäuft, kann Ich nicht Euch alle sehen oder einzeln antworten; aber Jeder soll sein Recht haben.

„Die meisten dieser Petitionen beweisen Mir noch immer die alte Liebe und das Zutrauen Meiner geliebten Unterthanen. Wo andere Wünsche darin laut werden, kommen sie, — davon bin Ich überzeugt, — nicht von den Hannoveranern selbst, sondern sind durch Fremde eingeflößt, die überall Unordnungen und Verwirrungen anzuregen bemüht sind. Ich bin fest überzeugt von der Treue und dem gesunden Sinne Meiner Unterthanen, daß sie sich nicht ihre eigene Ruhe und ihren Wohlstand, den jeder Fremde, welcher in das Land kommt, beneidet, vernichten werden.

„Die Begründung und Erhaltung Eures Glückes und Eures Wohlstandes, welche stets Meine unabläßige Sorge gewesen ist, wird nicht aus Meinen Augen gelassen und liegt Mir jetzt mehr am Herzen als jemals. Ich bestrebe Mich Alles zu thun, was in Meiner Kräften steht, um Eure Wünsche zu erfüllen, ohne Euer wahres Glück zu zerstören. Das Ergebniß Meiner Erwägungen über die Zulässigkeit der Gewährung eines Theils dieser Wünsche und die Maßregeln, welche Ich im verfassungsmäßigen Wege dieserhalb vorbereiten lasse, werden Euch dies beweisen. Diese Versicherung wird jeder Hannoveraner verstehen und glauben, da Jeder weiß, daß sein König nie das sagt, was er nicht wirklich meint, und Nichts verspricht, was er nicht ehrlich halten wird. So sage Ich Euch denn auch, daß Ich zwar Meine Zustimmung nicht geben kann zu dem Antrage auf Volksvertretung bei dem deutschen Bunde, daß Ich aber alle Meine Kräfte aufbieten werde, — wie Ich dies schon gethan habe, seit Ich Euer König bin, — damit die hohe deutsche Bundesversammlung mit mehr Fleiß und mit größerer Energie in den deutschen Angelegenheiten handele, als dies bisher geschehen ist.

„Bedenket, Hannoveraner, daß die Zeit kommen kann, wo Ich Eure Kräfte anstrengen muß. Wie Ich überzeugt bin, daß auf Meinen Aufruf Keiner zurückbleiben wird, da Jeder weiß, daß Ich Mich an die Spitze Meines Volkes stellen werde; so ermahne Ich Euch, bereitet Euch vor auf das, was die Zukunft bringen kann, durch Festhalten an der gesetzlichen Ordnung und durch Erhaltung des Vertrauens auf Euren König! Ich werde dieses Vertrauen nicht täuschen, sondern Meinen letzten Tropfen Blut dem Wohle Meines Volkes opfern."

„Hannover, den 14. März 1848.
Ernst August.
von Falcke."

Inzwischen gestalteten sich die Verhältnisse in Deutschland immer trüber; jede Post brachte die Nachricht von neuen Unruhen, Excessen und „Errungenschaften".[1] Jetzt litt es die Liberalen und Demokraten nicht länger. Die deutschen Brüder riefen, und die Hannoveraner sollten ihnen nicht antworten? Sie wollten nicht die letzten sein, sie wollten mit den andern deutschen Brüdern wenigstens auf einer Stufe stehen, sie wollten im Sturmschritt das nachholen, was sie beim Debattiren versäumt hatten. Während die erste Adresse nur von dem Bürgervorsteher-Collegium und dem Magistrate berathen war, sollte jetzt das „Volk" seine Stimme ebenfalls abgeben. Wieder stellte sich der Hofdestillateur Peters an die Spitze der Bewegung, und es glückte ihm, am 16. März eine große Bürgerversammlung auf die Beine zu bringen, die unter stürmischen Debatten eine Eingabe an den Magistrat verfaßte, welche

---

[1] Am 13. d. M. Aufruhr in Wien; an demselben Tage Krawall in Berlin, Königsberg, Hamburg, Schwerin. Am 14. Preßfreiheit in Österreich, Braunschweig, Anhalt-Dessau, Schwarzburg-Sondershausen bewilligt; grobe Excesse in Erfurt, welche nur mit Waffengewalt zu bewältigen sind; am 15. Krawall in Dresden: am 16. die Censur im Großherzogthum Mecklenburg-Schwerin aufgehoben; an demselben Tage grobe Excesse in Braunschweig; am 17. im Königreich Sachsen die Censur aufgehoben und die Vereidigung des Militairs auf die Verfassung versprochen.

die Erfolglosigkeit der früheren Schritte beklagten und eine ganze Reihe von Forderungen aufstellte.

Zuerst wird dem Magistrate der Vorwurf gemacht, daß er allein mit dem Bürgervorsteher-Collegium die erwähnte erste Eingabe berathen und nicht den Bürgern auch Gelegenheit gegeben habe, ihre Wünsche denen des Magistrats anzureihen. Dieses gerechte Bedauern verschwindet aber vor dem tiefer greifenden Schmerze (!) über die fast gänzliche Erfolglosigkeit jenes Schrittes. Sodann folgt eine Auseinandersetzung der Motive, welche Herrn Peters und Gesinnungsgenossen zu diesem Schritte veranlaßt. — „Der Genius des deutschen Volkes ist erwacht. Wir sehen sein majestätisches Walten in der überraschendsten Übereinstimmung aller Wünsche und Forderungen, wie sie jetzt im Osten und Westen, im Süden und Norden unsers großen Vaterlandes laut geworden sind, und welche zum Theil schon ihre Befriedigung erhalten haben. Könnten wir Hannoveraner zurück bleiben in dem begeisterten Wettkampfe unserer deutschen Brüder rings um uns her, um die edelsten Güter eines Volkes, um seine Einheit, sein Recht, seine Ehre, seine Freiheit. Nein, auch wir, die Bürger der Stadt Hannover, wollen, was das ganze deutsche Volk begehrt; wir wollen nicht die letzten sein, für die Erringung unserer höchsten Güter alle uns zu Gebote stehenden gesetzlichen Mittel aufzubieten, und wir werden nicht eher rasten, bis das schöne Ziel, das uns mit unseren edeln deutschen Brüdern auf gleiche Stufe stellt, erreicht sein wird."

Die Wünsche, welche „Hannovers Bürger mit allen deutschen Brüdern theilten," waren folgende:

„1) Sofortige Entfesselung der Presse.

In der reinen lautern Wahrheit ist die alleinige Quelle des Glücks und des Fortschritts zu finden; aus dem Kampfe der Meinungen entwickelt sich die Wahrheit, und nur zu lange schon hat die Censur jene Quelle getrübt. Sie ist eine Schmach für ein gebildetes Volk, sie ist tausendstimmig verurtheilt. — Kein Volk der Erde hat Theil an ihrer Geburt

2) Das Recht der freien Vereinigung und der freien Versammlung.

3) Schwurgerichte in peinlichen Sachen und bei Preßvergehen.

4) Volksbewaffnung mit freier Wahl der Führer zum Herbeiführen der Möglichkeit einer Verminderung des stehenden Heeres in Friedenszeiten und zum kräftigen Schutze nach Außen.

5) Energische Hinwirkung auf die Vertretung des deutschen Volks.

Als unsere Väter vor mehr als 30 Jahren mit ihrem Heldenblute die Schmach der Gewaltherrschaft von unserem Vaterlande getilgt, als sie umgestürzte Throne wieder aufgerichtet hatten, da konnten sie erwarten, daß das wiedergewonnene Deutschland auch einer Wiedergeburt sich erfreuen und in seiner ganzen Kraft und Majestät sich entfalten werde. Feierliche Verheißungen, gegeben in den Stunden der Gefahr und der Begeisterung, machten diese Erwartungen zur Gewißheit, zu einem Rechtsanspruch des Volks. Allein diese gemachten und schönen Hoffnungen sind nicht erfüllt worden; wer auf Erfüllung drang, wer nur die Hoffnung danach laut werden ließ, ward als Verbrecher behandelt. Die Edelsten des Volks litten Verfolgung. Vaterländische, freiheitliche Gesinnungen, die allein ein Volk erhalten, groß, stark und glücklich machen, deren Pflege jeder große Gesetzgeber geboten hat, waren geächtet.

Die öffentliche Meinung hat der bisherigen Politik des deutschen Bundes den Stab gebrochen. Daß ein solcher für immer beklagenswerthe Zustand nicht wiederkehre, daß das Leben des deutschen Volks, seine weltgeschichtliche Aufgabe nicht bedroht, nicht beeinträchtigt werde, daß dasselbe auf der hohen Grundlage der Freiheit sich entfalte zu derjenigen Macht, die ihm gebührt — wir vermögen hierfür keine andere, keine bessere Gewähr zu finden, als in dem allersehnten deutschen Parlamente.

6) Öffentlichkeit der Stände-Verhandlungen.

7) Größere Selbständigkeit der Gemeinden und Öffentlichkeit ihrer Verhandlungen.

8) Durchgreifende, schleunige Reformen in der Rechtspflege, strenge Trennung der Verwaltung von der Justiz, ein auf den Grundsatz vollständiger Öffentlichkeit und Mündlichkeit gebautes Verfahren, vor Allem in peinlichen Sachen, mithin verfassungsmäßige Beseitigung der neuen Proceßordnung, sowie Einführung von Handelsgerichten.

9) Verfassungsmäßige Zurücknahme der Gewerbeordnung und Niedersetzung einer frei gewählten Commission von Sachverständigen aus dem ganzen Lande, um diesen hochwichtigen Gegenstand, namentlich den Entwurf eines verbesserten Gewerbegesetzes in Vorberathung zu nehmen.

10) Beschränkung der Polizeigewalt, insbesondere Zurückgabe deren Verwaltung an die Städte.

11) Freie Übung der verschiedenen Religionsbekenntnisse, nebst gleicher politischer Berechtigung für Alle.

12) Amnestie und Rehabilitation für Alle, welche wegen politischer Vergehen verurtheilt sind."

Es war also eine ganze Reihe von Wünschen, welche die Versammlung denen des Magistrats und des Bürgervorsteher-Collegiums angereiht. Wünsche, deren Tragweite vielleicht nicht ein Einziger von denen zu übersehen vermochte, welche darauf schworen, die ungesäumte Erfüllung derselben sei das einzige Heilmittel für die krankhaften Zustände des politischen Lebens. Einer Rechtfertigung aller dieser Wünsche bedurfte es nach der Meinung der Petenten nicht, denn „wenn unsere ungeduldigen südlichen Landsleute, des langen Bittens müde, jetzt stürmisch fordern, wer wird uns da einen Vorwurf machen, wenn wir, unserer Rechte wohlbewußt, uns bittend dem Throne nahen?"

Am Abend desselben Tages traf die Nachricht von dem Aufstande in Wien ein. Auch dort hatte die Revolution gesiegt, auch dort der Regent alle „Wünsche" des Volks bewilligt, der greise Fürst Metternich war gestürzt und hatte, um sein Leben zu retten, die Kaiserstadt heimlich verlassen.[1] Jetzt wurde die Aufregung allgemein, und selbst die Besonneneren

---

[1] In Wien begann die Bewegung am 11. März mit einer Petition der Wiener Bürger, welche dem Verordneten-Collegium der Nieder-Oesterreichischen Landstände übergeben war, deren Sitzungen am 13. eröffnet wurden. An demselben Tage revolutionäre Bewegungen mit den Studenten an der Spitze. Straßenkampf. Fürst Metternich legt seine Stelle nieder. Am 14. Ein Kaiserl. Patent gewährt Preßfreiheit, gestattet die Errichtung einer Nationalgarde u. s. w. Am 16. trägt eine große Deputation der ungarischen Stände dem Kaiser ihre Wünsche vor: 1) die Ernennung eines verantwortlichen, ungarischen und aus Ungarn bestehenden Ministeriums; 2) sofortige Erledigung aller Beschwerden; 3) zeitgemäße Umänderung der Constitution mittelst des Reichstages. Der Kaiser genehmigt die Wünsche sofort und beauftragt den Grafen C. Bathianyi mit der Bildung eines Ministeriums.
In München hatte schon seit Anfang Februar große Aufregung wegen der beabsichtigten Erhebung der Lola Montez in den Grafenstand geherrscht. Das Ministerium verweigert die Verleihung des Indigenats. Am 11. Febr. reicht das Ministerium gegen den beabsichtigten Schritt eine Denkschrift ein. Am 13. Febr. erhalten sämmtliche Minister ihre Entlassung. Am 28. Febr. werden zehn Professoren und Lehrer der Universität, entschiedene Gegner des neuen Ministeriums, theils pensionirt, theils versetzt. Am 1. März in Folge dessen Unruhen; eine Adresse mit den bekannten Forderungen; am 3. März Bürgerversammlung; am 4. Krawall, das städtische Zeughaus wird erbrochen; Einberufung der Stände auf den 16. Der König löst die Kammer der Abgeordneten auf. Am 6. besänftigende Proclamation des Königs. Am 8. und 9. Unruhen wegen angeblicher Rückkehr der Lola. Am 10. erhält Fürst Wallerstein seine Entlassung. Am 16. das Polizeigebäude gestürmt, um Lola Montez zu suchen. Am 17. Königl. Erlaß, daß die Gräfin von Landsfeld aufgehört habe, das baierische Indigenat zu besitzen. Eine Bekanntmachung des Ministeriums des Innern und der Justiz erklärt, „da die Gräfin von Landsfeld ihre Versuche nicht aufgibt, die Ruhe der Hauptstadt und des ganzen Landes zu stören, sind unterm heutigen alle Gerichts- und Polizeibehörden des Königreichs angewiesen, auf besagte Gräfin zu fahnden, sie überall, wo man sie finden mag, zur Haft zu bringen und auf die nächste Festung zu schaffen, um sie sofort der richterlichen Untersuchung zu überweisen." Am 20. legt König Ludwig zu Gunsten des Kronprinzen Maximilian die Krone nieder.

ließen sich von dem Strome treiben. Schon früh am Morgen des anderen Tages umstanden große Haufen von Menschen das Rathhaus, um der Entscheidung des Magistrats zu harren, welcher die Eingabe der Petenten berieth. Lange schwankte die Berathung, endlich entschloß man sich, der Eingabe mit einem Begleitschreiben beizutreten und durch eine Deputation Sr. Majestät dem Könige vorzulegen. Mittags gegen 1 Uhr las der Magistrat den versammelten Bürgern das Begleitschreiben vor, welches mit lautem Beifalle aufgenommen wurde; denn der Magistrat hatte der Bürgerschaft das schmeichelhafte Zeugniß gegeben, "daß die höheren geistigen Interessen, welche die denkende, gebildete Classe der Bürgerschaft bewege, nicht eine Folge leerer Einbildungen, auch nicht fremder Einflüsterungen seien, sondern das lebendige Gefühl, daß Jeder ein Glied eines großen Gemeinwesens sei, wodurch der Hannoveraner gleich allen übrigen Bürgern des großen deutschen Vaterlandes unwiderstehlich getrieben werde". Als aber der bislang so loyale Magistrat am Schlusse der Adresse erklärte, "sollte aber vielleicht einer der Rathgeber Euer Königlichen Majestät diese Gesinnungen verdächtigen und unseren ehrfurchtsvollsten Bitten andere Beweggründe unterschieben wollen, oder gar versuchen, Euer Königlichen Majestät die Lage des Landes und die Forderungen der Zeit nicht in ihrem ganzen Umfange vorzustellen, der würde eine schwere, eine ungeheure Verantwortlichkeit auf sich laden. Möge ein solcher Mund vor der Kraft der Wahrheit verstummen" — da wollte der Beifall schier kein Ende nehmen; denn die Andeutung war so handgreiflich, daß Niemand darüber in Zweifel bleiben konnte.

Einzelne Führer der Bewegung verlangten, man solle die Petition mit dem Begleitschreiben sofort dem Könige überreichen, indem sie ganz richtig schlossen, daß mit der Annahme ihres Vorschlags sofort eine Massendemonstration zu Stande gebracht sei, weil die Tausende, welche Neugierde und Scanbalsucht auf dem Markte versammelt hatte, selbstverständlich die Deputation zu dem Palais begleiten würden. Vergebens versuchte der besonnenere und ruhigere Theil der Bürgerschaft diesen Antrag zu bekämpfen, vergebens machte er darauf aufmerksam, daß Seine Majestät der König krank sei, und daß dieser Grund schon allein hinreiche, eine solche Demonstration zu vermeiden; die Leidenschaft siegte, und unter dem Rufe „Nach dem Palais!" wälzte sich ein Haufen von mehreren tausend Personen dem Palaste zu.

Wie vorauszusehen war, wurde die Deputation nicht vorgelassen, und der Stadtdirector Evers überreichte die Petition dem Cabinetsrath von Münchhausen, welcher erklärte, er zweifele nicht, daß bei den schon auf frühere Petitionen gefaßten Allerhöchsten Beschlüssen ein Theil der Wünsche von Sr. Majestät werde gewährt werden können. Diese Erwiederung genügte jedoch der aufgeregten Versammlung keineswegs, und kaum hatten ein paar Schreier aus dem dicksten Haufen den Ruf „Hierbleiben, Antwort" ertönen lassen, als er sofort von allen Seiten wiederhallte. Um größerem Spektakel vor dem Palais des kranken Königs vorzubeugen, begab sich Herr von Münchhausen zu Sr. Majestät. Als er nach etwa einer Stunde zurückkehrte, bestieg er einen Stuhl vor dem Schloßthore und verlas eine Schrift, welche die einzelnen Forderungen der Petition Punkt für Punkt beantwortete. Der Inhalt der Allerhöchsten Entscheidung war im Wesentlichen folgender:[1]

„Seine Majestät hätten bereits zur Erfüllung mehrerer der gestellten Bitten Maßregeln angeordnet, welche den Ständen vorgelegt werden sollten, mithin nach Verlauf von etwa 14 Tagen zur öffentlichen Kunde gelangt sein würden. Zur Beruhigung der Bürger, welche aufgeregt schienen, wolle Se. Majestät jedoch genehmigen, daß einige dieser Maßregeln schon jetzt gleich veröffentlicht würden.

---

[1] Extrablatt der Hannov. Ztg. v. 17. März.

„Was die sofortige Entfesselung der Presse betreffe, so sei bereits beschlossen worden, ein Preßgesetz zu bearbeiten, und habe der König bis zur Erlassung desselben die schonendste Ausübung der Censur bereits befohlen. Se. Majestät wolle jedoch schon jetzt durch formelle Aufhebung der Censur dieses Gesuch gewähren und anordnen, daß bis zum Erscheinen des Preßgesetzes nach den bestehenden Gesetzen geurtheilt werde.

„Was den zweiten Punkt, das **Recht der freien Vereinigung und freien Versammlung**, betreffe, so sei dieses Recht schon innerhalb der polizeilichen Grenzen gestattet, wie die Versammlung zur Vorbereitung der vorliegenden Petition selbst hinlänglich bewiesen.

„Den dritten Punkt, die **Einführung der Schwurgerichte** in peinlichen Sachen und bei Preßvergehen angehend, so können Se. Majestät ohne Zuziehung der Stände darüber keine Entscheidung erlassen.

Was den vierten Punkt, die **Volksbewaffnung**, betreffe, so sei die Errichtung einer Bürgergarde allerdings zweckmäßig und werde, wenn das 10. Armee-Corps aufgeboten würde, vielleicht unerläßlich sein. So lange aber dies nicht der Fall wäre, so lange sei dieselbe nicht nothwendig, halte den thätigen Bürger von seinen Geschäften ab und vermehre etwa vorhandene Aufregung. Zur Zeit sei der Augenblick der Noth aber nicht vorhanden.

„Was den fünften Punkt, die **Vertretung des Volks beim Bundestage**, betreffe, so sei bereits ein Fürstencongreß angeordnet, um über die Reorganisation der Bundesverfassung zu berathen.

„Über den sechsten Punkt, die **Öffentlichkeit der Verhandlungen der Allgemeinen Ständeversammlung**, sei von Sr. Majestät dem Könige vor drei Tagen schon ihm, dem Cabinetsrath von Münchhausen, der Befehl dazu zugegangen, und es sei das desfallsige Gesetz bereits in Arbeit.

"Die fünf folgenden Punkte: Siebtens größere Selbstständigkeit der Gemeinden, achtens durchgreifende schleunige Reformen in der Rechtspflege, vollständige Öffentlichkeit und Mündlichkeit, Beseitigung der Prozeßordnung; neuntens verfassungsmäßige Zurücknahme der Gewerbeordnung; zehntens Beschränkung der Polizei und Wiederübergabe derselben an die Städte; elftens freie Religionsübung betreffend; so seien diese Punkte nicht reif zur augenblicklichen Entscheidung und bedürften ebenfalls der Mitwirkung der Allgemeinen Ständeversammlung.

"Was endlich die Amnestie und Rehabilitation der politischen Verbrecher betreffe, so sei ihm (dem Cabinetsrath von Münchhausen) gar nicht bekannt, daß solche vorhanden seien. Als ihm darauf der Dr. Schuster in Paris genannt wurde, erklärte er, er zweifele nicht, daß dieses Gesuch genehmigt werde, und bestätigte dies später."

Am Schlusse seiner Mittheilung brachte Herr von Münchhausen ein Lebehoch auf das Wohl Sr. Majestät des Königs aus, in welches die Versammlung mit lautem Enthusiasmus einstimmte. Als sich jedoch die Massen in Bewegung setzten, um sich zu zerstreuen, erscholl wieder von verschiedenen Stellen das „Hierbleiben"; einzelne Schreier haranguirten den Herrn von Münchhausen und verlangten eine Zusage rücksichtlich der Beschränkung der Polizeigewalt und Übertragung derselben an die Stadt. Als Herr von Münchhausen ihnen darauf wiederholte, daß er im Auftrage Sr. Majestät ja schon erklärt habe, daß dieser Punkt nicht vorbereitet und deshalb nicht zur Entscheidung reif sei, und am Schlusse die Worte hinzufügte: "Ihr könnt nun nach Hause gehen", folgte lautes Geschrei, Zischen und Hohngelächter seiner Aufforderung. Drohende Stimmen wurden laut, die Menge drängte und wogte, offenbar um das Militair zum Einschreiten zu veranlassen und so einen blutigen Conflict herbeizuführen, welcher der erste Anfang der Anarchie gewesen wäre. Glücklicher Weise scheiterte dieser Plan, der leider in so vielen Nachbarstaaten vollkommen glückte, an der ruhigen Besonnenheit des commandirenden Officiers und den Bemühungen des Stadtdirectors Evers. Der letztere bestieg den Stuhl, welchen Herr v. Münchhausen verlassen, und rief mit lauter Stimme: „Wer ein guter Bürger ist, der folge mir auf das Rathhaus." Die Aufforderung wirkte. Die Ruhe war wieder hergestellt, und mit dem Abzuge des größten Theils der Bürgerschaft sahen die Agitatoren ihren Rückhalt, die Masse, verschwinden und waren somit gezwungen, das Feld zu räumen.

Der Nachmittag verlief in vollkommener Ruhe; erst beim Einbruch der Dunkelheit wurde der Versuch wiederholt, ein bewaffnetes Einschreiten des Militairs zu erzwingen. Haufen losen Gesindels durchzogen lärmend und tobend die Straßen, brachten hier einem beliebten Patrioten ein Lebehoch oder warfen dort einer mißliebigen Persönlichkeit die Fenster ein; allein auch dieses Manöver wurde durch das Einschreiten der Bürgerschaft vereitelt, ohne daß es nöthig gewesen wäre, die berittenen Landgensd'armen und einige aufgestellte Abtheilungen Militair zu verwenden. Um ähnlichen Demonstrationen vorzubeugen, forderte der Magistrat am folgenden Tage (18. März) alle wohlgesinnten Bürger, Handwerks- und Arbeitsmeister auf, ihre Gesellen, Lehrlinge, Knechte und sonstige Dienstboten von Abends 7 Uhr an sorgfältig im Hause zurückzuhalten. Bürger mit weißen Armbinden, theils mit Säbeln, theils mit Stäben bewaffnet, durchzogen zur Aufrechthaltung der Ordnung die Stadt, ohne daß sie Veranlassung gehabt hätten, irgendwie einzuschreiten.

Tags darauf erschien eine neue Proclamation, welche im Ganzen mit der vom Cabinetsrath von Münchhausen vorgelesenen Schrift übereinstimmte, in einzelnen Puncten jedoch so wenig präcise abgefaßt war, daß es der Böswilligkeit gelang, unter der aufgeregten Bürgerschaft den Glauben zu verbreiten, die Tags zuvor gemachten Concessionen seien zurückgenommen Da dem Könige von verschiedenen Seiten der Wunsch vorgetragen wurde, die Wühlereien der Agitatoren, welche um jeden Preis das gute Einvernehmen zwischen Fürsten und Volk zu trüben suchten, durch eine wiederholte Erklärung zu Schanden zu machen, so erklärte der König in einer Allerhöchsten Mittheilung an den Magistrat und die Bürgervorsteher, daß er keinen Anstand nehme, den Inhalt jener Mittheilung als Seine Königliche Entschließung anzuerkennen, „und", fügte der durch das schnöde Mißtrauen gekränkte Monarch hinzu, „Ich hätte geglaubt, daß diese Erklärung nicht nöthig sein würde, da jeder Hannoveraner wissen sollte, daß Ich, was Ich sage, vorher überlege, aber dann auch halte."

Am 20. März, an dem Tage, als in Hannover die Nachricht von dem Aufruhr in Berlin und seinen unerwarteten Folgen eintraf[1], erschien folgende Proclamation Sr. Majestät des Königs:

„Hannoveraner! Auf viele eingegangene Vorstellungen habe ich bereits die Censur aufgehoben, die Öffentlichkeit der Ständeversammlung gestattet, das Associationsrecht anerkannt, die erbetene Amnestie und Rehabilitation der wegen politischer Vergehen Verurtheilten, wie hiemit geschieht, gewährt und wegen mehrerer anderer Punkte Euch weitere Erwägungen und

---

[1] In Berlin begann die Bewegung mit einer Volksversammlung am 5. März, in welcher eine Petition an den König mit den bekannten Forderungen beschlossen wurde. Seit dem 13. erneuern sich die Versammlungen, welche wiederholtes Einschreiten des Militairs nöthig machen. Am 14. Königl. Patent, welches den vereinigten Landtag auf den 27. April einberuft. Am 17. Aufhebung der Censur. Am 18. April Königl. Patent, welches den vereinigten Landtag auf den 2. April einruft. An demselben Tage Straßenkampf, angeblich durch ein Mißverständniß veranlaßt. Am 19. Proclamation „An meine lieben Berliner." Die aus anderen Garnisonen herbeigezogenen Truppen verlassen Berlin. Bekanntmachung, daß Graf Arnim mit der Bildung eines

Verhandlungen versprochen; aber Ich kann nicht mehr thun, bis die Stände versammelt sind, und habe befohlen, daß Alles, was nöthig ist, soll alsdann bereit sein. Insbesondere will ich bei den gegen früher wesentlich veränderten Verhältnissen im gesammten Deutschland an die Stände Anträge auf Abänderung der Landesverfassung richten, welche auf Verantwortlichkeit der Minister gegen das Land und auf Vereinigung der Königlichen und Landescasse begründet werden sollen. — Ich ermahne Euch Alle, die fernere Entwickelung der Verhältnisse mit Ruhe und ohne Störung der gesetzlichen Ordnung zu erwarten."

"Hannover, den 20. März 1848.

Ernst August."

An demselben Tage war der Geheime Rath von Falcke auf sein Ansuchen des Dienstes, unter Bewilligung von Pension, in Gnaden entlassen, und sämmtliche Vorstände der Königlichen Ministerial-Departements hatten ihre Entlassung eingereicht, welche von Sr. Majestät dem Könige angenommen wurde. An die Spitze des neuen Cabinets trat dem Namen nach als Minister des Auswärtigen Graf von Bennigsen, der seine Berufung wohl hauptsächlich dem Umstande dankte, daß er in der letzten Ständeversammlung mehr oder weniger sich der

---

neuen Cabinets beauftragt sei. Die Bürgerbewaffnung genehmigt. Abends beginnt der Ausmarsch der die Garnison von Berlin bildenden Gardetruppen. Am 20. Amnestie für politische und Preßverbrechen und Vergehen. Triumphzug der durch die Amnestie aus den Gefängnissen befreiten Posener Verschwörer. Am 21. Proclamation des Königs, in welcher derselbe erklärt: Rettung aus der Gefahr kann nur aus der innigsten Vereinigung der deutschen Fürsten und Völker unter einer Leitung hervorgehen. Ich übernehme heute diese Leitung für die Tage der Gefahr u. s. w. Der König durchreitet mit den deutschen Farben geschmückt, die Straßen, und befiehlt der Armee, „da Ich Mich ganz der deutschen Sache widme und in der Theilnahme Preußens eine entschiedene Förderung derselben erblicke, so bestimme Ich, daß die Armee sogleich neben der preußischen die deutsche Kokarde anzustecken hat."

liberalen Partei angeschlossen zu haben schien. Die eigentliche Seele des neuen Cabinets, nach welchem dasselbe auch stets bezeichnet wurde, war dagegen als Vorstand des Innern der Bürgermeister Dr. Stüve von Osnabrück. Die übrigen Ministerial-Vorstände waren Lehzen (Finanzen), von Düring (Justiz), Braun (geistliche und Unterrichts-Angelegenheiten), und aus dem alten Cabinet war der provisorische Inhaber des Kriegs-Ministeriums, General Prott, geblieben.

Wohl mag es dem Herzen des greisen Königs einen schweren Kampf gekostet haben, Stüve, der in dem erbitterten Streite um das Staats-Grundgesetz als der unermüdlichste Vorkämpfer stets in erster Reihe gestanden, jetzt zum Rath der Krone zu berufen. Allein seitdem auch in Berlin die Revolution siegreich aus dem Kampfe gegen den Thron hervorgegangen, seitdem auch dort die „neue Ära" von den Sturmglocken der Revolution eingeläutet war, welche das „Volk" zur Auflehnung gegen die gesetzliche Ordnung anfeuerten, gab der König dem Drange der Umstände nach; er wollte lieber den Kampf mit seinem Königlichen Stolze, mit seinem Herzen kämpfen, als mit dem irregeleiteten Volke. Die Ernennung Stüve's ließ keinen Zweifel darüber aufkommen, daß man mit der Vergangenheit brechen wolle und mit einem Schlage ein Gebäude beseitigen, zu dessen Aufbau lange Jahre nothwendig gewesen waren.

Das am 22. März veröffentlichte Programm des s. g. März-Ministeriums entsprach vollkommen den Hoffnungen der Freunde des Stüve'schen Systems, den Befürchtungen seiner Gegner. Das Ministerium erklärte nämlich: „Nachdem Se. Majestät der König durch die veröffentlichten Erklärungen, Aufhebung der Censur, Amnestie und Rehabilitation der wegen politischer Vergehen Verurtheilten, Associationsrecht, Öffentlichkeit der ständischen Verhandlungen, Vereinigung der Königlichen und Landescassen, sowie Verantwortlichkeit der Minister gegen das Land zu bewilligen und darauf die Unterzeichneten zu Vorständen der Ministerien zu ernennen geruht haben, sind von Allerhöchstdemselben noch folgende weitere Grundsätze, denen auch Se. Königl. Hoheit der Kronprinz Beistimmung ertheilt haben, genehmigt worden:

1) Maßregeln zur Einigung Deutschlands und zur Erreichung einer Vertretung des Volks beim deutschen Bunde, in verfassungsmäßigem Wege;

2) Verbesserung der Gerichtsverfassung, Trennung der Rechtspflege von der Verwaltung, Aufhebung des befreiten Gerichtsstandes;

3) Öffentlichkeit und Mündlichkeit des Verfahrens in bürgerlichen und peinlichen Sachen, sowie Schwurgerichte bei letzteren;

4) Zulassung des Rechtsweges als Recursinstanz in Polizeistrafsachen und wegen aller Handlungen der Verwaltungsbehörden, wenn sie ihre Zuständigkeit überschreiten;

5) größere Selbständigkeit der Landgemeinden und Aufhebung aller Befreiungen von Gemeindelasten;

6) Erlassung einer Städteordnung für das Königreich, und zwar auf den Grundlagen: Polizei-Verwaltung durch den Stadt-Magistrat, Einschränkung des Erfordernisses der Bestätigung auf die stimmführenden Mitglieder des verwaltenden Magistrats und des Stadtgerichts, dergestalt, daß die Bestätigung nur aus gesetzlich zu bestimmenden Gründen soll verweigert werden dürfen; Beschränkung des Oberaufsichtsrechts in städtischen Angelegenheiten; Befugniß zur öffentlichen Verhandlung über dieselben. — Die nöthigen Maßregeln zur Ausführung dieser Grundsätze werden ungesäumt ergriffen werden. Dazu bedarf es der Mitwirkung der Stände, die sich in wenigen Tagen versammeln werden. Die Unterzeichneten werden alle ihre Kräfte aufbieten, um in Gemeinschaft mit ihnen

das vorgesteckte Ziel zu erreichen. Möge ihnen dazu der Beistand Aller zu Theil werden, welche hier mitzuwirken berufen und im Stande sind."

Das war das Programm, dessen Durchführung Veranlassung zu einem Kampfe gab, der fast ein Jahrzehnt die Gemüther Aller in Aufregung hielt.

§. 3.

Rundschau im Lande.

Die Führer der Bewegung. Celler Emissäre. Wie man Petitionen fabricirt. Der Auszug der Studenten aus Göttingen. Aufruhr in Hildesheim. Excesse in Loccum, St. Andreasberg und Clausthal.

Bevor wir zu der Darstellung der Abänderungen übergehen, welche das Landesverfassungsgesetz von 1840 in Folge der Märzereignisse, angeblich auf verfassungsmäßigem Wege, erlitten, wird es nöthig sein, eine Rundschau in Stadt und Land zu halten, da die politischen Ereignisse die ständischen Verhandlungen wesentlich beeinflußten. Glücklicher Weise haben wir nicht solche Gräuel- und Blutscenen zu berichten, von denen die Annalen anderer Länder in jener Zeit auf jeder Seite erzählen. Die Provocationen der Agitatoren, deren sehnlichster Wunsch dahin ging, blutige Conflicte mit der bewaffneten Macht herbei zu führen, um mit dem vergossenen Blute die Fahne der Empörung einzuweihen, scheiterten an der ruhigen Besonnenheit des Militärs, und wo ausnahmsweise ein bewaffnetes Einschreiten nothwendig wurde, erfolgte dieses stets mit einer solchen Schonung, aber doch mit solcher Entschiedenheit, daß die Tumultuanten schnell das Feld räumten, da sie sich sofort überzeugen mußten, daß sie durchaus keine Unterstützung ihrer verbrecherischen Pläne von Seiten der Bevölkerung fanden.

Bei alle den Wühlereien und Hetzereien gegen die Regierung ist es nicht genug zu bewundern, daß die Excesse, deren Opfer in den meisten Fällen nur in einigen Dutzend Fensterscheiben bestanden, nicht einen bedrohlicheren Charakter annahmen.

Hätte wirklich eine allgemeine Unzufriedenheit im Lande geherrscht, und solcher Grund zur Klage vorgelegen, wie die „Patrioten" behaupteten, wahrlich, es wäre nicht bei solchen Straßenkrawallen geblieben. In jeder Stadt und in jedem Städtchen schürten einzelne Unzufriedene die Aufregung, welche sie künstlich erzeugt; sie geizten nach dem Beifall der Menge und träumten nur von Bürgerkronen. Jede Stadt hatte ihren kleinen Dictator, und sollte es auch nur ein Schuster sein, der sich über seinen Leisten verstiegen, oder ein Schneider, der das ungerechte Vorurtheil gegen seinen Stand durch zornige Courage auszurotten geschworen. Die Osteröder Demokraten blickten mit Stolz auf den Tischlergesellen Wolf, der so herrliche Freiheitsgebete hielt, und die Northeimer trösteten sich über den Ruhm der Nachbarstadt nur damit, daß sie den Schuster Riehl in ihren Mauern wußten; Hameln rühmte sich des Liqueur-Fabrikanten Cruse und des Rectors Theilkuhl, und die Emdener Demokraten hielten ihren Dr. Jung allein für fähig, die Gebrechen der Zeit zu curiren, zumal wenn ihn der Geneverfabrikant Meyer mit seinen Hausmitteln unterstützte. In Aurich gründete der Collaborator Miquèl ein Blatt, die „Zeitschwingen", durch welches er die Auricher eine Zeitlang in Aufregung hielt, bis sie es schließlich müde wurden, tagtäglich von der schwindelnden Höhe der Phrasen in das gelobte Land hinunter zu blicken.

In Celle[1] trat im Anfange des Monats März der Ad-

---

[1] Sehr charakteristisch für den Zustand in Celle ist ein Inserat des Dr. F. L. Meyer, (in der 2. Extrabeilage zu Nr. 98 der Celler Anzeigen) welcher eine Belohnung von 50 Thaler darauf setzte, wenn ihm Jemand den Beweis bringe, daß er Reactionär sei. „Dieser unverdiente Vorwurf fordert mich zu Gegenmaßregeln auf. Wenn ich die Wahl habe zwischen einem Mörder und Reactionär, so will ich lieber das erste sein, denn dann stehe ich — bis zur Einführung der Blutrache — unter dem Gesetz und werde höchstens geköpft, während ich als Reactionär mich einer zweideutigen Vogelfreiheit zu erfreuen und nicht allein jeden Menschen, sondern auch das ganze Mineralreich zu fürchten habe" u. s. w.

vocat Dr. Gerding, dem größeren Theile des Publicums wohl ziemlich unerwartet, als leidenschaftlicher Volksführer auf. Allgemein schrieb man seinem Ehrgeize die Hoffnung zu, sich eines schönen Tages ein Portefeuille zu erobern, so daß selbst seine Anhänger ihn spottend den "Minister von Winsen" nannten. Wie gering sein Einfluß übrigens war, beweist am Besten der Umstand, daß er es nicht einmal durchsetzen konnte, die bescheidene Rolle eines Substituts-Condeputirten zu erhalten. Den Fähigkeiten des Führers entsprachen vollkommen diejenigen seiner Adjubanten, des Schneidermeisters Rödermeyer, des Schlossers Pickert, der Kaufleute Carl Diedrichs, Görz, Schreck, u. s. w.

Eine Taktik betrieb jedoch an keinem Orte die s. g. Volkspartei mit solchem Erfolge als in Celle; sobald es nämlich darauf ankam, eine Versammlung zu veranstalten, wurden mit großem Geschick alle möglichen beunruhigenden Gerüchte über die ganze Stadt verbreitet, um die Leute erst aus den Häusern und dann in die Versammlungen zu locken, ein Manöver, das selten fehlschlug. Sodann wurde von keinem Orte das Emissärwesen so schwunghaft betrieben, als von Celle aus. Wo es galt, eine Demonstration zu veranstalten, da waren es regelmäßig Emissäre aus Celle, welche in dieser Richtung hin thätig wurden. So bereiste z. B. der Sattlermeister Bertz und der Kaufmann Westphal die Flecken Fallersleben und Bodenteich zu diesem Zwecke. In Ülzen debütirte der Cassirer Hostmann, in Einbeck der Advocat Lauenstein, in Osterode der Kaufmann Kaufmann, welcher sich durch eine vom Magistrate und Bürgervorsteher-Collegium unterschriebene Vollmacht zu seiner "Mission" legitimirte. In Münden erschien als außerordentlicher Botschafter ein Schneidermeister Klüppel, in Gronau der Kaufmann Kappmeier und der Uhrmacher Schnell, und in Soltau ließ der Dr. Gerding sogar durch den Ausrufer sämmtliche Bürger bei schwerer Strafe nach dem Rathhause citiren, um sie zu veranlassen, sich zu bewaffnen u. s. w.

In dem Landdrosteibezirke Stade agirten namentlich der Dr. jur. Freudentheil, der Dr. Wyneken und der Hauptmann a. D. Böse als politische Commis voyageurs.

Im Göttingenschen waren der Dr. Plathner, Dr. Volger, stud. Velde, stud. Schläger und der Musiklehrer Wachsmuth am thätigsten bei der Bearbeitung des Landvolks.

Im Calenbergschen gaben der Dr Mensching aus Hannover in diesem Fache Gastrollen und der Halbmeier Lampe, welcher sich seine Instructionen aus Hildesheim holte. Der Dr. Schröder, der damalige Redacteur des „Hannoverschen Volksblattes", der Advocat Detering, der Hüttenbesitzer Julius Meyer zu Beckerode u. A. holten sich sogar ihre politische Weisheit von dem Berliner Demokraten-Congresse[1] und verwertheten sie unter stürmischem Beifall in den Volksversammlungen.

Dem Dr. v. d. Horst II. in Rotenburg genügte aber diese Form der Propaganda noch bei Weitem nicht; er setzte ein Mittel in Scene, durch welches er an zwanzig, dreißig Orten zu gleicher Zeit Aufregung verbreitete. Er verfaßte nämlich für eine ganze Anzahl von Gemeinden Petitionen, ließ dieselben drucken und forderte in einem gedruckten Schreiben die Dorfschaften auf, die Bittschriften möglichst zahlreich zu unterschreiben und an die allgemeine Ständeversammlung zu adressiren. Obgleich in dem Begleitschreiben ausdrücklich hervorgehoben war, „daß Ausgaben und Kosten mit der Petition nicht verbunden seien", und auf den Erfolg hingewiesen wurde, welchen in früheren Jahren solche Bittschriften gehabt, war der größte Theil der Gemeinden undankbar genug, die Beglückungsversuche des Herrn v. d. Horst II. mit Protest zurückzuweisen und zu erklären: wenn sie Petitionen einreichen wollten, so

---

[1] Am 26. October 1848. Daselbst wurde eine Copie von Robespierre's Erklärung der Menschenrechte angenommen und ähnliche Beschlüsse gefaßt. Als Hauptmatadore fungirten daselbst: Bayrhofer, Ruge, Wislicenus und Andere.

brauchten sie sich dieselben nicht von einem Advocaten aufdringen zu lassen, da sie selbst am Besten wüßten, wo sie der Schuh drücke.

Daß die Ereignisse, welche fast ganz Europa erschütterten, auch auf die Gemüther der Studirenden in Göttingen einen gewaltigen Eindruck ausübten, ist leicht erklärlich. Schon seit längerer Zeit waren Studentenversammlungen auf dem „Rohns" gehalten, in denen die exaltirtesten jungen Leute politische Reden hielten, welche die Commilitonen mit der größten Ruhe hinter ihren Bierflaschen anhörten. Als die Versammlungen immer zahlreicher besucht wurden, die Reden immer lauter und aufgeregter klangen, ließ der derzeitige Prorector, Hofrath Dr. Franke, einige Studenten, welche einen großen Einfluß unter der Studentenschaft besaßen, zu sich kommen, um ihnen an das Herz zu legen, daß kein Unfug bei den Versammlungen stattfinde. Dieser verständige Schritt des sehr beliebten Lehrers trug ohne Zweifel viel dazu bei, daß jeder Exceß vermieden wurde; die Studenten hielten es für eine Ehrensache, das Vertrauen zu rechtfertigen, und von den Reden abgesehen, deren Bedeutung und Tragweite freilich weder die Redner noch die Zuhörer mit der Goldwage maßen, sondern als eine amüsante Unterhaltung betrachteten, verlief Alles in der schönsten Ordnung, bis ein ganz unerwarteter Vorfall mit einem Male die Studentenschaft und die ganze Stadt in die furchtbarste Aufregung versetzte.

Am Sonnabend Abend (11. März) feierten die verschiedenen Corps auf dem „Kaiser" ihren Abschieds-Commers. Nach Beendigung desselben zogen einzelne Trupps, wie das nach einem jeden Commers zu geschehen pflegte, singend in die Stadt. Auf der Weenderstraße trifft der Chef der Polizei, der Dr. Heinze, einen solchen Haufen Studenten an und fordert ihn auf, ruhig nach Hause zu gehen. Hin- und Herreden von beiden Seiten, Aufforderung im Namen des Königs, sich sofort zu entfernen, und als die halbbetrunkenen Studenten zaudern, giebt der Dr. Heinze den anwesenden Landgensd'armen den Befehl, einzuhauen. Seit langen Jahren erschallt zum ersten Male wieder das „Burschen heraus"; mehrere hundert Studenten sammeln sich und ziehen unter lautem Geschrei nach dem Hause des Prorectors, der krank darniederlag, jedoch sofort erschien und die Studierenden zur Ruhe ermahnte. Inzwischen hatten die Gensd'armen ihre Pferde geholt, und als die üblichen Aufforderungen, sich zu entfernen, ohne Erfolg blieben, machten dieselben zum zweiten Male vor dem Hause des Prorectors von ihren Waffen Gebrauch. Wenn auch der Befehl des commandirenden Officiers dahin gegangen war, nur mit flacher Klinge einzuhauen, und die Gensd'armen stets das rücksichtsvollste Betragen gegen die Studenten beobachtet hatten, so konnte es doch in dem Gedränge nicht ausbleiben, daß auch einzelne scharfe Hiebe fielen, welche ein paar Studenten, namentlich einen stud. jur. von Düring ziemlich bedeutend verwundeten und die halbbetrunkenen Studenten zur höchsten Wuth entflammten. Glücklicher Weise leisteten dem „Burschen heraus" im Ganzen nur wenige Studenten Folge, da die progressistischen Verbindungen auf dem „Rohns" commercirten und erst in die Stadt zogen, als die Ruhe schon ziemlich wieder hergestellt war.

Bei Tagesanbruch hielten der Senioren-Convent und später die Corps-Convente Sitzungen, um zu berathen, was zu thun sei. Der Beschluß lautete dahin, sich nach Beendigung des Gottesdienstes bewaffnet vor der Aula einzufinden, um die Entfernung des Polizei-Chefs zu erzwingen. Später gelang es glücklicher Weise einigen besonneneren Studenten, daß der Beschluß dahin modificirt wurde, vorläufig ohne Waffen zu erscheinen; den Progressisten wurden die Beschlüsse mitgetheilt, und sie erklärten sich ebenfalls bereit, daselbst zu erscheinen. Gegen 11 Uhr strömte die gesammte Studentenschaft nach dem Wilhelmsplatze vor die Aula, als plötzlich die Nachricht sich verbreitete, die Northeimer Cuirassiere seien so eben in das Weenderthor eingezogen. Sofort drängte Alles in die Aula, der Wärter mußte den großen Versammlungssaal öffnen, um dort zu berathen. Bald erschien der Prorector mit mehreren Professoren und bot alle Beredsamkeit auf, die Studenten zu beruhigen. "Heinze fort, Militär hinaus!" das waren die stürmischen Rufe, die lange Zeit hindurch von allen Seiten als Antwort erschollen. Endlich beruhigte das Versprechen des Prorectors, die Beseitigung des Militärs zu verlangen, die aufgeregte Menge, die sich schließlich nach jenen erhaltenen Zusagen zerstreute. Nachmittags 2 Uhr hielt der Magistrat mit den Bürgervorstehern eine Sitzung auf dem Rathhause. Sämmtliche Studenten und tausende von Bürgern wogten auf dem Markte und den Straßen auf und nieder, mit brennenden Cigarren im Munde, die bis dahin ein von den Pedellen eifrigst verfolgter Artikel waren. Plötzlich durchlief die Nachricht die Menge, das Militär würde abziehen; ein lautes Hurrah begrüßte die Botschaft, und Alles drängte nach dem Weenderthore, um den Abzug anzusehen.

Bald darauf reiste eine Deputation von Professoren nach Hannover, um Sr. Majestät die Bitten der Studentenschaft vorzutragen, welche namentlich die Gestattung von Verbindungen, Tragen von Farben u. s. w. betrafen. Wegen der Krankheit Sr. Majestät konnte die Deputation keine Audienz erhalten, und der Königliche Commissär die Untersuchung nicht so schnell beendigen, als der jugendliche Ungestüm verlangte. Einem früheren Beschlusse gemäß versammelte sich deshalb die gesammte Studentenschaft am 17. März auf dem Markte, um die Stadt zu verlassen. Schlag 12 Uhr setzte sich der Zug in Bewegung; an dem großen Brunnen waren fast alle Professoren versammelt, und als die Ersten des Zuges naheten, entblößten sie sämmtlich ihre Häupter, bis der ganze Zug vorüber gezogen. Hunderte von Bürgern begleiteten die Studenten bis nach Bovenden; in Northeim blieb ein großer Theil derselben über Nacht, um sich am folgenden Tage in ihre Heimath zu begeben. Schon nach kurzer Frist machte der Prorector in öffentlichen Blättern bekannt, daß der damalige Polizei-Dirigent, welcher sein Amt sofort niedergelegt hatte, definitiv von seinem Posten enthoben sei, und die Petition über Gestattungen von Verbindungen und allgemeinen Versammlungen durch eine Verordnung vom 8. April 1848 genehmigt worden. Am 1. Mai kehrten die Studenten im Triumphzuge nach Göttingen zurück, welche von den gastfreien Bürgern der Stadt Northeim eingeladen waren, sich dort zu versammeln. Die ganze Stadt war mit Guirlanden, Fahnen und Inschriften geschmückt, und verschiedene Deputationen empfingen die Heimkehrenden, welche sich zuerst in die Aula begaben, woselbst sie der Prorector mit einer Anrede begrüßte. Am Abend gab die Bürgerschaft den Studenten ein Essen in den Räumen des Reithauses, und eine Illumination der Stadt bildete den Schluß dieser Episode.

An keinem Orte trat die Wühlerei der s. g. Patrioten frecher auf, als in Hildesheim. Ohne Scheu wurden auf dem Marktplatze die aufreizendsten Reden gegen den Magistrat und gegen die Personen der beiden Bürgermeister gehalten, und zwar mit solchem Erfolge, daß beide, um das Leben zu retten, ihre Dienstthätigkeit aufgeben mußten, und in Folge dessen die Verwaltung der städtischen Polizei und Administration einer ganz kraftlosen Behörde überlassen blieb. Sodann bildete sich der s. g. Bürger-Club, in welchem einzelne Mitglieder es sich angelegen sein ließen, die Massen durch ihre Reden zur Wuth gegen verschiedene Beamte und gegen die Behörden zu entflammen. Fortwährende Versammlungen zum Zweck von Petitionen und Deputationen steigerten von Tage zu Tage die Aufregung. Personen, welche sich dem anarchischen Treiben anzuschließen weigerten, wurden auf offener Straße thätlich gemißhandelt, Nachts wurden Häuser angegriffen, rohe Volksaufläufe zwangen den Landdrosten von Landesberg zu verschiedenen Erklärungen und Concessionen, so daß auch die Wirksamkeit der Landdrostei völlig aufhörte. Der gemeinste Auswurf übte die Herrschaft und tyrannisirte die Einwohner auf die pöbelhafteste Weise. Ehemalige Sträflinge und Bordellwirthe spielten die Anführer von Banden, welche sich, mit Pistolen, Dolchen und Messern bewaffnet, lärmend und tobend des Nachts auf den Straßen umhertrieben. Wenn auch die ruhigen Bürger eine s. g. Bürgerwehr bildeten, so wurde die Kraft derselben doch von Anfang an dadurch gelähmt, daß jene Bandenführer mit ihrem Anhange in dieselbe aufgenommen wurden, und der größte Theil der gelieferten Waffen in die Hände des niedrigsten Pöbels fiel. Die vielberühmte Redefreiheit war unterdrückt, jede mißliebige Äußerung eines ruhigen Bürgers, der dem schmählichen Treiben entgegen zu treten wagte, wurde von den Aasvögeln der Revolution mit Gelderpressungen bestraft, oder mit Mißhandlungen vergolten.

Endlich schritt die Regierung ein. Am 16. April faßte die Justizcanzlei zu Hildesheim den Entschluß, den muthmaßlichen Rädelsführer der Bewegung, den Advocaten Weinhagen, wegen dringenden Verdachts mehrerer Verbrechen, und namentlich wegen Anstiftung zum Aufruhr, verhaften zu lassen. Der außerordentliche Regierungsbevollmächtigte, Regierungsrath Starcke, welcher sich seit einiger Zeit zur Herstellung der Ordnung in Hildesheim aufhielt, wurde von dem Beschluß in Kenntniß gesetzt und begab sich sofort zu dem commandirenden Officier, um mit ihm die Maßregeln für die Aufrechterhaltung der Ordnung zu berathen, erfuhr jedoch von diesem, daß er erst dann einschreiten könne, wenn die Bürgerwehr die Ruhe nicht aufrecht erhalten könne, oder wolle.

Am andern Morgen brachte der inzwischen nach Hannover gereiste Regierungsbevollmächtigte von dort die Nachricht zurück, daß die Verhaftung Weinhagen's, der sich damals als Condeputirter in Hannover aufhielt (§. 5), nahe bevorgestanden, und daß, gleichzeitig mit der Nachricht von der Verhaftung, eine hinreichende Truppenabtheilung eintreffen werde, um einen etwaigen Aufstand zu unterdrücken. Inzwischen waren die Führer der Bürgerwehr zu einer Versammlung berufen, in welcher sich eine Gerichts-Commission in Begleitung des Regierungsbevollmächtigten und der Chef der städtischen Polizei einfanden. Der Bevollmächtigte theilte den Erschienenen mit, daß gegen Weinhagen und Complicen eine Criminal-Untersuchung beschlossen sei, und requirirte sie, durch den Chef der Polizei die Verhaftung dreier übelberüchtigter, in die erwähnte Untersuchung verwickelter Personen zu realisiren. Wie es aber fast überall ging, wo die Bürgerwehr energisch einschreiten sollte, so auch hier. Alle möglichen Bedenken wurden gegen die Requisition erhoben; man hielt die Verhaftung nicht für nothwendig, man fürchtete in Folge derselben einen Aufruhr u. s. w. Im Übrigen, d. h. nachdem sie die Hauptsache verweigert hatten, erklärten sich die Führer bereit, der Anarchie nach Kräften entgegen zu treten. Zu gleicher Zeit theilte der Bevollmächtigte ihnen mit, daß jeden Augenblick die Nachricht von der Verhaftung Weinhagen's eintreffen könne, und ließ sich von ihnen durch einen Handschlag Verschwiegenheit geloben und das Versprechen geben, sofort Patrouillen aus zuverlässigen Leuten zu bilden, aber **keinen** Generalmarsch zu schlagen. Wie das feierliche Versprechen gehalten wurde, zeigte die nächste Viertelstunde.

Kaum hatte sich die Gerichts-Commission in Weinhagen's Haus begeben und die Versiegelung der Papiere begonnen, als ein wüthender, bewaffneter Volkshaufe in das Haus drang und die Vornahme des Acts gewaltsam hinderte. Inzwischen lief das Gerücht von Weinhagen's Verhaftung schon von Mund zu Mund; der Generalmarsch wurde geschlagen, die Sturmglocken geläutet, und die wildeste Empörung hatte Platz gegriffen. Die Truppen von Hannover waren noch nicht eingetroffen, die vorhandenen zu schwach, um einen entschiedenen Schlag zu unternehmen. Unter fortwährendem Läuten der Glocken strömten Massen von Gesindel mit Äxten, Mistgabeln u. s. w. bewaffnet, von den nächsten Dörfern in die Stadt, um sich mit den dortigen Banden zu vereinigen. Der Landdrost von Landesberg, welchen der Pöbel irrig als den Urheber der Verhaftung bezeichnete, wurde aus seinem Hause gerissen, geschlagen, gestoßen, und nur mit Mühe konnten ihn einige rechtliche Bürger vor weiterer Gewaltthätigkeit schützen und als Gefangenen in Weinhagen's Haus führen. Thüren, Fenster und Möbeln in der Wohnung des Landdrosten wurden zerschlagen. Die Bürger, welche sich ruhig zu Hause hielten, wurden aus den Häusern geholt und gezwungen, sich den halbbetrunkenen Rotten der Aufrührer anzuschließen. Ein großer, bewaffneter Haufe rückte vor das Gebäude der Justizcanzlei und lud dort unter Trommelschlag die Flinten. Eine Deputation der Bürgerschaft, in Begleitung des Regierungsbevollmächtigten, erschien bald darauf in dem Vorzimmer des Gerichts und stellte den dringenden Antrag, die Justizcanzlei möge den gegen Weinhagen erlassenen Haftbefehl zurücknehmen, um die Stadt vor den Gräueln der wüthenden Volksmassen zu bewahren. Inzwischen war ein bewaffneter Haufe in das Vorzimmer des Geschäftslocals gedrungen und verhöhnte die Aufforderung, das Local zu verlassen.

Als darauf der Regierungsbevollmächtigte zu Protokoll gegeben, daß er es im Interesse der Regierung für durchaus nothwendig erachte, der Gewalt nachzugeben, um so das Leben des gefangenen Landdrosten zu retten und das Leben der Mitglieder der Canzlei nicht auf das Spiel zu setzen, und deshalb um eine schleunige Aufhebung des Haftbefehls bitte, schritten die sechs anwesenden Mitglieder der Canzlei zur Berathung.

Das Resultat derselben ergab drei Stimmen für, drei gegen den Antrag, so daß also bei der Parität kein Beschluß zu Stande gekommen war. Um das einzige in der Stadt noch anwesende Mitglied zur Entscheidung herbeizurufen, wurde ein Auditor, von einer Wache begleitet, nach dem Hause desselben gesandt. Als inzwischen der bewaffnete Haufe zu wiederholten Malen stürmisch eine Entscheidung verlangte, wurde ihm schließlich eröffnet, daß wegen entstandener Parität keine Entschließung gefaßt werden könne. Jetzt entfernten sich die Aufrührer unter lauten Drohungen. Kaum auf die Straße gelangt, wurden sie von einer andern Rotte zurück gedrängt, und die ganze Masse wälzte sich in das Gebäude zurück; die Thür des Sitzungs-Zimmers wurde aufgerissen, und ein bewaffneter Haufe stürzte hinein. Unter der Drohung eines fürchterlichen Blutbades verlangten die Anführer die Zurücknahme des Haftbefehls. Ein entlassener Zuchthaussträfling ergriff den Director des Collegs bei der Schulter und schrie ihm laut in die Ohren: "Wollen Sie den Mord auf sich nehmen?" In diesem Augenblick erschien endlich das herbeigeholte Mitglied des Collegs, und dem beharrlichen Verlangen des Collegiums gelang es, die Rotte zu bewegen, für einen Augenblick das Zimmer zu verlassen. Bei der Berathung, welche nun unter fortwährendem Läuten der Sturmglocken und dem Rasseln der Trommeln Statt fand, entschied sich das Collegium für die Zurücknahme, indem die Majorität sich von der Erwägung leiten ließ, daß man auf diese Weise allein das Leben des gefangenen Landdrosten und der Mitglieder des Collegs retten könne, und die Zurücknahme die einzige Möglichkeit enthalte, das Landes-Archiv und die verschiedenen Registraturen vor Zerstörung zu schützen. Als den Meuterern der Beschluß mitgetheilt war, verlangten sie eine schriftliche Zusicherung, die ihnen dahin ausgestellt wurde: "Im Rechtswege könne das Haftdecret nicht zurückgenommen werden, doch weiche das Collegium der Gewalt, und würde die Haftentlassung des Weinhagen verfügen."

Beim Einbruch der Nacht begann der Pöbel aufs Neue seine Excesse; Barrikaden wurden gebaut, Häuser demolirt, und betrunkene Rotten fingen an, Arrestationen vorzunehmen. Mehrere Beamte, z. B. der Justizrath von Schwarzkopf, der Canzleidirector von Avemann, der Amtmann Lüder, der Amtsassessor Küper, der Canzleisecretär Süstermann, wurden aus ihren Häusern gefangen fortgeführt; die Frauen mit der pöbelhaftesten Gemeinheit beleidigt und jeder Unfug getrieben, welchen die roheste Brutalität nur ersinnen kann, bis endlich gegen 4 Uhr Morgens Ruhe eintrat, weil die taumelnden, betrunkenen "Patrioten" sich nicht mehr aufrecht halten konnten.

Inzwischen waren die nöthigen Truppen vor Hildesheim angelangt, um mit Waffengewalt dem Aufruhr ein Ende zu machen; die Operation würde schon Nachts haben beginnen können, wenn nicht der Civilcommissär, Justizrath Isenbart, welcher zum mündlichen Bericht nach Hannover gereist war, sich von dem Generalmajor Rettberg die Versicherung hätte geben lassen, vor seiner Rückkehr nicht militärisch einzuschreiten. Da die verletzte Autorität der Königlichen Regierung es nicht duldete, irgend welchen Aufschub in den beschlossenen Maßregeln eintreten zu lassen, so wurde das dem Justizrath Isenbart ertheilte Commissorium dem Schatzrath Rasch, und das Commando der Truppen dem Oberstlieutenant Jacobi für den Fall übertragen, daß die Zurückgabe des Versprechens nicht so schnell realisirt werden könnte, daß noch an demselben Tage der Angriff auf Hildesheim stattfinde. Nachmittags erschien auf dem Altstädter Markte ein Officier mit einem Trompeter der Garde du Corps und verkündete die nachstehende Ordre des Oberstlieutenant Jacobi:

„Infanterie-Caserne vor Hildesheim, den 18. April 1848.

„An die Bürger der Stadt Hildesheim!

„Im Namen Sr. Majestät des Königs fordere ich die Einwohner der Stadt Hildesheim hierdurch auf, sich noch heute, binnen einer halben Stunde, unbedingt dem Gesetze zu unterwerfen, sämmtliche Waffen auf dem Platze vor der Caserne abzuliefern, die in Haft genommenen Staatsdiener ebendaselbst auf ehrenvolle Weise abzuliefern, und mir die genügende Garantie der Vollziehung der obigen Befehle zu leisten.

„Ist mir bis zu" der oben bestimmten Zeit diese Garantie der unbedingten Unterwerfung nicht vollkommen geworden, so werde ich von den mir anvertrauten Waffen den vollständigsten Gebrauch machen, und hat sich die Stadt Hildesheim die Folgen selbst beizumessen.

„Wenn irgend einer Person in Hildesheim das geringste Leid geschieht, so haften alle übrigen Einwohner mit ihrem Kopfe dafür. Hildesheim, den 18. April.

C. Jacobi, Oberstlieutenant."

Die Bürger Hildesheims, welche an der Probe von „Freiheit", welche ihnen der Pöbel bringen wollte, vollkommen genug hatten, folgten willig der Aufforderung; die Waffen wurden abgeliefert, die Barrikaden weggeräumt, und Nachmittags zog das Militär ungehindert in die Stadt.

Die Verhaftung Weinhagen's wurde in Hannover am 17. Nachmittags in dem Gasthofe zum „Römischen Kaiser" vorgenommen; als jedoch der Regierungsrath Starcke mit dem oben erwähnten Schreiben der Hildesheimer Justizcanzlei hier angekommen, entließ das Amt Hannover sofort den Verhafteten. Sobald das Ministerium des Innern von der erzwungenen Schrift der Justizcanzlei und der Haftentlassung Weinhagen's in Folge derselben Nachricht erhalten, wies es den Stadtdirector Evers an, durch die Bürgerwehr sowohl Weinhagen als diejenigen zu verhaften,¹ welche zu dessen Befreiung nach Hannover gekommen waren. Als Weinhagen am 25. Juli vorläufig seiner Haft entlassen wurde,² beeilte sich sein getreuer Anhang, der Janhagel von Hildesheim, dem „Märtyrer" seine Huldigungen darzubringen. Bei seiner Heimkehr fand er die Hausthür bekränzt, die Masse ließ den „Helden" hochleben, trennte sich darauf, wie die Hildesheimer Zeitung schrieb, „mit wahrhaft republikanischer Ruhe" und feierte in den Schnappskneipen die glückliche Wiederkehr des so schmerzlich Vermißten. Am folgenden Tage führte ihn der Pöbel, an dessen Spitze sich das Trifolium, der Bader Helms und die Advocaten Heinemann und Westrum befanden, nach der s. g. Freiheitseiche, wo die obligaten Reden gehalten und die betreffenden Hochs ausgebracht wurden.

Ein würdiges Seitenstück zu dem Hildesheimer Aufruhr bildeten die Ereignisse, welche am 20. März in Loccum stattfanden. Schon Tags zuvor hatte eine Rotte von Tumultuanten in Münchehagen, Gerichts Loccum, eine Scheune angezündet. Der folgende Tag, ein Markttag, den die Aufrührer für ihre Zwecke, wegen des Zusammenströmens vieler Menschen, am geeignetsten gehalten, verlief bis Nachmittags in vollkommener Ruhe. Plötzlich entstand, wie auf Commando, ein allgemeiner Aufruhr; mehrere Hunderte mit Knitteln bewaffneter Bauern stürzten sich auf eine größere Anzahl von beurlaubten Infanteristen, welche den Landgensd'armen zu Hülfe eilten und verwundeten mehrere derselben sehr erheblich mit Stein-

---

¹ Das Ober-Appellations-Gericht bestätigte die Verhaftung Weinhagen's.

² Durch Erkenntniß der Justizcanzlei zu Hannover wurde Weinhagen am 20. August 1849 wegen „Nöthigung der Bürgermeister in Hildesheim zum Rücktritt vom Amte" zu zweijähriger Arbeitshausstrafe verurtheilt, wegen Anstiftung der Demolition des Traumann'schen Hauses von der Instanz entbunden. Die Vertheidigung durch den Advocaten Dörrien in Pattensen ist in einer besonderen Flugschrift gedruckt. (Hannover, Gebrüder Jänecke. 1849.)

würfen und Schlägen. Unter wüthendem Geschrei wälzte sich
alsdann die ganze Rotte nach dem Kloster. Die Bewohner
hatten das Thor geschlossen, da schon am Morgen desselben
Tags ein Drohbrief den Sturm auf das Kloster angekündigt
hatte. Eine Zeitlang hielt das Gitterthor den Andrang ab;
als es gesprengt war, stürzte die lärmende und tobende Volks-
masse auf das Klostergebäude, aus welchem sich sämmtliche
Bewohner glücklich durch die Flucht gerettet hatten. Fenster
und Thüren wurden zerschlagen, das Mobiliar sämmtlicher
Zimmer und die Acten aus der Gerichtsschreiberei auf dem
Hofe zu einem Haufen zusammen getragen, dort in Brand
gesteckt und Feuer an das Gebäude gelegt. Als die Einwohner von Loccum mit der Spritze erschienen, machten die Tumultuanten Anstalt, auch diese zu verbrennen; in diesem Augenblick erschien glücklicher Weise das aus Wunstorf requirirte
Artillerie-Detachement, mit dessen Hülfe man bald des Feuers
Herr wurde.

Ebenso kam es auf dem Harze, namentlich in St. Andreasberg (24. März), zu argen Excessen, deren erste Veranlassung
in der angeblichen Äußerung eines Bergbeamten bestand, „man
könne mit dem Pöbel in St. Andreasberg am Besten fertig
werden, wenn man ihm ein Faß Branntwein zum Besten
gebe." Zuerst Lärmen und Toben, bei dem die Weiber die
Hauptrolle spielten, da sie sich durch diese Äußerung gewaltig gekränkt fühlten. Kaum war der erste verlockende Ton
eines klirrenden Fensters erklungen, als ein Hagel von Steinen
gegen die Fenster mißliebiger Persönlichkeiten rasselte. Sodann zog der ganze Haufe vor die Wohnung des Geschworenen Schlick, dem der Pöbel schuld gab, er habe unnöthiger
Weise viele Berg- und Pucharbeiter „abgelegt", d. h. für eine
Zeitlang entlassen, wenn keine Arbeit vorhanden. Die Thüren
wurden zerbrochen und das Haus vollständig demolirt und
ausgeplündert; was nicht vernichtet war, wurde gestohlen. Am

schlimmsten wüthete der Pöbel — nach diesen Excessen werden wir ja den richtigen Namen wohl brauchen dürfen — in dem Hause des Oberbergfactor Strauch; auch hier Demolirung und Plünderung; ein großer eiserner Kasten, welcher die Braugelder und die Knappschaftscasse im Betrage von mehreren hundert Thalern enthielt, wurde erbrochen und geleert. Selbst das Haus des Kaufmanns Neydell wurde arg beschädigt, weil — in jenem Hause in einer Gesellschaft die angebliche Äußerung über den St. Andreasberger Pöbel gefallen sei. Eine glückliche Kriegslist machte den Excessen ein Ende; die Feuerglocke wurde geläutet, und kaum waren die Feuerlaternen vor den Häusern ausgehängt, als die Haufen sich zerstreuten, um vergeblich nach dem Feuer zu suchen.

In der folgenden Nacht wurden fast sämmtliche Rädelsführer verhaftet, dem größeren Theil nach Vogelhändler, welche eben mit erhitzten Köpfen in ihre Heimath zurückgekehrt waren. Als die Verwandten und namentlich diejenigen Personen, welche fürchteten, durch die Aussage der Verhafteten compromittirt zu werden, allmählich eingesehen, daß ihre anonymen Drohbriefe durchaus erfolglos blieben, rückte am 24. April ein großer Haufe Volks vor das Gerichtshaus, woselbst die Untersuchungsrichter eben mit dem Verhör beschäftigt waren. Alsbald erschien eine weibliche Ambassade, welche mit der größten Frechheit die Entlassung der Verhafteten verlangte. Da der Auflauf vor dem Gerichtshause sich mit jeder Minute vermehrte, so ließ der Chef der Bürgerwehr Alarm blasen. Als er aber schließlich so weit kam, die Häupter seiner Getreuen zählen zu können, hatte sich kaum ein Viertel der Bürgerschutzwache eingestellt. Nach einem schwachen Versuche, die tobende Menge auseinander zu treiben, erklärten plötzlich einige Wehrmänner, sie würden nicht wieder mit angreifen, denn sie hätten Weib und Kind zu Haus, die ohne sie verdürben; andere fürchteten den Verlust ihrer Kundschaft, während die meisten zärtlich besorgt für ihre zerbrechlichen Fensterscheiben waren; kurz, die Beamten blieben ohne alle Unterstützung, da die Zahl derer zu gering war, die nicht allein Soldaten spielen wollten, sondern im Nothfall mit Waffengewalt die Ordnung aufrecht zu halten sich bereit erklärten. Den Beamten blieb also Nichts übrig, als der Gewalt zu weichen und die Verhafteten zu entlassen. Die Ruhe der Stadt war damit freilich erkauft, die Autorität des Gerichts aber geopfert, bis die requirirten Truppen das Ansehen der Obrigkeit wieder herstellten.

Auch in Clausthal kam es zu einem Auflauf, dessen Veranlassung die beabsichtigte Verlegung der Münze war, und in anderen Theilen des Landes fanden einzelne arge Excesse und Tumulte statt, welche jedoch rasch durch fliegende Colonnen unterdrückt wurden.

§. 4.
Das Vereinswesen und die Verbindung der Vereine unter einander.[1]

Die einzelnen Vereine, deren Führer und Tendenzen. Die Versammlung in Enstrup am 1. Juni 1848. Der Protest von 95 Dorfschaften gegen die Beschlüsse der Versammlung. Ausschreiben des provisorischen Central-Comités. Zusammenkunft in Hannover. Dr. Gerding über das Scheitern der beabsichtigten Centralisation. Letzter Versuch in Braunschweig.

Das Hauptbestreben der Bewegungspartei ging von dem ersten Augenblick des Umschwungs an namentlich dahin, mit der Masse des Volks zu operiren. Dazu bedurfte es vor Allem einer Organisation der Gesinnungsgenossen in Vereinen, welche man als festgeschlossene Phalanx in die Volksversammlungen warf und damit den schon vorher gefaßten Beschlüssen den Wunsch des Volks als falschen Stempel aufdrückte. Wie Pilze schossen dann auch überall die Vereine aus dem Boden auf. Es gab wohl kaum einen größeren Ort im Lande, in welchem nicht ein paar Vereine den Tummelplatz für die politischen Leidenschaften abgaben. Die meisten Vereine, welche in der ersten Zeit entstanden, waren zur Verfolgung des erwähnten Zwecks gegründet. Erst als die Tendenzen dieser Vereinigungen immer offener zu Tage traten, als es jedem Unbefangenen klar werden mußte, daß eine große Partei das Programm

---

[1] Washington erklärte in seiner Eröffnungsbotschaft:
„Das wahre Volk, welches sich gelegentlich versammelt, hat Nichts gemein mit diesen permanenten Vereinen, welche sich anmaßen, die eingesetzten Behörden zu controliren und sich der öffentlichen Meinung aufzudrängen. Solche Vereine sind mit der Existenz jeder Regierung unvereinbar."
Der Senat und das Repräsentantenhaus antworteten zustimmend

des Märzministeriums nur als eine geringe, kaum annehmbare Abschlagszahlung auf die Forderungen des „souverainen Volks" ansah und fest entschlossen schien, den Rest nöthigenfalls mit Gewalt einzucassiren, begann auch die conservative Partei sich zu rühren und in Vereinen einen Halt zu suchen.

Die Namen der einzelnen Vereine waren in allen Städten so ziemlich dieselben; sie hießen entweder **Volksvereine**, **Bürgervereine**, **Vaterländische Vereine** oder **Constitutionelle Vereine**, von denen regelmäßig die erstgenannten die entschiedenste demokratische Färbung hatten. Der Name **demokratische Vereine** kommt nur an ein paar Orten vor, man hatte überall den unverfänglicheren Namen „Volksverein" vorgezogen. Die Statuten der einzelnen Verbindungen waren selbstverständlich stets sehr vorsichtig abgefaßt, sie galten aber als eine leere Form, als ein Wisch Papier, der keinen großen Geist gewirkte. Eine bessere Charakteristik als alle Statuten liefern die Namen der Männer, welche die Seele der einzelnen Vereine waren.

In Hannover gab es zuvörderst einen Volksverein mit constitutionellen, demokratischen Tendenzen, der während der Zeit seiner höchsten Blüthe ungefähr 900 Mitglieder zählte. Das Präsidium führte der Lehrer Callin, später der Dr. Hoyns. Der zweite Verein war der Arbeiterverein mit 300 bis 400 Mitgliedern, seine Tendenzen waren wo möglich noch hochröther, als die des Volksvereins. Als Präsident fungirte der Buchdruckergehülfe Stegen, als Vice-Präsident der Dr. Mensching. Im Herbst wurde der Vaterländische Verein gegründet (Präsident Starcke, Stellvertreter Dr. Hoyns), der bei Weitem besonnener, als die beiden erwähnten, sich bei den Verathungen zeigte.

In Bodenwerder bestand ebenfalls ein Volksverein mit 100 M., desgleichen in Hoya (300 M.), im Flecken Diepholz (54 M.), in Coppenbrügge (50 bis 60 M.), in Bruchhausen mit Moor und Bilsen (90), welche sämmtlich schon früh mit dem Hannoverschen Volksvereine in Verbindung traten und mehr oder weniger als bloße Filiale dieses Vereins anzusehen waren.

In **Hildesheim** florirte zuerst ein Bürger-Club, dessen Umtriebe schon oben geschildert sind. Sodann wurde ebenfalls ein Volksverein gegründet (400 Mitglieder), an dessen Spitze Weinhagen (der epitheta ornantia, mit welchen Weinhagen von den gesinnungstüchtigen Blättern decorirt wurde, gab es eine ganze Reihe, z. B. der erste Volksmann von Norddeutschland, der geniale Demagoge, der Bürger-Präsident u. s. w.) trat, redlich unterstützt von dem Bader Helms, den Advocaten Westrum, Gottsleben, Heinemann, u. s. w. Der Verein bestand zum größten Theile aus den unteren Schichten der Bevölkerung, Gesellen, Lehrburschen, Tagelöhnern und heruntergekommenen Handwerkern, während die eigentliche Bürgerschaft sich von diesem Unwesen ganz fern hielt und sich in dem Bürgerwehrverein versammelte, der ungefähr 400 Mitglieder zählte.

In **Göttingen** herrschte ein sehr reges Vereinswesen. Hatten die Studentenversammlungen, welche namentlich von den Progressisten frequentirt wurden, sich vor dem Auszuge der Studenten fast lediglich mit studentischen Angelegenheiten beschäftigt, so begannen sie jetzt Politik zu treiben. Die Debatten waren jedoch bei Weitem ruhiger und besonnener, als in den Versammlungen der Bürgerschaft, in denen es zu wiederholten Malen zu den stürmischsten Tumulten kam. Neben dem Bürgerverein (700 bis 800 Mitglieder) unter dem Präsidio des General-Superintendenten Dr. Rettig, später des Dr. Ellissen, hatte sich sehr bald ein demokratischer Verein gebildet, an dessen Spitze der Privatdocent Dr. Volger stand. Der Zweck des Vereins (150 Mitglieder) bestand nach der Erklärung des Präsidenten „in der Einführung der **radicalen demokra-**

tischen Republik mit socialistischen Grundsätzen". Im Anfange des Monats Juli wurden zwei neue Vereine gegründet; der **constitutionelle Verein** (200 bis 300 Mitglieder), an dessen Spitze der Hofrath Dr. Fuchs stand. Das Programm sprach den Vorsatz aus, "mit deutscher Treue zu halten sowohl an der Reichsregierung und an der von dem deutschen Parlamente festzusetzenden Reichsverfassung, als auch an den constitutionellen Institutionen unseres Landes, welche im Einklang mit den Beschlüssen der deutschen Nationalversammlung auf ordnungsmäßigem Wege werden geschaffen werden". Als vierter Verein ist der **neue Bürgerverein** zu erwähnen, der lediglich aus Bürgern bestand (100 bis 250 Mitglieder), und dessen Berathungen sich auf die Interessen der Stadt beschränken sollten, und endlich in späterer Zeit ein Märzverein, der in einem Ausschreiben, die Wahlen zur Ständeversammlung betreffend, erklärte: "Wir verlangen von einem Volksvertreter vor Allem, daß es ihm wahrhaft Ernst sei, die Verfassung unseres Landes auf eine **demokratische** Grundlage zu bauen, welche wir als den einzig möglichen Weg zur Freiheit und Wohlfahrt aller Staatsangehörigen betrachten." [1]

In Celle existirten drei Vereine; der älteste war der **politische**, schon am 3. April von dem Dr. Gerding unter der Firma gegenseitiger Belehrung über politische Gegenstände gestiftet. Daneben bildete sich der Volksverein, der zum großen Theil aus Arbeitern und einer verhältnißmäßig geringen Zahl selbständiger Bürger bestand und zur Zeit seiner höchsten Blüthe ungefähr 400 Mitglieder zählte. Der Verein bildete die getreue Garde des Dr. Gerding, dessen Wille als höchstes Gesetz galt. Er war es, der seine Emissäre über das ganze Königreich aussandte, und von ihm ging auch die Todtenfeier Robert Blum's aus. Im Herbst bildete sich

---

[1] Hannoversche Morgen-Zeitung v. 1849, S. 1051.

aus dem politischen Verein der dritte s. g. constitutionelle Verein. Die Veranlassung dazu gab ein Antrag auf Abänderung der alten Statuten, welche eine Thätigkeit nach Außen hin untersagten. Ein Theil der Mitglieder des politischen Vereins, welcher die angenehme Unterhaltung der Abfassung von Petitionen, Adressen u. s. w. nicht länger entbehren mochte, beantragte deshalb, das Statut des Vereins „auf Thätigkeit nach Außen im Geiste der constitutionellen Monarchie, auf breiter, volksthümlicher Grundlage zu erweitern". Allein der Antrag ging nicht durch; nach heftigen Debatten trat ein Theil der Mitglieder in den Volksverein [1] über, wo sie die erwünschte „Thätigkeit nach Außen" beliebig entfalten konnten, während ungefähr 60 Mitglieder am 12. September den Constitutionellen Verein gründeten, unseres Wissens den ersten derartigen Verein im Lande, der freilich nicht so weit ging, mit dem Volksverein sich an der Todtenfeier Robert Blum's zu betheiligen, es aber doch nicht unterlassen konnte, wenigstens eine energische „Mordadresse" nach Frankfurt zu senden. [2] Außerdem gab es in Celle einen Gesellenverein, an dessen Spitze der Cand. jur. Schwarz stand, bis ihn ein Badener Posamentirergeselle, Namens Bieräugel, ablöste, der die Mitglieder des Vereins auf eigene Hand berief und ihnen alsdann die tollsten republikanischen und communistischen Lehren vorpredigte.

In **Lüneburg** bestand ein Bürgerverein und Arbeiterverein; in **Harburg** ein Volksverein (150 Mitglieder) und ein Bürgerverein (100 Mitglieder); in **Dannenberg** ein Bürgerverein (100 Mitglieder) und ein Handwerkerverein (60 Mitglieder); in **Lüchow** ein Volksverein (100 Mitglieder); in **Ülzen** gab es dagegen gar keinen politischen Verein.

---

[1] Der Magistrat der Stadt Celle räumte dem Volksverein das Rathhaus zu seinen Berathungen ein!

[2] Einige andere Adressen und Beschlüsse finden sich in der zu Celle damals erschienenen Reform Nr. 23.

In dem Landdrostei-Bezirke Aurich bestanden nur in den Städten politische Vereine. Alle Versuche des Auricher Bürgervereins, auch auf dem Lande die Massen durch Vereine zu organisiren, blieben ohne Erfolg.[1] Der Ort, an welchem die politischen Vereine die meiste Rührigkeit entwickelten, war Emden mit einem Bürger- und einem Volksvereine, jener mit ungefähr 250, der letztere mit ungefähr 60 bis 70 Mitgliedern. Der Ausschuß des Bürgervereins[2] hatte sich dem Central-Volksverein in Hannover und dem Casseler constitutionellen Verein angeschlossen, während der Volksverein angeblich nur mit den übrigen hannoverschen Volksvereinen in Verbindung stand.

In Aurich existirte nur ein Bürgerverein mit ungefähr 140 Mitgliedern. In Norden bildete sich aus den Volksversammlungen, welche schließlich nur noch zu persönlichen Anzapfungen und Beleidigungen gegen mißliebige Persönlichkeiten Gelegenheit boten, und nur noch von dem Pöbel besucht wurden, ein Bürgerverein, dessen Mitgliederzahl sehr bald auf 200 stieg. In Esens zählte der Bürgerverein etwa 120 Personen; in Leer bestand dagegen gar kein politischer Verein, da alle Versuche, die dortigen Bürgerversammlungen in einen solchen umzuwandeln, scheiterten.

Bei Weitem größere Theilnahme zeigte sich in dem Landdrostei-Bezirke Stade für die politischen Vereine. Es bestanden nämlich daselbst an neun verschiedenen Orten solche Vereinigungen, deren Tendenzen, soweit die Statuten als richtige, politische Barometer angesehen werden dürfen, fast über-

---

[1] Die ostfriesischen Landleute waren den Umtrieben so gram, daß die Stadt Esens sogar einen Tag in Sack und Asche trauern mußte. Als nämlich trotz aller Bemühungen eine conservative Persönlichkeit für das Parlament gewählt war, gab man „durch das Aufstecken der schwarzen Fahne auf dem Stadthause (!) seine Trauer zu erkennen über den nochmaligen Sieg der Bureaukratie." Hannoversche Morgen-Zeitung v. 1848, S. 151.

[2] Dr. Metger, J. Helmke, J. H. Reeje, J. M. Kottkampf, E. Edzards und W. Krumhoff.

einstimmend dahin gingen, die Beschlüsse der Frankfurter Nationalversammlung auf alle mögliche Weise zu unterstützen, die öffentliche Ruhe und Ordnung aufrecht zu erhalten und ebensowohl republikanischen als reactionären Bestrebungen entgegen zu arbeiten.

Die Namen der Vereine wechselten zwischen „Bürgerverein, Volksverein und Constitutioneller Verein", mehr als ein Verein bestand jedoch an keinem Orte. Die Zahlenverhältnisse waren nach den einzelnen Orten folgende: in Stade ungefähr 120 Mitglieder; in Verden 117; in Otterndorf 62; in Bremervörde 40; in Bederkesa 70; in Lehe 30; in Lilienthal 70; in Rotenburg 140; in Schoenebeck 20. Die unverhältnißmäßig starke Betheiligung in Rotenburg war wohl ohne Zweifel namentlich den Bestrebungen des Herrn v. d. Horst II. zuzuschreiben, dessen rühriger Thätigkeit in Betreff der Petitionsfabrik wir schon oben (S. 38) gedachten.

Auch im Osnabrückschen war die Theilnahme an den politischen Vereinen eine sehr rege. In der Stadt Osnabrück bestanden zwei politische Vereine; zuvörderst der Volksverein, an dessen Spitze der Advocat Detering, der Lehrer Rölle, der Advocat Brickwedde I. und der Lehrer Dr. Klopp standen, welche auch schon in den Monaten April und Mai häufig Volksversammlungen „für Jedermann" hielten und dazu durch Maueranschläge aufforderten. Als Zweck des Vereins gaben die im September veröffentlichten Statuten „die Erhaltung und Sicherstellung der vom Volke bereits errungenen und Erwirkung der dem Volke noch gebührenden Rechte" an. Das Verzeichniß „der dem Volke noch gebührenden Rechte" ist leider aus der Tasche des Herrn Detering nicht heraus gekommen; in welchem Sinne dasselbe abgefaßt sein wird, möchte jedoch aus der frühern Notiz, daß Herr Detering sich von dem Berliner Demokraten-Congresse (26. October) Raths erholen wollte, und aus dem ganzen Auftreten dieses Volksführers deutlich genug hervorgehen. Der größere und verständigere Theil des Publikums, namentlich der eigentliche Bürgerstand, blieb dem Treiben dieses Vereins übrigens durchaus fern. Heruntergekommene Handwerker, Gesellen, Fabrikarbeiter u. s. w. bildeten das dankbare, anspruchslose Publikum des Herrn Detering, der eine große Rührigkeit entwickelte. Er hielt nicht allein Reden in Osnabrück, sondern bereiste auch die Provinz, um die Provinzialen über das Wesen der Demokratie zu belehren, und gründete ein „Osnabrücker Tageblatt, von und für Jedermann", zu dessen Charakteristik wir den Lesern nur einen Passus aus Nr. 209 vom 23. November mitzutheilen brauchen. Herr Detering schreibt:

„Im Lande Hannover giebt sich eine treffliche und energische Gesinnung kund. Mißtrauens-Adressen an die Nationalversammlung, Zustimmungs-Adressen an die preußische Reichsversammlung mehren sich. In Norden, Rotenburg, Celle, Hagen, Osterode, Hildesheim und Hannover selbst und in vielen andern Orten gehen unseren Mitbürgern die Augen auf, und sie merken die bewaffnete Reaction in Frankfurt a. M. Hoffentlich wird das ganze Land bald den Einen Ruf erschallen lassen: wir wollen eine constituirende Versammlung zum Schutz unseres Rechts und unserer Freiheit! Nur durch das Volk selbst kann eine Einigung des freien Deutschlands stattfinden; die Höfe werden, so lange sie bestehen, unter dem Deckmantel der f. g. constitutionellen Freiheit nur für ihre Sonderinteressen wirken. Ein constituirender Reichstag für Hannover, das ist und bleibt die Forderung eines jeden Hannoveraners, der es gut mit seinem Vaterlande meint."

Im November d. J. forderte Herr Detering zur Gründung eines „Demokratischen Provinzial-Vereins" auf, der an die Spitze seines Programms den Satz stellte: „Es giebt nur Eine für das deutsche Volk haltbare Verfassung: die demokratische Republik, das ist diejenige Staatsverfassung, in welcher die Gesammtheit die Freiheit, die Bildung und die Wohlfahrt jedes Einzelnen garantirt." Die Nachricht, es hätten sich wirklich 103 Personen gefunden, welche dieses Programm unterschrieben, wurde damals von verschiedenen Blättern stark in Zweifel gezogen und die Behauptung aufgestellt, Herr Detering habe ein vollständiges Fiasco gemacht und seinen Plan aufgegeben, jedoch so viel erreicht, daß ein Märzverein gegründet sei.

Neben dem Volksverein bildete sich im Laufe des Sommers auf Veranlassung der Alterleute ein s. g. Vaterländischer Verein, namentlich um als Organ der Bürger zu dienen, der jedoch keine eigentliche geschlossene Vereinigung einführte.

In Lingen bestand ein Verein von ungefähr 70 Mitgliedern unter dem Präsidium des Gymnasial-Directors Ahrens. Von den Beschlüssen des Vereins ist nur eine nach dem Frankfurter Attentate an die Nationalversammlung gerichtete Vertrauens-Adresse zu erwähnen.

In Bramsche hatte sich ein demokratischer Verein gebildet, der die Statuten des Hildesheimer Demokraten-Vereins mit geringen Modificationen angenommen und ungefähr 60 Mitglieder zählte. Anfangs führte der Cand. theol. Haltenhoff die Präsidentschaft, später löste ihn ein Färber Wieking ab. Unterstützt wurde der Verein namentlich vom Herrn Detering, der dort seine erwähnten Vorträge über das Wesen der Demokratie hielt.

In Melle florirte eine politische Bürgergesellschaft mit 60 bis 70 Personen; im Amte Haselünne und Aschendorf ähnliche Vereinigungen von ungefähr 20 bis 30 Personen. In dem Herzogthume Arenberg-Meppen gab es eine ganze Reihe kleiner Vereine, die unter einem Centralverein in Lathen standen.

Auf dem Harze war von einem politischen Vereinsleben

kaum die Rede; von den verschiedenen Vereinen, die als „Bürgergarden, Freicorps" u. s. w. auftauchten, ist gar Nichts zu berichten. Politische Zwecke verfolgten nur die s. g. Zeitungshalle in Clausthal und der Volksverein in Elbingerode, ohne daß jedoch irgend welche Einwirkung auf das Volksleben bemerkbar geworden wäre.

Mit der Gründung der zahlreichen demokratischen Volksvereine hatten die Führer der Bewegung den ersten Theil ihrer Aufgabe glücklich gelöst. Sie konnten in den einzelnen Städten ihre Parole ausgeben und darauf rechnen, stets eine bestimmte Anzahl von Parteigenossen zur Hand zu haben, welche blindlings den Führern folgten. Es kam nun weiter darauf an, die einzelnen Vereine in den verschiedenen Städten mit einander in Verbindung zu bringen, die Fäden, welche sich über das ganze Land hinzogen, zu einem Netze zu vereinen, das von einer Centralstelle aus dirigirt werden konnte. Die Versuche, diesen Plan ins Werk zu setzen, welche namentlich durch Celler Emissäre unternommen wurden, führten jedoch nicht zu dem gewünschten Resultate. Man nahm deshalb seine Zuflucht zu dem Mittel einer großen Volksversammlung, weil sich so am leichtesten eine imposante Majorität fabriciren ließ.

Am 24. Mai erließen die Vorstände der Volksversammlungen zu Hoya[1] und Verden[2] einen Aufruf zu einer großen Volksversammlung, welche am 1. Juni in Eystrup stattfinden sollte, angeblich, um die Verfassungsvorlagen zu berathen. Außer dem Dr. Oppermann zu Hoya und dem Dr. Mathaei in Verden, welche an der Spitze standen, fanden sich 16 bis 20 Advocaten und 500 bis 600 Personen, meistens Landleute aus den benachbarten Aemtern, in dem Holze bei Eystrup an dem

---

[1] Dr. Oppermann; Dr. Heiliger; M. Vollmann, Kaufmann; E. Elias, Kaufmann.

[2] J. Lange; Dr. L. Mathaei; Dr. Müller; G. Wagner. Der Aufruf ist abgedruckt in der Hannov. Morgen-Zeitung v. 1848, Nr. 58, S. 232.

gedachten Tage ein. Während der größere Theil der Landleute gemüthlich mit Weib und Kind in den Trinklocalen zechte, traten der Dr. Oppermann, der Dr. Mathaei, der Oeconom Lafrenz u. A. als Redner auf. Nachdem das Zweikammer-System, welches durch den Beschluß der Ständeversammlung beibehalten war, gehörig durchgehechelt worden, nachdem man ferner versucht, ein Mißtrauensvotum für das Ministerium Stüve zu decretiren, wurde eine fertige Adresse an die Nationalversammlung zu Frankfurt ausgelegt, die auch von 200 bis 300 Personen, zum großen Theil von Dienstboten, ja von Kindern und von nur fünf selbständigen Einwohnern der Vogtei Eystrup unterschrieben wurde. Die Hauptsache war aber ein einstimmiger Beschluß, „es sei wünschenswerth, daß sich die Volksvereine enger mit einander, und dann, wenn es rathsam, mit dem Frankfurter Volksverein (Montagskränzchen, bekanntlich mit ultrademokratisch-socialistischen Tendenzen) verbinde". Die Einstimmigkeit wurde auf die Weise zu Stande gebracht, daß von vornherein bestimmt war, wer nicht ausdrücklich widerspreche, werde als zustimmend angesehen. Probatum est!

Die Rücksichtslosigkeit, mit welcher einige Redner die Regierung angegriffen, hatte unter den Landleuten eine solche Entrüstung hervorgerufen, daß sie nicht allein eine Petition an die Königliche Regierung richteten, Vorkehrungen treffen zu wollen, um sie in Zukunft vor ähnlichen Versammlungen zu schützen, sondern auch in den Zeitungen erklärten, daß die Grundsätze, welche in der Volksversammlung zu Eystrup ausgesprochen worden, von allen Gemeinden der Vogtei gemißbilligt würden. Der Dr. Oppermann glaubte das Gewicht jener Erklärung dadurch beseitigen zu können, daß er den Inhalt in öffentlichen Blättern für eine Unwahrheit erklärte. Die Gemeinden hatten aber gar keine Lust, sich von dem Dr. Oppermann Lügen strafen und sich Sympathien

andichten zu lassen, die ihnen vollkommen fremd waren.
Um jeden Zweifel unmöglich zu machen, erschienen deshalb
sämmtliche Repräsentanten der 95 Ortschaften
des Amts Hoya vor dem Amte und erklärten zu Protokoll,
„daß sie die Erklärung gegen die Versammlung in Eystrup
durchaus billigten; sie mißbilligten dagegen alle diejenigen
Grundsätze, welche in der Volksversammlung ausgesprochen
seien, und müßten bemerken, daß es nur dem besänftigenden
Zuspruche einiger Personen zuzuschreiben daß die Versammlung
nicht von den ruhigen Einwohnern auseinander gejagt
sei."

Was kümmerte aber die Führer der Versammlung eine
solche Erklärung? sie hatten den einstimmigen Beschluß in der
Tasche und säumten nicht, ihn ferner auszubeuten. In einem
gedruckten Schreiben vom 1. Juni forderten im Namen des
provisorischen Comité's [1] der Dr. Oppermann, der Gutsbesitzer
A. Langrehr und der Literat M. Cohen-Honeck zur Förderung
ihrer Sache eine ganze Reihe von Personen auf, [2] welche sie

---

[1] Die übrigen Mitglieder waren: Dr. Mathaei aus Verden: Advocat
Biedenweg aus Bremervörde; Dr. Schmidt und Dr. Geller aus Neuhaus a. d.
Oste; Dr. Gerding, Conrector Ziel und Kaufmann Diedrichs aus Celle; Dr.
Hurtzig aus Kirchosten; Gutsbesitzer Lafrenz aus Otterndorf; Dr. Schrader
aus Diepholz; Advocat Brickwedde und Brauer Dreinhöfer aus Osnabrück:
Bürgermeister Weinlig aus Soltau; Advocat Eickemeyer aus Einbeck; Dr.
Schläger, Kaufmann Wichel und Buchdruckergehülfe Stegen aus Hannover.

[2] In dem Circular wurden eingeladen:
Sämmtliche Mitglieder der II. Kammer, welche zuerst
gegen das Zweikammer-System gestimmt hatten; nämlich:
Achgelis, Abicks, Barkmer, Bening, Bodungen, Böse, Breuer, v. Garßen,
Hantelmann, Heinemann, Holscher, Huntemüller, Jordans, Kracke, Krönke,
Schatzrath Lang, Lübbecke, Merkel, Poppe, Rose, Dr. Schulz, v. Seth, Eichenburg,
Voigt, Wrede.

Einzelne ehemalige Condeputirte und Führer von Volks- und Bürgerversammlungen:
nämlich General-Superintendent Rettig und Dr. Ellißen
aus Göttingen; Advocat Dr. Westrum, Assessor Römer, Advocat Gottsleben
aus Hildesheim; Dr. Freudenthal aus Lamspringe; Fabrikant Kruse, Kauf-

als ihre Gesinnungsgenossen ansahe. sich am 13. Juni im Hôtel Royal zu Hannover einzufinden, um eine Berathung über die engere Verbindung der Volksvereine zu halten.

Inzwischen hatte schon am 2. Juni die Bürgerversammlung in Göttingen ihren Anschluß an das Montagskränzchen in Frankfurt beschlossen und sich bereit erklärt, den Centralverein für das südliche Niedersachsen zwischen Weser und Harz zu bilden, und zugleich alle Vereine aufgefordert, sich diesem „Allgemeinen Volksverein" anzuschließen, um so einen Rückhalt für die Nationalversammlung zu schaffen. In Celle versuchte man dieselbe Geschichte in Scene zu setzen. Der Aufruf des Montagskränzchens wurde durch den Druck verbreitet und auf den 6. Juni eine große Volksversammlung zusammen gerufen, welcher der Subconrector Schwarz präsidirte. Eine große Anzahl besonnener Männer machte auf die gefährlichen Tendenzen jenes Aufrufs aufmerksam, allein dem Advocaten Dr. Gerding, dem Conrector Ziel u. A. gelang es, den ganzen Plan als ein unschuldiges Vergnügen darzustellen, so daß sich wirklich 100 bis 200 Arbeiter fanden, welche dem Volksverein beitraten, wenn auch der Anschluß an das Montagskränzchen noch unentschieden blieb.

---

mann Niemeyer, Buchbinder Suckert aus Hameln; Stadtrichter Langrehr, Professor Gravenhorst, Dr. Rolte aus Lüneburg; Director Karmarsch, Maurermeister Gersting, Hofdestillateur Peters aus Hannover; Dr. Wyneken, Advocat Eber aus Stade; Advocat v. d. Horst II. aus Rotenburg; Dr. Glimmann aus Uelzen; Schulz aus Lüchow; Spediteur Schacht, Stadtschreiber Riechelmann, Brauer Hastedt aus Harburg; Gutsbesitzer Ch. Schmoldt aus Otterndorf; Gutsbesitzer Schmoldt aus Risch; Harms aus Salzhausen; Lehrer Schrader aus Artlenburg; Director Rölle aus Osnabrück; Syndicus Dr. Bueren und Subrector Dr. Metger aus Emden; Dr. Wedekind und Kaufmann Rodenbeck aus Esens; Rentmeister Ihnen aus Leer; Apotheker Aleken aus Wittmund; Collaborator Miquel aus Aurich; Landcommissär von Honstedt aus Eilte; Gutsbesitzer Heinichen aus Neustadt a. R.; Bürgermeister Borchers und Gutsbesitzer Zernial aus Fallersleben; Advocat Eckels aus Peine; Dr. Röbbelen aus Gronau; Kaufmann Gudewill und Candidat Witzel aus Alfeld; Fabrikant Brandes aus Goslar; Dr. Rohrmann aus Osterode.

In der Versammlung zu Hannover am 13. Juni lehnte die Majorität der Erschienenen den Anschluß an das Frankfurter Montagskränzchen ab, nachdem die Handwerkerversammlung jede Verbindung und Einwirkung von Seiten der Volksvereine mit Protest zurückgewiesen hatte, beschloß dagegen, ihr Bestreben dahin zu richten, überall Volksvereine zu bilden und zu organisiren, und ernannte eine Commission — L. Mathaei, Gerding und Glinmann — welche die Sache in die Hand nehmen sollte.[1] Sofort erließ die Commission einen „Aufruf an das hannoversche Volk" und stellte eine ganze Reihe vorläufiger Bestimmungen auf — betreffend die Volksvereine im Königreich Hannover und deren Verbindung unter einander, so wie deren Vereinigung mit den Volksvereinen der übrigen deutschen Länder, — welche in einer anderweitigen auf den 15. Juli anberaumten Versammlung in Hannover (Hôtel Royal) berathen werden sollten. Als anerkannten Zweck der Volksvereine zählt der Aufruf auf: „dem Volke die gebührenden Rechte zu erhalten und bezüglich zu erringen, insbesondere die Ausführung der Beschlüsse der Reichsversammlung in Frankfurt zu erstreben, daneben auch die speciellen Angelegenheiten unseres Landes im Auge zu behalten". Zu diesem Zwecke sollen die Volksvereine durch Bildung eines Central-Comité's ein Band unter sich knüpfen und eine Verbindung mit den Volksvereinen des übrigen deutschen Vaterlandes anbahnen. Dieses Central-Comité besteht aus den Deputirten sämmtlicher Hauptvereine, d. h. solcher, die einen Bestand von 100 Mit-

---

[1] Am 15. Juni beschloß der Demokraten-Congreß in Frankfurt, welcher in Folge einer Einladung des Professor Bayrhofer zu Marburg vom 26. Mai zusammengerufen war, ein Central-Comité aller demokratischen Vereine Deutschlands in Berlin zu gründen und bis zu dessen Zusammentritt einen provisorischen Ausschuß (Zitz, Bayrhofer, Ronge, Metternich aus Mainz und Mohr aus Ober-Ingelheim) niederzusetzen. Daß die hannoverschen Bestrebungen im engsten Zusammenhange mit den Frankfurter Agitationen standen, bedarf keiner besonderen Erwähnung.

gliedern haben, welche, sofern sie 300 oder weniger Mitglieder zählen, je einen, sonst nach Verhältniß mehrere Mitglieder für das Central-Comité aus ihrer Mitte wählen. Daß die Commission eine vollständige Club-Regierung zu organisiren beabsichtigte, erhellt am besten aus §. 7: „Die dem Verbande beigetretenen Volksvereine im Königreiche unterwerfen sich den durch die Mehrheit gefaßten Beschlüssen unbedingt, auch wenn sie für dieses Mal das beschließende Central-Comité nicht beschickt haben", und aus §. 11: „Die durch die Versammlung des Central-Comité's und dessen Correspondenz mit den Volksvereinen anderer deutscher Länder entstehenden Kosten werden von den dem Verbande beigetretenen Vereinen des Landes zusammengebracht, und hat das Central-Comité am Schlusse jeder Sitzung die Liquidation und Repartition zu bestimmen".

In wie weit eine solche Verbindung zu Stande gekommen, ist von einem Uneingeweihten schwerlich nachzuweisen; im Ganzen scheinen die Pläne einer solchen Organisation gescheitert zu sein. Auf dem s. g. Volkstage zu Bremen (12. Juli 1849 vergl. unten §. 9) interpellirte wenigstens Freudenthal den Präsidenten des Volkstages, den Dr. Gerding wegen des Anschlusses der verbundenen Volksvereine an den Märzverein. In Harburg hatten nämlich die versammelten Vereine den Beschluß gefaßt: „Das Central-Comité empfiehlt den verbundenen Volksvereinen den gemeinsamen Anschluß an den Märzverein, in der Art, daß durch den Geschäftsführer des Central-Comité's die Verbindung mit demselben unterhalten werde, und es fordert die einzelnen Vereine auf, ihren Beitritt zu erklären." Nach den stenographischen Protokollen (S. 75) erwiederte Gerding auf jene Interpellation Folgendes: „Ich muß nun bemerken, daß die Aufforderung zum Beitritt in dem Protocoll bekannt gemacht und somit zur Kenntniß sämmtlicher Vereine gelangt ist. Ich muß weiter gestehen, daß ich nicht gern öffentlich gestanden hätte, daß sehr wenig Ver-

eine sich bis jetzt für den Anschluß an den Märzverein, wenigstens bei der Geschäftsführung erklärt haben.[1] Als nach einiger Zeit diese wenigen Erklärungen angelangt waren, ist nach Frankfurt die Anzeige von
mir eingereicht. Als nun neulich der Märzverein seine Cen-
tralversammlung hielt, fragte ich an, warum mir dieser Beschluß nicht mitgetheilt sei, darauf hat mir der Schriftführer
erwiedert, es sei eine solche Erklärung nicht angekommen.
Seit jener Zeit habe ich vom Central-Märzverein Nichts vernommen."

Nur noch einmal, im Sommer des Jahrs 1850, wurde
öffentlich der Versuch einer Centralisation der demokratischen
Vereine gemacht, an welchem sich auch mehrere Koryphäen der
hannoverschen Demokratie betheiligten. Am 14. und 15. Juni
versammelten sich nämlich ungefähr sechszig "entschiedenere
Freunde der Demokratie", wie sie die Zeitung für Norddeutschland nannte, zu einem Demokraten-Congresse in Braunschweig.[2]
Allein der Antrag auf eine solche Centralisation wurde abgelehnt, und das einzige Resultat der Versammlung bestand in
der Begründung eines Vereins zur Hebung und zum Schutze
der demokratischen Presse. In den provisorischen Verwaltungsrath wurde neben dem Pastor Dulon und ähnlichen Gesinnungsgenossen der Dr. Mensching aus Hannover gewählt.

---

[1] Die Volksvereine in Emden, Celle, Hildesheim, Osnabrück, Hannover
sollen sich dem Frankfurter Märzverein angeschlossen haben. Hannov. Zeitung
v. 15. Dec. 1848.

[2] Aus dem Königreich Hannover: Die Advocaten Mensching, Gerding,
Weinhagen und Gottsleben, der Buchbinder Suckert aus Hameln, der Schuster
Riehl aus Northeim und der Fabrikant Julius Meyer aus Beckerode.

§. 5.
Die Condeputirten und die Allgemeine Ständeversammlung.

Verzeichniß der Condeputirten. Ihre Pläne und Beschlüsse. Mitglieder der Ständeversammlung. Aufhebung des §. 150 des Landesverfassungs-Gesetzes. Die Adreßdebatte. Aufhebung der Verpflichtung zur Unterschrift eines Reverses. Siedenburg's Antrag auf ein politisches Autodafé. Spannung zwischen Stüve und seinen früheren politischen Freunden. Ausschreiben der Central-Correspondenz-Commission der Condeputirten. Stüve und die Condeputirten. Ellissen und Büeren als Ankläger gegen das Ministerium. Permanenter Ausschuß. Thätigkeit der Ständeversammlung. Erklärung der Regierung über ihre Stellung zur deutschen Frage.

Auf den 28. März[1] war die Ständeversammlung einberufen, um das Programm des Märzministeriums ins Leben zu führen. Trotz der augenscheinlichsten Gefahren, welche dem conservativ-monarchischen Principe drohten, legten die Conservativen, nach alter Weise, ruhig die Hände in den Schooß, ohne nur einmal den Versuch zu machen, sich zu einer Partei zu vereinigen. Ganz anders die Liberalen und Demokraten. Mochte auch seit den früheren Verfassungskämpfen der Zusammenhang unter ihnen gelockert sein, ein paar Tage genügten, um die alten Verbindungen aufs Neue anzuknüpfen und sich zu einer fest-geschlossenen Partei zu organisiren, welche bei ihrem Erscheinen auf dem Kampfplatze genau wußte, was sie wollte und über welche Mittel sie zu verfügen hatte.

---
[1] In Kiel bildet sich am 24 eine provisorische Regierung: Prinz Friedrich von Schleswig-Holstein, Graf Reventlow, Advokat Beseler und Schmidt. Proclamation. An demselben Tage Rendsburg für die provisorische Regierung genommen. Allgemeine Erhebung.

Emissäre durcheilten das Land und theilten die Parole aus; in jeder Stadt und in jedem Städtlein wurden Berathungen gehalten und Abreden getroffen, und wie dieselben befolgt wurden, bewiesen schon die ersten Beschlüsse im Ständesaale. Für die neue Ära genügten aber die alten Mittel nicht mehr, welche bei dem Kampfe um das Staatsgrundgesetz ausgereicht hatten; es wurde ein ganz neues in Scene gesetzt, um einen Einfluß auf die ständischen Berathungen zu gewinnen und die Deputirten an dem Gängelbande der Bewegungspartei zu führen.

Schon am 25. März hatte sich nämlich in Folge des auf einer Volksversammlung zu Stade gefaßten Beschlusses eine große Anzahl von Männern in Hannover eingefunden, um dort als „ein Organ des durch die Stände nicht vollständig vertretenen Volkswillens" zu operiren, die s. g. Condeputirten.[1] Einzelne der Herren waren von Volksversammlungen gewählt, andere erschienen mit Vollmachten, welche ihnen der Magistrat ausgestellt hatte, andere waren

---

[1] Über die ersten Zusammenkünfte existiren unsers Wissens keine Protocolle; wir benutzen deshalb hier als Quelle neben den verschiedenen Zeitungsberichten, namentlich Oppermann's Hannoversche Zustände seit dem 21. Februar 1848, über die Verhandlungen vom 17., 18. und 19. April, die von dem Ausschusse publicirten Protocolle, denen auch die nachstehende Liste entlehnt ist. Es waren erschienen:

I. Aus dem Landdrosteibezirk Hannover.

Niemeyer, Kaufmann; Suckert, Buchbindermeister; C. F. Kruse, Fabrikant; Wichmann, Zimmermeister; Matheinecke, Advocat; W. Franke; G. Brandes; Kius, Buchhändler; Meyer, Bürgervorsteher; A. Oppermann, Dr. und Advocat, zeitiger Präsident der Bürgerversammlung zu Hona; J. H. Leymann, Kaufmann; H. J. Plate, Hofbesitzer zu Klein-Lessen.

II. Aus dem Landdrosteibezirk Hildesheim.

Römer, Stadtgerichtsassessor; Lehmann, Advocat; Ellissen, Dr.; Wolff, Professor, Dr.; Platner, Dr., Director; G. W. Fahrenholtz, Kaufmann; F. Brandes, Fabrikant; Rohrmann, Dr. jur.; Th. Greve, Fabrikant; C. Riedl; G. Horleder; Bollstorf, Apotheker; J. W. Eicke, Gastwirth; J. Schmidt, Auditor; A. Hallinger, Lohgerber; Habbeney, Oconom; Rökke-

von den Bürgervorstehern committirt, andere endlich erschienen aus eigener Machtvollkommenheit. Also was die Legitimation anbetrifft, eine sehr buntscheckige Versammlung. Später beschloß man, einen Jeden als legitimirt anzusehen, der

---

len, Dr. med.; W. Gudewill; Eskes, Advocat; Müller, Färber; C. Stoffregen; Schnorr, Kaufmann; Müller, Senator; Barth, Apotheker; Heinbrodt, Advocat; Gottsleben, Advocat; Bartels, Bauermeister zu Leistlingen; Pagel, Bauermeister zu Hadeln; H. Machens, Ackermann; J. Willers, Bauermeister; M. Hormann, Ackermann; Dettmer, Candidat.

III. Aus dem Landdrosteibezirk Lüneburg.

Grumbrecht, Advocat. C. Langrehr, Dr., Stadtrichter; C. Hoßmann, Cassirer; Wolde, Ober-Amtsgerichts-Procurator; Glimmann, Dr., Advocat; Krebs, Kaufmann; Schulz, Kellerwirth; Schulz, Advocat; H. Pusleb; H. Wiethase; A. Röders, Kaufmann; Dransfeld, Senator; Glitzschla, Kaufmann; Viermann, Fabrikant; Jessel, Kaufmann; Hintze, Mühlenpächter; von Cöllen, Bürgermeister; Hillmer, Senator; Niemack, Bürgerdeputirter; H. G. Eggers zu Ellingen; J. H. Johannes zu Frielingen; C. Bohlert, J. V. Oberg; J. C. Harms in Vitzen; Harms jun.; Borchers, Bürgermeister; Zernial; H. Krauskopf; Paulke, Oconom in Mörse; Thiele, Mente in Ehmen; Mensing, Oconom in Sülfeld; C. H. Trappe, Hofbesitzer; H. Lehrmann; Adolf Langrehr, Hofbesitzer in Hohnhorst; Harms, Oconom zu Salzhausen.

IV. Aus dem Landdrosteibezirk Stade.

Plaß, Conrector aus Stade; Jobelmann, Glasermeister daher; Müller, Dr., Advocat aus Verden; Campe, Baumeister daher; v. d. Horst II., Cand. der Advocatur, H. Koch, Kaufmann aus Rotenburg; Biedenweg, Advocat aus Bremervörde; F. A. Reinhold, Kaufmann daher; Lodemann, Dr. jur.; Reumann, Gastwirth; A. Günther, Kaufmann zu Gnarrenburg; A. Maler, Kaufmann zu Friedrichsdorf; A. Reiners in Uthlede; Reine, Dr. in Lehe; P. Thumann; Schmidt, Advocat daher; Geller, Dr. med.; Chr. Schmoldt, Hofbesitzer; W. Meyer, Hofbesitzer; C. Lafrenz vom Lande Hadeln; v. d. Osten, Advocat aus Freiburg; Aattenhorn, Advocat aus Beverstedt; Chr. Ney zu Estorf, Amts Himmelpforten; Reinhold, Kaufmann aus Bremervörde; Joh. Meyer, Brenner daher; J. H. Holtermann, Brenner daher; Seeba, Lehrer zu Hohenwedel; Claus Krönke, gen. v. Ahn. zu Billab, J. H. Jamse, Hofbesitzer aus Dollern; L. Th. Cornelsen, Kaufmann aus Horneburg; F. Meyer, Fabrikant zu Bremervörde.

V. Aus dem Landdrosteibezirk Aurich.

Toel, Medicinalrath; Miquèl, Collaborator; Büeren, Dr., Syndikus; Dr. Metger, Subrector; Ihnen, Rentmeister; Connemann, Fabrikant; Seitz,

eine Corporation, oder eine unbestimmte (!) Zahl von Einwohnern vertrete. Nachdem am 25. März eine vertrauliche Vorberathung stattgefunden, begannen am folgenden Tage unter dem Präsidium des Dr. Freudentheil die Verhandlungen. Einstimmig wurde beschlossen, durch eine Commission die Wünsche dieses neu erfundenen Organs zur Berathung formuliren zu lassen und zwar von dem Standpunkte, daß man die Beseitigung der ersten Kammer als leitenden Grundsatz aufstelle. Die Commission, deren Wahl man dem Präsidenten überlassen, legte am folgenden Tage drei Punkte vor, welche den wesentlichen Inhalt einer an das Ministerium und die Ständeversammlung zu richtenden Adresse bilden sollten, nämlich:

1) „daß eine Umgestaltung der Verfassung unter Berücksichtigung des vom Ministerio erlassenen Programms stattfinden müsse";

2) „daß bei dieser Verfassungsveränderung die Adelskammer, sowie alle und jede Bevorzugung des Adels auch in der Vertretung des Landes beseitigt werde."

Beide Anträge wurden ohne Discussion einstimmig angenommen, während der dritte eine stürmische Debatte hervorrief; derselbe lautete:

„daß sobald als möglich eine constituirende Versammlung nach einem unter Erweiterung des activen und

---

Conrector; C. F. v. Nordheim, Candidat der Advocatur; J. W. Wedekind, Dr. med.; Schmeding, Advocat; de Vries, Kaufmann; Rielen, Apotheker; P. v. Düffel, Kaufmann; C. G. Campen; Rodenbäck, Kaufmann zu Esens; Ohmes, Landwirth zu Westerburer Polder; W. F. Mammen, Hausmann zu Edenserloog; Schweer Wilms zu Westerholt.

VI. Aus dem Landdrosteibezirk Osnabrück.

Nölle, Director des Handelsinstituts zu Osnabrück; Detering, Advocat; Droop, Dr., Stadtrichter.

VII. Aus dem Bezirk der Berghauptmannschaft Clausthal.

G. Angerstein sen., Fabrikant; A. Schweiger, Buchhändler.

Nichtbeschränkung des passiven Wahlrechts den Ständen vorzulegenden Wahlgesetz zusammenzuberufen sei."

Diesem Antrage war ein anderer der Minorität beigefügt, wonach nur für den Fall eine constituirende Versammlung beantragt werden sollte, wenn nicht mit den jetzigen Ständen innerhalb „möglichst kurzer Frist" eine Verfassung vereinbart würde. Beide Anträge charakterisirten deutlich genug die ganze Richtung der Versammlung und setzten es außer allem Zweifel, daß binnen kurzer Frist diejenigen, welche bei der Berufung Stüve's in lauten Jubel ausgebrochen waren, alles Mögliche aufbieten würden, ihn wieder vom Amte zu entfernen. Nach langen stürmischen Verhandlungen, denen ein eben so heftiger Streit über den Modus des Votirens folgte, ergab endlich die beschlossene Abstimmung eine bedeutende Majorität für diejenigen, welche überhaupt keine Vereinbarung mit den Ständen wollten, sondern die sofortige Berufung einer constituirenden Versammlung verlangten. Damit war aber der Beschluß noch nicht erledigt; die Minorität erklärte, sich der Majorität nicht fügen zu können. Neue Debatten im Charakter des polnischen Reichstages. Eine Einigung mußte nothwendig erzielt werden, wenn nicht der Beschluß in einem seltsamen Lichte erscheinen sollte. Allein die Minorität, der fast sämmtliche ständische Deputirte angehörten, blieb fest. So entschloß sich denn die Majorität nachzugeben; der Dr. Oppermann machte den Anfang und bald umarmte sich Majorität und Minorität und „jubelte ob der errungenen Einheit, man pries diese Selbstverleugnung und Unterordnung des Gedankens der Einheit wegen."[1] Wenn die von Freudentheil jenen Beschlüssen gemäß abgefaßte Adresse ungeachtet solcher Vorgänge bei der Berathung besonders hervorhebt, daß die Beschlüsse „mit der Besonnenheit

---

[1] Oppermann cit. Seite 60.

und Ruhe berathen seien, welche dem deutschen Charakter vor allem eigen", so glauben wir, gegen eine solche Charakteristik der deutschen Besonnenheit und Ruhe ausdrücklich protestiren zu müssen. [1]

Die Berathungen und Beschlüsse am folgenden Tage (28. März) wurden in einer neuen Adresse zusammengefaßt. Vierzehn Wünsche — doch wir vergessen, daß man im Jahre 1848 das Wort "Wunsch" aus dem Wörterbuche des Volks gestrichen — also 14 Forderungen wurden in der Adresse aufgezählt, durch deren Erfüllung allein dem Lande dauernde Ruhe erhalten werden könnte: Beeidigung des Militairs auf die Verfassung, Parcellirung des Domanial- und Klostergrundbesitzes mit Ausnahme der Forsten, Aufhebung der Provinziallandschaften, Revision aller Gesetze, um sie mit dem wahrhaft constitutionellen Regierungssysteme in Einklang zu bringen u. s. w. u. s. w. Alles in möglichst kurzer Frist. Am folgenden Tage, um hier gleich im Zusammenhange die Verhandlungen der Condeputirten bis zu ihrer Entfernung von Hannover zu skizziren, einigte man sich dahin, daß die Vereinigung der Condeputirten eine dauernde sein, die sich jederzeit, wenn es nöthig erscheine, wieder versammeln sollte. Schon am 30. März, also zwei Tage nach Eröffnung der Ständeversammlung, lamentirten die Condeputirten in lärmenden Debatten über den "temporisirenden Gang", den das Ministerium eingeschlagen. Die Heißsporne der Versammlung verlangten, dem Ministerium sofort ein Mißtrauensvotum durch eine Deputation überbringen zu lassen und zu erklären, die Condepu-

---

[1] Die Adresse enthielt einige sehr schöne Kraftstellen, von denen wir dem Leser wenigstens eine mittheilen müssen: "Die Freiheit ist in den ersteren Reichen des gemeinsamen Vaterlandes durch eine Bluttaufe gegangen, und auch in Wien und Berlin hat die sittliche Kraft gesiegt über die brutale Gewalt, und ist es aller Welt kund geworden, daß die Stimme des Volks wohl durch künstliche Mittel niedergehalten, aber nicht dauernd unterdrückt werden kann" u. s. w.

tirten würden in ihre Heimath zurückkehren, ohne für deren
Ruhe bürgen zu können, falls nicht bis Freitag die Aufhebung der ersten Kammer beschlossen sei. Eine Deputation, bestehend aus den Herren Plaß, Riechelmann, Ellissen,
Glimmann, Schmoldt und Bolstorf, wurde wirklich beliebt,
welche dem Ministerialvorstande Stüve im Sinne der folgenden Adresse einen Vortrag halten sollte:

1) „Trotz des unbedingten Vertrauens, welches das Land
zum Ministerium Stüve hegt, verbreitet sich hie und da leider
einige Mißstimmung, durch den sicherlich unbegründeten An-
schein, dasselbe wolle einen temporisirenden Gang einschlagen."

2) „Wir ersuchen den Herrn Minister, uns, wo irgend
möglich, einigen Aufschluß über den Weg zu geben, den derselbe in den jetzigen wichtigen Fragen einzuhalten gedenkt."

„Wenn nicht in den nächsten Tagen wirklich fördernde
Schritte geschehen, so sehen sich die Condeputirten genöthigt,
ihre Commission als erledigt anzusehen und heimzukehren mit
dem schmerzlichen Gefühle, keine zufriedenstellende Erklärung
an ihre Committenten mitbringen zu können."

Am 20. März war das Märzministerium berufen, am
28. traten die Kammern zusammen, und schon am 30. desselben Monats ein Mißtrauensvotum! Man sieht, die Ereignisse folgten rasch auf einander, und die Condeputirten, welche
nach Oppermann's Geständniß das Amt als „Dränger und
Treiber" übernommen, hatten ihre Aufgabe vollkommen be-
griffen. Die Erklärung, welche Stüve der Deputation gab,
daß die Hindernisse, welche den Fortgang der öffentlichen Angelegenheiten bisher gehemmt, ihren hauptsächlichsten Grund
in den durch den Drang der Zeitverhältnisse gehäuften Arbeiten
des Ministeriums hätten, und die Versicherung, daß er mit der
Deputation die Ansicht über die Nothwendigkeit der Umgestaltung der ersten Kammer theile — beruhigte den größeren

Theil der Condeputirten und bewog eine große Zahl, Hannover zu verlassen.

Am letzten Tage, am 31. März kam es wieder bei Gelegenheit der Berathung über die fernere Bedeutung und Wirksamkeit der Versammlung zu den stürmischsten Debatten, und zwar in solcher Weise, daß der Präsident Jobelmann sein Präsidium niederlegte und die Versammlung verließ. Unter Ellissen's Präsidio wurde sodann schließlich der Beschluß gefaßt, daß ein Ausschuß, eine Centralcorrespondenz-Commission (Ellissen, Glinnmann, Langrehr, Lafrenz, Wedekind) in Hannover tagen sollte, um nöthigenfalls die Condeputirten zu weiteren Verabredungen zusammenzurufen.

Am 28. März wurde die allgemeine Ständeversammlung auf Befehl Sr. Majestät von dem Grafen von Bennigsen eröffnet. In der Eröffnungsrede[1] wurde namentlich betont,

---

[1] Aktenstücke von 1848 Nr. 1 Seite 1. Die Mitglieder der zweiten Kammer waren: Schatzräthe: 1) Schatzrath Dr. Lang, 2) Schatzrath extraord. Amtsassessor Krimping, 3) der Vorstand des Königlichen Ministerii der Finanzen, Schatzrath Lehzen, 4) Geheimer Kriegsrath Wedemeyer, 5) der Vorstand des Königlichen Ministerii der geistlichen und Unterrichts-Angelegenheiten, Braun. Deputirte der Stifter: 6) Consistorialrath Dr. Brauer, 7) Superintendent Woltmann, 8) Superintendent Meyer. Deputirter der Universität: 9) Professor Vriegleb. Deputirter des Domkapitels zu Hildesheim: 10) Domdechant Merz. Deputirter des Königlichen Consistorii zu Hannover: 11) Schatzrath Rasch, 12) zu Aurich, Lantzius-Beninga. Die Deputirten der Städte und Flecken: 13) Stadtdirector Everts und 14) Hofrath Dr. Holscher für Hannover, 15) Stadtsyndicus Dr. Oesterley für Göttingen, 16) Senator Friese für Northeim, 17) Senator Rose für Hameln, 18) Senator Bruno für Einbeck, 19) Advocat Dr. König für Osterode, 20) Stadtpfarrer Seiters für Duderstadt, 21) Apotheker Meyer für Moringen, 22) Bürgermeister Bodungen für Münden, 23) Bürgermeister Wermuth für Hameln, 24) Oberbürgermeister Lindemann für Lüneburg, 25) Procurator Dr. Schulz für Ilzen, 26) Kaufmann Schulz für Celle, 27) Stadtrichter Dr. Francke für Harburg, 28) Amtsassessor Niemeyer für Lüchow u. s. w., 29) Stadtsecretär Dr. Willmer für Stade, 30) Advocat Hantelmann II. für Soltau u. s. w., 31) Kaufmann Richter für Buxtehude, 32) Stadtrichter Dr. Lang für Verden, 33) Baurath Quaet-Faslem für Nienburg, 34) Advocat Ratjen für die Hoyaschen Flecken, 35) Econom Hunte-

daß die Zusagen, welche dem Lande gemacht seien, ohne Übereilung, doch rasch ausgeführt und unverbrüchlich gehalten werden sollten, aber „das wollen Se. Majestät, daß in allen Stücken der Weg, den die von Allerhöchstdemselben mit den Ständen vereinbarte Verfassung vorzeichnet, und die Bahn des Gesetzes unverbrüchlich eingehalten werde." Daß diese Erklärung von der Bewegungspartei mit dem größten Unwillen aufgenommen wurde, ließ sich voraussehen; denn diese Partei wollte eben keinen verfassungsmäßigen Weg, sie verlangte, daß man das Recht der Revolution über das Recht des Gesetzes stelle, und wollte höchstens den zusammenberufenen Stän-

---

müller für die Diepholzschen Flecken, 36) Ministerialvorstand Dr. Stüve für Osnabrück, 37) Amtmann Gerdes für die Städte Quakenbrück u. s. w., 38) Bürgermeister Bagedes für die Städte Meppen u. s. w., 39) Magistrats-Director Sandroß für Goslar, 40) Justizrath Lünzel für Hildesheim, 41) Senator Bodenstedt für Peine u. s. w., 42) Bürgermeister Merkel für Dassel, 43) Magistrats-Assessor Brückner für Emden, 44) Landrath Eucken für Esens, 45) Deichrentmeister Cellmann von Schatteburg für Norden, 46) Amtmann Bening für Schüttorf u. s. w., 47) Landrath Schwers für Leer. Deputirte der Grundbesitzer der Fürstenthümer Calenberg, Göttingen, Grubenhagen: 48) Oconom Bartmer, 49) Bauermeister Poppe, 50) Hofbesitzer Kracke, 51) Advocat Dr. Niemeyr, 52) Oconom Söhle; der Grafschaft Hohnstein: 53) Hofrath Wilhelmi; des Fürstenthums Lüneburg: 54) Banquier Hoßmann, 55) Oconom Schmidt, 56) Oconom Hoppe, 57) Oconom Voigt, 58) Hofbesitzer Niechelmann, 59) Hofbesitzer Lübbecke; der Bremenschen Marschen: 60) Hausmann Schacht, 61) Landesfecret. v. Bremen, 62) Hausmann Ahgelis, 63) Gutsbesitzer Krönke, 64) Gutsbesitzer Anders; des Landes Hadeln: 65) Gutsbesitzer van Selt; der Grafschaft Hoya und Diepholz: 66) Gutsbesitzer Dörbecker, 67) Gutsbesitzer Leinhardt, 68) Halbmeier Wrede, 69) Hofbesitzer Stubbe; des Fürstenthums Osnabrück: 70) Gutsbesitzer Ledebur, 71) Notar Buddenberg, 72) Hofbesitzer Holling; für Meppen und Lingen: 73) Hofrath Dr. Eermes, 74) Oconom v. Ohr; des Fürstenthums Ostfriesland: 75) Gutsbesitzer Petersen, 76) Gutsbesitzer Bissering, 77) Sublicitirter Meyer, 78) landschaftlicher Ordinair-Deputirter Arens, 79) Landrath Bejecke; der Grafschaft Bentheim: 80) Bürgermeister Wedekind; der Bremenschen Geest und des Herzogthums Verden: 81) Hauptmann a. D. Pöse, 82) Hofbesitzer Breuer, 83) Hofbesitzer Siedenburg; des Fürstenthums Hildesheim: 84) Dr. v. Garßen, 85) Hofbesitzer Jordan, 86) Oconom Heinemann.

den die eine Aufgabe überlassen, ein neues Wahlgesetz zu schaffen, da an die Berufung einer constituirenden Versammlung nur die Wenigsten glaubten. Das Festhalten Stüve's an dem verfassungsmäßigen Wege konnten ihm seine Anhänger nicht verzeihen, und kaum waren ein paar Monate in das Land gezogen, als die ehemaligen Freunde laut über Verrath schrieen und Alles aufboten, das Ministerium zu stürzen.

Von dem Tage der Eröffnung der Ständeversammlung datirt eine ganze Reihe von Gesetzesvorlagen, welche das Programm des Märzministeriums ins Leben rufen sollten; namentlich der Entwurf eines Preßgesetzes,[1] eines Gesetzes, betreffend die Verpflichtung der Gemeinden zum Ersatz des bei Aufläufen verursachten Schadens,[2] Vorschläge zur Regulirung der in Aussicht gestellten Öffentlichkeit der ständischen Verhandlungen u. s. w.[3] Eine schleunige Erledigung der in Aussicht gestellten Verfassungsveränderungen war ein Wunsch, in welchem alle Parteien, freilich aus ganz verschiedenen Gründen, übereinstimmten. Allein diesem Wunsche stand in dem §. 180 des Landesverfassungs-Gesetzes vom 6. August 1840 eine Schranke entgegen, ohne deren legale Wegräumung eine Verfassungsveränderung in der beabsichtigten Weise zu den Unmöglichkeiten zählte, eine Schranke, welche die weise Vorsicht dem tumultuarischen Drängen nach unüberlegten Änderungen der Verfassung vielleicht mit ahnungsvollem Geiste gesetzt. Nach der Vorschrift dieses Paragraphen sollen nämlich Änderungen in der Ver-

---

[1] Aktenstücke von 1848. Nr. 4. S. 7.
[2] Aktenstücke von 1848. Nr. 11. S. 14.
[3] Die Wahlen lieferten folgendes Resultat: In zweiter Kammer: Präsident: primo loco Lang sen., secundo loco Stadtrichter Francke, tert. loco Lindemann; Vicepräsident: Francke, Lindemann, Bodungen; Generalsyndicus: Buddenberg; Vice-Generalsyndicus: Hantelmann II.

In erster Kammer: Präsident: Oberstlieutenant a. D. von Rössing, Abt zu Loccum, Landrath von der Decken, Vicepräsident von der Decken, Generalsyndicus von Bothmer.

fassung nur dann getroffen werden können, wenn wenigstens drei Viertheile der zum regelmäßigen Erscheinen verpflichteten Mitglieder jeder Kammer erschienen, und der Beschluß entweder in der schließlichen Abstimmung einhellig gefaßt, oder wenn derselbe auf zwei auf einander folgenden Landtagen jedesmal von wenigstens zwei Dritttheilen der anwesenden Mitglieder jeder Kammer in schließlicher Abstimmung genehmigt wird. Damit schien eine schleunige Erledigung der beabsichtigten Reformen unmöglich gemacht und in eine weite Ferne hinausgerückt. Man mußte demnach einen Ausweg finden, mochte er noch so verzweifelt sein, einen Ausweg, der wenigstens den Schein des Rechts wahrte. Der Antrag auf Beseitigung des §. 180 nebst dem damit in Verbindung stehenden §. 68 der Geschäftsordnung wurde am 29. März von dem Bürgermeister Bodungen gestellt, und am folgenden Tage schlug in dem erwähnten Schreiben das Gesammtministerium der allgemeinen Ständeversammlung vor, den §. 180 des Landesverfassungs-Gesetzes einstimmig aufzuheben, um auf diese Weise die beabsichtigten Reformen unter denselben Formen einführen zu können, welche überhaupt für die Gesetzgebung vorgeschrieben waren. Die nahe liegende Befürchtung, daß man damit für die Zukunft eine Gefahr des Schwankens der Verfassung heraufbeschwöre, existirte für das Ministerium nicht. es bezeichnete den §. 180 als ein „künstliches Schutzmittel, das in ruhigen Zeiten — wo ohnehin keine Gefahr der Übereilung vorliege — die Fortbildung hemme, und daß solche dann in Zeiten der Noth und des Dranges die Gefahr um so näher rücke, daß auf ungesetzlichem Wege gesucht werde, was auf dem Wege des Gesetzes und der Ordnung zu erreichen unmöglich sei." Als das Schreiben in der zweiten Kammer verlesen war, erhob sich Bodungen, hocherfreut, daß sein Antrag vom vorigen Tage von dem Ministerium adoptirt war. „Es sei gewiß Jeder durchdrungen von dem herrlichen Schreiben", und er beantrage deshalb, durch allgemeines Aufstehen den Dank auszusprechen", was alsdann selbstverständlich auch geschah.

Die Berathungen über den wichtigen Entwurf wurden schnell genug erledigt, wenn man die ganzen Verhandlungen überhaupt als Berathungen bezeichnen kann. Selbst in der ersten Kammer[1] erhob sich auch nicht eine Stimme zum Schutz der Verfassung, nicht einmal ein Zweifel wurde laut, ob denn dieser proponirte Modus wirklich als eine verfassungsmäßige Modificirung der Verfassung anzusehen sei, oder ob nicht vielmehr eine Verletzung der Verfassung vorliege. Es scheint kaum denkbar, daß alle Deputirte von der Legalität des Verfahrens überzeugt gewesen sein sollten, es ist viel wahrscheinlicher, daß der Einzelne den Umständen wich und durch Billigung eines in seiner Gesetzlichkeit mindestens zweifelhaften Schrittes gewissen Übeln vorzubeugen glaubte. Hierzu mochte die nicht unbegründete Furcht kommen, daß die neuen, alsdann nöthig werdenden Wahlen die conservativen Elemente zum größten

---

[1] Mitglieder erster Kammer: 1) Erblandmarschall Graf zu Münster; 2) Graf von Stolberg zu Söder, als Bevollmächtigter des Grafen zu Stolberg-Stolberg; 3) General-Erbpostmeister Graf von Platen-Hallermund; 4) Abt zu Loccum, Consistorialrath Dr. theol. Rupstein; 5) Landschaftsdirector von Hodenberg, als Abt zu St. Michaelis zu Lüneburg; 6) Ritterschaftspräsident von der Decken, als Director des Klosters Neuenwalde; 7) Bischof von Hildesheim, Domkapitular Wehmuth; 8) Consistorialrath Camman, als angesehener evangelischer Geistlicher. Die Majoratsherren: 9) Kammerherr Graf von Schwicheldt; 10) Kammerherr Graf von Wedel-Gödens auf Evenburg; 11) Kammerherr Graf von der Decken; 12) Graf Grote; 13) Graf V. von Bernstorf-Gartow; 14) der Director der Königl. Domänenkammer, Kammerdirector von Voß; 15) Präsident des Obersteuer- und Schatz-Collegiums von Wangenheim. Die in den Provinziallandschaften erwählten Mitglieder des Schatz-Collegiums, welche adlige Mitglieder einer Ritterschaft sind: 16) Schatzrath von Bothmer; 17) Schatzrath von Meltzing; 18) Schatzrath von König. Acht Deputirte der Calenberg-Grubenhagenschen Ritterschaft: 19) Landrath von Klencke; 20) Oberforstmeister von Reden; 21) Major Graf Alten; 22) Forstmeister von Alten; 23) Gutsbesitzer Freiherr Grote; 24) Gutsbesitzer von Hugo; 25) Hauptmann von Ilten; 26) Canzlei-Assessor Freiherr von Stralenheim. Sieben Deputirte der Lüneburgschen Ritterschaft: 27) Landrath

Theile beseitigen würden, um den Agitatoren und Schreiern
Raum zu machen, welche den willenlosen Haufen mit klingen-
den Redensarten von Freiheit und Gleichheit am Besten zu
lirren verstanden. Das einzige Bedenken, welches in der ersten
Kammer laut wurde, bestand in dem Zweifel des Grafen von
Bennigsen, ob nicht die verlangte Einstimmigkeit auch eine
Stimmabgabe des Präsidenten der Kammer nöthig mache. Als
dieser Zweifel durch eine negativ lautende Erklärung des Land-
schaftsdirectors von Hodenberg beseitigt war, gab es keinen
Scrupel mehr; am 5. April wurde der Antrag in erster Kammer einstimmig angenommen, nachdem derselbe schon Tags
zuvor von der zweiten Kammer in dritter Berathung ebenfalls
erledigt war. Ein Gesetz vom 10. April sanctionirte die Aufhebung des §. 180; damit war der schützende Damm der
Verfassung gefallen und den Fluthen der Bewegung freier
Raum gelassen.

Während die Verhandlungen über die Aufhebung des §. 180
des Landesverfassungs-Gesetzes so ruhig verliefen, als ob es
sich um die Aufhebung irgend eines beliebigen, irrelevanten

---

von Bothmer; 28) Hofrath von Lüneburg; 29) Land-Commissär von Weyhe;
30) Regierungsrath von dem Knesebeck; 31) Amts-Assessor von Weyhe; 32)
Cammerrath von der Decken; 33) Justizrath von Harling. Sechs Deputirte der Bremen- und Verdenschen Ritterschaft: 34) Hauptmann
von Marschalck; 35) Landrath von der Decken; 36) Graf von Kielmansegge
37) Landrath von Plate; 38) Justizrath von der Decken; 39) Kriegsrath von
Hattorf. Drei Deputirte der Hoyaschen und Diepholzschen Ritterschaft: 40) Landrath von Trampe; 41) Landrath von Drebber; 42) Land-
Commissär von Behr. Fünf Deputirte der Osnabrückschen Ritterschaft, incl. Meppen und Lingen; 43) Graf zu Münster-Langelage; 44)
Gutsbesitzer von Morsey-Ruhof; 45) Freiherr von Hammerstein-Loxten; 46)
Major von Stolzenberg; 47) Gutsbesitzer von Exterde. Vier Deputirte
der Hildesheimschen Ritterschaft: 48) Oberstlieutenant von Rössing;
49) Landrath von Cramm; 50) Gutsbesitzer von Dassel; 51) Drost von Hake.
Zwei Deputirte der Ostfriesischen Ritterschaft: 52) Landrath Graf
von Wedel-Nesse; 53) Regierungsrath Graf von Knyphausen. Ein vom
Könige ernanntes Mitglied: 54) Ministerial-Vorstand Graf von
Bennigsen.

Paragraphen handelte, nahm die Debatte über die Berathung der Antwort-Adresse an Se. Majestät den König einen sehr stürmischen Charakter an. Man glaubte die Gelegenheit benutzen zu müssen, jedem Wunsche, der die Brust eines Deputirten erfüllte, in der Adresse Ausdruck zu geben; die Parcellirung der Domänen, die Arbeiterfrage u. s. w. sollte erwähnt werden, ja der Schatzrath Krimping ging so weit, einen Passus über die Hoffähigkeit der Ständemitglieder zu empfehlen und auf den unangenehmen Eindruck aufmerksam zu machen, welchen der nach der Hoffähigkeit bestimmte Unterschied bei Deputationen aus der Ständeversammlung gemacht habe. Wurden auch solche Absurditäten nicht berücksichtigt, so fand sich doch in der von der gemeinschaftlichen Commission[1] berathenen Adresse ein Punkt, zu dessen Annahme sich die erste Kammer nur nach den heftigsten Kämpfen verstand, da die Annahme, — wie auch verschiedene Mitglieder erster Kammer, namentlich von Schele und beide Herren von der Decken, mit Nachdruck hervorhoben — nichts sei als ein Todesurtheil, welches der Adel sich selbst sprechen würde. Der betreffende Passus lautete nämlich:

>"die Aufhebung der Vertretung des Adels als solchen in der allgemeinen Ständeversammlung, so wie die Aufhebung aller Vorzüge der Geburt für den Adel, unbeschadet der Privatrechte, sind zur Entwicklung einer freieren Verfassung u. s. w. vor Anderem dringend erforderlich",

während die erste Kammer, welche sich sofort bereit erklärte,

---

[1] Aus erster Kammer: von Hodenberg, Abt zu Loccum, Justizrath von der Decken, Schatzrath von Bothmer, Landschafts-Präsident von der Decken, Präsident von Wangenheim, Landrath von Klencke.
Aus zweiter Kammer: Lindemann, Bodungen, Lünzel, Adickes, Schmidt, Triegleb, Schwers. Mit der Redaction waren beauftragt von Hodenberg und Lindemann.

der Zeitströmung Rechnung zu tragen und Opfer zu bringen, die Stelle folgendermaßen gefaßt wissen wollte:

„die Aufhebung der Vertretung des niederen Adels als solchen in der allgemeinen Ständeversammlung, sowie die Beseitigung aller rechtlich bestehenden und thatsächlich gestatteten Vorzüge der Geburt und des Standes bei Besetzung von Civil- und Militär-Ämtern."

In der zweiten Kammer rief der Verbesserungsantrag die stürmischsten Debatten hervor. Unter lautem Jubel der Tribünen[1] rief Bodungen: „der Adel flüchtet sich hinter das Ritterthum, das Ritterthum soll in den Provinziallandschaften fortdauern. Gut! Will man Verstecken spielen, so wird dies Haus den Sucher machen, und wir werden sie finden, wohin sie sich flüchten. 1789 hat man angefangen ein großes Grab für den Adel zu graben. Jetzt stehen wir am Schlusse. Man werfe die Leiche hinein und das Grab zu". Nimmt die erste Kammer den Entwurf nicht an, so gehen wir auseinander, und auf ihren Kopf fällt alsdann die Verantwortung für die Anarchie, welche das Land erschüttern wird; — so argumentirten verschiedene Deputirte, welche trotz ihrer scheinbaren Entrüstung gegen die erste Kammer keinen sehnlicheren Wunsch hegten, als daß dies Ereigniß eintreten möge. Die Einführung des Einkammersystems schien dann gesichert, und vielleicht wäre es sogar noch möglich gewesen, eine constituirende Versammlung durchzusetzen. Einstimmig beschloß sodann die Kammer, den Verbesserungsantrag abzulehnen, jedoch noch den Versuch zu machen, durch eine Conferenz von je vier Mitgliedern eine Einigung zu versuchen. Allein auch dieser Versuch scheiterte, eine verstärkte Conferenz bot eben so wenig Aussicht auf Erfolg,

---

[1] Die erste Kammer gab auf Antrag des Landraths von Trampe den Besuch der Tribünen ohne Weiteres frei, nachdem die zweite Kammer schon ein paar Tage früher diesen Beschluß gefaßt hatte.

und so stellte Lindemann den Antrag, die zweite Kammer möge sofort ihre Arbeiten so lange einstellen, bis die erste Kammer nachgegeben habe. Die radikalen Mitglieder unterstützten selbstverständlich mit Freuden einen Antrag, der ihren Plänen einen sichern Erfolg in Aussicht stellte. Allein der Präsident benutzte den einzig möglichen Ausweg, welchen der Dr. Francke vorschlug, und hob die Sitzung vorläufig eine Stunde auf. In der Präsidialnote, welche der ersten Kammer den Beschluß anzeigte, war gleichzeitig auf die Gefahr hingewiesen, welche die Ablehnung der Adresse durch die erste Kammer nothwendiger Weise hervorrufen müsse, da in diesem Falle der Eintritt eines revolutionären Zustandes unvermeidlich sei.

Das Manöver der zweiten Kammer glückte wirklich; als die erste Kammer die Berathung begann, erhoben sich nur wenige Stimmen, um mit Entschiedenheit den früheren Beschluß des Hauses zu vertheidigen und zum Ausharren zu ermahnen. Unter ihnen in erster Reihe der Landrath von der Decken, der darauf hinwies, daß mit dem Beschlusse erster Kammer Alles zu erreichen sei, was die zweite Kammer, was das Volk vernünftiger Weise nur verlangen könne, daß aber jetzt die Ehre fordere, festzustehen, möge daraus folgen, was da wolle. Ebenso erklärte sich der Geheime Cabinetsrath von Schele dagegen, weil er die Versammlung nun und nimmermehr für competent halte, über die Rechte fremder Personen, eines ganzen Standes, des Standes ihrer eigenen Committenten, zu verfügen, eine Ansicht, der sich namentlich der Canzlei-Assessor von Stralenheim sowie die Grafen Münster und von Bernstorf anschlossen. Von der anderen Seite wurde dagegen geltend gemacht, daß auf die Fassung gar Nichts ankomme, da es sich hier ja nicht um eine Gesetzesvorlage, sondern nur um eine Adresse handele, und daß man nur so die innere Beruhigung erwerben könne, Alles gethan zu haben, um das Unglück abzuwenden, welches die Zukunft möglicher Weise noch bringen werde. Ernst ist der Augenblick", äußerte der Abt von Loccum, "denn von den Altären und Häusern her bringt eine Stimme, die alle anderen Stimmen dieses Hauses übertönt, es ist die Stimme des Volks, die uns zuruft: Vertreter des Vaterlandes, schützt uns vor Anarchie. Ob dies Opfer, das dies Haus zu bringen im Begriff steht, das Vaterland für immer, ob nur für kurze Zeit zu retten im Stande ist? Gott mag es wissen. Ich aber will das Licht des Tages nicht untergehen sehen, ohne mir das Bewußtsein zu erhalten, nach Möglichkeit zum Frieden beigetragen zu haben." So mochte die Mehrzahl denken; die Drohungen aus dem Schooße der zweiten Kammer sich aufzulösen, falls die erste den Beitritt weigere, und die Erwägung, daß die Worte einer Adresse ja noch Nichts entschieden, gaben den Ausschlag. Als die Frist abgelaufen und man zur Abstimmung schritt, trat die Kammer mit einem Dissens von 12 Stimmen dem Beschlusse zweiter Kammer bei.[1]

---

[1] Die Adresse lautete:

Allerdurchlauchtigster, Großmächtigster König,
Allergnädigster König und Herr!

Dem erhabenen Throne Eurer Majestät nahen ehrfurchtsvoll von vielfachen Gefühlen tief bewegt die getreuen Stände dieses Königreichs, um den Dank des Landes für die großen Maßregeln auszusprechen, die zur Begründung einer die Rechte des Volkes auf eine breitere Grundlage stellenden Verfassung von Eurer Königlichen Majestät in landesväterlicher Huld und Weisheit beschlossen und verkündet sind.

Die schon durch den ordentlichen Lauf der Geschäfte herbeigeführte Versammlung der Stände ist in eine Zeit der gewaltigsten Erschütterungen gefallen, in eine Zeit, in welcher die unerwartetsten, folgenschwersten Ereignisse sich drängen, in welcher Alles um neue Gestaltung der öffentlichen Verhältnisse ringt. Als ein lichter Stern in diesem sturmvollen Ringen leuchtet das zu neuer Kraft erwachte Selbstbewußtsein des deutschen Volkes, sein Streben nach der lange mit Schmerz entbehrten, durch unheilvolle Ereignisse ihm entrissenen Einheit hervor. Mit Freude haben die Stände es vernommen, daß Eure Majestät bereits Maßregeln der Mitwirkung zu diesem großen Ziele getroffen haben, sie dürfen vertrauen, daß in Durchführung derselben die gewohnte Kraft nicht fehlen und daß kein Opfer Eurer Königlichen Majestät zu schwer sein werde, um dieses für das Wohl, ja vielleicht für die Rettung des großen Vaterlandes unerläßliche Ziel zu erreichen.

Ein anderer Punkt, der gleich in den ersten Tagen des
Zusammentritts der Ständeversammlung zur Sprache kam, be-

In dem lebendigen Bewußtsein seiner Kraft wird Deutschland darüber wachen, daß die Integrität seiner Grenzen ungestraft nirgends verletzt werde. Die für einen benachbarten Bundesstaat entstandene Gefahr findet auch hier das wärmste Mitgefühl; sollte auf friedlichem Wege diese Gefahr nicht zu beseitigen sein, so wird das Land nicht zaudern, mit allen seinen Kräften seinem Könige zur Seite zu stehen, um die bedrohete Sicherheit des Bruderlandes zu schützen.

Nicht minder werden Eure Majestät die getreuen Stände bereit finden, die im Wege der Verfassung ihnen eröffnete Bahn zu heilbringendem Wirken für die neue Gestaltung der innern Verfassung und Verwaltung dieses Königreichs mit Ernst zu betreten und frei mit festem Willen zu verfolgen.

Die dem Lande bereits gewordenen Allerhöchsten Zusagen der Freiheit der Presse und des Versammlungsrechts, der Selbstständigkeit für die Verwaltung der Stadt- und Landgemeinden, der Beseitigung aller Exemtionen bei Staats- und andern Lasten, der Herstellung der ursprünglichen Kraft der Gerichte unter Einführung eines für Alle gleichen, auf Öffentlichkeit, Mündlichkeit und Schwurgericht zu gründenden Gerichtsverfahrens, der allgemeinen Trennung der Justiz von der Verwaltung, der Vereinfachung des Staatshaushalts, insbesondere durch Wiedervereinigung der Königlichen Casse mit der Landescasse, der Verantwortlichkeit der Minister dem Lande gegenüber, sind überall mit dem freudigsten Jubel begrüßt. Indessen dürfen Stände freimüthig nicht verhehlen, daß außer diesen noch vielfache andere Maßregeln von hoher Bedeutung für die Zufriedenheit und Wohlfahrt des Landes, für die Erhaltung der Ordnung und Sicherheit unabweislich erforderlich sind. Die Aufhebung des Staatsraths in seiner bisherigen Bedeutung, die Gleichstellung der politischen Rechte für alle christliche Glaubensbekenntnisse wie für die nichtchristlichen, soweit deren Religionsgrundsätze nicht entgegenstehen, die Aufhebung der Vertretung des Adels als solchen in der allgemeinen Ständeversammlung, sowie die Aufhebung aller Vorzüge der Geburt für den Adel, unbeschadet der Privatrechte, sind zur Entwickelung einer freieren Verfassung, zur Begründung eines neuen kräftigern Lebens, zur Herstellung des Geistes der Eintracht, in dem das Heil und die Sicherheit Aller beruht, vor Anderem dringend erforderlich. Wird auch dieses gewährt und wird es mit den übrigen landesväterlichen Verheißungen in rascher Ausführung zu gesetzlicher Geltung erhoben, so dürfen Stände bei dem von Eurer Majestät huldvoll anerkannten verständigem Ernste und dem geraden Willen des Volks, bei seiner Vaterlandsliebe und Treue für den angestammten Landesherrn, dem zuversichtlichen Vertrauen sich hingeben, daß der Geist der Ordnung und mit ihm die besonnene Haltung des Landes unverändert werde bewahrt werden.

Möge so der Hinblick Eurer Königlichen Majestät auf das Land auch ferner von dem Schmerze nicht getrübt werden, der in vielen andern Ländern Freude und Hoffnung verbitterte; möge die göttliche Vorsehung das Vaterland gnädig beschützen, möge sie demselben den geliebten König noch lange Jahre erhalten!

traf die Verpflichtung der Abgeordneten, einen besonderen Revers auszustellen. Da nämlich eine Zeitlang die Taktik der Opposition darin bestanden hatte, in der Ständeversammlung freilich zu erscheinen, sich darin aber jeder landesverfassungsmäßigen landständischen Thätigkeit zu entziehen, und der schließlichen Berathung jedes Gesetzes und jeder Bewilligung, ohne Rücksicht auf deren innere Nothwendigkeit oder Zweckmäßigkeit, entgegenzuwirken, so hatte eine Verordnung vom 5. November 1841 [1] eine besondere Form der Erklärung über die Annahme der Wahl eines Deputirten vorgeschrieben. [2] Eine Weigerung, diesen Revers zu unterschreiben, galt als Ablehnung der Wahl. Schon im Jahre 1842 waren verschiedene Protestationen gegen den Revers laut geworden, allein die Regierung stützte sich auf die im §. 40 des Gesetzes vom 6. November 1840 über die Wahlen der Deputirten zur allgemeinen Ständeversammlung, ihr vorbehaltene Befugniß, die ihr zur Ausführung dieses Gesetzes noch erforderlichen näheren Bestimmungen durch Verordnungen zu treffen. Als jedoch der Abgeordnete Schmidt am 3. April den Antrag stellte, die fragliche Verordnung zurückzunehmen, und in der zweiten Kammer Stüve über jene Verordnung mit den Worten „sie sei ein Denkmal aus trauriger Zeit", den Stab gebrochen, und der Graf von Bennigsen die-

---

[1] Gesetzsammlung von 1841. Abth. I. S. 262.

[2] Die Erklärung lautete: „Nachdem ich von der Wahlversammlung — — — — — — zum Deputirten zur zweiten Kammer der allgemeinen Ständeversammlung des Königreichs Hannover auf den Grund des Landesverfassungs-Gesetzes vom 6. August 1840 erwählt worden bin, so nehme ich diese Wahl hiermit an und erkläre auf Ehre und Gewissen, daß ich auch für meine Handlungen als Deputirter das Landesverfassungs-Gesetz vom 6. August 1840, nach welchem die allgemeine Ständeversammlung des Königreichs berufen ist und auf dem sie einzig und allein beruht, als unbedingt verbindliche Vorschrift anerkenne, und daß ich demnach jeden Versuch, welcher dahin gerichtet würde, die in dem Landesverfassungs-Gesetze vom 6. August 1840 vorgezeichnete Wirksamkeit der einen oder beider Kammern dieser Ständeversammlung zu hemmen oder fruchtlos zu machen, als verfassungs- und pflichtwidrig betrachte, mithin einem derartigen Versuche mich niemals anschließen werde."

selbe als „nicht legal" bezeichnet hatte, ohne übrigens den
schwierigen Beweis seiner Behauptung nur zu versuchen, wurde
in beiden Kammern der fragliche Antrag angenommen und
durch eine Verordnung vom 26. April 1848[1] die Verordnung
vom 5. November 1841 aufgehoben.

Zur Characteristik der Stimmung, welche in der zweiten
Kammer herrschte, und zum Beweise dafür, welche Ansichten
die Majorität von der Achtung vor einer entgegengesetzten
politischen Überzeugung hatte, und wie sie dieselbe zu behandeln
beabsichtigte, müssen wir hier zuvörderst einen freilich erst später
berathenen Antrag besonders hervorheben, dessen Annahme den
schönsten Anfang zur Einsetzung von Revolutions-Tribunalen
gebildet hätte. Der Abgeordnete Siedenburg aus dem Herzog-
thum Bremen hatte nämlich den Antrag gestellt: „Stände wollen
beschließen, Königliche Regierung zu ersuchen, diejenigen allgemein bekannten Staatsdiener, welche seit August 1837 zum
Nachtheil anderer verdienter Männer und auf Unkosten des
Landes zu Ämtern und Würden erhoben sind, aus dem
Staatsdienste recht bald zu entlassen."

Daß von einem einzelnen Fanatiker ein solcher Antrag gestellt werden konnte, ist immerhin erklärlich; unbegreiflich bleibt
es aber, wie ein derartiger Antrag eine bedeutende Majorität
für sich gewinnen konnte. Von vielen Seiten war die Hoffnung ausgesprochen, der Antragsteller würde seinen Antrag
zurücknehmen, allein die Hoffnungen wurden getäuscht. Für
den 14. Juni stand der Antrag zur Berathung; die Kammer
bejahete die Vorfrage, und Siedenburg konnte seinen Antrag
begründen. Er wollte „die Räudigen, die Unreinen, die
Gefährlichen von den Reinen (nämlich Herrn Siedenburg
und Gesinnungsgenossen) gesondert wissen, weil Ansteckung zu
befürchten sei. (Er brauche die Namen jener Männer nicht

---

[1] Gesetzsammlung von 1848. Abth. I. S. 135.

auszusprechen, welche die Möglichkeit vertheidigt und die Nothwendigkeit herbeigeführt, daß das Staatsgrundgesetz so rasch zu Grabe getragen werden sollte. Rache sei unter der Würde der Versammlung, aber ein geringes Opfer müsse dem größern Opfer gegenüber, welches das Land habe bringen müssen, gebracht werden; man wünsche, man wage (?) es auszusprechen, man verlange es, daß diese Männer sofort, oder sobald als möglich, aus dem Staatsdienste entfernt würden." Von vielen Seiten erscholl der Ruf „die Namen, die Namen". Siebenburg erklärte darauf, vier der gefährlichsten seien: Klenze, Leist, Lütken, von Voß, die übrigen könne die Regierung auffinden, er sei jedoch auch im Stande, jenen vier eine ganze Reihe von Namen hinzuzufügen.

Mit Begeisterung trat der Abgeordnete Dr. von Garßen diesem Antrage bei; der Abgeordnete Huntemüller ging noch einen Schritt weiter und verlangte Entlassung ohne Pension. Der Hauptmann a. D. Böse,[1] der sich als einen Märtyrer unter der Verfolgung jener Männer schilderte, will großmüthig für sich keine Vergeltung fordern, allein das Volk wolle nun einmal Vergeltung. Jene Männer hätten dem Lande schweres Geld gekostet; wenn das Staatsgrundgesetz nicht beseitigt wäre, so würde das Land fast mit der Hälfte der directen Steuern auskommen und im Jahre 1850 oder 1851 ohne Schulden sein, ausgenommen die Eisenbahnschulden. Der Abgeordnete Voigts ist „sehr für Versöhnung (!) aber ein kleines Exempel müsse doch statuirt werden"; Professor Briegleb stimmt freilich dagegen, daß jene Männer ohne Pension entlassen würden, und

---

[1] Ein interessantes Actenstück ist das Sendschreiben des Deputirten Böse an die Bauern der Bremen-Verdenschen Geest. Juni 1848. Hannover. Gebrüder Jänecke. Er schreibt darin unter Anderem wörtlich Folgendes: „Wenn Ihr und die wirklichen Bauern der andern Provinzen ein Bischen recht folgsam seid und bei den nächsten Wahlen thun wollt, was ich Euch sagen werde, so soll, wenn es wieder ruhig geworden, das Land ohne directe Steuern regiert werden können."

hat gegen den Antrag das Bedenken, daß Namen genannt seien, will aber diesen Mißgriff ignoriren und trägt kein Bedenken, jenem Antrage beizutreten. Er wünsche zwar, daß die Form des Antrags etwas milder gewesen wäre, aber dadurch würde in der Sache Nichts geändert sein, höchstens könne man sagen, er sei nett (?) ausgedrückt. Eine Erinnerung daran, was das Land erwarte, halte er für nothwendig, und er gestehe, daß das Land (wie oben Volk) es nicht allein erwarte, sondern sich wundere, daß bisher in dieser Beziehung Nichts geschehen sei. Der Abgeordnete Richter aus Buxtehude beruft sich für den Antrag auf die constante Praxis, daß bei Veränderung eines Systems die Leute des früheren Systems entfernt würden.

Unter allen den Männern, welche in der zweiten Kammer saßen, traten nur drei diesem schmählichen politischen Autodafé entgegen, nämlich Bodungen, Lehzen und Stüve, von denen der erstere auch der einzige gewesen, der sich der Berathung des Antrags widersetzt hatte. Vergebens ermahnte Stüve die Versammlung, die Verhältnisse doch auch einmal umzukehren, vergebens mochte Lehzen darauf aufmerksam machen, daß die Besorgnisse vor der Zukunft nicht ärger geweckt, nicht schlimmer genährt würden, als dadurch, daß man über dem Haupte einer großen Anzahl von Männern das Schwert am Pferdehaare aufhänge; daß es ferner Motive, nicht äußere Handlungen seien, nach denen man richten wollte, — keine Ermahnung, keine Vorstellung half. Das „Volk" erwartete jenen Schritt der politischen Verfolgung, wie der Professor Dr. Briegleb versicherte, das „Land" wunderte sich über die Verzögerung, die Volksvertreter durften also „Volk und Land" nicht länger warten lassen. Die Abstimmung ergab eine große Majorität für den Antrag. Leider wurde der Antrag auf namentliche Abstimmung des Abgeordneten Böse, der am eifrigsten dem Herrn Siedenburg secundirt hatte, wieder zurückgezogen, so daß wir die Namen der wenigen Männer, welche es unter ihrer Würde hielten, die Ständeversammlung zu einem Organ politischer Verfolgung herab zu würdigen, nicht sämmtlich aufführen können.

In der ersten Kammer rief dieser Beschluß die allgemeinste Indignation hervor. Sämmtliche Redner, welche sich erhoben,[1] sprachen sich gegen den Antrag aus, und der Beschluß wurde einstimmig abgelehnt.

Kehren wir nach diesem Excurse, dessen ausführliche Schilderung zur Charakterisirung der Situation uns nöthig erschien, zu dem geschichtlichen Verlauf der Ereignisse zurück. An demselben Tage, an welchem die zweite Kammer mit so glücklichem Erfolge der ersten Kammer gegenüber das Manöver der Minorität der Condeputirten durchgesetzt, lief bei den Ständen das Schreiben des Ministeriums vom 11. April ein nebst dem Entwurfe verschiedene Änderungen des Landesverfassungs-Gesetzes betreffend.[2] Nach dem Beschlusse erster Kammer wurde der Entwurf einer Commission von sieben Mitgliedern[3] überwiesen; die zweite Kammer trat diesem Beschlusse bei,[4] und auf ihren Wunsch auf Beiordnung von Regierungscommissarien wurden sämmtliche Minister als solche ernannt.

Während die Stände sich mit der Berathung der schon oben erwähnten Gesetzentwürfe beschäftigten, trat es bei verschiedenen Gelegenheiten immer deutlicher zu Tage, daß zwischen Stüve und den Männern des geflügelten Fortschritts eine Spannung eingetreten, die binnen kurzer Frist sich in

---

[1] von Harling, von Hodenberg, Graf von Knyphausen, von Stralenheim, von Hammerstein-Loxten, von der Decken. Sitzung am 4. Juli.

[2] Aktenstücke von 1848. Nr. 105 und 106. Seite 604 bis 683.

[3] Justizrath von der Decken, Kammerrath von der Decken; Regierungsrath von dem Knesebeck, Graf von Kielmansegge, Präsident von Rössing, Präsident von Wangenheim.

[4] Advocat Buddenberg, Stadtrichter Dr. Francke, Advocat Hantelmann, Justizrath Lünzel, Oberbürgermeister Lindemann, Syndicus Dr. Oesterley, Justizrath Willmer.

erbitterte Feindschaft verwandeln würde. Schon der Umstand, daß Stüve bei seiner Berufung zum Minister sich direct zum Könige begeben, ohne zuvor mit seinen politischen Freunden sich über die Annahme des Portefeuille zu berathen, hatte viele seiner getreusten Anhänger unangenehm berührt. Man war gespannt, wie er seine Stellung als Minister mit seiner bekannten Erklärung aus dem Jahre 1840, „daß man nur einer höheren Macht oder der Gewalt weichen werde" in Einklang bringen würde, da er durch die Übernahme des Portefeuille das Staatsgrundgesetz als rechtsgültig anerkannt habe. Man hoffte, Stüve würde durch die Einberufung einer constituirenden Versammlung sich aus diesem Dilemma retten, statt dessen erklärte die Thronrede, daß die Änderungen in der Verfassung nur auf verfassungsmäßigem Wege geschehen sollten; der verfassungsmäßige Weg war aber der im Landesverfassungs-Gesetze vorgeschriebene. Damit hatte aber Stüve deutlich genug erklärt, daß er sich von der Partei, deren Führer er bis zur Übernahme des Portefeuille gewesen, losgesagt habe. Er wollte vermitteln und theilte so das Loos aller Vermittler, die von beiden Theilen angefeindet werden. Hätte die Thronrede noch einen Zweifel über die Stellung Stüve's in dieser Beziehung obwalten lassen können, so mußte derselbe beseitigt werden, als die Aufhebung des §. 180 angeblich auf verfassungsmäßigem Wege erfolgte, der als der einzig mögliche bezeichnet ward, und Stüve den leis angedeuteten Wünschen nach einer constituirenden Versammlung mit dem Ausrufe begegnete „das würde ein völliger Umsturz der Verfassung sein". Die radikale Morgenzeitung konnte deshalb schon am 11. April mit vollem Rechte ihre Verwunderung darüber aussprechen, daß Stüve sich so ängstlich innerhalb der Grenzen des Landesverfassungs-Gesetzes bewege, gegen dessen Gültigkeit er mehr als einmal zu protestiren sich gedrungen gefühlt habe.

Ein anderer Punkt, welcher den Differenzen zwischen Stüve und seinen Anhängern, schon in den ersten Tagen des Aprils, neue Nahrung gab, war der Streit über die Wahlen zum Parlamente. Als Hantelmann in der Sitzung vom 11. April Stüve wegen der Wahlen interpellirte, erklärte der Minister, die Wahlen sollten durch die Ständeversammlung vorgenommen werden, die Bundesversammlung, — welche inzwischen den vom Vorparlament beschlossenen Wahlmodus adoptirt — habe kein Recht, einen Wahlmodus vorzuschreiben. Schon am Tage darauf, als die Nachricht von Berlin eingetroffen, daß Preußen seine Wahlen annullirt habe und dem Bundesbeschluß vom 7. April Folge leisten werde, fand Stüve, der vierundzwanzig Stunden vorher jenen Modus für unausführbar und gefahrdrohend erklärt hatte, Alles in der schönsten Ordnung, klar und einfach. Hatte die erste Erklärung den Zorn der radikalen Partei hervorgerufen, so machte die zweite alle Parteien stutzig; wenn sich zwischen heute und morgen die Ansicht des Ministers so ändern konnte, daß er das für einfach und gefahrlos erklärte, was er Tags zuvor für unausführbar und gefahrdrohend angesehen, so war das eine Inconsequenz, die in einer Zeit, wo Alles darauf ankam, sich nicht treiben zu lassen, beiden Parteien als eine schlimme Vorbedeutung erscheinen mußte.

Ebenso wurde die Erklärung des Ministers am 13. April gegen das Einkammersystem ein neuer Differenzpunkt zwischen ihm und seinen alten Freunden. In allen Volksversammlungen war die vollständige Beseitigung der ersten Kammer als die erste Bedingung der Garantie für die neue Ära proclamirt. Die Condeputirten hatten ebenfalls in ihrer Adresse vom 28. März diesen Punkt als Parole zu weiteren Agitationen ausgegeben, und nun trat Stüve mit einer so bestimmten Erklärung gegen diese sehnlichste Hoffnung der radikalen Partei auf. Wenn der Minister auch erklärte, daß er nur seine persönliche Ansicht, nicht die des Gesammtministeriums ausgesprochen, so wußte doch Jedermann, daß seine Ansicht die entscheidende war. Jeder Tag bewies es außerdem deutlicher, daß Stüve keine Lust habe, im Sturmschritt alle Hindernisse niederzutreten, welche dem Ideale der Demokraten im Wege standen. Der „historische Fortschritt" des Ministeriums schien ihnen ein Unding zu einer Zeit, welche mit der Vergangenheit vollständig gebrochen haben sollte. Überall witterte man Reaction; die Verhandlungen in der Ständeversammlung sollten nur dazu dienen, die Zeit der Gefahr hinzubringen, den Bestand des Ministeriums zu sichern, dessen vollständige Befreiung von dem Einflusse der demokratischen Partei anzubahnen, um alsdann mit dem Adel einen Vergleich auf Kosten jener schließen zu können.

Die unbedingte Majorität, auf welche das Ministerium in der zweiten Kammer rechnen konnte, war der Partei des Fortschritts in infinitum ein neuer Dorn im Fleische. „Die Kammer ist Nichts als ein Echo des durch seine Stellung jetzt gebundenen Stüve," erklärte die Central-Correspondenzcommission der Condeputirten schon in einem vertraulichen Rundschreiben vom 7. April, „so daß Regierung und Stände wie eine Person erscheinen und somit das Land ohne eigentliche Vertretung ist." Diese „eigentliche Vertretung" zu schaffen, sah der Ausschuß der Condeputirten als seine nächste Aufgabe an. Am 12. April erließ derselbe nämlich einen ausführlichen Bericht[1] an alle Corporationen, welche in der Versammlung vom 28. März vertreten gewesen, und forderte sie auf, zwei Deputirte zu einer neuen Versammlung zu senden. Der Bericht war das vollständigste Mißtrauensvotum für das Ministerium, wenn auch dem Minister des Innern selbst der

---

[1] Vollständig abgedruckt in der Hannoverschen Morgen-Zeitung Nr. 20, 21.
An demselben Tage erließen Hecker und Struve einen Aufruf an die waffenfähigen Männer des badischen Seekreises zur Revolution.

bittere Kelch durch ein paar Worte der Anerkennung versüßt werden sollte. In der Kammer saß nach dem Berichte „nur eine kleine Anzahl rechtlich denkender, gesinnungstüchtiger Männer," natürlich mit dem Ausschuß eng befreundet; „die Majorität dankt den Umtrieben des früheren Regierungsystems ihre Wahl und behauptet sich gegen den Willen ihrer Corporation auf dem Platze, während andere den Mantel des falschen Liberalismus umgehängt haben." Das müsse anders werden, meint der Bericht, das „Volk" müsse einschreiten, damit Minister und Stände erführen, wie es in seinem Herzen aussehe. Schon einmal habe das „Volk" sich berufen gefühlt, durch die frühere Condeputirten-Versammlung einzuschreiten. Also da capo! „Durch die Volksverordneten muß daher, heißt es wörtlich weiter, der schleunige Fall der Adelskammer, die noch keineswegs, wie in Nassau, auseinander gegangen ist,¹ sondern noch fortwährend an der Vertretung und Gesetzgebung des Landes Theil nimmt, gefördert, es müsse den bisher formulirten allgemeinen Beschwerden zur Abstellung verholfen, die noch unberathenen besprochen und an die Regierung gebracht, vor Allem auch der Gang der Stände mit der Regierung beschleunigt, und die Thätigkeit der ersteren für ein provisorisches Wahlgesetz, behuf Berufung einer constituirenden Versammlung, welches Preußen bereits besitzt, angesprochen werden. Nur einer constituirenden Versammlung kann das Land die Berathung einer neuen Verfassung anvertrauen und nur durch das provisorische Wahlgesetz dürfte zugleich die Wahl der nach Frankfurt abzusendenden Abgeordneten angemessen erreicht werden."

Also: Beschleunigung der ständischen Arbeiten, provisorisches Wahlgesetz, Beseitigung der Adelskammer, constituirende

---

¹ Am 22. Mai erklärten die Stände des Herzogthums Nassau: keinenfalls den verfassungsmäßigen Eid (Treue dem Landesherrn) mehr leisten zu wollen. Die Regierung giebt nach, und sie schwören blos Treue dem Volke!

Versammlung; und alle diese Errungenschaften sollen nur durch eine gemeinschaftliche Petition erreicht werden. Eine Demonstration, eine Einschüchterung durch Massen beabsichtigte die Versammlung keineswegs, die Commission verwahrte sich ausdrücklich gegen eine solche Verdächtigung.

Hatte das Treiben der Condeputirten Anfangs selbst in den besonneneren Kreisen der Bevölkerung manchen Vertheidiger gefunden, so trat jetzt ein vollständiger Umschwung in der öffentlichen Meinung ein. Der Commissionsbericht, von dessen Erlaß Ellissen entschieden abgerathen haben soll, obgleich er ihn nach dem Beschluß ebenfalls unterzeichnete, konnte keinem Zweifel mehr Raum geben, daß wenigstens ein Theil der Condeputirten nur darauf ausging, Aufregung im Lande zu verbreiten, um den ruhigen Gang der Entwickelung zu unterbrechen und alsdann ihre radikalen Pläne in Scene zu setzen. Selbst verschiedene Condeputirte machten in der vertraulichen, vorbereitenden Versammlung am 16. der Commission bittere Vorwürfe, daß sie durch ihren **übertriebenen** Bericht, unnöthiger Weise, Aufregung im Lande verbreitet und durch die **vollständig überflüssige** Zusammenberufung der Versammlung eine nicht zu rechtfertigende Demonstration gemacht habe. Nur mit der größten Mühe, und nur durch die Furcht, sich lächerlich zu machen, wurde der Zwiespalt nothdürftig ausgeglichen. „Man war zusammengekommen, man mußte auch Etwas thun." [1]

Tags darauf begannen unter dem Präsidium des Dr. Ellissen im „Römischen Kaiser" die Verhandlungen. [2] Auf den Antrag des Präsidenten wurde eine Commission niedergesetzt, um die Grundzüge eines provisorischen Wahlgesetzes auszuarbeiten; denn daß sich die Competenz der versammelten Stände nicht

---

[1] So schreibt Oppermann wörtlich in „Hannoversche Zustände" S. 98.
[2] Man vergleiche die schon oben S. 70 citirten Protocolle.
An demselben Tage Revolte in Hildesheim.

über den Beschluß eines solchen Gesetzes erstrecke, sah die Versammlung als selbstverständlich an und charakterisirte damit sofort die Stellung, welche sie dem gesetzlichen Organe der Volksvertretung gegenüber einnahm. Die Commission, welche aus den Herren Syndicus Dr. Bueren, Advocat Grumbrecht, Dr. Glimmann, Dr. Oppermann, Conrector Plaß und dem Professor Dr. Wolff bestand und somit, nach Oppermann's Ansicht, als Sieg „des conservativen Elements" (!) der Versammlung anzusehen war, hatte eine ganze Reihe von Punkten aufgestellt, unter denen der Entwurf eines provisorischen Wahlgesetzes zur Zusammenberufung einer Versammlung von Volksvertretern, das Einkammersystem, indirecte Wahlen, weil die politische Bildung im Lande noch nicht der Art sei, um directe Wahlen als zweckmäßig erscheinen zu lassen und dieselben nicht frei sein würden (ein beachtenswerthes Geständniß), u. s. w. die erste Stelle einnahmen und ohne große Debatten angenommen wurden.

Ein Punkt rief aber wieder lauten Zwiespalt in der Versammlung hervor. Die Commission hatte nämlich auf Antrag von Lafrenz auch den Punkt angenommen, die Ständeversammlung sollte das Wahlgesetz ungesäumt erledigen und zwar ohne sich zu vertagen, vor dem Osterfeste. Ein Minoritätsantrag von Grumbrecht, Plaß, Wolde, ging dahin „daß die Ständeversammlung bis zur Erledigung des provisorischen Wahlgesetzes nicht weiter vertagt werde, als von Donnerstag bis Ostermontag, und sich lediglich mit dem Wahlgesetz beschäftigen möge." Die Majorität wähnte, durch ihren Antrag der Ständeversammlung das Messer an die Kehle setzen zu können, sie hoffte auf Einschüchterung und glaubte dieselbe nur dann erreichen zu können, wenn die Anwesenheit der Condeputirten einen „Druck" auf die Deputirten ausübe. Längere Zeit konnten sich aber die Condeputirten in Hannover nicht aufhalten; sie schienen eingesehen zu haben, daß sie

7

ihre Rolle ausgespielt hätten, falls sie nicht in ihre Heimath die Nachricht von irgend einem andern Erfolge, als von einer glücklich fabricirten Petition bringen könnten, welche in der zweiten Kammer einfach der Adreßcommission überwiesen war. Grumbrecht, welcher den Minoritätsantrag der Commission vertheidigte, sprach es, ebenso wie Preusing, offen aus, daß man mit der Annahme des Majoritätsantrags den Weg der Revolution betreten würde. Einzelne Redner — die Protocolle enthalten die Namen nicht — erklärten aber ganz unumwunden, daß man ja schon längst auf revolutionärem Boden stehe. Das war wenigstens eine offene Erklärung jener widerwärtigen Heuchelei gegenüber, die sich immer gegen den Vorwurf der Demonstrationen vertheidigte, während die ganze Existenz der Condeputirten nichts als eine ununterbrochene Reihe von Demonstrationen war, und es ihnen wahrlich nicht als Verdienst angerechnet werden kann, daß sie von der Schaubühne verschwanden, ohne etwas mehr als Demonstrationen gemacht zu haben.

Sowohl der Majoritäts- wie der Minoritätsantrag wurden bei der schließlichen Abstimmung verworfen, und ein Vermittlungsvorschlag des Professors Dr. Wolff angenommen, der dahin lautete: „Die Ständeversammlung erledigt das Wahlgesetz und ohne sich zu vertagen." Den Nachsatz bildete als Schreckschuß die Bemerkung, „viele Condeputirte hätten erklärt, daß in den Landgegenden, aus welchen sie entsandt worden, eine so große, eine so bedenkliche Aufregung herrsche, daß diese Deputirten, wenn sie zu Ostern zurückkehrten ohne Erledigung des Wahlgesetzes, nicht für die fernere Aufrechthaltung der gesetzlichen Ordnung bürgen könnten." Mit der Redaction der Petitionen, welche an Se. Majestät, an das Gesammtministerium und an die Ständeversammlung gerichtet und dem Könige und dem Ministerium durch eine Deputation überreicht werden sollten, wurden der Professor Wolff und der Conrector Plaß beauftragt; der letztere trat jedoch zurück, so daß dem ersteren allein die Redaction oblag.

Die Deputation an Se. Majestät erhielt, wie vorauszusehen, keine Audienz, sondern mußte die Adresse dem dienstthuenden Adjudanten überreichen. Die Deputation an das Gesammtministerium, — die Herren Ihnen, v. d. Horst II., Lafrenz, Niemeyer, Langrehr, Glimmann, Wedekind, Schulz, Pusleb, Eickemeyer, Wolff, Plaß — wurde von den Ministern Stüve und Lehzen angenommen. Als sich die Herren als eine Deputation der Condeputirten vorstellten, erklärte Stüve kurz und bündig, er kenne keine Condeputirte als Vertreter des Volks; das Land finde seine gesetzlichen Vertreter in der Ständeversammlung, nur mit dieser könne die Regierung verhandeln. Wenn die Mitglieder der Deputation jedoch die in der Adresse — welche dem Ministerium schon Morgens zugesandt war — enthaltenen Wünsche als ihre persönlichen ausdrücken wollten, sei das Ministerium bereit, mit ihnen darüber zu verhandeln. Diese Erklärung, die einzig treffende, welche der Minister geben konnte, mußte der Deputation natürlich als eine Beleidigung des souveränen Volks erscheinen, das, wie der Professor Wolff in der Adresse erklärte, „auf die Schultern der Condeputirten die Aufgabe gelegt, zu berathen und zu beschließen, was dem Lande noththue." Hatte doch Weinhagen noch Tags zuvor erklärt, ein von Hildesheim aus gestellter Antrag enthalte den Ausdruck des Volkswillens von einer Million Menschen, und gewiß seien 30,000 bereit, binnen 24 Stunden Zeugniß abzulegen, daß es der Volkswille sei, dem Antrage Geltung zu verschaffen, — und jetzt wagte Stüve, der Deputation zu erklären, sie hätten Niemanden hinter sich, den er anerkenne. Er respectirte also weder die schlagbereiten 30,000 Mann, noch die Million; Grund genug, daß bittere Worte fielen. Stüve erklärte sodann geradezu, daß

7 *

die Condeputirten in Hannover nur Aufregung verbreiteten, während die Bürger der Stadt Ruhe haben wollten, und warf dem Berichte der Correspondenzcommission vor, er enthalte offenbare Unwahrheiten. Wieder von hüben und drüben bittere Worte, und nur der Vermittelung Lehzen's gelang es, daß Stüve nicht sofort die Audienz abbrach. Als schließlich auf die Anfrage der Deputation, ob nicht eine Zusicherung ertheilt werden könne, daß in einer bestimmten Frist, in einem oder in zwei Jahren — die Condeputirten waren also plötzlich sehr langmüthig geworden — die erste Kammer aufgehoben werden solle, Lehzen erwiederte, eine solche Zusicherung könne überall nicht ertheilt werden, war die Audienz beendigt.

Am Nachmittage (18. April)[1] stattete die Deputation ihren Bericht ab, der einen Sturm des Unwillens gegen Stüve hervorrief. In der vom Präsidenten anberaumten Abendsitzung stieg die Erbitterung aufs Höchste, als die Versammlung das Schicksal der Petition in der zweiten Kammer erfuhr. Der Generalsyndicus Buddenberg hatte nämlich berichtet, es liege ihm noch eine Eingabe der „sogenannten" Condeputirten vor; es würde zweckmäßig sein, auch diese der Verfassungscommission zu überweisen. **Einer Abstimmung bedürfe es weiter nicht.** Auch nicht ein Mitglied der Kammer hatte sich erhoben, um sich der Adresse der Condeputirten anzunehmen. Schärfer und schneidender konnte keine Kritik über das Treiben der sogenannten Volksverordneten geübt werden. Die Deputirten hatten damit ihr Urtheil abgegeben, und selbst diejenigen, welche bis dahin mit den Condeputirten Hand in Hand gegangen, sich von ihnen losgesagt. Vier Niederlagen hatte ihnen der eine Tag gebracht: Die Deputation an Se. Majestät den König war nicht angenommen, das Ministerium hatte ihnen ausdrücklich die Eigenschaft als Vertreter des

---

[1] An demselben Tage wird Hildesheim übergeben.

Volks abgesprochen, die Kammer ihr Treiben dadurch verurtheilt, daß sie die Petition der Verfassungscommission überwies, und endlich war die Ständeversammlung bis zum 8. Mai vertagt. Erinnert man sich nun ferner noch daran, daß Weinhagen Tags zuvor in der Versammlung der Condeputirten verhaftet, alsdann entlassen und auf Befehl des Gesammtministeriums wieder verhaftet war, so bedarf es keiner weiteren Schilderung, um die Aufregung der Condeputirten zu veranschaulichen. Auf den Antrag Ellissen's wurden aber in der Abendsitzung keine Beschlüsse gefaßt, sondern die Versammlung verabredete, noch den folgenden Tag in Hannover zu bleiben, um alsdann die weiteren Schritte zu berathen.

Am folgenden Tage (19. April)[1] wurde der schon Tags zuvor gestellte Antrag des Syndicus Dr. Bueren berathen, nämlich eine Petition an den Funfziger Ausschuß zu senden, der nach Ellissen's Erklärung „über Königen und Fürsten stand und die rechte Behörde war, dessen Macht die Volksverordneten in Anspruch zu nehmen hätten." Dem Herrn Lafrenz genügte jedoch eine Petition nicht, er schlug eine Deputation vor, und sein Vorschlag erhielt den Beifall der Versammlung. Die Wahl fiel auf Dr. Ellissen und Dr. Bueren. Ob Ellissen, welcher drei Tage zuvor Weinhagen wegen seiner „incendiarischen Reden" zur Ordnung gerufen und unter dem „lauten und anhaltenden Bravo" der Versammlung, wie das Protocoll berichtet, sich dagegen erklärt hatte, daß irgend eine Demonstration in Aussicht gestellt werde, diese Sendung nach Frankfurt auch nicht als Demonstration ansah? Oder hatte sich seine Ansicht über die Zulässigkeit von Demonstrationen etwa geändert? Auf den Antrag des Professors Wolff wurde

---

[1] Die dänische Regierung verfügt an diesem Tage die Beschlagnahme aller deutschen Schiffe in dänischen Häfen und befiehlt seiner Kriegs-Marine, preußische Handelsschiffe aufzubringen.

den beiden Abgesandten eine Ansprache¹ mitgegeben, um ihnen Anhaltspunkte zu geben, wie es in den Protocollen

¹ Sie lautet nach dem Protocolle S. 26: „Wir haben Sie gewählt, um unseren deutschen und hannoverschen Mitbürgern, die dem Funfziger Ausschusse in Frankfurt angehören, unsere Noth ans Herz zu legen und sie zu bitten, auch sein von uns am Centralpunkte deutscher Einheit unserer heiligen Sache sich anzunehmen.

„Wir verweisen Sie auf den Geist, der unsere Versammlungen beseelt hat, auf den Geist der Ruhe und Ordnung, auf den Geist, der nicht die Anomalie will, daß Kammern, die in ihrer Zusammensetzung, wie sie in der Adresse selbst sagen, sich als fehlerhaft erkannt haben, die so vom Volke beurtheilt worden, die Geschicke des Landes ferner in ihrer Gewalt behalten.

„Jeder Vernünftige erkennt das Zweckmäßige, das logisch Nothwendige dieses Willens. Unsere Minister wollen es nicht erkennen, sie wollen nicht hören, was die Stimme des Volks ihnen zuruft, was die weisen, die gesinnungstüchtigen Männer im Staate, die gesammte Universität, viele ehrenwerthe Deputirte der zweiten Kammer ihnen zurufen, sie bezweifeln die Allgemeinheit dieses Willens, weil die Bürger der Stadt Hannover, wie Stüve sagt, sich nach Ruhe sehnen, keine Aufregung wollen und mit der Regierung zufrieden sind.

„Wir wollen aber nicht eher uns zur Ruhe legen, bis wir die theueren Güter, die das große deutsche Vaterland erstrebt, zum Theil schon erhalten hat, auch für unser Land errungen haben.

„Wir wollen keine Drohungen, keine Einschüchterungen, keine Einwirkung physischer Gewalt. Wir suchen sie zu verhindern. Versteckt sucht man unsere patriotischen Bestrebungen durch das Gegentheil zu verdächtigen; in Hildesheim angesachte Excesse, die wir verabscheuen und entschieden desavouiren, versucht man mit unseren patriotischen Bestrebungen in Verbindung zu setzen: die Stimme des Volks soll die Stimme meuterischer Aufrührer sein. Wir finden Genugthuung in unserem Gefühl, das Gute gewollt, kein schlechtes, kein zweideutiges Mittel gewählt zu haben. Wir wollen aber keine Stabilität, keine Anomalie, deren wir und unsere Nachkommen uns schämen müßten. Und wenn die Adelskammer, die der Volksgeist schon vernichtet hat, die sich selbst vernichtet hat, die Geschicke unseres Vaterlandes noch geraume Zeit in Händen behält, so müssen wir uns allerdings schämen, geschwiegen zu haben.

„Tausende von Hannoveranern werden sich in den nächsten Tagen in diesem Sinne in Petitionen an die Ständeversammlung aussprechen.

„Versuchen Sie es, daß unsere braven Landsleute, die jetzt in Frankfurt weilen, unsere Landsleute, die ein großes Herz und Ehre in sich tragen, die ihnen zu Gebote stehenden friedlichen Mittel anwenden, um unser Ministerium von seinem gefährlichen Irrthume abzubringen. Wir vertrauen Ihnen, wackere Landsleute, daß Sie das Ihrige thun werden.
Biedenweg, Dr. Glimmann, Lasenz, Ad. Langrehr, Dr. Wedekind."

heißt; in Wahrheit bezweckte aber die Ansprache eine Vertheidigung der Condeputirten, die freilich kläglich genug ausgefallen ist. Sodann wurde beschlossen, einen permanenten Ausschuß von fünf Mitgliedern zu ernennen, welcher durch Bueren und Ellissen nach ihrer Rückkehr aus Frankfurt verstärkt werden sollte. Der Ausschuß (Ellissen, Bueren, Biedenweg, Glimmann, Lafrenz, Langrehr, Wedekind) ward ermächtigt, "nach den Umständen zu handeln", auch nöthigenfalls die jetzt versammelten Condeputirten zusammen zu berufen. Auf Antrag des Dr. v. d. Horst II. wurde ferner beschlossen, eine Petition an die Ständeversammlung im Lande zu veranlassen, welche an das Ehrgefühl der Kammern appellire und von ihnen verlange, die Auflösung der Kammern zu beantragen, um den nach dem neuen Wahlgesetze zu berufenden Volksvertretern alle anderen Geschäfte zu überlassen.

Schon bevor es zu diesen Beschlüssen kam, war ein solcher Zwiespalt in der Versammlung ausgebrochen, daß eine große Zahl der Condeputirten im Zorne den Saal verließ. Der Professor Wolff hatte nämlich einen sehr dramatischen Bericht über die Conferenz der Deputation mit den Ministerialvorständen Stüve und Lehzen verfaßt und denselben Abends zuvor mit großem Pathos in der Versammlung der Condeputirten verlesen. War der Jubel über dieses Actenstück, auf der einen Seite groß, so war der Unwillen und die Entrüstung auf der anderen Seite unter den gemäßigtern Mitgliedern der Versammlung und unter dem Publicum nicht geringer. Als nun in der letzten Sitzung die Frage aufgeworfen wurde, ob der Bericht als Theil der Protocolle gedruckt werden solle, erhob sich eine stürmische Debatte, die, nach dem Beschluß des Druckes, damit endete, daß der Dr. Müller aus Verden zu Protokoll erklärte, er halte es für seine Pflicht, Verwahrung dagegen einzulegen, als sei er mit dem Inhalte dieses Berichts einverstanden, — ein Protest, dem noch 22 andere Condeputirte beitraten.¹ Der Bericht des Professor Wolff findet sich in den Protokollen leider nicht mit abgedruckt, vielleicht hat der Verfasser selbst oder einer seiner Freunde das Actenstück verschwinden lassen, als die Entrüstung sich so offen darüber aussprach.

Die Sitzung am 19. April² war die letzte der Condeputirten; der Niederlagen waren zu viele gewesen, als daß nicht die besonneneren unter ihnen hätten einsehen müssen, daß nicht eine Million hinter ihnen stand, wie Weinhagen mit Pathos in der ersten Sitzung behauptet hatte, sondern geradezu ihnen gegenüber, und daß selbst die zweite Kammer sie in ihrer letzten Sitzung vor der Vertagung durch Ueberweisung ihrer Petition an die Verfassungs-Commission vollständig hatte fallen lassen. Der letzte Zweifel über das Verhältniß der zweiten Kammer zu den Condeputirten mußte aber schwinden, als 60 Mitglieder der zweiten Kammer in einer Erklärung vom 18. April³ ihr Verhalten »gegenüber verkehrten Auffassungen und absichtlichen Entstellungen« rechtfertigten. Nach einer Aufzählung der Arbeiten, welche die zweite Kammer vollendet, heißt es am Schluß, »die einfache Darstellung werde hinreichen, um dem Lande zu zeigen, daß, wenn die Stände auf dem gesetzlichen und allein zum Ziele führenden Wege verbleiben wollten, sie die kurze Dauer ihrer Wirksamkeit in einer Weise benutzt hätten, welche dem Drange der damaligen Zeit und den Umständen entspreche«. Daß diese Erklärung

---

[1] Nämlich die Herren Vollstorf und Eickemeyer aus Einbeck, Glitzka und Vietmann aus Gifhorn, Baumeister Campe aus Verden, Schmidt und Halfinger aus Uelze, Hoftmann und Wolde aus Celle, Langrehr aus Lüneburg, Hinze und Jessel aus Dannenberg, Senator Müller aus Salzderhelden, Riehl und Hortleder aus Northeim, Toel und Mayer aus Aurich, Seitz und von Nordheim aus Norden, Marheinecke und Wiechmann aus Nienburg, Kattenborn aus Beverstedt.

[2] An demselben Tage verwirft der Funfziger-Ausschuß den Antrag wegen eines executiven Triumvirats.

[3] Extra-Beilage zur Hannoverschen Zeitung von 1848. Nr. 102.

nichts war als ein derber Protest gegen das Treiben der Condeputirten, verkannte Niemand, am Wenigsten aber die Condeputirten selbst.

Aus allen Gegenden des Landes wurden außerdem dem Könige und dem Ministerium zahlreiche Loyalitäts- und Vertrauensadressen übersandt, deren jede ein Mißtrauensvotum für die Condeputirten war. Die radicale Presse war hiemit selbstverständlich sehr unzufrieden und forderte diejenigen auf, welche Macht dazu hätten, diesem „Loyalitätsadressen-Unwesen" entgegenzutreten. Daß zu derselben Stunde die Condeputirten, dem auf Antrag des Dr. von der Horst II. am 19. April gefaßten Beschlusse gemäß, im Lande für die oben erwähnte Petition colportirten, wurde natürlich nicht erwähnt. Seltsamer Widerspruch; in jeder Adresse gegen das Ministerium fand die radikale Partei nur den Ausdruck des lauteren, unverfälschten Volkswillens, während jede Äußerung zu seinen Gunsten nur Kabalen und Intriguen oder, wie es auch kräftiger ausgedrückt wurde, „dem schmutzigen Getreibe der Reaction" ihre Entstehung verdankte. So war es damals, so ist es noch heute, und so wird es wahrscheinlich ewig bleiben.

Die Mission Ellisen's und Bueren's nach Frankfurt hatte wirklich den Erfolg, welchen sie überhaupt haben konnte. Der Funfziger-Ausschuß fand die Kläger zur Klage legitimirt und beschloß am 29. April,[1] der hannoverschen Regierung dringend anzurathen und zu empfehlen, die Thätigkeit der Ständeversammlung auf die Erledigung der laufenden Geschäfte und die Bewilligung des Budgets zu beschränken, ein provisorisches, liberales, dem Beschlusse des Vorparlaments entsprechendes Wahlgesetz zu erlassen und in Gemäßheit der Vorschriften

---

[1] Der folgende Tag ist wichtig für die Terminologie der Demokratie geworden; denn Struve und Heinzen publicirten an diesem Tage ihre berühmte Proclamation in Straßburg gegen die so beliebt gewordenen „bezopften Söldlinge".

desselben die Bildung einer constituirenden Versammlung zu bewirken. Der „permanente Ausschuß" der sieben Condeputirten hat noch eine Zeitlang in Hannover getagt, ohne daß von seiner Thätigkeit Etwas in die Öffentlichkeit gedrungen wäre. Als die Permanenz lange genug gedauert, und der Siebener-Ausschuß endlich eingesehen, daß er sich auf einem verlorenen Posten befand, verließ auch er Hannover, um sich in der Heimath ein ergiebigeres Feld für seine Thätigkeit zu suchen.

Während der Vertagung der Ständeversammlung wurden die Wahlen zu der Nationalversammlung in Frankfurt vorgenommen, und die Volkspartei benutzte die übrige Zeit dazu, die von den Condeputirten beschlossenen Petitionen zu fabriciren. Als die Stände am 8. Mai [1] wieder zusammentraten, konnte denn auch, Dank dem Schema der Condeputirten, eine ganze Anzahl von Petitionen auf den Tisch des Hauses niedergelegt werden. Wie richtig die Kammer den Werth derselben taxirte, erhellt daraus, daß sie, auf Antrag des Generalsyndicus, „wegen der mechanischen Anfertigung", unter Dissens einer einzigen Stimme, lediglich zu den Acten genommen wurden. Eine neue Niederlage der Condeputirten, welche das Schema aufgestellt und die Rolle der Colporteure mit dem größten Eifer übernommen hatten.

Die Verfassungs-Commission war bei dem Wiederzusammentritt der Ständeversammlung noch nicht zu einer Einigung gekommen; erst am 14. Mai,[2] nachdem von Garßen, wenn auch vergeblich, versucht hatte, die zweite Kammer zu einer Arbeitseinstellung zu veranlassen, berichtete Lindemann, daß die Commission sich endlich geeinigt habe. Die Debatten begannen in

---

[1] Am 5. Mai bombardiren die Dänen Friedericia.

[2] Am 15. neuer Krawall in Wien, der Kaiser und die kaiserliche Familie begeben sich am 17. in der Stille nach Innsbruck. Am 18. belegt General von Wrangel Jütland mit einer Contribution von 3 Millionen Thaler, als Pfand für den Schaden, welchen die dänische Regierung dem deutschen Handel zufügt.

der zweiten Kammer am 20. Mai, in der ersten Kammer am 24. desselben Monats. Der Punkt, um welchen in der zweiten Kammer der heißeste Kampf entbrannte, war die Repräsentationsfrage, ob Einkammer- oder Zweikammer-System. Schon früher hatte Stüve erklärt, daß er die Annahme des Zweikammer-Systems zur Bedingung seines Bleibens im Amte mache, und so hatte auch die Commission sich gegen das Einkammer-System erklärt,[1] und bei der namtlichen Abstimmung in erster Berathung am 24. Mai stimmten 54 Deputirte für, 26 gegen das Zweikammer-System.[2] Am 5. Juli wurde der Verfassungsentwurf in zweiter Kammer und wenige Tage darauf in erster Kammer definitiv erledigt.

Es ist nicht unsere Absicht, die Kammerverhandlungen über diesen Gegenstand hier systematisch zu durchwandern; für unseren Zweck genügt es, die Resultate der Berathungen, deren Publication sich bis zum 5. September 1848 verzögerte, kurz zu charakterisiren,[3] zumal wir auf die wichtigeren Punkte später ausführlicher zurückkommen müssen.

---

[1] In der Verfassungs-Commission hatte von den Mitgliedern zweiter Kammer Lüntzel gegen das Einkammer-System ein motivirtes votum dissensus abgegeben. Hannoversche Morgenzeitung von 1848 S. 211.

[2] Für das Zweikammer-System: Angerstein, Arens, Bauer, Bantjus-Beninga, Bernhardt, Beseke, Bodenstedt, Braun, von Bremen, Briegleb, Brückner, Brune, Buddenberg, Dörrbecker, Drechsler, Eucken, Evers, Friesen, Gerdes, Holling, Hoppe, Hoßmann, Ledebur, Lehzen, Lindemann, Merz, Superintendent Meyer, Apotheker Meyer, Niemeyer, Oesterley, von Ohr, Petersen, Quaet-Faslem, Rasch, Ratjen, Richter, Riechelmann, Sandvoß, Schacht, Kaufmann Schulz, Schwers, Seiters, Sermes, Söhle, Stubbe, Stüve, Bissering, Wedekind, Wedemeyer, Wermuth, Wilhelmi, Willmer, Windel, Woltmann.

Für das Einkammer-System: Achgelis, Adices, Bartmer, Behrens, Bening, Bodungen, Böse, Breuer, von Garßen, Hantelmann, Heinemann, Holscher, Huntemüller, Jordan, Kracke, Krönke, Schatrath Lang, Lübbecke, Merkel, Poppe, Rose, Dr. Schulz, van Seth, Siedenburg, Voigts, Wrede.

[3] von Kaltenborn, Bd. 2, S. 55, schreibt über die Entstehung des Verfassungsgesetzes: „Demgemäß erfolgte leider in Wirklichkeit die radicale Umwälzung der politischen Dinge in Hannover, scheinbar unter den verfassungsmäßigen Formen, aber wesentlich unter dem Terrorismus der Volksabgeordneten, der Junfziger und — der Revolution."

Unter dem Namen „Zusätze" traten diese neuen Bestimmungen in das politische Leben des Staats ein, in welchem sie eine so bedeutende Rolle spielen sollten, da ihr Inhalt bedeutender war, als ihr unscheinbarer Name anzudeuten schien. Denn in Wahrheit waren es nicht bloße Zusätze, sondern neue Principien, welche sie aufstellten und zwar solche, welche das conservativ-monarchische Princip zum großen Theile beseitigten, um als eine ganz neue Schöpfung eine „Monarchie mit breitester demokratischer Grundlage" an die Stelle zu setzen. Dem großen Haufen galt freilich dieser Bau, welcher auf schwankendem Grunde sich erhob, als eine glänzende Erscheinung, als das Muster aller politischen Weisheit, während die conservativen Elemente des Staates sich überzeugt hielten, daß man dieser Schöpfung des Ministeriums nur ein ephemeres Dasein in Aussicht stellen könne, daß eine andere Zeitrichtung sicher nicht ausbleiben werde, welche — wenn auch nach schweren Kämpfen — das jetzt mißachtete conservativ-monarchische Princip wieder zu Ehren bringen würde.

Daß aber ein solcher Zustand durch die Zusätze vom 5. September 1848 wirklich eingeführt war, beweist ein flüchtiger Blick auf die Modificationen, welche das Landesverfassungs-Gesetz vom 6. August 1840 durch jene Zusätze hatte erdulden müssen. Die Eigenschaft des Souveräns als Kriegsherr war geradezu in Frage gestellt. Eine Beschwerde der Ständeversammlung, mochte sie begründet oder unbegründet sein, zwang den König, seine Minister zu entlassen; der König hatte verfassungsmäßig das Recht der Ernennung seiner Minister, die Entlassung hing von der Kammermajorität ab. Während früher die Erlassung eines Patents als eine Folge des Regierungsantritts, als eine sofort zu erfüllende Pflicht des neuen Souveräns hingestellt war, erklärt das Gesetz von 1848 die Erlassung eines Patents als einen nothwendigen, den Regierungsantritt bedingenden Act, obgleich in den

monarchischen Staaten Deutschlands die Geburt und die
Erbfolge das Recht der Thronfolge gaben. Die Staatsgewalt,
welche nach den Bestimmungen des Artikels 57 der Wiener
Schlußacte im Oberhaupte vereinigt bleiben soll, wurde zu
einem nicht unbedeutenden Theil geradezu auf die Gerichte
übertragen. Die Polizeigewalt blieb kein landesherrliches Recht
mehr; nicht als **landesherrliche** Behörden sollten die Magistrate an der Verwaltung derselben Theil haben, sondern
als **städtische** Behörden. Um einen Widerstand, welchen
man bei der demnächstigen Durchführung aller der neuen in
Aussicht gestellten Reformen von der ersten Kammer fürchtete,
unmöglich zu machen, wurde der Census bei den Abgeordneten
des Grundbesitzes so niedrig gegriffen, daß die höchstbesteuerten
voraussichtlich stets in der Minorität bleiben mußten, und um
den Wahlagitationen ein möglichst weites Feld zu öffnen, blieb
die Wählbarkeit nicht auf die Provinz oder den Bezirk beschränkt u. s. w.

Bevor wir zu der wichtigen Schlußsitzung der Ständeversammlung übergehen, müssen wir wenigstens einen flüch-
tigen Blick auf die legislatorische Thätigkeit dieser so bedeutsamen
Diät werfen. Unter den Petitionen, mit welchen die Ständeversammlung fast überschwemmt wurde, bezog sich ein großer
Theil auf die Jagdverhältnisse des Königreichs. Schon am
12. März hatte der König den Auftrag gegeben, das Schwarz-
wild in den Königlichen Jagden auszurotten und das Roth-
wild erheblich abzuschießen, und am 3. April setzte eine Bekanntmachung des Königlichen Ministeriums des Innern den
Artikel 22 des Gesetzes vom 8. September 1840 allgemein
außer Wirksamkeit.[1] Jener Artikel gestattete nämlich den
Forst- und Jagdbedienten, imgleichen Feldjägern, Landgens-
d'armen und Militärpersonen, welche dem Jagdpersonale zum

---

[1] Gesetzsammlung von 1848. Abth. I. S. 93.

Schutz gegen Wilddiebe beigegeben waren, auf bewaffnete Wilddiebe zu schießen, wenn diese, einer zweimaligen Aufforderung durch vernehmlichen Zuruf ungeachtet, die Waffen nicht abgelegt, oder das Gewehr wieder aufgenommen hatten. Daß diese Bestimmung manchem Deputirten Gelegenheit gab, sich die Sporen zu erwerben, verstand sich von selbst, und es ist keineswegs unsere Absicht, die Vertheidigung jenes Artikels zu übernehmen, allein wir müssen wenigstens daran erinnern, daß jene Bestimmung nicht als Regel, sondern nur als Ausnahme galt; daß allein die höchste Behörde des Landes die Geltung dieser Ausnahme festsetzen konnte, daß sie nur mittelst besonderer Bekanntmachung verfügt wurde, und daß endlich die Ermordungen zahlreicher Forstbeamten, namentlich unter fingirter Flucht der Wilddiebe, ein Ausnahmegesetz dringend erheischten.[1] Zugleich mit jenem Artikel wurde alsdann durch ein Gesetz vom 25. August 1848[2] die peinliche Bestrafung des außerhalb eingefriedigter Thiergärten begangenen Wilddiebstahls gänzlich aufgehoben, und nur eine polizeiliche Bestrafung an ihre Stelle gesetzt.

Bei Weitem begründeter als die Tiraden gegen die angebliche Barberei des Art. 22, welche sich um die zahllosen Opfer der Diensttreue nicht kümmerten und nur Mitleid für die erschossenen Wilddiebe hatten, waren die Klagen über den Mangel eines ausreichenden Wildschadengesetzes. Nur wenn eine übermäßige Hegung und damit culpa des Beklagten stattgefunden, war ein Anspruch auf Schadensersatz begründet, ein ziemlich illusorisches Rechtsmittel, da jener Beweis in den meisten Fällen nicht zu erbringen war. Schon im Jahre 1822 waren zahlreiche Petitionen eingegangen, allein alle ohne

---

[1] Im Jahre 1839 hatten allein vier Forstbediente auf diese Weise ihr Leben verloren. Aktenstücke von 1840. Nr. 31. S. 226.
[2] Gesetzsammlung von 1848. Abth. I. S. 245.

Erfolg.[1] Ein einigermaßen billiges Wildschatzengesetz würde jenen Klagen haben abhelfen können, jetzt reichte selbst ein solches nicht mehr hin,[2] obgleich es lediglich die Interessen der Grundbesitzer im Auge hatte, man wollte das Jagdrecht selbst beseitigt wissen, was die Stände im folgenden Jahre auch wirklich durchsetzten. Welche Tendenz das Wildschadengesetz haben würde, ließ sich voraussehen; es galt der »nobeln Passion« entgegenzutreten und ihr alle möglichen Hindernisse in den Weg zu legen; man schützte nicht allein den Landmann gegen die Verwüstungen des Wildes — und wer sollte diesen Schutz nicht als einen Fortschritt unserer Gesetzgebung begrüßen — sondern man öffnete der Chikane zu gleicher Zeit ganz unnöthiger Weise Thür und Angel. Wie das Gesetz in vielen Gegenden zu gesetzlichen Erpressungen ausgebeutet worden, davon könnte mancher Jagdherr ein langes Klagelied singen.

Neben dem Wildschadengesetze wurden noch mehre andere erlassen, welche ebenfalls den Schutz des Ackerbaues und eine Verbesserung der Lage der Grundeigenthümer bezweckten; so ein Gesetz wegen theilweiser Abstellung der Wiesenbehütungen und Verkoppelungen von Wiesenflächen;[3] ferner ein Gesetz, den Schutz der Futterkräuter gegen Beweidung in den Provinzen Hildesheim, Calenberg, Göttingen, Grubenhagen, der Grafschaft Hohnstein und in der Feldmark der Stadt Goslar betreffend;[4] sodann ein Gesetz, welches die Verordnung vom 13. April 1836 über die Ablösbarkeit des Lehnverbandes auf alle im Königreiche belegenen Lehne ausdehnte, ausgenommen

---

[1] Aktenstücke von 1822, S. 360; 1834, S. 952; 1837, S. 407; 1839, S. 289; 1840, S. 385; 1842, S. 304.

[2] Gesetz, betreffend den Wildschaden, vom 21. Julius 1848. Gesetzsammlung von 1848. Abth. I. S. 215.

[3] Gesetz vom 15. Julius 1848. Gesetzsammlung von 1848. Abth. I. S. 201.

[4] Gesetz vom 15. Julius 1848. Gesetzsammlung von 1848. Abth. I. S. 203.

selbstverständlich die zum Heimfall stehenden;¹ hieran reiht sich die Aufhebung des Häuslings-Dienstgeldes, insofern es lediglich eine persönliche Abgabe war, und zwar in der Weise, daß die Berechtigten aus der Generalcasse entschädigt werden sollten.² Auch eine Verordnung mag hier erwähnt werden der zu Folge der Fürst von Bentheim die Verpflichtung anerkannt hatte, sich hinsichtlich seiner im Königreich belegenen Besitzungen den Hannoverschen Ablösungsgesetzen zu unterwerfen, so daß nun auch dort die Ablösungsgesetze in Kraft traten.³

Von politischer Bedeutung war namentlich das s. g. Tumultgesetz, die Verpflichtung zum Ersatz des bei Aufläufen verursachten Schadens an öffentlichem oder Privateigenthum, welches das Recht der Bewaffnung und die Einführung einer Bürgerwehr mit selbstgewählten Führern anerkannte;⁴ das Preßgesetz,⁵ welches die Censur aufhob und die Bestrafung der Preßvergehen nach den bestehenden Gesetzen verfügte; sodann das Gesetz über die Aufhebung des Unterschieds einer adligen und gelehrten Bank im Ober-Appellationsgerichte;⁶ die Beseitigung des befreiten Gerichtsstandes;⁷ die Aufhebung der Gerichtsbarkeit der Consistorialbehörden;⁸ ferner ein Gesetz über die Todeserklärung verschollener Personen;⁹ ein höchst nachtheiliges Gesetz, verschiedene Abänderungen der Gewerbeordnung betreffend;¹⁰ ein Gesetz über Kirchen- und Schulvor-

---

¹ Gesetz vom 19. Julius. Gesetzsammlung von 1848. Abth. I. S. 206.
² Gesetz vom 21. Julius. Gesetzsammlung von 1848. Abth. I. S. 221 bis 224.
³ Verordnung vom 21. Julius. Gesetzsammlung von 1848. Abth. I. S. 213.
⁴ Gesetz vom 16. April. Gesetzsammlung von 1848. Abth. I. S. 117.
⁵ Gesetz vom 27. April. Gesetzsammlung von 1848. Abth. I. S. 136.
⁶ Gesetz vom 22. Junius. Gesetzsammlung von 1848. Abth. I. S. 165.
⁷ Gesetz vom 18. August. Gesetzsammlung von 1848. Abth. I. S. 229.
⁸ Gesetz vom 12. Juli. Gesetzsammlung von 1848. Abth. I. S. 189.
⁹ Gesetz vom 23. Mai. Gesetzsammlung von 1848. Abth. I. S. 143.
¹⁰ Gesetz vom 1. August. Gesetzsammlung von 1848. Abth. I. S. 156.

stände¹ u. s. w. Fügen wir zu allen diesen Gesetzen noch die Bestimmungen der Zusätze zum Landesverfassungs-Gesetze hinzu, welche die Ausübung der bürgerlichen und politischen Rechte von dem Glaubensbekenntnisse für unabhängig erklärten, die Trennung der Justiz von der Verwaltung, Mündlichkeit und Öffentlichkeit in bürgerlichen und peinlichen Sachen, Einführung von Schwurgerichten sanctionirten, die Cassenvereinigung vorschrieben, die Domänen für Krongut erklärten und eine Civilliste festsetzten, so muß man gestehen, daß keine Diät bis dahin von einem so tief einschneidenden Einflusse als die gegenwärtige gewesen, und daß, abgesehen von einzelnen Gesetzen und der Verletzung des conservativ-monarchischen Princips, die Gesetzgebung eine große Zahl wahrhaft segensreicher Bestimmungen enthielt.

Am 8. Juli,² am Tage der Vertagung der Allgemeinen Ständeversammlung, lief in den Kammern ein Schreiben des Gesammtministeriums ein, welches aufs Neue Veranlassung zu einer Reihe der lärmendsten Demonstrationen im ganzen Lande gab. Das wichtige Schreiben lautete wörtlich folgendermaßen:

„Den löblichen Ständen sind ohne Zweifel diejenigen Be-

---

¹ Gesetz vom 14. October. Gesetzsammlung von 1848. Abth. I. S. 301.
² Am 3. Juli. Beginn der Verhandlungen der Nationalversammlung über die Grundrechte. 8. Ein dänisches Kriegsdampfboot von sechs holsteinschen Geschützen in den Grund gebohrt. 12. Der Erzherzog in der Nationalversammlung. Letzte Sitzung der Bundesversammlung. 15. Reichsministerium: v. Schmerling für das Innere und Auswärtige, Heckscher für die Justiz, Generalmajor v. Peuker für das Kriegswesen. 22. Eröffnung des verfassunggebenden österreichischen Reichstaths. 31. Das Reichsministerium erklärt der deutschen Nationalversammlung 1) die Unterhandlungen des deutschen Oberbefehlshabers in Schleswig-Holstein wegen eines Waffenstillstandes seien abgebrochen, zumal da sich die dänische Regierung geweigert habe, die vom General v. Wrangel gestellte Bedingung: daß der Waffenstillstand von der deutschen Centralgewalt ratificirt werde, anzunehmen, 2) daß eine namhafte Verstärkung der Armee in Schleswig-Holstein angeordnet sei, und zwar dergestalt, daß möglichst allen deutschen Volksstämmen die Ehre der Theilnahme am Kampfe zu Theil werde.

schlüsse bekannt, welche von der deutschen Nationalversammlung über die Begründung einer provisorischen Centralgewalt und die Übertragung derselben auf Seine Kaiserliche Hoheit den Erzherzog Johann von Österreich gefaßt worden.

„Die Persönlichkeit dieses erhabenen Fürsten ist so vollkommen geeignet, das Vertrauen der Fürsten wie der Völker Deutschlands auf sich zu lenken, daß Se. Majestät der König Ihre Zustimmung zu dieser Wahl erklären, und dieselbe als ein höchst günstiges Ereigniß in der gegenwärtigen verhängnißvollen Zeit zu begrüßen keinen Augenblick Anstand genommen. Auch haben Allerhöchstdieselben, im Vertrauen auf die Persönlichkeit, und in Voraussetzung, daß Seine Kaiserliche Hoheit die Wahl annehmen werden, Bedenken, welche die Form und den Inhalt des Beschlusses über die Demselben zu übertragende Gewalt zu erregen wohl geeignet gewesen, jetzt nicht geltend zu machen sich entschlossen.

„Inzwischen haben Se. Majestät sich bewogen gefunden, in Beziehung auf diese hochwichtige Angelegenheit den löblichen Ständen folgende Mittheilung machen zu lassen. Se. Majestät haben die gebieterische Nothwendigkeit erkannt, der Verfassung Deutschlands eine größere Kraft und Einheit zu verleihen, daher Ihre Zustimmung dazu gegeben, daß die Verfassung durch eine Vertretung des Volks am Bunde vervollständigt werde und Sich zu Opfern für die Erreichung des Zweckes einer größeren Einheit und Kraft gern bereit erklärt.

„Allein Se. Majestät hegen auch die unwandelbare Überzeugung, daß der gesammte Zustand Deutschlands die Herstellung einer solchen Centralregierung, welche auch die inneren Angelegenheiten des Landes ordnen und die Fürsten lediglich als Untergebene eines anderen Monarchen erscheinen lassen würde, nicht zulasse, und daß so wenig das Wohl und die Freiheit der Völker als Ihre eigene Fürstliche Ehre es gestatten würde, einer Verfassung Ihre Zustimmung zu geben, welche der Selbständigkeit der Staaten Deutschlands nicht die nothwendige Geltung sicherte.

"Unter diesen Umständen sind Se. Majestät zwar entschlossen, auf der einen Seite dem wahren Wohle des Landes alle Opfer zu bringen; auf der anderen Seite aber würden Sie, falls die geforderten Beschränkungen der Selbständigkeit über dasjenige Maß hinausgingen, welches die Pflichten gegen das Allerhöchstihnen von Gott anvertraute Land und Ihre eigene Ehre bezeichnen, lieber das Äußerste ertragen, als zu Maßregeln die Hand bieten, welche Pflicht und Ehre als verwerflich darstellen würden.

"Se. Majestät haben daher die Unterzeichneten beauftragt, bei der Verhandlung über die Verfassung Deutschlands, und insbesondere auch rücksichtlich der dem Erzherzoge Johann anzuvertrauenden provisorischen Centralgewalt, auf alle geeignete Weise dahin zu wirken, daß jene Verfassung und insbesondere die künftige Stellung des Reichsverwesers mit der Selbständigkeit des Königreichs in dem angedeuteten Sinne vereinbar sei.

"Zugleich aber haben Allerhöchstdieselben auch erklärt, daß, falls diese Verhandlungen zu einem günstigen Resultate nicht führen, vielmehr die Beschränkung der Selbständigkeit des Königreichs über diejenige Grenze, welche Se. Majestät Sich stellen zu müssen geglaubt haben, hinausgehen würde, Se. Majestät Sich nicht verpflichtet erachten können, in einer Stellung zu beharren, welche alsdann in Ihren Augen jede Möglichkeit, das Wohl des Landes zu fördern, abschneiden würde.

Hannover, 7. Juli 1848.

Königlich Hannoversches Gesammt-Ministerium.

Bennigsen. Prott. Stüve, Dr. Braun. Lehzen. Düring."

Das Schweigen, welches nach der Verlesung des Schreibens fortdauerte, wurde erst nach mehreren Augenblicken durch die Bemerkung des Vicepräsidenten Francke unterbrochen, daß sich Niemand über das Schreiben aussprechen zu wollen scheine. Auf eine Bitte des Abgeordneten Merz um eine Erklärung der letzten Sätze, sprach Stüve sich dahin aus, daß Se. Majestät glaube, das Land verlassen zu müssen, sobald der Gang der Verhältnisse über die von ihm angenommene Grenze hinausführe. Abgeordneter Bodungen begrüßte das Schreiben mit Freude, insofern es zeige, daß der König noch Kraft fühle und den Willen habe, seinem Lande vorzustehen und noch in der letzten Stunde des Beisammenseins die officielle Kunde von der Erwählung des Reichsverwesers bringe, und fühlte sich zu dem Ausrufe gedrungen: Es lebe der Reichsverweser Erzherzog Johann. Der Schatzrath Lang sprach sein schmerzliches Bedauern über das Schreiben aus und erklärte: „Ich muß meinerseits glauben, daß, wenn eine andere Erläuterung hätte gegeben werden können, auf den versammelten Ständen auch eine andere Pflicht ruhen würde, nämlich die, das Land feierlichst gegen Alles zu verwahren, was aus einer solchen Erklärung, die mit einer gewissen Schärfe abgegeben ist, folgen kann." Nachdem Lehzen versucht, auseinanderzusetzen, daß dieser Schritt der Regierung durchaus keine Veranlassung zu der Befürchtung gebe, daß sie der Einheit Deutschlands störend oder hemmend entgegen werde, brachte der Vice-Generalsyndicus Hantelmann ein dreimaliges Hoch auf den Reichsverweser aus, und Stüve mit folgenden Worten auf Se. Majestät den König: „Nachdem wir dem Erzherzog dieses Hoch gebracht haben, gebührt ein Gleiches auch unserem Könige. Der König hat große Opfer gebracht, die ganze Zeit der Verhandlungen ist durch diese Opfer bezeichnet, und für das Königliche Herz ist das letzte Opfer das schwerste. Lassen Sie, meine Herren, es uns laut aussprechen, daß uns kein größeres Unglück treffen könne, als wenn der König das Land verließe. Es lebe der König! Hoch!"

In diesem Augenblick lief das Vertagungsschreiben ein und wurde verlesen. Nachdem schließlich Bodungen dem Gesammtministerium ein Hoch gebracht hatte, schloß der Präsident diese verhängnißvolle Diät.

Als das Schreiben in der ersten Kammer verlesen war, erhob sich der Kammerrath v. d. Decken und verlas eine Erklärung, deren wesentlicher Inhalt dahin ging: die Nationalversammlung in Frankfurt sei nicht gewählt, um sich über die Fürsten und die Regierungen zu stellen, nicht um einseitig eine Verfassung und Gesetze zu beschließen, vielmehr um mit den Regierungsgewalten, wie sie nach der Bundesverfassung beständen, zu verhandeln und auf dem Wege, wie er durch die Bundesverfassung und die Beschlüsse des Bundestages sich entwickelt, mit den verfassungsmäßig bestehenden Regierungsgewalten eine solche zu beschließen. Die Gesetzgebung und Verfassung sei der Bundesverfassung unterworfen, nicht den einseitigen Beschlüssen der Nationalversammlung, und die Landstände dürften und könnten nach dem geleisteten Huldigungseid nicht zugeben, daß die Rechte der Krone und des Landes auf anderem als auf verfassungsmäßigem Wege geändert oder beschränkt würden. Der Redner legte am Schluß seiner Erklärung deshalb Verwahrung ein gegen die Wirksamkeit der einseitig, das heißt ohne Zustimmung der nach der deutschen Bundesverfassung zum deutschen Bunde gehörigen Regierungsgewalten von der Nationalversammlung gefaßten oder gefaßt werdenden, in die Rechte des Landes oder der Krone eingreifenden Beschlüsse, — bat diese Verwahrung zu Protocoll zu nehmen und forderte die Mitglieder des Hauses auf, welche sich der Verwahrung anschließen wollten, ihre Erklärung durch Aufstehen zu bekunden. Nur zwei Mitglieder folgten dieser Aufforderung nicht; nämlich Herr v. Exterde erklärte ausdrücklich zu Protocoll, daß er mit dem eben Verlesenen nicht in allen Punkten einverstanden sei, und der Hauptmann a. D. v. Marschalck gab ebenfalls seinen Dissens zu erkennen.

Nachdem der Präsident ein Hoch auf Se. Majestät den König ausgebracht, wurde die Sitzung geschlossen, und die Versammlung verließ den Saal, in welchem binnen kurzer Zeit andere Elemente über das Wohl und Wehe des Landes berathen sollten. .

§. 6.

Die sogenannte Volkspartei im Sommer des Jahres 1848.

Tumult in Hannover. Studenten-Adresse an Hecker. Versammlung auf der Plesse. Schlägerei in Mariaspring. Kampf zwischen der Göttinger Bürgerwehr und den Einwohnern von Bovenden. „Nothgedrungene Verwahrung" aus Emden. Die Hannoveraner in Frankfurt. Hannover und die Centralgewalt. Hannover lehnt die befohlene Huldigung für den Reichsverweser ab. Versammlung auf dem Schützenhofe. Dr. Hoyns. Lehrer Callin. Neue Volksversammlung. Ein Mittel, bei Volksversammlungen die Zahl der Anwesenden zu constatiren.

Wenn sich auch zu wiederholten Malen, während die Ständeversammlung in Hannover tagte, einzelne kleinere Krawalle ereigneten, so blieb doch bis gegen Ende des Monats Mai die Ruhe ungestört. Die Veranlassung zu einem größeren Tumulte gab die wahrscheinlich von dem Dr. Mensching und dem Dr. Schröder erlassene Aufforderung, sich am 29. Mai zu einer Berathung wegen der Gewerbeordnung auf dem Schützenhofe einzufinden. Als Hauptredner in der Versammlung trat der Dr. Schröder und der Tischlermeister Stechan auf. Jede abweichende Ansicht, jeder Versuch, zur Ruhe und Besonnenheit zu rathen, hatte nur den Erfolg, daß die Redner, unter dem Hohngeschrei der Menge, die Rednerbühne verlassen mußten. Die Einzelnen waren schon mehrere Tage zuvor bearbeitet; man hatte ihnen vorgestellt, wenn sie nicht schnell, noch in der zwölften Stunde, energische Maßregeln ergriffen, um die Einführung der Gewerbeordnung zu hintertreiben, so stände die ganze Existenz des Handwerkerstandes auf dem Spiele. Es bedurfte deshalb keiner großen Überredungskunst, die Versammlung zu veranlassen, eine Deputation zu wählen, welche sich sofort zu Stüve begeben sollte, um demselben ihre Bitten vorzutragen. Kaum hatte die gewählte Deputation [1] sich in Bewegung gesetzt, als selbstverständlich die ganze Versammlung sich anschloß, und der Haufe aus allen Straßen, welche er durchzog, neuen Zuwachs erhielt. Vergebens suchte Stüve der Deputation die Unrichtigkeit ihrer Ansichten nachzuweisen, vergebens machte er sie darauf aufmerksam, daß es nach der Lage der ständischen Verhandlungen durchaus unmöglich sei, der Deputation die Suspension der ganzen Gewerbeordnung zu versprechen, da in der zweiten Kammer die Berathungen beendigt seien, und es nun zuvörderst auf die Beschlüsse der ersten Kammer ankomme. Die Deputation erklärte darauf, sich sofort zum Ministerial-Vorstande, Grafen von Bennigsen, begeben zu wollen, da derselbe in erster Kammer sitze, und forderte Herrn Stüve auf, sie dahin zu begleiten. Leider willfahrte dieser dem seltsamen Ansinnen und zog inmitten der Deputation nach dem Hause des Grafen von Bennigsen auf der Burgstraße, der bald nach dem Eintreffen der Deputation nach Hause kam und mit derselben längere Zeit verhandelte, während die Masse vor dem Hause immer unruhiger wurde.

Eine Rede des erwähnten Stechan aus dem Fenster des zweiten Stocks rief lautes Lärmen hervor, weil er nicht die Zusagen der Ministerial-Vorstände, sondern nur die Punkte hervorhob, deren Erfüllung als eine Unmöglichkeit bezeichnet war. Als Stüve am Fenster erschien, empfing ihn lautes Lärmen und Schreien. Vergebens versuchte er zu wiederholten Malen, sich verständlich zu machen; immer lauter wurde das Lärmen, immer tobender das Geschrei. Die Menge drängte gegen die Hausthür, um in das Haus einzudringen; ein Ha-

---

[1] Hofhutmacher Wagner; Tischler Stechan; Schlosser Kober; Dr. Schröder; Glaser Oriß; Schneider Harder; Buchbinder Brockmann.

gel von Steinen klirrte gegen die Fenster des oberen Stocks, während der Pöbel die der parterre gelegenen Räume mit Knitteln einschlug. Die Gossenbohlen wurden aufgehoben, um damit die Thür zu sprengen; doch erschien in dem Augenblicke, als die Thür zerschlagen war, eine Abtheilung Bürgerwehr und besetzte die Hausthür.

Weshalb die Bürgerwehr, ungeachtet wiederholter Aufforderung, erst so spät eingeschritten, müssen wir dahin gestellt sein lassen; das ist jedoch durch die angestellte Untersuchung ermittelt, daß man den Trommlern, als sie endlich Auftrag erhielten, Generalmarsch zu schlagen, die Trommelstöcke wegnahm, weil Niemand dafür gesorgt hatte, ihnen zum Schutz eine Anzahl Bürgerwehrmänner mitzugeben, und daß nur einer der Trommler seinen Auftrag vollständig ausführte, indem er sich in einer Droschke in schnellem Trabe durch die Straßen fahren ließ und die Schlägel rührte. Mag man immerhin das späte Einschreiten der Bürgerwehr „durch die Absicht zu rechtfertigen suchen, den friedlichen (?) Verkehr des Volks nicht unzeitig hemmen zu wollen", oder dem Commandanten der Bürgerwehr Hofrath Dr. Holscher beipflichten, wenn er in seiner Vertheidigungsschrift erklärte, „es stände im Einklange mit seinen Ansichten von Humanität und Civilisation und er bekenne offen, daß er lieber Hunderte von Fensterscheiben zertrümmert sehen wolle, als Leichen auf den Straßen, gleichviel von welcher Seite sie gefallen" — so viel hatte dieser Abend wieder unleugbar bewiesen, daß die Bürgerwehr bei dem besten Willen, den sie wirklich bei dem endlichen Einschreiten bethätigte, stets ein höchst unzuverlässiges Organ zur Aufrechterhaltung der öffentlichen Ordnung sein wird, schon aus dem einfachen Grunde, weil sie unter hundert Fällen nicht einmal im Stande ist, mit der nöthigen Schnelligkeit einzuschreiten und den Tumult im ersten Anfange zu ersticken, so daß sie gar nicht in Verlegenheit kommt, den Werth von hundert zerbrochenen Fensterscheiben gegen den Werth eines Menschenlebens abzuwägen.

Nachdem die Bürgerwehr endlich in genügender Anzahl erschienen, begann sie die Straßen zu säubern, von dem Corps der Polytechniker auf das kräftigste unterstützt. Als das letztere die Judenstraße gegen den Andrang der Tumultuanten absperren wollte, rissen diese das Steinpflaster auf, so daß das Commando gegeben werden mußte, mit gefälltem Bajonett die Straßen zu säubern. Bei dem Vorrücken der Polytechniker wurden aus verschiedenen Häusern Steine auf sie herab geschleudert, welche mehrere der jungen Leute erheblich verletzten. Erst gegen Mitternacht war die Ruhe vollkommen wieder hergestellt, nachdem die Tumultuanten auch dem Ministerial-Vorstand Dr. Stüve und dem früheren Stadtdirector Rumann die Fenster eingeworfen hatten.

Am folgenden Abend fanden wieder, namentlich an der Burgstraße, Judenstraße und Kreuzstraße, Zusammenrottirungen von Gesellen, Arbeitern und Lehrlingen Statt, sie wurden indeß durch das sofortige Einschreiten der Bürgerwehr und das entschiedene Auftreten der Polizei, welche ungefähr ein Dutzend der Tumultuanten, trotz aller Drohungen und alles Lärmens, verhaftete, schon im Entstehen erstickt.

Auch in Göttingen kam es im Laufe des Sommers zu argen Excessen, bei welchen das vielgepriesene Institut der Bürgerwehr eine seltsame Rolle spielte. In den Studentenversammlungen waren namentlich ein Nassauer Velde,[1] Stud.

---

[1] Derselbe schrieb im Sommer 1848 eine Broschüre: „Die Demokratie in Deutschland und die Nothwendigkeit einer constituirenden Versammlung in Hannover". Kassel, Raabe & Comp. 1848, aus welcher wir zum Ergötzen unserer Leser die Vorrede abdrucken:

„Wer ein Herz hat, um zu hassen, der erhebe die Hand und schwöre: Fluch, dreimal Fluch und Verderben der Tyrannei, in welchem Gewande sie erscheine. Nimmer will ich aufhören, sie zu verfolgen; die Brust will ich ihr entgegenstemmen und den Weg ihr versperren, daß sie strauchele! Meine Brüder will

Schläger aus Hameln und der Stud. Miquèl, jetzt Obergerichtsanwalt in Göttingen, thätig. In der Mitte des Monats Juni verfaßten dieselben eine Zuschrift an Hecker,[1] legten dieselbe in der „Restauration" zur Unterschrift aus und beförderten dieselbe an ihre Adresse, als einige siebenzig Personen das Machwerk unterschrieben hatten. Der Unwillen, welcher über diesen Schritt in den Studentenversammlungen laut wurde, zwang die genannten Studenten, das Feld zu räumen; sie verlegten deshalb ihre Thätigkeit seit jener Zeit in die Bürgerversammlungen, in welchen verschiedene, namentlich von dem überspannten Velde gestellten Anträge die größten Tumulte hervorriefen.

So stellte derselbe am 27. Juni[2] daselbst den Antrag, eine große Volksversammlung des Fürstenthums Göttingen

---

ich aufrichten, die dahin siechen, berührt von ihrem giftigen Athem! Die Theilnahmlosen will ich anfeuern immer und unermüdlich und alle Welt spornen zum großen Rachekampfe der Verzweiflung! Treu meinem Hasse soll die Faust nicht lassen vom Schwerte, und das Schwert nicht ruhen in der Scheide, bis des Feindes Fahnen erbeutet und der letzte Gegner gefallen (das heißt denn doch gründlich aufräumen), — auf daß der Freiheit Engel herniedersteigt lichtvoll zur Menschheit!

„Denn es wird kommen der Tag des Gerichts und Rechenschaft fordern vom Volke, was es gethan und gelassen! der ausgießen wird über das Volk das Füllhorn des Glücks, seine Stirne krönen mit dem Lorbeer des Sieges, sein Haupt schmücken mit den Palmen des ewigen Friedens, oder es von Neuem überliefern wird dem Satan der Finsterniß, den Henkern der Gerechtigkeit, dem Moloch des Goldes, dem Teufel der Zwietracht!"

[1] Schon am 12. April erließen Hecker und Struve von Constanz aus einen Aufruf zur Revolution. Am 20. April wird Hecker bei Kandern von badischen und großh. hessischen Truppen geschlagen. General Fr. von Gagern fällt daselbst durch Meuchelmord, von mehreren Kugeln durchbohrt, als er vom Parlamentiren zurückkehrt. Hecker flieht nach Basel, wird am 7. Juni zu Thiengen im Großherzogthum Baden zum Abgeordneten für die deutsche Nationalversammlung gewählt; dieselbe erklärt die Wahl am 10. August mit 350 gegen 116 Stimmen für ungültig. Der Bezirk Thiengen wählt am 26. October Hecker, der inzwischen nach Amerika ausgewandert, zum zweiten Mal.

[2] Beschluß der Nationalversammlung über die provisorische Centralgewalt; am 29. Wahl des Erzherzogs Johann zum Reichsverweser. An demselben Tage siegreiches Gefecht der holsteiner Truppen bei Hadersleben.

zusammen zu berufen, um dort eine Petition an das Gesammt Ministerium wegen Auflösung der Ständeversammlung und Einberufung einer constituirenden Versammlung zu verfassen. Unter den stürmischsten Debatten wurde jedoch der Antrag schließlich mit großer Majorität abgelehnt. Was Velde in der Bürgerversammlung mißglückt war, setzte der Dr. Volger in dem demokratischen Verein unter großem Jubel durch. Auf Sonntag den 30. Juli kündigte derselbe, welcher sich als "Gründer der Landvolksversammlungen im Göttingenschen" unterschrieb, eine Volksversammlung an, um, neben dem Velde'schen Antrage, eine Bitte um Resignation an das Gesammt-Ministerium zu berathen und für Stüve ein Mißtrauensvotum zu decretiren.

Die Versammlung, deren Folgen mehrere Monate hindurch in Göttingen Veranlassung zu dem gröbsten Unfug gaben, wurde wirklich abgehalten und ungefähr von 500 Personen besucht. Der Dr. Volger, von dem Dr. Plathner und dem Dr. Hesse aus Bovenden begleitet, war etwa mit einem Anhange von 150 Personen erschienen, welche die Leibgarde der Parteiführer bildeten und außer dem Schutz ihrer Anführer auch die Aufgabe hatten, die Versammelten handgreiflich zu überzeugen, daß sie nicht nach ihrer Überzeugung, sondern nach den Befehlen des Dr. Volger zu stimmen hätten. Kaum hatte der Domänenpächter Mehler aus Eddichausen gegen eine Wahl mit dem Rufe "wir protestiren" Einsprache erhoben, als der Dr. Volger seinen Getreuen einen Wink gab; aus der Phalanx stürzte ein Trupp hervor und warf den Protestirenden den Abhang des Berges hinunter. Dieselbe Procedur wurde noch mehrere Male wiederholt. Der siegreiche Führer ergriff sodann die Freiheitsfahne und haranguirte zu wiederholten Malen die Versammlung, welche durch die eben geschilderten Excesse so eingeschüchtert war, daß Niemand mehr zu protestiren wagte, und selbstverständlich alle Anträge mit einer „erhebenden Einstimmigkeit" angenommen wurden. Nachdem schließlich dem Ministerium Stüve dreimal ein Pereat gebracht war, begab sich der Zug nach Mariaspring. Als er kaum dort angekommen, entstand ein Wortwechsel, dem sofort eine Schlägerei folgte. Der Dr. Plathner wurde mit einer Flasche zu Boden geschlagen und blutend fortgetragen. Damit war das Signal zu einem allgemeinen Kampfe gegeben, in welchem auch mehrere vollständig unbetheiligte Personen schwer verletzt wurden. Da die Begleiter des Dr. Volger fast alle bewaffnet waren, so behaupteten sie endlich das Feld, während die Geschlagenen, zum größten Theil Einwohner aus dem nahegelegenen Flecken Bovenden, dort sich zu neuem Kampf rüsteten.

Als das Gerücht, welches mehrere Tödtungen und namentlich irrthümlich den Tod des Dr. Plathner meldete, nach Göttingen kam, entstand eine furchtbare Aufregung. Ein großer Theil der Bürgerschaft verlangte stürmisch, daß Allarm geblasen werde und die Bürgerwehr zum Schutz der Göttinger, welche die Passage durch Bovenden nicht wagten, dorthin ausrücken solle. Gegen den ausdrücklichen Befehl der Führer zogen dennoch mehrere Compagnien aus und geleiteten die Göttinger, unter denen sich eine Menge Frauen und Kinder befand, durch den Flecken Bovenden. Als die Sorge um die Angehörigen verschwunden, begann der Übermuth sich zu regen; die Arriergarde warf die Fenster ein, demolirte Planken u. s. w., kurz verübte allen möglichen Unfug. Jetzt waren die Bovendener, welche sich bis dahin auf Zureden ihrer Beamten in die Häuser zurückgezogen, nicht mehr zu halten und die großartigste Schlägerei begann auf's Neue. Von beiden Seiten wurden scharfe Schüsse gewechselt, und die Bovendener verfolgten die Göttinger bis in die Gärten vor der Stadt.[1]

---

[1] Das Manöver, die gemeinsten Pöbelexcesse den Provocationen der conservativen Partei zuzuschreiben, verstanden unsre Demokraten im Jahre 1848

Die Aufregung, welche diese Vorgänge in der Stadt hervorgerufen, steigerte sich am folgenden Tage zu einem förmlichen Tumulte, als sich das Gerücht verbreitete, der Domänenpächter Mehler, dem man namentlich die Aufreizung der Bovendener Schuld gab, befinde sich in der Stadt. Erst als der Pöbel die Häuser des Dr. Pauli und des Pastors Miede vom Boden bis zum Keller vergebens durchsucht und sich von der Falschheit des Gerüchts überzeugt, zerstreuten sich die Tumultuanten, und als die Ruhe wieder hergestellt, erschien auch, selbstverständlich wie immer post festum, die Bürgerwehr. In den nächsten Tagen eröffnete die Plebs eine vollständige Razzia gegen Alles, was aus Bovenden stammte; den Marktfrauen wurden die Eierkörbe umgeworfen, die Dienstmägde galant unter dem Hohngeschrei des Pöbels vor das Thor geführt, während man mehrere Gesellen, als Mitglieder des starken Geschlechts, hinaus prügelte, und die Bürgerwehr erschien stets, wenn der Unfug zu Ende war. Die Bürgerschaft war empört über diese Scenen, denen die Studenten überall, wo sie konnten, mit der größten Entschiedenheit entgegentraten, und nicht die Bürgerwehr trug die Schuld, sondern zum größten Theil die Lauheit und die unverantwortliche Schwäche des Bürgermeisters Dr. Ebell, der regelmäßig erst dann die Bürgerwehr requirirte, wenn der Unfug stundenlang florirt hatte. Die Polizeibeamten, welche überall energisch einschritten, und z. B. einen der Tumultuanten verhafteten, welcher einen Bovendener auf die gemeinste Weise thätlich gemißhandelt hatte, fanden durchaus keinen Rückhalt und wurden sogar von dem Pöbel gezwungen, den Verhafteten wieder zu entlassen.

---

schon ganz vortrefflich. Die Hannoversche Morgen-Zeitung von 1848, S. 503 bezüchtigt die „Reaction" geradezu des „abscheulichen Attentats", in Folge dessen die „conservative Kaste" in Göttingen verhaßter als je geworden.

Zu wiederholten Malen hatte sich Stüve im Laufe der Debatte gegen den Schwindel der Volkssouveränetät und gegen die Anmaßung des Frankfurter Parlaments ausgesprochen, welches hoch über den Fürsten Deutschlands zu thronen glaubte. Eine jede derartige Erklärung gab der Bewegungspartei Stoff zu neuen Demonstrationen. Namentlich die Ostfriesen fühlten sich in ihrer Würde gekränkt, und eine Fluth von Adressen an das Königliche Gesammt-Ministerium und an die allgemeine Ständeversammlung legte von dieser Erbitterung Zeugniß ab. Die Einwohner von Emden gingen mit gutem Beispiel voran; sie beanspruchten in einer geharnischten "Nothgedrungenen Verwahrung" für das Volk die Souveränetät. Die Erklärung wurde gedruckt, und einer jeden Gemeinde in Ostfriesland ein Exemplar mit dem Ersuchen zugesandt, möglichst viele Unterschriften zu sammeln und die "Verwahrung" alsdann nach Hannover zu senden. Das souveräne Volk unterzeichnete denn auch bereitwillig, je nach dem Grade der Bildung des Einzelnen mit Namensunterschrift, oder mit drei Kreuzen, welche gerade in diesem Falle eine Hauptrolle spielten. Die Verwahrung ist ein zu interessantes Aktenstück, als daß wir uns mit einem Auszuge begnügen dürften; wir lassen deshalb das primo loco vom Dr. Bueren unterzeichnete Emdener Machwerk wörtlich folgen:

"Mit dem größten Erstaunen haben wir unterzeichnete Einwohner von Emden in Ostfriesland aus den gedruckten Verhandlungen der jetzigen allgemeinen Ständeversammlung in Hannover ersehen und durch sonstige glaubwürdige Nachrichten erfahren, daß unser Ministerium das in der Sanct Paulskirche zu Frankfurt a. M. als Gesammtwille des deutschen Volks proclamirte Princip der Volkssouveränetät nicht anerkennen, noch auch die hannoversche Regierung sich unterordnen will den Beschlüssen der constituirenden deutschen Nationalversammlung zu Frankfurt a. M., sondern die Gültigkeit dieser Beschlüsse für das Königreich Hannover vermeint abhängig machen zu können von der Zustimmung der hannoverschen Regierung und Stände, so daß diese gegen das, was ihnen in den Reichstagsbeschlüssen nicht gefiele, ihren Widerspruch einlegen und dadurch jede beschlossene Maßregel nach Willkür verhindern könnten, etwa so, wie dies ehedem auf den polnischen Reichstagen, die dadurch zum Musterbild der Verwirrung geworden sind, jedem einzelnen freien Landboten zustand.

"Wir haben ferner mit **gerechter Entrüstung** vernommen, wie die Mehrzahl der jetzigen hannoverschen Ständemitglieder, und darunter leider unsere sämmtlichen ostfriesischen Vertreter ohne Ausnahme, diesen **Staunen** erregenden Ministerialäußerungen sogar Bewunderung gezollt und stürmischen Beifall zugejauchzt, während das ganze hannoversche Volk nicht blos, nein! ganz Deutschland darüber in einen **Schrei des Entsetzens** ausgebrochen ist.

"Um nun die Ehre des hannoverschen, zumal des bisher reintönenden ostfriesischen Namens zu retten vor ganz Deutschland und seiner Reichsversammlung, **welche das deutsche Volk, ihren erhabenen Machtgeber, für souverän erklärt hat** unter donnernder Zustimmung aller wahrhaft freien Männer in Deutschland; um jedenfalls zu verhindern, daß aus unserem Stillschweigen über die **Majestätsbeleidigung** wider das große deutsche Volk, welche in unseliger Verblendung in den Kammern zu Hannover von einigen theils anerkannt gewichtigen Männern, theils von solchen, deren Stimmen durch den Deputirtennamen formelles Gewicht gewinnen, ausgesprochen worden ist, nicht auch die Billigung der Mehrheit des hannoverschen Volks und namentlich nicht der Ostfriesen gefolgert oder diese Folgerung doch nicht, wie schon oft geschehen, später herausgedeutet werde, fühlen wir uns in unserem Gewissen verpflichtet, indem wir zugleich dem Ministerio als den allgemeinen

Ständen unser Vertrauen aufkündigen und sie für ihre anscheinend sonderbündlerischen Bestrebungen vor ganz Deutschland verantwortlich machen, Folgendes unumwunden zu erklären:

"Erstens, daß wir das Princip der Volkssouveränetät in vollem Maße anerkennen;

"Zweitens, daß wir die deutsche Reichsversammlung zu Frankfurt a. M. als eine Verfassung- und Gesetzgebende für ganz Deutschland, als höchste deutsche Obrigkeit respectiren und ihren Beschlüssen Folge leisten müssen, selbst dann, wenn Regierung und Stände in Hannover, als unsere Mittelbehörde, diesen höchsten Beschlüssen wider Verhoffen den Gehorsam verweigern möchten.

"Denn ohne dies Unterordnen der Einzelstaaten und Stände unter den Gesammtstaat und die Gesammtstände, ohne dies vollständige Aufgeben und Aufgehen des Einzelwillens der Regierungen und jedes Einzelnen in dem Gesammtwillen der Nation ist ein einiges starkes Deutschland nicht möglich; ein einiges starkes Deutschland, wie wir es Alle wollen, und wofür wir Gut und Blut freudig einzusetzen bereit sind.

"Emden, 3. Juni 1848."

Die offene, ehrliche Erklärung des Königs, welche mit klaren Worten seine Stellung zu den Frankfurter Ereignissen bezeichnete, rief einen Sturm des Unwillens in dem Lager der politischen Gegner hervor. Das souveräne Volk fühlte sich in seiner Würde gekränkt, daß es überall noch ein Fürst wagte, von andern Grenzen zu sprechen, als von solchen, welche den Herren in der Paulskirche gutdünken würden. Am 14. Juli[1] kam die Angelegenheit in der Nationalversammlung zur Sprache. Bevor die Verhandlungen begannen, glaubten mehrere

---

[1] Am 12. Juli letzte Sitzung der Bundesversammlung.

der aus dem Königreich Hannover gewählten Abgeordneten[1] sich berufen, eine Erklärung dahin abzugeben, „daß ein etwaiger Vorbehalt, in der Folge die in dem Schreiben erwähnten Bedenken gegen die Wahl des Reichsverwesers geltend zu machen, durchaus unzulässig und wirkungslos erscheine, und daß die Unterzeichneten sich nicht als Abgeordnete eines einzelnen Staates, sondern als Abgeordnete des deutschen Volks anerkennten, und sich durch den Inhalt des mehrgedachten Schreibens in der Erfüllung der Verpflichtungen, welche sie dem Gesammt-Vaterlande gegenüber hätten, weder beirren, noch beschränken lassen würden."

Bei der alsdann folgenden Berathung fehlte es nicht an lauten Weherufen, Schmähungen und Beleidigungen gegen den Königlichen Herrn, der den Muth hatte, offen und unumwunden Das auszusprechen, was alle seines Gleichen mit ihm fühlten und dachten. Nachdem sich eine große Zahl von Rednern die Sporen mit geharnischten Declamationen verdient, beschloß die Nationalversammlung, auf Antrag des weimarschen Ministers von Wydenbrugk,[2] „die Centralgewalt möge die unumwundene Anerkennung der Centralgewalt und des Gesetzes darüber von der Staatsregierung des Königreichs Hannover fordern." Wenn auch die Anerkennung der Centralgewalt durch die hannoversche Regierung erfolgte,[3] so bewiesen schon die nächstfolgenden Ereignisse, daß jene Erklärung in einem

---

[1] Dr. Fr. Lang, A. Grumbrecht, H. Ahrens, A. Hugo, C. Groß, Prorj. Dr. Freudentheil, Röben, Plaß, Dröge, J. Schmidt, Winter, Merkel, Albrecht, Nicol, C. D. Dammers, Wedekind, Breusing, Wachsmuth, v. Reden, H. A. Lünzel, H. Zachariae. Mit Recht wundert sich die „Deutsche Chronik" über die pergamente Geduld der Hannoveraner im Parlament, welche ruhig die Schmähungen anhörten, mit welchen Se. Majestät der König überhäuft wurde, ohne daß auch nur ein einziger jenen Infamien entgegentrat.

[2] Wurde am 11. März 1848 von den souveränen Bauern zum Minister ernannt und von der Regierung bestätigt.

[3] von Kaltenborn, Bd. 2, S. 103, behauptet irrthümlich das Gegentheil. Nach den stenographischen Berichten Bd. 3, S. 1624 hat der Bevollmächtigte Hannovers, Herr von Bothmer, jene Erklärung wirklich abgegeben.

ganz andern Sinne abgegeben war, als die Herren in der Paulskirche erwartet hatten. Der Reichs-Kriegsminister von Peucker befahl nämlich mittelst Rundschreibens vom 16. Juli den Kriegsministerien der einzelnen Staaten, das gesammte Militär am 6. August, wegen der Übernahme der Oberleitung der bewaffneten Macht, dem Reichsverweser huldigen zu lassen, und von diesem Tage an überall, wo es bis dahin noch nicht geschehen sein sollte, die deutschen Farben, und zwar in Cocarden an den Kopfbedeckungen und in Bändern an den Panieren anzulegen. Wenn auch das Volk diesen seltsamen Befehl natürlich mit Jubel begrüßte, so hatten wenigstens einzelne Regierungen Selbständigkeit genug, gegen ein solches Ansinnen Front zu machen, und Preußen, Baiern und Hannover hielten es mit der Stellung des Königs als obersten Kriegsherrn unvereinbar, noch einem Anderen neben ihm huldigen zu lassen. In der Generalordre vom 6. August erklärte deshalb auch Ernst August ausdrücklich: "Sobald es zum Schutze Deutschlands nöthig ist, werde Ich Euch befehlen, Euch den Heeres-Abtheilungen der übrigen deutschen Staaten, unter der Oberleitung des Reichsverwesers, anzuschließen", allein die Ordre enthielt kein Wort von einer Huldigung.

Die Bewegungspartei, welche den 6. August[1] an den meisten

---

[1] August, 1. Beschluß des dänischen Marineministers, vom 15. d. M. an die Mündungen der Elbe, Weser, Jahde vollständig zu blockiren. 7. Tumult in der Nationalversammlung wegen des Antrags auf Amnestie für Hecker und Consorten. 8. Die Nationalversammlung geht über den Antrag zur Tagesordnung über. 9. Vervollständigung des Reichsministeriums: Präsident, Fürst Karl von Leiningen; Auswärtiges, Dr. Heckscher: Justiz, Robert von Mohl; Finanzen, von Beckerath; Handel, Senator Duckwitz. 11. Die ersten süddeutschen für die Armee in Schleswig-Holstein bestimmten Truppen treffen in Altona ein. 15. Ein zu Altenburg versammelter Demokraten-Congreß beschließt: Die Nationalversammlung ist eine verrätherische; sie muß aufgelöst werden; der Reichsverweser wird nicht anerkannt; in den thüringischen Staaten wird sofort die Republik erklärt. 23. Arbeiteraufstand in Wien. 26. Waffenstillstand von Malmoe.

Orten des Landes mit Sang und Klang, selbst in den Kirchen, oder wenigstens in den Bierhäusern, gefeiert, war darob gewaltig unzufrieden. Der Dr. Hoyns in Hannover veranstaltete deshalb eine große Versammlung für den folgenden Tag auf dem Schützenhofe. Der Dr. Gerding aus Celle, der Advocat Westrum, die geschäftsführenden Mitglieder der hannoverschen Volksvereine und Deputationen der Vereine aus Hildesheim, Lüneburg und Celle waren herbeigeeilt, um den Dr. Hoyns zu unterstützen. Unter dem Präsidium des Vorstandes des hannoverschen Volksvereins, des Lehrers Callin, wurde beschlossen, die von dem Dr. Hoyns verfaßte Adresse [1] mit möglichst zahlreichen Unterschriften zu versehen, und alsdann durch eine Deputation (Lehrer Callin, Dr. Gerding, Dr. Hoyns, Advocat Westrum) dem Könige überreichen zu lassen. Als die Deputation am 9. August im Palais erschien, wurde sie abgewiesen, ihr jedoch eröffnet, daß Se. Majestät der schriftlichen Mittheilung ihrer Wünsche entgegensehe. Die Deputation gab die Adresse ab und wurde von dem Grafen von Bennigsen, zu welchem sie sich begeben, empfangen, woselbst sie die Zusicherung eines baldigen Bescheides erhielt. Die Entscheidung des Gesammt-Ministeriums, welche vom 11. August datirt, erklärte, „die Generalordre vom 6. d. M. habe wegen des Verhältnisses der Truppen zur provisorischen Centralgewalt bereits das Nöthige mitgetheilt, und in Betreff der deutschen Farben an den Fahnen und Cocarden habe Se. Majestät ebenfalls das Nöthige bereits beschlossen". Tags darauf wurde in einer Generalordre bestimmt: „Da die Mehrzahl der deutschen Staaten die deutschen Farben als Erkennungszeichen angelegt, so soll dies bei den hannoverschen Truppen gleichfalls geschehen."

Dieser Bescheid gab dem Volksverein Anlaß zu neuen Demonstrationen. Das Anlegen der Farben war freilich befohlen,

---

[1] Abgedruckt in der hannoverschen Morgen-Zeitung von 1848, Nr. 132. S. 527.

allein nicht weil die Centralgewalt den Befehl dazu erlaſſen, ſondern weil die anderen deutſchen Staaten ebenfalls dies „Erkennungszeichen" angelegt. In der Hauptſache, nämlich in Betreff der Huldigungsfrage, waren die Petenten rundweg abſchläglich beſchieden. Der Lehrer Callin berief deshalb auf den 13. d. M. eine Volksverſammlung, und der Dr. Hoyns ſetzte den Verſammelten den Inhalt der Antwort des Geſammt-Miniſteriums auseinander. Auf den Vorſchlag des Präſidenten Callin beſchloß alsdann die Verſammlung eine Beſchwerde an die Reichsregierung, und ſofort zog einer der Herren, „welche die Bewegung trugen", die fertige Adreſſe aus der Taſche. Die Redensart, „die Reichsgewalt ſolle den Widerſtand der hannoverſchen Regierung mit Allgewalt beugen", wurde mit lautem Jubel begrüßt, und die Geſinnungstüchtigen beeilten ſich, durch ihre Unterſchrift der Beſchwerde Nachdruck zu verleihen. Um die Zahl der Zuſtimmenden genau zu ermitteln, mußten dieſelben durch eine Thür ſchreiten, wo ein Notar nebſt Zeugen aufgeſtellt war, um ſo die Zahl gegen jede Verkleinerungsſucht ſicher zu ſtellen. [1]

---

[1] Bei einer ähnlichen Gelegenheit in Göttingen bewieſen die Verſammelten einen größeren Tact. Als ein liberaler Notar ſich zu derſelben Dienſtleiſtung erbot, wurde er mit ſolchem Hohne zurückgewieſen, daß er ſich für längere Zeit in den Volksverſammlungen vollkommen „unmöglich" gemacht hatte.

§. 7.

Zur deutschen Frage.

Grundrechte. Erklärung Hannovers. Galten die Grundrechte im Königreich Hannover? Verneinende Entscheidungen der höchsten Gerichte. Oesterreichs Stellung zu Frankfurt. Hinrichtung R. Blum's. Feier zu Andenken R. Blum's in Hildesheim, Celle, Emden, Northeim.

In der Nationalversammlung war man inzwischen übereingekommen, die Verfassung der neuen Schöpfung vorläufig beruhen zu lassen und zuvörderst die s. g. Grundrechte der deutschen Nation festzustellen. Am 19. Juni hatte der Verfassungsausschuß den Entwurf vollendet; am 5. Juli begannen die Berathungen. Anfangs November war die erste Berathung beendigt, die zweite erfolgte in der ersten Hälfte des December, und am 27. December wurden die Grundrechte mit einem Einführungsgesetze für den ganzen Umfang des deutschen Reichs, jedoch unter vorläufiger Sistirung einzelner Paragraphen publicirt [1] und später als integrirende Theile der Verfassung des deutschen Reichs vom 28. März 1849 aufgenommen.

---

[1] Eine Vergleichung der Grundrechte mit der hannoverschen Gesetzgebung. Hannoversche Zeitung v. 1849 Nr. 3.
September. Am 1. Auswechselung der Ratificationen des Malmoer Waffenstillstandes zu Altona. 4. Die von der provisorischen Regierung einberufene Ständeversammlung für Schleswig-Holstein erklärt: der Waffenstillstand sei unannehmbar. 16. Nach mehrtägigen Debatten genehmigt die Nationalversammlung den Waffenstillstand. Am 17. Volksversammlung auf der Pfingstweide bei Frankfurt. Der Senat erklärt, das Reichsministerium möge bei den drohenden Gefahren für den Schutz der Nationalversammlung sorgen. Am 18. Morgens treffen die vom Senat requirirten Truppen aus Mainz ein. Aufruhr zu Frankfurt. Fürst Lichnowski und v. Auerswald werden ermordet. Frankfurt wird in Belagerungszustand erklärt und das Kriegsgesetz

Mit der Publication der Grundrechte durch das Reichs=
gesetzblatt war wieder ein neuer Erisapfel unter das hanno=
versche Volk geschleudert, mit welchem lange Zeit hindurch
Fangball gespielt wurde. Gelten die Grundrechte im König=
reich Hannover, oder gelten sie nicht? — das war die Frage,
welche alle Welt in Athem hielt. Das Petitionsfieber begann
wieder um sich zu greifen; in Göttingen beschloß der con=
stitutionelle Verein eine Petition wegen der Publication an die
Königliche Regierung; in Emden reichten sich der Bürgerverein
und der Vaterländische Verein zum gleichen Zwecke brüderlich
die Hände, und verschiedene andere Vereine folgten diesem Bei=
spiele. Schon am 4. Nov. und darauf noch einmal am 17. Dec.
hatte sich jedoch die Königliche Regierung in einem Schreiben
an den Königlich hannoverschen Bevollmächtigten bei der pro=
visorischen Centralgewalt, Justizrath v. Bothmer, unumwun=
den dahin ausgesprochen, daß sie die von der provisorischen
Centralgewalt verkündeten Reichsgesetze für das Königreich
Hannover als verbindlich nicht ansehen könne,[1] weil das

---

verkündet. 20. Eine Volksversammlung in Köln erklärt alle Mitglieder der
Nationalversammlung, welche nicht sofort ausscheiden, für Volksverräther
und beschließt: die Barrikadenkämpfer haben sich um das Vaterland wohl
verdient gemacht. 21. Struve überschreitet mit seiner Bande den Rhein,
um im Großherzogthum Baden aufs Neue die Republik zu proclamiren.
23. Die Nationalversammlung beschließt hinsichtlich der Verkündigung der
Reichsgesetze und Verordnungen der provisorischen Centralgewalt: die Kraft
des Gesetzes beginnt regelmäßig für ganz Deutschland am 20. Tage nach dem
Ablauf des Tages, an welchem das betreffende Stück des Reichsgesetzblatts
in Frankfurt ausgegeben wird. 24. Ende des Struve'schen Unternehmens.
26. Revolution in Sigmaringen. Sicherheitsausschuß, an dessen Spitze der
Advocat Würth steht. Der Fürst verläßt nebst der Regierung das Land.
27. Anfang der Revolution in Ungarn. 28. Graf Lamberg in Ofen auf
offener Straße ermordet; die ungarischen Abgeordneten ernennen eine pro=
visorische Regierung.

[1] Beide Schreiben sind abgedruckt in der Hannov. Zeitung von 1849
Nr. 5. Verschiedene Justizkanzleien, z. B. die zu Göttingen in einem Urtheile
vom 11. März 1849 und das Ober-Appellations-Gericht in Celle in einem
Urtheile vom 31. März 1849. sprachen sich in der Folge ebenfalls gegen
die Gültigkeit der Grundrechte aus.

Gesetz vom 27. September 1848, die Verkündigung der Reichsgesetze und der Verfügungen der provisorischen Centralgewalt betreffend, mit den Bestimmungen der hannoverschen Landesverfassung in unauflöslichem Widerspruche stehe.¹

Die Vertheidiger der Gültigkeit der Grundrechte deducirten regelmäßig folgendermaßen: „Da die Reichsgesetze vermöge des auch für Hannover gültigen Reichsgesetzes vom 27. September 1848 mit dem zwanzigsten Tage nach der Verkündigung im Reichsgesetzblatte verbindliche Kraft erhalten, das Reichsgesetzblatt die Grundrechte aber am 28. December publicirt hat, so datirt ihre Gültigkeit für das Königreich Hannover vom 17. Januar 1849."

Die Argumentation scheint schlagend, allein sie scheint auch eben nur zutreffend zu sein und scheitert an dem einfachen Um-

---

¹ Hätte das Ministerium gleich anfangs seine Ansicht unumwunden ausgesprochen, so wäre sicher mancher unerquickliche Haber und Streit vermieden. Statt dessen erließ dasselbe, und zwar erst am 5. Januar 1849, während es das Reichsgesetzblatt fortwährend versandte, das nachstehende Ausschreiben, welches die Verwirrung nothwendiger Weise noch vermehren mußte:

„Mehrfache Anfragen der Obrigkeiten wegen der denselben von der Gesetzsammlungs-Commission zugesandten Exemplare des Reichsgesetzblattes veranlassen uns zu folgender Eröffnung.

„Jene Exemplare des Reichsgesetzblattes sind den Obrigkeiten zugegangen, damit dieselben an die Gemeinden vertheilt werden. Diese Vertheilung beruht auf den, vom Reichsministerium gemachten Vorschlägen und hat in dieser Maße angeordnet werden müssen, weil die Bestimmungen des Landesverfassungs-Gesetzes eine Publication der Reichsgesetze, wie solche bei hannoverschen Landesgesetzen stattfindet, zur Zeit nicht zulassen. Dem Urtheile der Gerichte des Landes muß es anheim gestellt bleiben, ob und wieweit die Reichsgesetze dennoch in hiesigen Landen schon gegenwärtig Gültigkeit erlangt haben.

„Sobald die bereits einberufene allgemeine Ständeversammlung erschienen ist, wird es die Sorge der Regierung sein, sich mit derselben wegen Publication der Reichsgesetze zu benehmen, und dabei namentlich auch mit dieser Ständeversammlung das Nöthige wegen der von der Nationalversammlung beschlossenen Grundrechte des deutschen Volks zu ordnen.

„Diese Eröffnung wird genügen, um alle etwa erregten Besorgnisse wegen des von der Königlichen Regierung in dieser Sache eingeschlagenen Ganges vollständig zu beseitigen."

stande, daß die Grundrechte gar kein Reichsgesetz waren. Die Grundrechte sollten nämlich einen Theil der Verfassung bilden. Die Befugnisse des Reichsverwesers, welche der von den Regierungen anerkannte Beschluß der Nationalversammlung am 27. Juni 1848 festgesetzt, beziehen sich aber überall nicht auf das Verfassungswerk, schließen vielmehr die Mitwirkung des Reichsverwesers in Betreff des Verfassungswerks ausdrücklich aus. Die Verkündigung der Grundrechte durch den Reichsverweser kann dieselben aber selbstverständlich nicht zu einem Reichsgesetz stempeln Ebensowenig kann man ihnen diese Eigenschaft um deswillen vindiciren, weil sie von der Nationalversammlung beschlossen waren; denn dieselbe hatte, nach der bei ihrer Berufung ausdrücklich ausgesprochenen Bestimmung nur die Aufgabe, mit den Regierungen, aber nicht ohne dieselben das Verfassungswerk zu begründen.

Außerdem standen auch die Vorschriften der hannoverschen Verfassung einer Publication der Grundrechte durch die hannoversche Regierung geradezu entgegen, weil die verfassungsmäßige Gültigkeit eines Gesetzes durch die Zustimmung der allgemeinen Ständeversammlung bedingt ist. Die fortdauernde Gültigkeit der hannoverschen Verfassung konnte keinem Zweifel unterliegen, da der Beschluß der Nationalversammlung vom 27. Mai 1848 die Wirksamkeit der Landesverfassungen für die Zeit außer Zweifel gesetzt, während welcher die Thätigkeit der provisorischen Centralgewalt nicht aufgehört hatte. Es konnte sich also nur noch darum handeln, ob die Königliche Regierung nicht etwa im Stande sei, die Publication der Grundrechte mit Berufung auf einen der Ausnahmsfälle vorzunehmen, welche eine Genehmigung der allgemeinen Ständeversammlung nicht erheischten, nämlich:

1) auf §. 2 des Landesverfassungs-Gesetzes vom 6. August 1840, wonach die Beschlüsse der deutschen Bundesversammlung, sobald sie vom Könige verkündigt sind, verbind-

liche Kraft für das Königreich haben. Da die Bundesversammlung, deducirte man nun, durch den Beschluß vom 12. Juli die gesammte Bundesgewalt auf die Centralgewalt übertragen hat, so bedarf es nach dem erwähnten §. 2 nur einer einseitigen Publication von Seiten des Königs. Allein weiter gehende Rechte, als die Bundesversammlung selbst hatte, konnte sie nach bekannten Rechtsregeln auch nicht auf die Centralgewalt übertragen, der Bund ist aber nie befugt gewesen, eine neue Verfassung zu machen;

2) konnten nach §. 72 des Gesetzes vom 5. September 1848 außerordentliche, ihrer Natur nach der ständischen Zustimmung bedürfende, aber durch das Staatswohl, die Sicherheit des Landes oder die Erhaltung der ernstlich bedrohten Ordnung dringend gebotene gesetzliche Verfügungen, deren Zweck durch Verzögerung vereitelt werden würde, vorläufig allein vom Könige ausgehen. Man würde sich möglicher Weise dieses Paragraphen haben bedienen können, um eine Publication der Grundrechte von Seiten des Königs zu rechtfertigen, wenn der § 72 nicht die ausdrückliche Beschränkung enthielt, daß solche einseitig erlassenen Verfügungen „eine Abänderung der Verfassung nicht enthalten dürfen." Damit fiel also auch dieser Ausweg fort, dessen Benutzung von verschiedenen Seiten der Regierung empfohlen wurde.

Ebensowenig wie Hannover hielten sich Österreich, Preußen und Baiern durch die Publication der Grundrechte verpflichtet, dieselben als Gesetz zu publiciren. Allein das Parlament blieb dessenungeachtet fortwährend in dem Wahne befangen, daß es sein Verfassungsgebäude auf dem Boden der Volkssouveränetät auch ohne die Fürsten Deutschlands erbauen könne, während es ohne diese schon am 18. September durch den Frankfurter Aufstand vernichtet wäre. Am 19. October 1848 begannen endlich die Berathungen über die Reichsverfassung, deren Haupttendenz dahin ging, die politische Selbstständigkeit der einzelnen Staaten vollständig zu brechen. Allein die Zeit war längst vorüber, in welcher es noch möglich gewesen wäre, unter dem Drange der Ereignisse, eine solche Verfassung in das Leben zu rufen. Preußen, welches eine Zeitlang vielleicht die Bestrebungen des Parlaments mit günstigen Augen angesehen, war ein erbitterter Gegner desselben geworden, als sich das Parlament in die Streitigkeiten der preußischen Regierung mit der Berliner Nationalversammlung mischte und zu diesem Zwecke sogar Reichscommissäre nach Berlin sandte, und die österreichischen Abgeordneten hatten schon offen im Parlamente erklärt, daß Österreich sich nie den Gesetzen des Parlaments fügen werde. Hätte noch ein Zweifel über die Intentionen der österreichischen Regierung herrschen können, so mußte derselbe verschwinden, als das Ministerium Schwarzenberg in dem s. g. Programme von Kremsier vom 27. November 1848 erklärte: „Erst wenn das verjüngte Österreich und das verjüngte Deutschland zu neuen, festen Formen gelangt sind, wird es möglich sein, ihre gegenseitigen Beziehungen staatlich zu bestimmen. Bis dahin wird Österreich fortfahren, seine Bundespflichten treulich zu erfüllen."

Während das Parlament durch das immer entschiedenere Auftreten Österreichs und Preußens sich wenigstens zu etwas mehr Mäßigung und namentlich zu größerer Eile bei den Berathungen veranlassen ließ, hatten die Agitatoren im Königreich Hannover die Hände nicht in den Schooß gelegt, wo es galt, irgend aufregende Demonstrationen zu veranstalten. Dazu gab es im November des Jahrs keine bessere Veranlassung als die standrechtliche Hinrichtung Robert Blum's am 9. November 1848. Die Ermordung Lichnowski's und v. Auerswald's (18. September) war ohne großen Eindruck vorüber gegangen; denn der souveräne Pöbel hatte hier ein schmähliches Henkeramt geübt, und die Ermordeten waren „Leute aus der ersten Gesellschaft und Reactionäre." Als aber Robert Blum, ein "Mann aus dem Volke", als Aufrührer gefangen genommen und durch richterliches Urtheil zum Tode verdammt war,¹ da gab es ein lautes Wehgeschrei über den Tod "des vom modernen Tilly hingemordeten Vorkämpfers deutscher Freiheit", und des Klagens wollte schier kein Ende nehmen.

In Hildesheim benutzte Weinhagen die günstige Gelegenheit, eine große Demonstration zu veranstalten. Der Präsident des Volksvereins ließ nämlich Haus bei Haus anfragen, "ob Jemand gegen eine kirchliche Feier stimme", und als Niemand dagegen zu protestiren wagte, begann die Feier. Unter dem Geläute in sämmtlichen protestantischen Kirchen, — der Bischof hatte mit Protest das Ansinnen zurück gewiesen, die Glocken seiner Kirche zu entweihen — setzte sich der Zug von dem Paradeplatze nach der Andreaskirche in Bewegung. An der Spitze

---

[1] October. Am 3. Ein Rescript des Kaisers von Österreich löst den Reichstag auf. 6. Revolution in Wien, geleitet von dem Studenten-Comité und dem Central-Comité der demokratischen Vereine. 7. Der Kaiser begibt sich mit seiner Familie nach Schönbrunn. Der Reichstag erklärt, er könne nicht aufgelöst werden. Plünderung des Zeughauses. 12. Graf Latour ermordet. 16. Eine ungarische Armee überschreitet die österreichische Grenze, um die Revolution in Wien zu unterstützen. Am 17. trifft Blum mit Genossen in Wien ein; am 19. bittet er im Studenten-Comité um Waffen, um mit der Legion kämpfen zu können, am 26. treten sie als Hauptleute in ein Elitencorps; an demselben Tage kämpfen Blum und Fröbel am Bahnhofsgebäude der Nordbahn. Am 28. commandirt Blum an der Nußdorfer Linie; am 4. November Blum und Fröbel verhaftet; Blum am 9. November erschossen "wegen aufrührerischer Reden und bewaffneten Widerstandes gegen die Kaiserlichen Truppen". Am 11. Fröbel zum Tode verurtheilt, vom Fürsten Windischgrätz begnadigt. An demselben Tage wird in Berlin die Verlegung der zur Vereinbarung der Verfassung berufenen Versammlung nach Brandenburg beschlossen. Die Bürgerwehr in Berlin wird aufgelöst. Tags darauf Berlin nebst einem Umkreis von zwei Meilen in Belagerungszustand erklärt. Alle Clubs und Vereine zu politischen Zwecken geschlossen. Am 14. November verlangt die deutsche Nationalversammlung: die preußische Regierung solle die Verlegung der Nationalversammlung nach Brandenburg zurücknehmen, und die preußische Krone sich mit einem andern Ministerium umgeben!! Fast im ganzen Königreiche Preußen Unruhen. Am 24. Aufruhr in Erfurt. Die Koblenzer Bürgerwehr entwaffnet, in Düsseldorf aufgelöst u. s. w.

des Zuges Weinhagen, von den Turnern umgeben; dann einige Bürger und schließlich der Janhagel mit der brennenden Cigarre im Munde. Auch zwei Prediger hatten sich eingestellt, welche den schmählichen Cultus mit Reden feierten, nämlich der Pastor Reinecke zu Hildesheim und der Deutschkatholik Lorenzen. Nachdem ein Altargesang gesungen war, zog die Schaar nach dem Paradeplatze zurück, und alsdann strömte die Elite des Hildesheimer Pöbels vor Weinhagen's Haus, um ihm ein Lebehoch zu bringen. „Unser Präsident Weinhagen soll leben, der die Stadt Hildesheim so glücklich macht, wie Robert Blum Deutschland," so lautete der Toast, den Weinhagen mit einem Lebehoch auf die Arbeiter erwiederte.

In Celle fand eine ähnliche Feier statt, welcher sich die Bürgerschaft gänzlich fern hielt. Turner, Gesellen, Fabrikarbeiter und der Volksverein hielten einen Umzug und ließen sich alsdann vom Kaufmann Görg eine Festrede halten, welche eine zu interessante Illustration der damaligen Stimmung giebt, als daß wir nicht unseren Lesern wenigstens eine kleine Probe davon mittheilen sollten. Also: „Der Zweck unserer Versammlung ist die Todesfeier um Robert Blum, den Kämpfer für Freiheit und Wohl des Vaterlandes. Er starb fern von Weib und Kind in einer Stadt, wohin ihn das Gefühl, bedrängten Mitbürgern zu helfen, getrieben. Er ist gemordet von dem Bluthunde Windischgrätz. Fluch seinen Henkern! Er ist der erste Märtyrer der Freiheit; er hat uns ein Beispiel gegeben, dem seine Freunde folgen sollen; der Augenblick ist gekommen, dies durch die That zu beweisen. Wir haben das große Werk mit Gott begonnen und werden es mit Gott vollenden. Gott hat unsere Noth gesehen; unter seinem Beistande naht die Stunde, wo die Bajonette unserer Tyrannen zu Nadelspitzen werden, und ihre Kanonenkugeln an unserem Körper abprallen." — Just so wie Thomas Münzer den aufrührerischen Bauern predigte! So sprach man im

Jahre 1848; eine hübsche Musterrede für ein Revolutionstribunal.[1]

Auch Emden ließ es sich nicht nehmen, einen Trauergottesdienst zu halten. Der Bürgerverein nahm die Sache in die Hand und brachte auch glücklich eine Demonstration zu Stande. Nach beendigtem Gottesdienste bewegte sich unter Trauermusik der Zug nach dem neuen Kirchhofe. Dort stellten sich die Leidtragenden im Kreise auf, und der Taubstummenlehrer Edzard hielt eine Trauerrede, welche nach dem Urtheile der Ostfriesischen Zeitung „wohl kein Herz ungerührt, kein Auge trocken ließ". Da der Pastor Reese erst im December Gelegenheit hatte, vor einer Volksversammlung in Beverstedt aufzutreten, so mußte er bis dahin seinen Schmerz um Robert Blum im Stillen tragen, dem er aber nachträglich damals unter einhelliger Beistimmung der Versammlung Ausdruck gab.

In Northeim hatte die Geistlichkeit Tact genug, die Benutzung des Kirchhofes zu verbieten, und ebenso verweigerte der Magistrat die Herausgabe der Bürgerwehrfahne. Die Feier fiel deshalb dort nicht so ergreifend aus, als an anderen Orten, obgleich der Matador von Northeim, der Schuster Riehl, die Trauerrede hielt. In verschiedenen anderen Städten wurden s. g. Mordadressen abgefaßt, welche die Nationalversammlung zu einem energischen Einschreiten gegen die „Mörder" auf-

---

[1] Der „Cellesche Referent" berichtet noch von einem Gedicht des Posamentiers Bieräugel, das den Muth und die geistigen Fähigkeiten des Verfassers bekundet habe; ferner von einer gediegenen Trauerrede des Stadtsyndicus Schwarz und einem Gebet des Dr. Gerding. Auch eine Blum-Eiche wurde mit großer Feierlichkeit auf dem Artler'schen Garten gepflanzt. Als aber im Jahre 1850 die Wirthin für eine vierwöchentliche, nächtliche Beleuchtung der Eiche von dem demokratischen Vereine Bezahlung verlangte und andere angeblich unbillige Forderungen erhob, brachte dies die Demokratie so in Harnisch, daß zu nächtlicher Stunde die Eiche wieder ausgegraben wurde. Der Platz war nicht mehr heilig genug.

forderten z. B. in Celle Seitens des constitutionellen Vereins;[1] in Stade ebenfalls von dem constitutionellen Verein, in Osnabrück und Hoya von den Volksvereinen.[2]

---

[1] Unterzeichnet von J. H. Wolde, C. Greiling, C. Ziel. Hannoversche Morgen-Zeitung. S. 584.

[2] Hannoversche Morgen-Zeitung. S. 586. Daselbst ein vollständiger Abdruck der Adresse.

Aus den Anträgen, welche zu Frankfurt in Betreff der Erschießung Robert Blum's gestellt wurden, müssen wir wenigstens einen aus späterer Zeit (30. April 1849) hervorheben, mit welchem sich Herr Wigard blamirte: Ich beantrage: „1) daß das Reichs-Justizministerium selbst die gerichtliche Untersuchung gegen den Mörder Robert Blum's und den Anstifter der übrigen Gräuelscenen in Wien, Fürsten Windischgrätz, unverweilt anordne; 2) die geeigneten Maßregeln treffe, daß sich derselbe nicht durch die Flucht dieser Untersuchung entziehen könne, und 3) falls es demselben doch gelingen sollte, die Flucht zu ergreifen, die erforderlichen Steckbriefe erlasse, um seiner habhaft zu werden." Unglaublich, aber wörtlich wahr!

§. 8.
Die erste Diät der X. allgemeinen Ständeversammlung vom 1. Februar bis 15. März 1849.

Die Zusammensetzung der Kammern. Schreiben der Regierung über das deutsche Verfassungswerk. Die Berathung des Regierungsschreibens. Lang's I. Antrag auf ein Mißtrauensvotum für das Ministerium. Das Ministerium erklärt, es habe seine Entlassung eingereicht. Erklärung über die Nothwendigkeit dieses Schrittes. Die Hannoveraner in Frankfurt. Lang I versucht vergebens, ein Ministerium zu bilden. Erklärung des Ministeriums vom 13. März, daß es sein Entlassungsgesuch zurückgenommen. Neue Mittheilung der Regierung über die deutsche Frage. Vertagung der Stände am 15. März. Auflösung der zweiten Kammer am 25. April.

Am 1. Februar 1849 trat die nach dem provisorischen Wahlgesetze vom 26. October 1848[1] neu berufene Stände-

---

Januar 1849. Am 5. erklärt die Ständeversammlung des Kurfürstenthums Hessen, die Würde und Macht der deutschen Reichsgewalt und die Wohlfahrt Deutschlands könne nur dadurch gewahrt werden, daß der König von Preußen als Reichsoberhaupt an Deutschlands Spitze gestellt werde. Am 6. giebt die Abgeordneten-Versammlung beider Mecklenburg eine ähnliche Erklärung ab. Am 8. beschließt die Nationalversammlung die Aufhebung aller Spielbanken vom 1. Mai 1849 in ganz Deutschland. Am 11. Beschluß der Abgeordneten-Versammlung des Herzogthums Coburg-Gotha wie in Hessen und Mecklenburg. 17. Feierliche Eröffnung der nach dem neuen Wahlgesetze zusammentretenden beiden Kammern im Königreich Sachsen. 19. Beschluß der Nationalversammlung: die Würde des Reichsoberhaupts wird einem der regierenden Fürsten übertragen. 20. Beschlüsse der zweiten Kammer des Königreichs Sachsen 1) zu erklären, daß sie ein erbliches und unverantwortliches Oberhaupt für Deutschland nur mit entschiedenem Widerwillen sehen würden; 2) desgleichen die Übertragung der Kaiserwürde an die Krone eines Einzelstaates; 3) daß ein verantwortlicher Präsident an die Spitze Deutschlands gestellt werden solle und die Kammer jede andere als demokratische Lösung dieser Frage für unheilvoll halte. Am 30. erklärt das baierische Gesammt-Ministerium, die Reichsgesetze hätten erst dann in Baiern Kraft, wenn die in Frankfurt beschlossene Reichsverfassung mit den gesetzgebenden Gewalten Baierns vereinbart sein werde; so lange dieses nicht geschehen, bedürfe das Staats-Ministerium zum Vollzuge der Reichsgesetze der Beistimmung der baierschen Landesvertretung.

[1] Gesetzsammlung von 1849 Abth. 1 S. 319—331. In der Erwiederung an das Königliche Gesammt-Ministerium vom 6. Juli 1848, betreffend den

versammlung zum ersten Male zusammen. Aus der ersten Kammer, der s. g. Adelskammer war eine Bauernkammer geworden. Die Zahl der Mitglieder, welche aus persönlicher Berechtigung berufen waren, hatte das neue Wahlgesetz wesentlich verringert, und an die Stelle der von den Ritterschaften bis dahin gewählten Deputirten waren 33 Abgeordnete der größeren Grundeigenthümer getreten, welche durch Wahlmänner in 33 Wahlbezirken in der Weise gewählt wurden, daß jeder Wahlberechtigte auch wählbar sein sollte. Der Census war bei diesen „größeren" Grundeigenthümern so niedrig gegriffen, daß von einer Vertretung des großen Grundbesitzes in Wahrheit gar keine Rede war. Dasselbe galt von den 10 Abgeordneten für Handel und Gewerbe, für deren Wählbarkeit nur die allgemeinen Erfordernisse verlangt wurden, ohne daß sie dem besonderen Stande angehören mußten, von dem sie gewählt worden. Wahlberechtigt war dagegen jeder Gewerbesteuerpflichtige in dem Urwahlbezirke, worin er zur Gewerbesteuer beschrieben, wenn er in der achten oder einer höheren Steuerklasse steuert, oder eine jährliche Gewerbesteuer von mindestens 3½ Thlr. entrichtet. Sodann 10 Abgeordnete der Kirche und Schule; davon wählt die evangelische Geistlichkeit 4, die katholische 2, die Universität Göttingen 1, die Lehrercollegien der höheren Schulanstalten 1 und die Lehrer der Bürger- und Volksschulen 2. Endlich 4 Abgeordnete des Standes der Rechtsgelehrten, die von den Richtercollegien und Rechtsbeiständen gewählt werden. Ausgeschlossen von dem Wahlrecht und der Wählbarkeit sind nur diejenigen, welche noch nicht 25 Jahre alt sind, oder unter väterlicher

---

Gesetzentwurf wegen verschiedener Änderungen des Landesverfassungs-Gesetzes, hatte nämlich die Ständeversammlung die Königliche Regierung autorisirt, nach bestimmten Grundsätzen eine provisorische Wahlverordnung zu erlassen, da eine definitive Regelung während der schwebenden Verfassungsfragen damals unmöglich. Aktenstücke v. 1848. 1. Diät. Nr. 317. S. 1172.

Gewalt oder Curatel stehen, oder nach gesetzlichen Bestimmungen nicht im vollen Besitze der politischen Rechte sich befinden, oder wegen eines nach der öffentlichen Meinung entehrenden Verbrechens bestraft oder wegen eines solchen Verbrechens in Untersuchung gewesen sind, ohne völlig freigesprochen zu sein.[1]

---

[1] Mitglieder erster Kammer: 1) Erblandmarschall Graf zu Münster, Graf Stolberg-Wernigerode vertreten durch seinen Sohn Rudolph. Vier vom Könige ernannte Mitglieder: die Ministerialvorstände 1) Gen. Maj. Prott u. 2) Braun, 3) Reg.-R. Bening, 4) Kammer-R. v. Münchhausen. Dreiunddreißig Abgeordnete der größeren Grundeigenthümer: 1) Vollmeier Schaper aus Rethem, 2) Vollmeier Knigge aus Ronnenberg, 3) Gutsbesitzer Rittmeister v. Münchhausen aus Poldagsen, 4) Vollmeier Sierling aus Landesbergen, 5) Vollmeier Ehler Meyer aus Altenbücken, 6) Vollmeier H. Meyer aus Schlieme, 7) Justiz-Rath a. D. Lüntzel aus Hildesheim, 8) Ackermann Ahrens aus Gr.-Flöthe, 9) Ministerialvorstand Graf v. Bennigsen, 10) Halbspänner Müller aus Schellerten, 11) Bauermeister Harriehausen aus Kl.-Schnen, 12) Vollmeier Schlote aus Dassensen, 13) Econom Meine aus Osterode, 14) Oconom Dr. Witte vom Kleefelde vor Hannover, 15) Vollmeier Michaelis aus Weyhausen, 16) Amtsassessor Wolff zu Bleckede, 17) Vollmeier Nesardt aus Wulfsode, 18) Gutsbesitzer v. Honstedt zu Gilte, 19) Vollmeier A. Hanne aus Salzhausen, 20) Höfner Moormann aus Niedermarschacht, 21) Vollmeier Kellers aus Wittstedt, 22) Posthalter Blohm aus Verden, 23) Hausmann zum Felde aus Borstel, 24) Hausmann Wisch aus Bahrdorf, 25) Schultheiß Glameyer zu Westerende-Otterndorf, 26) Deichvorsteher v. d. Osten aus Misselwarden, 27) Posthalter Dr. jur. Meyer aus Osnabrück, 28) Colon Eilermann aus Sultrup, 29) Hofraths Sermes aus Lingen, 30) Landwirth Menso Heyles aus Neermoor, 31) Landrath Hillingh aus Marienwehr bei Emden, 32) Landrath Neupert aus Aurich, 33) Landwirth Mammen aus Ebenserloog. Die Wahl des Hofraths Sermes wurde von der Regierung mit Erfolg angefochten. Zehn Abgeordnete für Handel und Gewerbe: 1) Baurath Hausmann aus Hannover, 2) Kaufmann Dörrien aus Rienburg, 3) Glasermeister Thormeier aus Hildesheim, 4) Tischlermeister, Senator Meyer aus Göttingen, 5) Senator Angerstein jun. aus Clausthal, 6) Banquier Hofmann aus Celle, 7) Senator und Fabrikant Henn aus Lüneburg, 8) Papierfabrikant Winter in Altkloster, 9) Senator Gosling aus Osnabrück, 10) Kaufmann Erblenholz aus Leer. Zehn Abgeordnete für Kirche und Schule: 1) Archidiaconus Lührs aus Clausthal, 2) Pastor Sander aus Geismar, 3) Superintendent Sater aus Sandstedt, 4) Consistorialrath Hicken aus Aurich, 5) Ober-Appellations-Rath Bezin aus Celle, 6) Dompastor Beckmann aus Osnabrück, 7) Professor Dr. Briegleb aus Göttingen, 8) Dir. Dr. Ahrens aus Lingen, 9) Lehrer Steinvorth aus Lüneburg, 10) Lehrer Rosenthal aus Osnabrück. Vier Abgeordnete des Standes der Rechtsgelehrten: 1) Rath Wachsmuth aus Hannover, 2) Canzlei-

Und nun gar die zweite Kammer! An den Wahlen nimmt Jeder Theil, der nicht in die Kategorie derjenigen gehört, welche auch von den Wahlen der ersten Kammer ausgeschlossen sind, und der überdies zu den directen Landessteuern beisteuert, — wäre es auch nur der geringste directe Steuerbetrag — und seine Beiträge im letzten Jahre wirklich entrichtet hat; ein solcher ist auch wählbar. In Folge dieses Wahlgesetzes waren also die conservativen Elemente aus den Kammern zum großen Theil entfernt, und daß bei der herrschenden Aufregung die einzelnen conservativen Persönlichkeiten, welche natürlich als Reactionäre verschrieen waren, meistens bei den Wahlkämpfen unterlagen, war vorauszusehen. Wer es verstanden, seine Wähler wie ein Convents-Deputirter zu haranguiren und in einem Athemzuge, ohne sich zu besinnen, die Schlagwörter des Tages aufzuzählen, der hatte die größte Anwartschaft auf Sitz und Stimme in der neuconstruirten Ständeversammlung. Ein Blick auf das Verzeichniß der Deputirten zeigt uns eine große Reihe von Namen, welche wir oben als die gefeiertsten in den stürmischen Volksversammlungen des Völkerfrühlings im Jahre 1848 aufgezählt. Göttingen hatte den Mann „des geflügelten und nicht des gezügelten Fortschritts", den Dr. Ellissen gesandt; Northeim seinen Matador der Volksversammlungen, den Schuhmachermeister Riehl; Moringen den Privatdocenten Dr. Obrock, der mit dem Dr. Volger um die Palme in den Volksversammlungen zu Mariaspring bei Göttingen kämpfte; Münden den Oberförster Wißmann; Peine den Dr. Thiermann; Stade den Dr. Freudentheil, der die Paulskirche verließ, um sich auf den festeren Boden der hannoverschen Stände-

Procurator Dr. Wyneken aus Stade, 3) Advocat v. Wehren aus Duderstadt, 4) Ober-Appellations-Rath Kirchhoff aus Celle.

Zu Regierungs-Commissarien für beide Kammern wurden ernannt die Generalsecretaire Geheimer Kriegsrath Wedemeyer, Regierungsrath Freiherr v. Hammerstein, Oberfinanzrath Bar und der Ministerial-Referent Leonhardt.

versammlung zu retten; Emden den Stadtsyndicus Dr. Bueren und Hildesheim? — "Heil der theueren Stadt Hildesheim", schreibt die Brandis'sche Zeitung, "welche durch dies glänzende Resultat eben so sehr ihre politische Reife als ihr sittliches Gefühl für Ehre dargelegt hat. Hat sie durch diese Wahl den geehrt, welcher für sie gearbeitet und gelitten hat, so haben in jedem Falle die Bürger Hildesheims noch mehr dadurch sich selbst geehrt. Zunichte gemacht sind alle jene Verläumdungen von sonderbündlerischen Pöbelbestrebungen, von der Nichtigkeit des Volksvereins. Da diese Wahl nunmehr geschehen, ist dieselbe ein fait accompli (!) geworden." Wem dieses Loblied gesungen, wird kaum nöthig sein, ausdrücklich hinzuzufügen; denn wen hätte Hildesheim, um sich zu ehren, wohl anders wählen können, als — Weinhagen, und Westrum als Ersatzmann?[1]

---

[1] **Mitglieder zweiter Kammer.** Zwei vom Könige ernannte Mitglieder: die Ministerialvorstände Lehzen und von Düring. Acht und dreißig Abgeordnete der Städte und Flecken: 1) Stadtdirector a. D. Rumann und 2) Literat Gödeke für Hannover. 3) Für Göttingen Dr. phil. Ellissen. 4) Für Northeim Schuhmachermeister Rieß. 5) Für Hameln Amtsassessor Heise. 6) Für Einbeck Advocat Hantelmann II. 7) Für Osterode Dr. jur. Rohrmann. 8) Für Duderstadt Freiherr von Reden. 9) Für Münden Oberförster Wißmann. 10) Für die Städte Münder u. s. w. Amtsassessor Grosse aus Elbagsen. 11) Für Clausthal und Zellerfeld Forstamtsassessor Rettstadt aus Clausthal. 12) Für die Städte Altenau, St. Andreasberg u. s. w. Bergamtsassessor Osthaus aus Clausthal. 13) Für Lüneburg Oberbürgermeister Lindemann. 14) Für Ülzen Pastor Wildens. 15) Für Celle Büchsenmacher Chevalier. 16) Für Harburg Stadtrichter Dr. Francke. 17) Für die Städte Lüchow u. s. w. Senator Schütze aus Hannover. 18) Für die Städte Soltau u. s. w. Senator Henniger aus Gifhorn. 19) Für Stade Canzlei-Procurator Dr. Freudentheil. 20) Für Buxtehude Kaufmann Richter. 21) Für Verden Stadtsyndicus Dr. Lang. 22) Für Nienburg Bürgermeister Kotzebue. 23) Für die Hoyaschen Flecken Posthalter Ahrenholz aus Asendorf. 24) Für die Diepholzschen Flecken Oeconom Huntemüller aus Barnstorf. 25) Für Osnabrück Ministerial-Vorstand Dr. Stüve. 26) Für die Städte Quakenbrück, Fürstenau, für den Flecken Melle und das Weichbild Bramsche Sattlermeister Köhler aus Quakenbrück. 27) Für die Städte Meppen, Lingen, Haselünne Advocat Kaulen aus Meppen. 28) Für Goslar Stadtrichter Hirsch I. 29) Für Hildesheim Advocat Weinhagen. 30) Für

Auch unter den Ersatzmännern fanden sich einige bekannte Namen, z. B. der Dr. Oppermann, der Collaborator Miquèl, der Advocat Grumbrecht zu Lüneburg u. s. w. Das Siebengestirn der Doctoren Gerding, Detering, Mensching, Plathner, v. d. Horst, Mathaei und Hoyns war dagegen ganz leer ausgegangen.

Von den Deputirten der vorigen Ständeversammlung wa-

---

die Städte Alfeld, Peine und Bockenem Dr. phil. Thiermann aus Göttingen. 31) Für die Städte Elze, Gronau, Earstedt u. Dassel Bürgermeister Sostmann aus Elze. 32) Für Emden Stadtsyndicus Dr. Bueren. 33) Für Aurich und Wiens Amtsassessor von Bangerow aus Aurich. 34) Für Norden Fabrikant Jan ten Doornkaat-Koolmann jun. 35) Für Leer Landrath Senator Schwers. 36) Für die Städte Schüttorf, Nordhorn, Neuenhaus und den Flecken Bentheim Amtmann Bening aus Bentheim. 37) Für den Flecken Papenburg Justitiar Münster. 38) Für Moringen u. s. w. Privatdocent Dr. Obrod.

Ein und vierzig Abgeordnete der Landgemeinden u. s. w.: 1) Öconom Stukenschmidt aus Jeinsen. 2) Vollmeier Rindfleisch aus Seelze (resignirt am 2. März). 3) Vollmeier Zebbies aus Tündern. 4) Gastwirth Linke aus Lutterberg. 5) Fabrikant Schäfer aus Oberfelt. 6) Cantor Pabst aus Leimbach. 7) Gastwirth Thies aus Hülperode. 8) Öconom Schmidt aus Fallingbostel. 9) Postspediteur Lübbecke aus Bodenteich. 10) Regierungsrath Dr. Böhmer aus Lüneburg. 11) Cantor Riechelmann aus Wilhelmsburg. 12) Gerichtsassessor Büttner aus York. 13) Dr. v. d. Osten aus Neuenstaden. 14) Hausmann Kröncke aus Altendorf. 15) Gutsbesitzer Abildes aus Heuhausen. 16) Schatzrath Lang aus Hannover. 17) A. J. Siedenburg aus Waahausen. 18) Hauptmann a. D. Böse aus Bederkesa. 19) Schultheiß Mohr aus Osterende-Otterndorf. 20) Senator Reye aus Otterndorf. 21) Amtsassessor Denicke aus Hoya. 22) Vollmeier Ahlborn aus Uentzen. 23) Helbmeier Wrede aus Wietzen. 24) Vollmeier Stubbe aus Donstorf. 25) Ober-Appellations-Rath Windthorst aus Celle. 26) Advocat Buddenberg aus Versenbrück. 27) Colon Giese aus Wehdel. 28) Amtsassessor Heyl zu Norden. 29) Advocat Behnes aus Aschendorf. 30) Notar von Garßen aus Gitter. 31) Ackermann Meyerheim aus Wartjenstedt. 32) Öconom Heinemann aus Himmelstbür. 33) Ackermann Fründt sen. aus Harber. 34) Müller Frerichs aus Epel. 35) Amtsassessor Lantzius-Beninga aus Wittmund. 36) Gutsbesitzer Vissering aus Westerloog. 37) Landwirth Begemann aus Klimpe. 38) Pastor Tielemann aus Steenfelde. 39) Kreiseinnehmer Köhler aus Neuenhaus. 40) Justizrath Schlüter aus Stade. 41) Öconom Hoppe aus Wienhausen. Die Wahl des Abgeordneten von Reden focht die Regierung mit Erfolg an, weil derselbe von der preußischen Regierung ein Wartegeld bezog, damit zu interimistischen Diensten verpflichtet war und seinen Wohnsitz in Preußen nehmen mußte.

ren 28 Mitglieder wiedergewählt, Hantelmann II., Lindemann, Stüve, Francke, Krönke, C. Arkes, Schatzrath Lang, Syndicus Lang, Böse, Siebenburg, von Garßen u. s. w.

Die Physiognomie der neuen ersten Kammer hatte sich noch mehr verändert; lauter neue Gesichter, fast alle homines novi, welche jetzt die Sitze einnahmen. Unter den 57 Abgeordneten waren nur 12, die jemals einer Ständeversammlung beigewohnt, während in der zweiten Kammer von 78 Abgeordneten 29 schon früher als Deputirte fungirt hatten. Die wenigen Capacitäten, welche die Kammer enthielt, konnte man in einem Athemzuge aufzählen, ja selbst solche Persönlichkeiten, denen man wenigstens ein selbständiges Urtheil zuschreiben durfte, gab es kaum ein Dutzend. Aus der früheren ersten Kammer waren nur der Graf von Bennigsen und der Rittmeister von Münchhausen wiedergewählt, und aus der zweiten Kammer Lüntzel, Sermes, Hostmann und Briegleb, während das Gros der Kammer einige zwanzig Landleute, Vollmeier, Halbspänner und Hausmänner bildeten, denen man immerhin guten Willen, aber doch sicher nicht die Fähigkeiten zuschreiben konnte, über die neue Organisation zu debattiren.

Wie im vorigen Jahre war auch dieses Mal wieder der Graf von Bennigsen beauftragt, die Ständeversammlung zu eröffnen. Die Thronrede erklärte, „daß Se. Majestät es als heilige Pflicht betrachten, für die Sicherheit und Wohlfahrt Deutschlands keine Opfer zu scheuen, wenn nur die Verfassung so geordnet werde, daß das Land seine Lasten tragen könne, und der freien inneren Entwickelung keine verderblichen Fesseln angelegt würden."

Sodann heißt es weiter, „es gereiche Sr. Majestät zur Befriedigung, daß eben jetzt durch eine der ersten Regierungen [1]

---

[1] Eine preußische Circularnote vom 23. Januar schlägt vor, die Regierungen möchten vor der zweiten Berathung der Reichsverfassung ihre Erklärungen dem Reichsministerium zur Erwägung übergeben.

Deutschlands Schritte geschehen seien, um die drohende Gefahr eines Zwiespalts abzuwenden, um diejenige **Einigung von Fürsten und Volk** herbeizuführen, ohne welche eine dauernde Eintracht und Sicherheit in Deutschland unmöglich sei. Se. Majestät hätten diesen Schritten mit Freuden ihre Zustimmung gegeben, und würden die Erreichung des Ziels wahrer Einigung mit aller Kraft und Aufopferung, **welche die Pflicht gestattet**, fördern." Mit dieser Erklärung war dann freilich die Majorität der zweiten Kammer, wie wir später sehen werden, wenig zufriedengestellt. Was die Wahlen betrifft, so ergaben dieselben folgende Resultate. Zum Präsidenten wurde in erster Kammer der Professor Dr. Briegleb, in zweiter Kammer der Oberbürgermeister Lindemann gewählt, zu Vicepräsidenten der Baurath Hausmann resp. der Stadtrichter Dr. Francke, zu General-Syndiken der Rath Wachsmuth resp. der Notar Buddenberg, und zu Vice-General-Syndiken der Ober-Appellations-Rath Bezin resp. der Advocat Hantelmann.

Welcher Geist die Majorität der zweiten Kammer beseelte, wurde schon in den ersten Sitzungen klar, als es sich um die Adresse [1] auf die Thronrede handelte. Liest man die Kammerverhandlungen, so glaubt man die Berichte über eine stürmische Volksversammlung vor Augen zu haben, mit solchen Declamationen unterhielt ein großer Theil der Redner die Versammlung. Alle diese excentrischen Erörterungen bildeten aber nur das Vorspiel zu dem Kampfe der Majorität der zweiten Kammer gegen die Regierung wegen ihrer Haltung in der deutschen Frage. In einem Schreiben des Königlichen Gesammt-Ministeriums vom 10. Februar [2] setzte die Regierung

---

[1] Als Mitglieder der Adreß-Commission wurden gewählt: Göbeke, Freudentheil, Francke, von Garßen, Schwers, Buddenberg, Flissen; und in erster Kammer: Wyneken, Briegleb, Kirchhoff, Sander, Neupert, Angerstein, Wolff. Eine Antwort auf die Thronrede kam nicht zu Stande.

[2] Aktenstücke von 1849, Nr. 50, S. 448.

ausführlich und unumwunden ihren Standpunkt zu der Nationalversammlung und dem deutschen Verfassungswerke auseinander. Nach der Bekanntmachung vom 22. März v. J.[1] habe die Regierung als Hauptrichtschnur ihrer Thätigkeit bezeichnet die Ergreifung von Maßregeln zur Einigung Deutschlands und zur Erreichung einer Vertretung des Volkes beim Bunde im verfassungsmäßigen Wege. Die Regierung habe sich bei der Verfolgung dieses Grundsatzes, welcher die wesentliche Erhaltung der Bundesverfassung und deren Fortbildung im Geiste der Einheit und der unmittelbaren Betheiligung des Volks in sich geschlossen, der vollsten Zustimmung der früheren Ständeversammlung zu erfreuen gehabt. Inzwischen seien Ereignisse eingetreten, welche sowohl das Fortbauen auf der bisherigen Grundlage, als die Entwickelung im verfassungsmäßigen Wege unmöglich zu machen schienen, da durch die Errichtung einer provisorischen Centralgewalt und die Auflösung der Bundesversammlung der Weg der Verfassung entschieden verlassen sei. Später habe die Bundesversammlung durch ihren Beschluß vom 12. Juli, welcher dem Reichsverweser die ganze bis dahin von ihr geübte Macht übertragen, die Möglichkeit gewährt, das sich neu Bildende einigermaßen an die bestehende und von den übrigen Staaten Europa's allein anerkannte Ordnung anzuknüpfen. Nachdem aber der Umschwung der Verhältnisse in den beiden großen Staaten, in Österreich und Preußen, hinzugekommen, liege es am Tage, daß der gesammte Zustand Deutschlands wiederum ein völlig verschiedener geworden sei, und daß die Dinge sich jetzt abermals einer Entscheidung näherten, welche von der damals erstrebten, sehr weit abgehen könne. Inzwischen habe die Regierung in allen wirklich praktischen Fragen ihre Verpflichtungen gegen das Gesammtvaterland auf das Entschiedenste und

---

[1] Vergleiche oben S. 32 fflg.

Vollständigste erfüllt, und die Regierung sei mit vorbereitenden Maßregeln in dem engeren Vaterlande den Wünschen noch zuvorgekommen, um auf jede Weise den Eintritt des Zeitpunkts zu beschleunigen, wo auf neu befestigtem Boden wieder ein dauerhaftes Gebäude des öffentlichen Wohls aufzuführen sein werde. Sodann heißt es wörtlich folgendermaßen:

"Ausgehend von der Überzeugung, daß die Verfassung Deutschlands niemals auf eine wahrhaft heilbringende Weise ins Leben gerufen werden kann, wenn nicht die Nationalversammlung und die Regierungen der deutschen Staaten in Übereinstimmung handeln, hat die Regierung des Königreichs, so lange noch der Bundestag ein Organ gab, durch welches die Regierungen einwirken konnten, keine Zeit versäumt und nicht abgelassen, Schritte zu fördern, welche der Berathung eine feste Grundlage hätten geben können. Nachdem aber dieses Organ verloren gegangen, und der provisorischen Centralgewalt jede Einwirkung auf die Verfassung entzogen war, ist ihr nichts übrig geblieben, als der Wendung der Dinge, welche die Ereignisse herbeiführen würden, entgegen zu sehen. Denn es lag so viel am Tage, daß die Regierung eines mittlern deutschen Staates einen entscheidenden Einfluß niemals üben könne. Diese Verfassungsfragen theilen sich gegenwärtig in zwei verschiedene Hauptmassen, indem es sich eines Theils um die Verfassungsformen handelt, andern Theils um die Grundrechte der deutschen Nation; jene die eigentliche Aufgabe, diese mehr eine Erweiterung derselben.

"Was hier nun die Verfassungsformen angeht, so haben sich allerdings, seitdem die Regierungen der beiden großen Staaten wieder zur Kraft gelangt sind, alle Verfassungsberathungen um ihr Verhältniß gedreht. Durch Österreichs Erklärung, an seinen früheren Verhältnissen und Rechten in Beziehung auf den deutschen Bund festhalten zu wollen, jedoch ohne bestimmte Bezeichnung seines Verhältnisses zu dem neu zu gründenden Bundesstaate, wird die Sache ungemein erschwert. Dies ist am entschiedensten an den Tag gelegt durch die Abstimmung der Nationalversammlung selbst, welche bis jetzt für eine genügend bestimmte Form der Reichsgewalt, mithin der Verfassung selbst, eine Mehrheit nicht hat bilden können.

„Höchst erwünscht hat es der Regierung sein müssen, daß in diesem kritischen Augenblicke die Königlich preußische Regierung sich veranlaßt gefunden hat, die Initiative zu ergreifen, um jetzt noch die Regierungen zu einer gemeinsamen Erklärung zu vereinigen, welche für die schließliche Berathung der Versammlung einen Anhaltspunkt und so den unbegrenzt umherschwankenden Verfassungsplanen einen festen Schluß zu geben geeignet sein möchte. Die Regierung des Königreichs hegt zu den deutschen Regierungen sowohl, als zu der deutschen Nationalversammlung das Vertrauen, daß alle Theile zu Opfern sich bereit und eben dadurch zur wahren Einigung und Kräftigung des Vaterlandes sich fähig erweisen werden.

„Durch dieses Ereigniß wird denn auch die Angelegenheit der Grundrechte zu einer definitiven Erledigung geführt werden können. Bei dieser Sache haben materielle und formelle Gründe der verschiedensten Art völlig entgegengesetzte Auffassungen hervorgerufen. Während in materieller Hinsicht nur Wenige mit allen Sätzen einverstanden sein möchten, hat der kurze positive Ausdruck von Rechtsregeln und Principien, welche größtentheils auch gegenwärtig schon gelten, bei Vielen unbedingten Beifall gefunden. Und ebenso haben Viele in der Anerkennung eben dieser Grundrechte durch die Regierungen — ungeachtet aller Bedenken, die man sich nicht verhehlte, — eine Garantie zu finden geglaubt, daß auch die Verfassung, wenn solche ausgeschlossen sein würde, anerkannt werden müsse, während Andere aber in dem Vorwegnehmen dieser Grundrechte eine größere Schwierigkeit entdecken, als in dem vollständigen Verfassungswerke selbst.

„Die Regierung hat sich hier wie überall an die einfachen und bestimmten Vorschriften der Verfassung halten müssen. Diese verstattet ihr nicht, Landesgesetze ohne Zustimmung der allgemeinen Ständeversammlung zu verkündigen. Nur außerordentliche, dringende gesetzliche Verfügungen, deren Zweck durch Verzögerung vereitelt werden würde, sind davon ausgenommen, wenn sie eine Abänderung der Landesverfassung nicht enthalten. Auch erhalten Bundesbeschlüsse durch bloße Verkündigung verbindliche Kraft. Die Behörden sind nur dann zur Beobachtung der Publicationen verbunden, wenn solche in gehöriger Form geschehen sind.

„Daß nun hier von einem unter ständischer Mitwirkung erlassenen Gesetze eben so wenig die Rede sein könne, als von einer dringenden Verfügung, deren Zweck durch Zögerung vereitelt werden und ohne Abänderung der Landesverfassung zu erreichen sein würde, liegt am Tage. Es hätte sich nur fragen können: ob die Grundrechte als Bundesbeschluß auf den Grund des die Rechte des Bundestags auf die provisorische Centralgewalt übertragenden Bundesbeschlusses vom 12. Julius zu publiciren gewesen sein würden? Die Regierung hat sich aber auch dazu nicht befugt erachtet, da jene Übertragung nicht hat weiter gehen können, als die provisorische Centralgewalt selbst. Durch §. 3 des dieselbe bezweckenden Schlusses vom 28. Junius aber ist

> die Errichtung des Verfassungswerks von der Wirksamkeit der Centralgewalt ausgeschlossen.

„Nun sind die Grundrechte ein Theil jenes Verfassungswerks. Dieselben können also unmöglich aus den Befugnissen der auf dieses gar nicht bezüglichen Centralgewalt Gesetzeskraft schöpfen. Dazu kommt, daß die Bundesversammlung keine weiteren Rechte übertragen konnte, als die durch den Bundeszweck (innere und äußere Sicherheit) und den ferneren Inhalt der Bundesakte selbst gegebenen, mit welchen manche Verfügungen der Grundrechte, namentlich diejenigen über das Eigenthum, durchaus nicht zusammenhängen.

„So bliebe denn für die Rechtsgültigkeit der Grundrechte und die Befugniß der Regierung, denselben Gesetzeskraft zu verschaffen, nichts übrig, als die Annahme, daß die Begründung der Verfassung dieser Versammlung ganz allein zustehe. Auf dieser von den Regierungen nicht anerkannten Annahme aber hat man in einer so schweren und verantwortlichen Sache nicht fußen können.

„Überdies ist die Nothwendigkeit einer Verständigung auch noch neuerdings in den Aktenstücken über die österreichische Frage anerkannt, in Ansehung der Grundrechte aber zur Zeit nicht versucht worden.

„Bei diesen Zweifeln, ja dieser Unmöglichkeit für die Regierung, den Grundrechten einseitig geltende Kraft zu verschaffen, haben denn auch die materiellen Bedenken doppelte Bedeutung gewinnen müssen. Ein sehr großer, ja bei weitem der größte Theil der in den Grundrechten enthaltenen Sätze, ist freilich bereits in unserm Rechte ebenso begründet und daher an sich völlig unbedenklich. Allein es liegt in der Natur der Sache, daß solche allgemeine leitende Rechtsprincipien und Regeln nicht in bindende Gesetze umgewandelt werden können, ohne eine Reihe von nähern Bestimmungen und Ausnahmen nöthig zu machen, durch welche die practische Anwendung einer jeden Regel erst möglich wird. Dies scheint im vorliegenden Falle keineswegs genügend beachtet zu sein, ja der Eingang der Grundrechte, welcher jede Aufhebung oder **Beschränkung** derselben ausdrücklich untersagt, würde solche nothwendige nähere Bestimmung an sich unmöglich machen. Außerdem aber sind einzelne Sätze aufgenommen, welche mit dem Zustande des Königreichs oder bedeutender Theile desselben unvereinbar sind und von den bisher in der Gesetzgebung festgehaltenen ursprünglichen Principien des Gemeindelebens abweichen. Daß die

Regierung sich einer Verantwortlichkeit bloßgestellt hätte, wenn sie in Dingen von solcher Erheblichkeit den Ständen hätte vorgreifen wollen, bedarf der Erörterung nicht."

Nach einer ausführlichen Kritik der einzelnen Bestimmungen der Grundrechte formulirt die Regierung schließlich ihre Stellung dahin: "Die Regierung kann sich nicht verpflichten, Freizügigkeit, mit der aus ihr nothwendig folgenden Gewerbefreiheit, Aufhebung der Stellvertretung, Unentgeltlichkeit des Schulunterrichts, Theilbarkeit des Grundeigenthums und die gerügten Eingriffe in die Heiligkeit des Eigenthums überhaupt als unabweisliche Norm ihres Verfahrens anzunehmen.

"Daß alle diese Punkte bis auf einige Eingriffe in das Eigenthum zur Zeit noch nicht ausgeführt zu werden brauchen, kann diese Lage der Dinge nicht ändern. Käme es nur darauf an, sich über den Augenblick hinweg zu helfen, so würde darauf allerdings Gewicht zu legen sein, allein es ist hier die Frage um etwas Höheres, um Grundsätze und Wahrheit. Die Regierung möchte nicht den Schein auf sich laden, als mache sie Zugeständnisse in der Hoffnung, solche unter günstigen Umständen zurückziehen zu können.

"Wie es hiernach am Tage liegt, daß die Regierung bisher sich zur Publication der Grundrechte auf keine Weise habe befugt erachten können, so muß dieselbe, was den gegenwärtigen Augenblick angeht, darauf zurückkommen, daß durch den neuesten Schritt der preußischen Regierung auch diese Sache in eine andere Lage gebracht ist. Nicht nur giebt derselbe eine Gelegenheit, den wichtigen Interessen des Königreichs nochmalige Erwägung zu sichern, sondern derselbe gewährt auch die Aussicht, daß die Verfassung Deutschlands überhaupt zum Abschlusse gebracht werde, und zwar in der einzig dauerhaften und erwünschten Weise durch Übereinstimmung der Fürsten und des Volks.

"Beides wird die Bedenken beseitigen. Denn wenn in der

Sache selbst die nöthigen Änderungen erfolgen, so ist gar kein Grund zur Besorgniß mehr vorhanden, und wenn diese allerdings sehr großen und schweren Opfer der Einheit Teutschlands und der Begründung einer dauerhaften Verfassung gebracht werden müßten, dann würde ebenfalls der grundsätzliche Zweifel aufgegeben werden müssen. Diese gedoppelte Aussicht auf Lösung des Conflicts widerräth aber im gegenwärtigen Augenblicke es auf das Entschiedenste, eine Discussion von Principien herbeizuziehen, die durchaus ohne alles practische Resultat bleiben müßte, wohl aber dem Lande wirkliche Vortheile entziehen könnte.

„Unter diesen Erwägungen würde die Regierung kein Bedenken finden, auf den Wunsch der Stände die Grundrechte, soweit sie nach den obigen Erörterungen der Verfassung und dem Wohle des Landes angepaßt werden können, schon in nächster Zeit zu publiciren und rasch und kräftig ins Leben zu rufen. Sie kann dies aber nur unter dem ausdrücklichen Vorbehalte, daß, so lange die Verfassung Deutschlands noch nicht festgestellt ist, die zu publicirenden Bestimmungen der Einwirkung der Landesgesetzgebung nicht entzogen sein dürfen. Daneben wird sie mit allen Kräften dahin arbeiten, daß die Beseitigung der Principien der Freizügigkeit und Gewerbefreiheit, der Aufhebung aller Stellvertretung bei der Wehrpflicht, der Unentgeltlichkeit des Schulunterrichts, der unbegrenzten Theilbarkeit des Grundeigenthums und die Eingriffe in das Privateigenthum, bei der schließlichen Verständigung über die Verfassung Deutschlands erreicht werde."

Für den 16. Februar[1] war dies Schreiben auf die Tages-

---

[1] Am 17. Februar erklärt die Kammer der Reichsräthe in Baiern einstimmig: sie folge dem Gebote der Pflicht und Ehre, indem sie für Deutschlands wie für Baierns Wohlfahrt und Bestand einerseits gegen die Lostrennung Österreichs aus dem deutschen Bundesreiche, andererseits gegen die Errichtung eines preußischen Kaiserthums sich ausspreche.

ordnung in beiden Kammern gesetzt. Bei der unendlichen
Bedeutung, welche der Inhalt des Schreibens für das ganze
Land hatte, war die Erwartung gerechtfertigt, daß eine com=
missarische Prüfung beschlossen würde. Ein dahin lautender
Antrag wurde auch wirklich in der zweiten Kammer von dem
Abgeordneten Schäfer gestellt. Allein die festgegliederte Ma=
jorität der Kammer hatte es anders beschlossen. Die einzelnen
Mißtrauensvoten, welche man in den verschiedenen stürmischen
Volksversammlungen gegen das Ministerium Stüve zu Stande
gebracht, waren ohne den geringsten Eindruck im Lande ge=
blieben, weil man längst eingesehen, daß solche Versammlun=
gen Nichts als Marionetten in der Hand einzelner Parteiführer
gewesen. Konnte man aber jetzt in der Ständeversammlung
einen Beschluß durchsetzen, welchen das ganze Land nothwendiger
Weise als ein Mißtrauensvotum ansehen mußte, so war damit
die Existenz des Ministeriums in Frage gestellt, sechs Porte=
feuilles waren erledigt, — eine lockende Aussicht, die schon eines
Kampfes werth war. Es mußte deshalb um jeden Preis eine
commissarische Prüfung vermieden werden, welche leicht zu
einem Compromiß unter den Parteien hätte führen können;
der Kampf durfte nicht aufgeschoben werden, weil jeder Auf=
schub der ruhigen Überlegung Raum bot. Man war der Be=
lagerung müde, im Sturm wollte man die Stellung des Mi=
nisteriums erobern. Der Dr. Lang I. übernahm es, den
Angriff zu eröffnen, indem er den Antrag stellte:

»In Rücksicht auf die nach Ansicht der Königlichen Re=
gierung obwaltenden Bedenken gegen den Inhalt der Grund=
rechte wollen Stände nicht verkennen, daß es der Königlichen
Regierung wünschenswerth sein konnte, die Ansicht der Stände
zu vernehmen, bevor die Königliche Regierung ihrerseits in
dieser Angelegenheit vorschritt. Da nun aber die Stände die
Überzeugung hegen, daß die Grundrechte, sowie die Reichsge=
setze überhaupt, durch die Verkündigung im Reichsgesetzblatt

Gesetzeskraft erlangen, und es ihrer Zustimmung dazu überall nicht bedarf, so können Stände die Bedenken der Königlichen Regierung nicht theilen. Stände tragen vielmehr darauf an.

„1) zur Beseitigung aller etwaigen Zweifel die Grundrechte, sowie die Reichsgesetze überhaupt, durch die Gesetzsammlung zur allgemeinen Kenntniß zu bringen und für deren örtliche Veröffentlichung Sorge zu tragen, soweit dies noch nicht geschehen sein sollte;

„2) die Gesetze, die zu weiterer Ausführung der Grundrechte den Einzelstaaten überlassen sind, den Ständen alsbald vorzulegen."

Daß mit der Annahme dieses Antrages die Stellung des Ministeriums eine unhaltbare werden müsse, konnte keinem Zweifel unterliegen, und die reichlichen Lobeserhebungen, welche Lang I. dem Ministerium mit der einen Hand spendete, während er es mit der andern fortwährend in das Gesicht schlug, machte den Angriff nur um so widerwärtiger. Sämmtliche Reden im blühendsten Styl, welche zur Unterstützung dieses Antrags gehalten wurden, schlossen mit begeisterten Apostrophen, denen regelmäßig ein stürmischer Beifall der Gallerien folgte. Der Eine endete seine Rede mit den Worten Luthers: „Hier stehe ich, ich kann nicht anders, Gott helfe mir!" Ein Anderer citirte das „An's Vaterland, an's theure, schließ dich an". Ein Dritter betheuerte mit Emphase, wie warm sein Herz für das Wohl des Vaterlandes schlage; ein Vierter erklärte die Grundrechte für sein „Evangelium", und ein ganzes Dutzend Deputirte trösteten sich mit der Volkssouveränetät, welche sie ja auch repräsentirten. Mit hochkomischem Pathos hielt Freubentheil[1] eine geharnischte Rede; in tiefen Baßtönen bekämpfte er die

---

[1] Selbst der Verfasser der Broschüre: „Das Ministerium Stüve, Hannover, 1849" hebt die „orientalische Erregtheit" Freubentheil's in seinen Kammerreden hervor. Abschnitt II. S. 14.

„schnöde Camarilla", während er in hohem Discant die „servilen Seelen" abkanzelte, welche die Grundrechte entstellten. Wer nicht im Stande war, eine längere Rede mit den unausbleiblichen Floskeln zu verzieren, der berief sich wenigstens mit großem Nachdruck für die Gültigkeit der Grundrechte auf die Volkssouveränetät, welche der Nationalversammlung ein Mandat übertragen habe. Selbst Rumann bediente sich dieses kläglichen Arguments als Springstange, um über die Rechtsdeductionen hinwegzukommen, erklärte die Grundrechte für ein theures, heiliges Geschenk, welches die Nation sich selbst durch ihre souveräne Nationalversammlung gemacht habe, und erinnerte daran, das Volk habe das Recht der Selbstbewaffnung und dürfe und könne davon zum Schutze seiner Rechte und Freiheiten Gebrauch machen.

Sucht man aus dem Wortschwall von schönen Redensarten die wenigen Gründe zusammen, mit denen Lang und seine Partei die rechtliche Gültigkeit der Grundrechte zu vertheidigen versuchten, so wurden dieselben einerseits auf die Entstehung der Nationalversammlung, andererseits auf die Anerkennung der Centralgewalt durch die Regierungen zurückgeführt.

In einem ausführlichen Vortrage, den die Tribünen zu wiederholten Malen durch alle möglichen Zeichen des Mißfallens zu unterbrechen wagten, widerlegte Stüve die Scheingründe, mit denen seine Gegner kämpften, ohne daß sie im Stande gewesen wären, ein einziges Argument gegen die Behauptung geltend zu machen, daß die Grundlage der Nationalversammlung auf dem Bundesbeschluß vom 30. März beruhe. Spät Nachmittags wurde, ungeachtet des Widerspruchs Lang's II. und Freudentheil's, der Schluß der Debatte auf den folgenden Tag verschoben. Allein über Nacht kam kein guter Rath; der Kampf entbrannte nur noch heftiger und leidenschaftlicher, und bei der namentlichen Abstimmung, welche Freudentheil regel-

11

mäßig, so auch hier beantragte, wurde der Antrag Lang's mit einer Majorität von 63 gegen 26 Stimmen angenommen.¹

Am 19. Februar stand das Ministerialschreiben vom 10. Februar zum zweiten Male auf der Tagesordnung der zweiten Kammer. Vor dem Beginn der Debatte erklärte Stüve im Namen des Gesammtministeriums, dasselbe habe in Folge des mit so großer Majorität von der zweiten Kammer gefaßten Beschlusses sich für verpflichtet gehalten, seine Entlassung von Sr. Majestät dem König zu erbitten. Der König habe zunächst über die Gründe des Rücktritts des Ministeriums ausführlichen Bericht verlangt; bis er erstattet sei, würden die Minister die laufenden Geschäfte noch fortführen. Eine lautlose Stille folgte dieser Erklärung. Die Frankfurter nebst deren verschieden gefärbtem Anhang und die Minister-Aspiranten schienen die Partie gewonnen zu haben; ehe der März wieder in das Land zog, hatte das Märzministerium von der liberalen Kammer ein Mißtrauensvotum erhalten, das es zwang, um seine Entlassung zu bitten. Ein Antrag Buddenberg's, die Debatte in zweiter Lesung noch nicht wieder aufzunehmen, wurde verworfen. Die Ministerialvorstände verließen das Haus, und die Kammer schritt zur zweiten Berathung.

Francke stellte einen Antrag, der eine Vermittelung hätte herbeiführen können, und Windthorst schlug als letzten

---

¹ Für den Antrag stimmten: Abides, Ahlborn, Ahrenholz, Begemann, Böse, Dr. Bueren, Chevalier, Denicke, Ellissen, Frerichs, Freudentheil, Gründl. von Garßen, Giese, Gödeke, Grosse, Hantelmann, Heinemann, Henniger, Hepl, Hirsch, Hoppe, Kreiseinnehmer Köhler, Sattlermeister Köhler, Kotzebue, Kröncke, Lang I., Lang II., Lintze, Lübbecke, Meyerheim, Mohr, Münster, Ofrod, von der Osten, Pabst, von Reden, Reye, Riehl, Rohrmann, Rumann, Schlüter, Schmidt, Siedenburg, Sostmann, Ibtermann, Thies, von Vangerow, Weinhagen, Wißmann, Wrede.

Gegen den Antrag: Pehmes, Bening, Lantzius-Beninga, Böttmer, Buddenberg, Büttner, von Düring, Francke, Heise, Huntemüller, Doornkaat-Koolmann, Lebzen, Osthaus, Rettstadt, Riechelmann, Rindfleisch, Schäfer, Schütze, Schwers, Stubbe, Stuckenschmidt, Stüve, Tielemann, Vissering, Willens, Windthorst, Zeddies.

Versuch die Niedersetzung einer Commission vor, welche möglicher Weise noch einen Ausweg gefunden hätte; allein die compacte Majorität wollte keine Vermittelung, wollte keinen Ausweg. Das Ministerium sollte Männern Raum machen, welche vor dem Götzen der Volkssouveränetät ihre Knie beugten und die Grundrechte als Evangelium verkündeten. Daß die zweite Abstimmung kein anderes Resultat als die erste geben würde, ließ sich voraussehen: mit 56 gegen 19 Stimmen wurde der Beschluß erster Abstimmung wiederholt.

Auch in der ersten Kammer gab das Ministerialschreiben zu heftigen Debatten Veranlassung, welche aber im Vergleiche zu denen der zweiten Kammer bei Weitem ruhiger verliefen und auch zu einem abweichenden Beschlusse führten. Hier war es von Honstedt, der den Feldzug gegen das Ministerium eröffnete, indem er wörtlich denselben Antrag wie Lang I. stellte. Der Abgeordnete Thormeyer dagegen beantragte Verweisung des Schreibens an eine Commission. Die Versuche der Abgeordneten Wachsmuth, Wyneken, Rosenthal u. A. für die Annahme des von Honstedt'schen Antrags waren vergebens, mit 36 gegen 23 Stimmen wurde die Niedersetzung einer Commission beschlossen.[1]

Schon am folgenden Tage fand die zweite Berathung statt. Inzwischen hatte die Partei, welche für die Grundrechte in die Schranken trat, wohl eingesehen, daß eine Änderung des

---

[1] Für den Antrag auf Verweisung an eine Commission stimmten: Erblandmarschall des Königreichs, Briegleb, Bezin, Graf von Stolberg-Stolberg, Ackermann Ahrens, Angerstein, Beckmann, Bening, Graf von Bennigsen, Blome, Braun, Dörrien, Eilermann, Glameier, Gooßling, Harriehausen, Henn, Hiden, Hoßmann, Kirchhoff, Knigge, Lührs, Dr. Meyer, C. Meyer, H. Meyer, Senator Meyer, Michaelis, Kammerrath von Münchhausen, Rittmeister von Münchhausen, Prott, Refardt, Sander, Sayer, Sieling, Thormeyer, Wolff.

Gegen den Antrag stimmten: Wachsmuth, Ahrens, Ehrlenholz, zum Felde, Harms, Heyles, Hillingh, v. Honstedt, Keller, Mammen, Meine, Moormann, Müller, Neupert, von der Osten, Rosenthal, Schaper, Steinvorth, von Wehren, Winter, Wisch, Witte, Wyneken.

ersten Beschlusses nicht stattfinden werde, wenn man nicht die Majorität der Kammern überzeugen könne, daß die Annahme des Antrages durchaus kein Mißtrauensvotum gegen das Ministerium in sich schließe, und daß also die Befürchtungen wegen des Rücktritts desselben vollständig grundlos seien. Wyneken versuchte deshalb mit einem großen Aufwande von Rhetorik jene Besorgnisse einzuschläfern, allein vergebens. Als man eingesehen, daß es nicht möglich sei, den von Honstedt-Lang'schen Antrag durchzusetzen, beabsichtigte Wachsmuth die Majorität in einer Schlinge zu fangen; er gab nämlich anheim, der Verweisung des Ministerialschreibens an eine Commission eine Erklärung der Kammer hinzuzufügen, wodurch die Gesinnung des Hauses der Commission klar dargelegt würde, um ihr eine Norm für ihre Wirksamkeit zu bezeichnen. Alle die Abgeordneten, welche auch für eine Commission gestimmt hatten, sollten nämlich ihre Ansichten über die Grundrechte äußern. Wäre dies Manöver geglückt, so hätte sich die Majorität noch in der letzten Stunde den Beschluß escamotiren lassen, und der Beschluß der zweiten Kammer wäre, wenn auch nicht der Form, so doch seinem wesentlichen Inhalte nach, auch in erster Kammer durchgegangen; man hätte wenigstens die Demonstration zu Wege gebracht, daß ein Beschluß beider Kammern sich für die Gültigkeit der Grundrechte ausgesprochen. Allein das Manöver mißlang, obgleich seltsamer Weise Niemand im Hause auf diese Finte aufmerksam machte, sondern nur das Bedenken dagegen laut wurde, man lege dadurch der Commission einen moralischen Kappzaum an. Obgleich endlich von Honstedt und von Wehren erklärten, daß sie zu einer Commission weder wählen, noch eine Wahl annehmen würden, wiederholte die Kammer mit 32 gegen 25 Stimmen den Antrag auf eine Conferenz.

Am 19. Februar gab der Ministerialvorstand Graf von Vennigsen in der ersten Kammer dieselbe Erklärung über das Entlassungsgesuch der Minister ab, in Folge dessen sich die Kammer auf Antrag Sander's bis auf den folgenden Tag vertagte, um alsdann einen Beschluß über das einzuschlagende Verfahren zu fassen.

Am 21. Februar liefen in den Kammern die in Aussicht gestellten Actenstücke über das Entlassungsgesuch des Ministeriums ein. In der motivirten Erklärung setzte das Gesammtministerium kurz die Situation auseinander und erklärte um deswillen seine Entlassung haben einreichen zu müssen, weil es sich mit der entschiedenen Mehrheit der Kammern in grundsätzlichem Widerspruch befinde. Wenn es auch mehrfach ausgesprochen sei, daß man alles Vertrauen zu der inneren Verwaltung des Ministeriums hege und nur die Grundsätze desselben in Ansehung der deutschen Verfassungsfrage bekämpfe, so glaube es darauf kein entschiedenes Gewicht legen und keine Hoffnung für die Möglichkeit fernerer Regierung des Landes stützen zu dürfen; denn, heißt es alsdann wörtlich weiter:

„1) hat man uns die ins Einzelne gehende Prüfung unserer Ansichten und Vorschläge in einer Cardinalfrage geweigert, obwohl weder innere Nothwendigkeit noch Dringlichkeit jenes Verfahren genügend erklären; da die wohlthätigen und sofort wirksamen Bestimmungen der Grundrechte dem Lande durch die von Eurer Königlichen Majestät erlassenen oder doch schon vorbereiteten Gesetze gesichert sind, und die unbedingte Anerkennung jener von den größeren Staaten Teutschlands noch nicht anerkannten Grundrechte die Verwirklichung der Rechtseinheit Deutschlands eher hemmt als fördert;

„2) beruhet unsere Behandlung der deutschen Verfassungsfrage durchaus auf denselben Grundsätzen wie die Führung der innern Geschäfte, und es können diese Grundsätze nicht hier aufrecht erhalten und dort verworfen werden, ohne die Führung der Regierung in bisheriger Weise für uns unmöglich zu machen.

„Diese Grundsätze bestehen aber darin,

„daß niemals der verfassungsmäßige Weg verlassen und ein bestehendes Gesetz vernichtet werden dürfe, ohne Entsprechendes an die Stelle zu setzen;

„daß jedes Gesetz vollständig zur Geltung gebracht und kein Versprechen gegeben werde, das nicht in vollster Maße gehalten werden soll und kann.

„Nun aber enthalten jene Grundrechte die Bestimmung,

„daß keine Gesetzgebung der Einzelstaaten dieselben je aufheben oder beschränken könne.

„Mehrere Bestimmungen derselben sind inzwischen als unzweckmäßig, ja als gefährlich von uns bezeichnet, noch mehrere halten wir für so mangelhaft oder so allgemein ausgedrückt, daß deren Durchführung ohne beschränkende Ausführung in den Gesetzen uns unmöglich scheint.

„Zwar hat die Nationalversammlung selbst Beschlüsse gefaßt, welche den Regierungen eine theilweise Beschränkung in die Hand legen sollen. So lange aber nicht das ganze Verfassungswerk feststeht, haben diese Beschlüsse keine Gültigkeit. Auch reichen dieselben nicht aus.

„Die Anerkennung der Grundrechte würde mithin einen Theil der Gesetzgebungsgewalt des Königreichs, und zwar einen unentbehrlichen Theil derselben vernichten, ohne bis zur Vollendung der Reichsverfassung etwas Entsprechendes an die Stelle zu setzen.

„Hieraus folgt zugleich für uns die Unmöglichkeit, den zweiten unserer obersten Grundsätze, den der Wahrheit in Ausführung der Gesetze und Zusagen, mit der Anerkennung der Grundrechte zu vereinigen.

„In der gewissenhaftesten Befolgung dieses Grundsatzes scheint uns die einzige Rettung der Staaten in gegenwärtiger Zeit zu liegen und nichts sorgfältiger vermieden werden zu müssen, als Versuche, sich von einem gegebenen Worte durch zweifelhafte Deutungen zu befreien.

„Je tiefer aber die Grundrechte überall in die innern Verhältnisse des Königreichs eingreifen, um desto häufiger würden wir uns, namentlich in der innern Verwaltung, in der Nothwendigkeit glauben, durch bloße Deutungen den auf die Grundrechte gestützten Erwartungen auszuweichen. Wir werden also auch diesen Theil unserer Geschäfte nicht mehr in der bisherigen Weise führen können.

„Unter diesen Umständen fühlen wir uns außer Stande, die Regierung des Landes in bisheriger Weise ferner zu führen.

„Wir hoffen, daß Andere, die eine günstigere Ansicht von den Grundrechten hegen, sich dazu im Stande befinden werden, und glauben demzufolge Eurer Königlichen Majestät und dem Lande keinen bessern Dienst leisten zu können, als indem wir unterthänigst bitten, daß Eure Königliche Majestät allergnädigst geruhen wollen, uns von den bisher von uns verwalteten Ministerposten zu entlassen, indem wir uns zugleich bereit erklären, die laufenden Geschäfte unserer Ministerien bis zur Bildung einer neuen Verwaltung pflichtmäßig weiter zu führen."

Auf diese Erklärung hatte Seine Majestät der König folgende vorläufige Erwiederung erlassen:

„Meine Herren!

„Aus Ihrem Schreiben vom 19. d. M. habe Ich gesehen, welche Abstimmung in der zweiten Kammer Sie hat veranlaßt, Ihre Entlassung einzugeben. Ihre Gründe kann Ich nur richtig halten; aber Ich beklage die Sache sehr, weil Ich nicht glaube finden zu können ein Ministerium von patriotischen Männern, welche mehr Mein Vertrauen und das des Landes verdienen.

„Bevor Ich kann Ihre Entlassung annehmen, Ich werde erwarten müssen das Schreiben der Stände, und wenn dasselbe so ist, wie Sie glauben, es wird sein, muß Ich versuchen, ob Ich kann ein Ministerium finden von ehrlichen Männern, welche ein Programm haben, womit eine Regierung für Hannover kann überhaupt bestehen, was Ich einsehe als sehr schwierig.

"Sie haben, Meine Herren, in Ihrer Verwaltung mit großer Umsicht und Redlichkeit die Grundsätze aufgestellt für die künftige Verfassung und Verwaltung, und Ich beklage das Land, daß es die Ausführung nicht soll von Ihrer Hand bekommen, denn kein Mann kann eine Sache ganz so ausführen, wie sie ein Anderer hat erdacht.

"Ich danke Ihnen, Meine Herren, für Ihre bisherigen Dienste, und kann es nicht anders sein, als daß Sie die Verwaltung fortführen, bis Ich kann übersehen, welches neue Ministerium Ich kann einsetzen, und erst dann kann Ich Sie entlassen.

"Auch wenn Wir müssen Uns trennen, behalten Sie das volle Vertrauen Ihres Königs.

"Hannover, den 20. Februar 1849.

Ernst August."

Das Verhalten der Majorität in der zweiten Kammer hatte es klar genug herausgestellt, daß an eine Vermittelung nicht zu denken sei und die beschlossene Conferenz resultatlos bleiben würde. Und so geschah es auch, obgleich die Mitglieder der ersten Kammer zu einer Ausgleichung der Differenz bereitwillig die Hand boten. Ebenso bot eine verstärkte Conferenz wenig Aussicht auf Erfolg, da die zweite Kammer durch die Wahlen der Abgeordneten,[1] welche sich am Entschiedensten für die

---

[1] Es wurden nämlich in zweiter Kammer gewählt: Hantelmann, Lang I., Lang II., Freudentheil, Rumann, Ellissen, von Garßen; in erster Kammer dagegen Bezin, Briegleb, Wolff, Kirchhoff, Wyneken, Rittmeister von Münchhausen, Nevpert.

Gültigkeit der Grundrechte ausgesprochen und jede Vereinbarung zwischen den Regierungen und der Nationalversammlung als eine Verletzung des Princips der Volkssouveränetät, als einen Verrath am Volke gebrandmarkt hatten, deutlich genug bewiesen, daß sie unwiderruflich an ihrem Beschlusse festhalten würde. Nur soweit wurde endlich eine Vereinbarung erreicht, daß die erste Kammer sich insofern mit dem Beschlusse zweiter Kammer einverstanden erklärte, als auch sie die sofortige Publication der Grundrechte für unerläßlich erklärte. In dem Erwiederungsschreiben vom 3. März[1] beantragten Stände daher, „daß die Königliche Regierung die Grundrechte unverweilt durch die Gesetzsammlung zur allgemeinen Kenntniß bringe und die zur Ausführung erforderlichen, den Einzelstaaten überlassenen Gesetze baldmöglichst den Ständen vorlege."[2]

Als auf diese Weise die Differenz wenigstens bis zu einem gewissen Abschlusse gekommen war, forderte Wyneken in erster, Lang in zweiter Kammer die Abgeordneten auf, jetzt durch Erhebung von den Sitzen dem Wunsche beizustimmen, daß das Ministerium trotz des angenommenen Conferenzbeschlusses seine Stellung nicht aufgeben, sondern sich dem Lande erhalten möge. Sämmtliche Abgeordnete beider Kammern leisteten dieser Aufforderung Folge, nur Weinhagen allein blieb sitzen, weil er ein Ministerium, welches sich so entschieden gegen die Grundrechte ausgesprochen, nicht für fähig halte, dieselben zum Vortheil des Königs und Landes auszuführen.

---

[1] Actenstücke von 1849. Nr. 108. S. 538.

[2] In der ersten Kammer stimmten gegen den Conferenzvorschlag die Grafen von Münster und von Stolberg und der Dompastor Beckmann; in der zweiten Kammer nur der Ober-Appellations-Rath Windthorst, der sein Votum dahin motivirte, „da nach der Fassung des proponirten Ausschußantrages die schon jetzt, und abgesehen von der hiesigen Publication bestehende Gesetzeskraft der Grundrechte vorausgesetzt zu sein scheine, der Votant dieselbe aber nach seiner juristischen Überzeugung schon jetzt vor der ordnungsmäßigen Publication nicht annehmen könne", stimme er gegen den Antrag.

Die Verhandlungen in den Kammern und das Entlassungsgesuch des Ministeriums riefen selbstverständlich eine ungeheure
Aufregung im Lande hervor. Die radicale Opposition gegen
die Regierung jubelte und beschäftigte sich mit großem Be-
hagen mit der Aufstellung von Ministerlisten aus der Elite
ihrer Führer. Schon während der Conferenzverhandlungen
war der Advocat Detering und der Hüttenbesitzer Julius Meyer,
welche schon im Vorparlament zu der Partei Hecker's hielten,
mit einem halben Dutzend Gesinnungsgenossen nach Hannover
geeilt, um die Majorität der zweiten Kammer in dem Kampfe
für die Grundrechte zu unterstützen. Alle Welt rührte sich nun,
als das Resultat feststand, durch Petitionen pro und contra
zu operiren. „Die Grundrechte mit Stüve, oder ohne Stüve",
oder „Stüve mit den Grundrechten, oder ohne die Grundrechte", das war das Thema, welches Hunderte von Petitionen
behandelten. Auch mehrere Hannoveraner in Frankfurt ließen
es sich nicht nehmen, ihre Stimme zu erheben, um zu erklären:
„Mit der gespanntesten Erwartung haben wir aus der Ferne
Ihre (Lang's I.) hochherzigen und durch keinerlei persönlichen
Rücksichten beirrten Anstrengungen für die gerechte Sache unseres
deutschen Vaterlandes beobachtet; mit begeisterter Freude hören
wir von dem glücklichen Ausgange des großen Kampfes.
Durch Ihr Verdienst hat die zweite Kammer des Hannoverschen
Landtags den Ruhm, durch den Glanz einer patriotischen That
mitten unter den jetzt aller Orten wieder auftauchenden Bestrebungen und Hoffnungen des Particularismus die große
Sache der deutschen Einheit wieder gestärkt und unsere Aufgabe ihrer glücklichen Lösung wieder näher gebracht zu haben.
Wir glauben im Namen aller deutschen Männer zu sprechen,
wenn wir Ihnen, hochgeehrter Herr Lang, und allen Denen,
welche Ihrem vortrefflichen Antrage durch Kraft der Rede und
patriotische Abstimmung Geltung und Sieg verschafft haben,
mit diesen Worten ein Zeichen unseres Danks und unserer

Verehrung überschicken. Gott schütze ferner die deutsche
Sache."[1]

Jede Kundgebung im entgegengesetzten Sinne verschrie die
Partei, welche immer und überall für sich allein das Privi-
legium in Anspruch genommen, ihre Ansichten zu äußern und
denselben durch Adressen u. s. w. Nachdruck zu verleihen, als
reactionäre Wühlereien. An verschiedenen Orten wurden die
Petitionen, welche für das Ministerium Stüve öffentlich ausgelegt waren, gestohlen, und als am 8. März eine große Anzahl achtbarer Bürger aus der Residenzstadt und der Umgegend
sich versammelt hatte, um in einem geordneten Zuge Sr.
Majestät dem Könige eine Petition des Inhalts zu überreichen
„das Ministerium besitze in jeder Beziehung das Vertrauen
der Versammelten und, soviel sie erfahren, das Vertrauen des
ganzen Landes, sie ersuchten deshalb Se. Majestät unterthänigst, das Ministerium dem Lande zu erhalten", — da bot
jene Partei alles Mögliche auf, die Petition scheitern zu lassen.
Mit Zischen und Höhnen wurden alle Diejenigen empfangen,
welche sich nach dem Rathhause begaben, um von dort den
Zug zu veranstalten. Sobald derselbe sich in Bewegung setzte,
drängten sich Volkshaufen zwischen die einzelnen Theilnehmer
und machten die Herstellung eines geordneten Zuges unmöglich.[2] Auf der Leinstraße wurde den Grundrechten und —
Weinhagen ein Hoch gebracht, und „Nieder mit dem Ministerium" scholl es aus den dichten Haufen, welche sich vor dem
Palais versammelt hatten. Die Bürgerwehr wurde mit Steinen
geworfen, verhinderte aber durch ihr energisches Einschreiten
weitere Excesse. Abends jedoch rächten sich die Tumultuanten

---

[1] Unterzeichnet Frankfurt 20. Febr.: Gravenhorst, Brüsing, H. Zechariä,
Wedekind, Groß, Dröge, Behncke, Röben, Ahrens, Lodemann, Nicol, Plaß,
A. Grumbrecht, Winter, Siemens, Dr. Quintus.

[2] Der Advocat Dr. Mensching wurde später wegen veranlaßten Auflaufs
mit drei Wochen Gefängniß bestraft.

an den Fensterscheiben eines Bürgerwehrmanns, der mit Entschiedenheit dem Krawall entgegengetreten. So stand es mit dem Rechte der freien Meinungsäußerung, und so interpretirte der Pöbel im Kittel und mit Glacéhandschuhen die Freiheit der neuen Ära.

Die radicale Opposition in der zweiten Kammer hatte also glücklich das Märzministerium gezwungen, seine Entlassung einzureichen. Es handelte sich demnach jetzt darum, ob die triumphirende Majorität im Stande sei, nach constitutionellem Gebrauch das vertriebene Ministerium aus ihrer Mitte zu ersetzen. Damit sah es denn freilich traurig genug aus. Leute, welche wie die gediegensten Conventsmitglieder eine Volksversammlung zu haranguiren und zu leiten verstanden, konnte die zweite Kammer freilich in reichlicher Anzahl stellen, allein Männer, welche die nöthigen Fähigkeiten zu einem Ministerposten besaßen, würde man selbst mit der Laterne des Diogenes unter jener Majorität vergebens gesucht haben. Auf Befehl Sr. Majestät des Königs wandte sich der Kammerrath von Münchhausen an Lang I., der den Sturmbock gegen das Ministerium Stüve gespielt hatte, und forderte ihn auf, »ein nicht bloß die muthmaßlichen Ansichten der künftigen ständischen Majorität, sondern ein die Grundsätze Ihrer Verwaltung enthaltendes Programm vorzulegen.« Unbegreiflich ist hiernach es, wie Lang später behaupten konnte, er und seine Partei hätten wohl die Aufforderung erhalten, ein Programm aufzustellen, nicht aber die, ein Ministerium zu bilden. Man wird sicher nicht fehl greifen, wenn man diese Behauptung als einen seltsamen Versuch bezeichnet, dem Fiasco, welches Lang und Genossen in der Ministerkrisis gemacht, einen Mantel umzuhängen. Nachdem es sich endlich nach vielen Hin- und Herverhandlungen herausgestellt, daß die Opposition der zweiten Kammer keine Persönlichkeiten aufzustellen vermochte, welche geneigt gewesen, die Portefeuilles zu übernehmen, und ebenso wenig die weiter entwickelten Grundsätze der Art waren, daß Se. Majestät mit Bestimmtheit hätten entnehmen können, welchen Gang die künftige Regierung selbst den vielbesprochenen Beschlüssen der Ständeversammlung gegenüber einhalten werde, so forderte der König das Ministerium auf, die Regierung fortzuführen.[1]

Am 13. März machte das Ministerium den Kammern die Mittheilung, daß die Mitglieder der Regierung dem Wunsche Sr. Majestät nachgekommen und somit die Regierungspflichten im vollen Maße wieder übernommen hätten. Das Ministerialschreiben wies sodann auf die Verhandlungen in Frankfurt hin und erklärte, "daß die Regierung in den Collectivnoten vom 23. Februar und 1. März, welche in Folge der preußischen Note vom 23. Februar unter den Bevollmächtigten einer großen Anzahl von Staaten aufgestellt seien, mit Freuden die von ihr in Ansehung des Verfassungswerks vertretenen Grundsätze wiedergefunden. Was die Grundrechte betreffe, so sei von Mehreren die Ansicht ausgesprochen, daß der Zeitraum zwischen der ersten und zweiten Lesung der Verfassung geeignet sein werde, auch hier diejenigen Bedenken vorzutragen, welche gegen dieselben gehegt würden. Die Königliche Regierung habe jedoch nur auf eine Abänderung der fünf Punkte hingewiesen,

---

[1] Das Schreiben lautete: "Meine Herren! Nachdem Sie mich um Ihre Entlassung gebeten haben, welche Ich zuerst zu geben beanstandet, habe Ich mich an den Antragsteller des Beschlusses der zweiten Kammer durch den Kammerrath von Münchhausen gewendet, um von ihm eine Auskunft zu haben über ein Programm, welches die Principien enthalte über die künftige Verwaltung, worauf Mir aber ist keine Antwort geworden, nach welcher Ich konnte ein neues Ministerium formuliren.

"Da es ist unmöglich, daß das Land kann bestehen ohne Ministerium, so kann Ich unmöglich Ihre Bitte um Entlassung gewähren, und aus Liebe für das Land und wahrem Patriotismus Ich muß fordern von Ihnen Ihr ferneres Verbleiben im Amte.

"So werden Sie, meine Herren, diesen Meinen Entschluß den Kammern bekannt machen.

"Hannover, 10. März 1849. Ernst August."

welche schon in dem Schreiben vom 10. Februar namhaft gemacht wären." "Nach dem §. 2 des Landesverfassungs-Gesetzes," heißt es alsdann wörtlich weiter, "hatte die Königliche Regierung die Befugniß, Bundesbeschlüssen durch deren Verkündigung verbindliche Kraft für das Königreich zu geben. An ständische Zustimmung war sie dabei nicht gebunden. Dagegen hatte sie dem Bunde gegenüber die Art und Weise ihrer Publication — insofern die Landesverhältnisse besondere Modificationen erfordern möchten — selbst zu verantworten. Die Königliche Regierung hält die Übertragung dieses Verhältnisses auf die von der provisorischen Centralgewalt verkündigten Beschlüsse der Nationalversammlung um so mehr für das einzige Auskunftsmittel, welches bis zur definitiven Begründung der bundesstaatlichen Verfassung Deutschlands die Ordnung aufrecht erhalten kann, als ja eine Verständigung mit den Regierungen bei jenen Beschlüssen ausdrücklich vorausgesetzt ist, und sie nicht daran zweifelt, daß es möglich sein werde, auf diese Weise den Ansprüchen der provisorischen Centralgewalt zu genügen. Demzufolge beantragt dieselbe die Zustimmung der Stände zur Erlassung eines Gesetzes des Inhalts:

"die von der provisorischen Centralgewalt bis zur Begründung einer dauernden Verfassung Deutschlands verkündigten Beschlüsse der Nationalversammlung zu Frankfurt a. M. haben, sobald sie vom Könige verkündigt sind, verbindliche Kraft für das Königreich."[1]

Mit dieser Proposition war die Regierung bis an die äußerste Grenze der Möglichkeit gegangen, sie hatte damit noch einmal den ernsten Willen bewiesen, Opfer zu bringen, um das Verfassungswerk zu fördern, allein statt Dankes, den sie erwarten durfte, wurde ihr der schnödeste Hohn zu Theil. Mit

---

[1] Actenstücke von 1849. Nr. 113—116. S. 551—560.

maßloser Leidenschaftlichkeit, welche durch den Jubel der Tribünen noch gesteigert wurde, erklärte Ellissen das Verharren der Minister im Amte „nicht für eine Verletzung, sondern für eine Verhöhnung des constitutionellen Systems". Entweder hätte das Ministerium seine Überzeugung der entgegenstehenden der Landesvertreter unterordnen und die Grundrechte publiciren, oder einem anderen Ministerium Platz machen, oder endlich das dritte Auskunftsmittel wählen, die Landesvertretung auflösen und an das Land appelliren müssen. Der letzte Weg wäre der radicalen Opposition sicher der liebste gewesen, die Aufregung wäre im Lande noch gesteigert, die ganze Partei war in Vereinen organisirt, welche nur auf den Befehl ihrer Führer harrten, um die „dem Volke noch gebührenden Rechte" selbst einzucassiren. Daß das Ministerium bereit gewesen, der Majorität der zweiten Kammer ihre Portefeuilles zur Disposition zu stellen, schien Ellissen ganz vergessen zu haben und ebenso, daß seine Partei sich einer noch größeren „Verhöhnung" des constitutionellen Systems fortwährend schuldig machte, weil sie kein Ministerium aus ihrer Mitte aufgestellt, wozu doch in constitutionellen Staaten sich die siegende Majorität verpflichtet hält. Das Ministerium sollte seine Fauteuils verlassen, aber kein Führer der radicalen Opposition wagte, sich darauf niederzulassen, weil jeder fühlte, daß der Ministersessel innerhalb der kürzesten Frist für ihn Nichts als ein Moquirstuhl werden würde. Das Ministerium sollte seine Überzeugung wie einen Handschuh wechseln, und dies sann ihm einer der Vorkämpfer der Partei an, welche fortwährend auf ihre eigene Überzeugungstreue pochte!

Schon am 15. März nahm die Königliche Regierung die erwähnte Proposition vom 13. desselben Monats wieder zurück und vertagte die allgemeine Ständeversammlung bis zum 12. April, da die deutsche Verfassungsangelegenheit plötzlich eine so unerwartete Wendung genommen, daß die Proposition vom 13. März zu den plötzlich veränderten Verhältnissen nicht mehr paßte. Am 25. April löste dann eine Königliche Proclamation die zweite Kammer der allgemeinen Ständeversammlung auf,[1] da eine große Anzahl von Abgeordneten während der Vertagung den Versuch gemacht hatte, eine ständische Majorität zu einer Adresse in Betreff der Reichsverfassung zu Stande zu bringen und so die Stimmen der Kammermitglieder für die Zukunft zu binden.

[1] Gesetzsammlung von 1849. Abth. 1. S. 65.

§. 9.

Das deutsche Verfassungswerk und die Agitation in Hannover.

Die Kaiserwahl. Der Bruch zwischen Preußen und der Nationalversammlung. Das Rumpfparlament. Berliner Conferenz. Das Dreikönigsbündniß. Versuche, das hannoversche Militair zu verführen. Soldatenkatechismus. Mordanfälle. Zusammenkunft der Demokraten in Celle. Congreß der vereinigten Volksvereine in Celle. Versammlungen in Göttingen, Hildesheim, Emden, Verden. Zweite Versammlung in Erxtrup am 6. Mai 1849. Verunglückte Massendemonstration in Hannover am 7. Mai. „Aufruf an das hannoversche Militair." Der Volkstag in Bremen am 11. Juni. Der Siebener-Ausschuß. Centralcomité für die hannoverschen Wahlen.

Während dieser Ereignisse in Hannover hatte die Nationalversammlung im Anfange des Monats März 1849 die Reichsverfassung in erster Lesung beendigt.[1] Wenn auch eine preußische Circulardepesche vom 23. Januar einen engeren Bundesstaat innerhalb Deutschlands anerkannte, so beantragte dieselbe doch so viele und wesentliche Modificationen, denen sich die meisten Staaten anschlossen, daß das Parlament wohl Grund genug gehabt hätte, dieselben bei der zweiten Lesung zu berücksichtigen. Eine Note der hannoverschen Regierung vom 16. Februar hatte sich schon mit Entschiedenheit für das Zusammenbleiben von ganz Deutschland ausgesprochen; von demselben Tage datirt eine Note des baierschen Ministeriums, in welcher ebenfalls die Nothwendigkeit der Erhaltung Österreichs im Bundesstaate betont war. Allein alle diese Erklärungen hatten nur die eine Folge, daß die Kaiserpartei alle Segel aufspannte, um so schnell wie möglich mit einem fait accompli alle jene Bedenken und Proteste zu beseitigen.

[1] von Kaltenborn cit.

Am 12. März stellte nämlich Welcker den Antrag, die gesammte deutsche Reichsverfassung, wie sie der Ausschuß zur zweiten Lesung bereits zusammengestellt hatte, durch einen einzigen Gesammtbeschluß anzunehmen und dem Könige von Preußen die erbliche Kaiserwürde zu übertragen.

In vier Tagen war die zweite Lesung der Verfassung des deutschen Reichs beendigt, und am 28. März erfolgte die Kaiserwahl, nachdem die Kaiserpartei die Erblichkeit der Kaiserwürde glücklich mit einer Majorität von vier Stimmen (267 gegen 263) durchgesetzt hatte. Für den König Friedrich Wilhelm IV. von Preußen wurden am Wahltage 290 Stimmen abgegeben, während 248 Mitglieder bei dem Namensaufrufe die Erklärung abgaben, sich der Wahl enthalten zu wollen. An demselben Tage erklärte der Reichsverweser in Gegenwart seines Ministeriums, sowie der Vorsitzenden und Schriftführer des Parlaments, daß er seine Würde niederlege. Hätte die Kaiserpartei es nur einigermaßen verstanden, aus dieser Erklärung Vortheil zu ziehen, so würde sie es durchzusetzen gewußt haben, daß das Parlament diesen Verzicht acceptirte und den König von Preußen wo möglich veranlaßte, die Stellung des Reichsverwesers sofort zu übernehmen und sich später über die Kaiserwürde zu erklären. Statt dessen ließ sie die Gelegenheit unbenutzt vorübergehen; der Reichsverweser wurde beschworen, sein Amt vorläufig zu behalten, und gab endlich auch insofern nach, als er zwar formell bei seiner Abdankung beharrte, jedoch erklärte, sich der Pflichten seines Amtes erst dann für enthoben ansehen zu wollen, wenn dies ohne Nachtheil für die Ruhe und die Wohlfahrt Deutschlands geschehen könne.

Am 2. April erschien in Berlin eine Gesandtschaft von 33 Mitgliedern des Parlaments, um dem Könige die Kaiserkrone anzutragen. Tags darauf erfolgte die ablehnende Antwort; der König erklärte, „daß er ohne vorgängiges Einverständniß mit den deutschen Fürsten keine Entschließung fassen könne, und daß es jetzt Sache der deutschen Regierungen sei, zu prüfen, ob die Verfassung dem Einzelnen, wie dem Ganzen fromme, und ob die dem Kaiser übertragenen Rechte ihn in den Stand setzten, die Geschicke des Vaterlandes, wie ein solcher Beruf es von ihm fordere, mit starker Hand zu leiten."[1]

[1] Schon unterm 18. März hatte der König in einem Schreiben an Arndt erklärt, daß er die Krone nicht annehmen würde. Wir lassen den betreffenden Passus des Schreibens, welches zuerst in dem Rathusius'schen Volksblatt im Januar 1861 veröffentlicht worden, hier folgen:

„Nun, Sie bitten ihn (den König) er soll eine ihm „gebotene Krone" annehmen! Hier verlangt es jedes Alter, das mehr denn 14 Jahre zählt, zu fragen, zu prüfen, zu wägen: 1) wer bietet, 2) was wird geboten. Zuvörderst das Bekenntniß, daß der scheußliche, eke Schlamm des Jahres 48 mir die Taufgnade nicht abgewaschen, wohl aber, daß ich mir den Schlamm abgewaschen habe und, wo es noch nöthig, noch abwasche. Doch zur Sache. Die große Versammlung, die sich deutsche Reichs- oder Nationalversammlung nennt, von der ein erfreulich großer Theil zu den besten Männern des großen Vaterlandes gehört, hat weder eine Krone zu geben, noch zu bieten. Sie hat eine Verfassung zu entwerfen und demnächst mit allen von ganz Europa anerkannten regierenden Herren und Städten Deutschlands zu vertragen. Wo ist der Auftrag, der diese Männer berechtigt, über die rechtmäßigen Obrigkeiten, denen sie geschworen, einen König oder Kaiser zu setzen? Wo ist der Rath der Könige und Fürsten Deutschlands, der nach 1000jährigem Herkommen dem heiligen Reich seinen König kürt und die Wahl dem Volke zur Bestätigung vorlegt? Ihre Versammlung hat sich der Bildung dieses Raths, der Darstellung der deutschen Obrigkeiten im neuen Centrum der Nation stets widersetzt. Das ist ein ungeheurer Fehler; man darf es eine Sünde nennen — jetzt zeigen sich die Folgen dieser Sünde, jetzt fühlt Jedermann zu Frankfurt, auch die, denen Ursach und Wirkung nicht klar ist, daß man daselbst bei so viel Verdienste, so großen Mühen und (theilweis) so reiner Absicht, an einer gewissen Unmöglichkeit laborirt. Glauben Sie, daß Herz und Pein durchschütternde Scenen, Worte, Beschlüsse des Parlaments das Unmögliche möglich machen können? Doch gesetzt, mein theurer Arndt, die Sünde wäre nicht begangen oder sie würde noch gut gemacht, und der echt und recht vereinte Rath der Fürsten und des Volks kürte in der Wahlstadt und böte mir die alte, wahre rechtmäßige, 1000jährige Krone deutscher Nation — nun, verweigern und nehmen, hier zu handeln, wäre heut thunlich — aber antworten würde ich, wie ein Mann antworten muß, wenn ihm die höchste Ehre dieser Welt geboten wird.

„Doch ach! so steht es nicht! — auf eine Botschaft, wie sie mir aus Frankfurt droht, den Zeitungen und Ihrem Briefe zu Folge, geziemt mir das Schweigen. — Ich darf und werde nicht antworten, um Männer, die ich ehre und liebe, auf die ich, wie Sie selbst, mein alter Freund, mit Stolz, ja, mit

Eine Circulardepesche an die deutschen Höfe vom 3. April interpretirte jedoch die Ablehnung als eine nicht definitive und gab deutlich genug zu verstehen, daß eine Annahme der Wahl erfolgt sein würde, falls die anderen Regierungen sie anerkannt hätten. Schließlich enthielt die Note eine Einladung an die Regierungen, Bevollmächtigte nach Frankfurt zu senden, um sich über die weiteren Maßregeln und über eine Vereinbarung mit der Nationalversammlung zu berathen, ohne daß jedoch diese Aufforderung den Zusammentritt von Bevollmächtigten zur Folge gehabt hätte.

Dankbarkeit blicke, nicht zu beleidigen, denn was würde mir geboten? Ist diese Geburt des gräßlich kreisenden 1848-sten Jahres eine Krone? Das Ding, von dem wir reden, trägt nicht das Zeichen des heiligen Kreuzes, drückt nicht den Stempel „von Gottes Gnaden" auf's Haupt; ist keine Krone. Es ist das eiserne Halsband einer Knechtschaft, durch welches der Sohn von 24 Regenten, Kurfürsten und Königen, das Haupt von 16 Millionen, der Herr des treuesten und tapfersten Heeres der Welt, der Revolution zum Leibeigenen gemacht würde. Und das sei ferne! Der Preis des „Kleinodes" müßte obenein das Brechen meines dem Landtage am 26. Februar gegebenen Wortes sein, „die Verständigung mit der deutschen Nationalversammlung über die zukünftige Verfassung des großen Vaterlandes im Verein mit allen deutschen Fürsten zu versuchen". Ich aber breche weder dieses, noch irgend ein anderes gegebenes Wort. Es will mich fast bedünken, mein theurer Arndt, als walte in Ihnen ein Irrthum, den Sie freilich mit vielen anderen Menschen theilen: „als sähen sie die zu bekämpfende Revolution nur in der sogenannten rothen Demokratie und den Communisten" — der Irrthum wäre schlimm. Jene Menschen der Hölle und des Todes können ja nur allein auf dem lebendigen Boden der Revolution wirken. Die Revolution ist das Aufheben der göttlichen Ordnung, das Verachten, das Beseitigen der rechten Ordnung, sie lebt und athmet ihren Todeshauch, so lange unten oben, und oben unten ist.

„So lange also im Centrum zu Frankfurt die deutschen Obrigkeiten keine Stätte haben, nicht obenan im Rathe sitzen, welcher der Zukunft Deutschlands eine Zukunft zu geben berufen ist, so lange steht dieses Centrum unter dem Spiegel des Revolutionsstromes und treibt mit ihm, so lange hat es nichts zu bieten, was reine Hände berühren dürfen. Als deutscher Mann und Fürst, dessen „Ja" ein Ja vollkräftig, dessen „Nein" ein Nein bedächtig, gehe ich in Nichts ein, was mein herrlich Vaterland verkleinert und dasselbe dem gerechten Spotte seiner Nachbarn, dem Gerichte der Weltgeschichte Preis giebt, nehme ich nichts an, was meinen angebornen Pflichten nicht ebenbürtig ist oder ihnen hindernd entgegentritt. Dixi et salvavi animam meam."

Das Schreiben ist vollständig abgedruckt in Nr. 35 der Neuen Hannoverschen Zeitung vom 22 Januar 1861.

Schon am 5. April rief Österreich seine Abgeordneten aus Frankfurt zurück und protestirte in einer Note vom 8. April gegen die Kaiserkrone, gegen den engern Bundesstaat, gegen die preußische Übernahme der Centralgewalt und überhaupt gegen jede Unterhandlung auf Grundlage der preußischen Depesche. Die Nationalversammlung glaubte auch jetzt noch immer, sich auf ihre Beschlüsse steifen und jede Einwirkung der Regierungen zurückweisen zu können. Am 11. April faßte sie den Beschluß, an der einmal beschlossenen Verfassung unverbrüchlich festzuhalten. Wenn auch 28 Regierungen, denen sich schließlich noch Würtemberg anschloß, in einer dem preußischen Bevollmächtigten überreichten Collectivnote die Wahl des Königs von Preußen zum Kaiser anerkannten und sogar die ganze Verfassung unter der Voraussetzung acceptirten, daß sie für ganz Deutschland Geltung erlangen würde,¹ so blieben doch Baiern, Sachsen und Hannover ihrer Erklärung treu, daß sie die Reichsverfassung **nicht** anerkennen würden, falls das Parlament die Vereinbarung zurückweise.

Am 20. April erklärte endlich Preußen, als es sich über-

---

¹ In Folge der Ablehnung der Kaiserkrone stellte der Abgeordnete Sepp folgenden charakteristischen Antrag: „1) die Nationalversammlung möge beschließen, die sämmtlichen neunundzwanzig Fürsten, welche durch ihre eingereichte Unterwerfung unter den nominellen Erbkaiser ihre Ohnmacht und Entbehrlichkeit zur Genüge eingestanden und bereits factisch zu regieren aufgehört haben, sofort zu mediatisiren und ihre Länder an die Königreiche Sachsen, Hannover, Baiern gleichmäßig zu vertheilen; 2) das Directorium unter den übrigbleibenden Regierungen aufzurichten oder 3) unverrichteter Sache auseinander gehen und die Verantwortung der jetzigen Lage von der Majorität auf die Häupter derjenigen zu wälzen, welche durch die Verhetzung zur Kaiserwahl, ohne zuvörderst von der Annahme der Reichskrone sich versichert zu haben, die Nationalversammlung so furchtbar compromittiren und so der rothen Republik Thür und Thor öffnen." Was die Compromittirung betrifft, so hatte Stüve dieselbe dem Parlamente schon in der Sitzung der zweiten Kammer vom 16. Februar mit klaren Worten angekündigt, indem er erklärte: „Wenn nun ein Kaiser beschlossen wird und Preußen nimmt diese Würde nicht an, so fällt Frankfurt ganz darnieder."

zeugt, daß die Königreiche von ihrem Entschlusse nicht abgehen würden, und der Beschluß des Parlaments vom 11. April eine jede Vereinbarung mit den Regierungen schroff zurückgewiesen, daß es seinerseits die Reichsverfassung nicht mehr anerkenne. Eine ganze Reihe von Beschlüssen machte die Stellung Preußens zum Parlamente immer gespannter, welches z. B. am 4. Mai die Regierungen, die Gemeinden der Einzelstaaten und das gesammte deutsche Volk aufforderte, die Reichsverfassung zur Anerkennung zu bringen, den neuen Reichstag auf den 15. August berief und den Beschluß faßte, daß, falls Preußen auf diesem Reichstage nicht vertreten sei, der nächst mächtige Fürst unter dem Titel eines Reichsstatthalters in die Rechte des Reichsoberhaupts eintreten sollte. Als endlich am 10. Mai das Parlament soweit ging, auf Antrag des Abgeordneten v. Reden, die Unterdrückung des Dresdener Aufruhrs durch preußische Truppen, unter Umgehung der Centralgewalt, für einen schweren Bruch des Reichsfriedens zu erklären, dem man mit allen möglichen Mitteln entgegentreten müsse und wolle, konnte von einer Verständigung nicht mehr die Rede sein. Preußen forderte den Reichsverweser auf, selbst das Parlament aufzulösen, und als diesem Ersuchen keine Folge gegeben wurde, erklärte die preußische Regierung am 14. Mai, sie könne die deutsche Nationalversammlung nicht länger als die berechtigte Vertretung der deutschen Nation anerkennen. Ein Mandat von demselben Tage erklärte die Vollmachten der in preußischen Staaten gewählten Abgeordneten zur Nationalversammlung für erloschen. Dem Beispiele Preußens folgte Hannover schon am 23. Mai,[1] und die meisten anderen Regierungen wenige Tage später. Wenn auch das Parlament am 16. Mai gegen das preußische Abrufungsmandat

---

[1] Das Schreiben der hannoverschen Regierung an den hannoverschen Bevollmächtigten bei der provisorischen Centralgewalt, Herrn Justizrath v. Bothmer cf. Hannoversche Zeitung von 1849. Beilage zu Nr. 129. S. 737.

mit 287 von 289 Stimmen protestirte, so leisteten doch die meisten Abgeordneten dem Mandate Folge, und als am 19. Mai der Beschluß gefaßt wurde, sofort einen Reichsstatthalter zu ernennen, verließen die Abgeordneten die Versammlung so massenhaft, daß der Rest den verzweifelten Entschluß faßte (21. Mai), das Parlament mit 100 Stimmen für beschlußfähig zu erklären. Am 30. Mai fand die letzte Sitzung in Frankfurt statt, in welcher eine Übersiedelung nach Stuttgart beschlossen wurde.[1] Nachdem dort das s. g. Rumpfparlament am 6. Juni zusammengetreten und eine Reihe der tollsten, revolutionairen Beschlüsse gefaßt, (Ernennung der s. g. Reichsregentschaft: Karl Vogt, Lorenz Raveaux, Friedrich Schüler, Heinrich Simon, August Becher; Aufruf an das deutsche Volk, die Waffen zu ergreifen „zu dem heiligen Kampfe für unsere Freiheit gegen schamlose Unterdrückung" u. s. w.), wurde schließlich am 18. Juni die letzte Sitzung gehalten.

Die Nationalversammlung hatte die Neugestaltung Preis gegeben, es kam also jetzt darauf an, daß die Regierungen, welche man ganz hatte bei Seite schieben wollen, selbst die Organisation in die Hand nahmen. Die Einladung der preußischen Regierung in der Circulardepesche vom 3. April hatte, wie schon oben erwähnt, keine Folge gehabt. Der Verlauf der Ereignisse veranlaßte deshalb Preußen, eine neue Aufforderung vom 28. April an die deutschen Regierungen zur Beschickung einer Conferenz in Berlin zu richten.[2] Eine Mitwirkung der Nationalversammlung wurde in Aussicht gestellt, soweit dies die Haltung und die Beschlüsse derselben überhaupt noch möglich machten. Es sollte eine kräftige, einheitliche Executivgewalt, eine Nationalvertretung im Staatenhaus und ein Volkshaus mit legislativen Rechten geschaffen

---

[1] Von den Hannoveranern war nur von der Horst II. nach Stuttgart gegangen.

[2] Abgedruckt in der Deutschen Chronik von 1849, S. 152 ff.

werden. Diese Verfassung beabsichtigte man alsdann so schleunig wie möglich einem deutschen Reichstage aus zwei Häusern zur Revision vorzulegen, um dessen Zustimmung zu erhalten.

Den Einladungen zu dieser Berliner Conferenz entsprachen nur die Regierungen von Baiern, K. Sachsen und Hannover, und auch die österreichische Regierung erklärte sich bereit, an den Besprechungen Theil zu nehmen. Als die hannoverschen Bevollmächtigten v. Wangenheim und Stüve am 4. Mai in Berlin erschienen, fanden sie dort seltsamer Weise Niemanden beauftragt, mit ihnen zu unterhandeln und erfuhren, daß die Einladungen an die anderen Mächte zur Eröffnung der Conferenzen erst auf den 12. Mai lauteten. Bei den vertraulichen Besprechungen legten die hannoverschen Bevollmächtigten einen Entwurf zur Neugestaltung des Abschnitts von dem Reichsoberhaupte vor, welcher ein Directorium vorschlug, ein Vorschlag, der bei den ferneren Berathungen jedoch nicht wieder aufgenommen wurde. Während Hannover als Hauptforderung: **ein einiges ganzes Deutschland**, allenfalls einstweiliger Verzug mit dem Beitritt Österreichs, jedenfalls Verständigung mit Österreich und jedenfalls **Einigung des gesammten übrigen Deutschlands** aufstellte, hielt namentlich Preußen den Gesichtspunkt von der Nothwendigkeit einer Sonderstellung Österreichs fest. Am 10. Mai wurde Herr v. Canitz mit einer außerordentlichen Mission nach Wien abgesandt, um Österreich zu veranlassen, den preußischen Bundesstaat rechtlich und als bundesverfassungsgemäß anzuerkennen und sich mit ihm auf Grundlage des alten, jedoch wesentlich modificirten Bundesrechts, durch eine s. g. Union in eine dauernde, rechtliche Beziehung zu setzen. Österreich, wie vorauszusehen war, lehnte die ganze Proposition ab (16. Mai[1]) und ging

---

[1] An demselben Tage ernennt der Reichsverweser den Geheimen Justizrath Dr. Grävell zum Minister des Innern.

Die Nationalversammlung erklärt das österreichische und preußische Abberufungsmandat für ungültig und unverbindlich.

ebensowenig auf den zweiten Antrag des Herrn von Canitz ein, die Einwilligung zu der Übernahme der provisorischen Centralgewalt zu geben, sondern verlangte in einer anderen Note von demselben Tage, die Centralgewalt solle, unbeschadet der künftigen Organisation Deutschlands, auf ein Directorium in der Weise übergehen, daß Österreich und Preußen sofort die Centralgewalt übernähmen und die übrigen deutschen Könige aufforderten, sich über die Wahl eines dritten Mitgliedes zu einigen.[1]

Als am 17. Mai[2] die eigentlichen Conferenzen unter dem Präsidium des preußischen Bevollmächtigten v. Radowitz begannen, erklärte der österreichische Gesandte, Freiherr v. Prokesch-Osten, daß er an den Berathungen über einen engeren Bund nicht theilnehmen könne. Der baiersche Gesandte, Graf

---

[1] Die Denkschriften sind in der Deutschen Chronik von 1849, S. 197 ff. vollständig abgedruckt.

[2] Der Reichsverweser ernennt den General-Lieutenant Jochmus zum Minister des Äußern und der Marine, den Advocaten Detmold zum Justizminister und den Abgeordneten Merck zum Finanzminister. Die Nationalversammlung erklärt die Ernennung wegen des Programms des Ministeriums für eine Beleidigung der National-Repräsentation.

Das Programm des neuen Cabinets lautete nämlich:

„1) Die Errichtung des Verfassungswerkes ist durch das Gesetz vom 28. Juni 1848 von der Thätigkeit der Centralgewalt ausgeschlossen. Schon aus diesem Grunde hält die Centralgewalt eine Wirksamkeit behufs Durchführung der Verfassung für außerhalb ihrer Befugnisse und Pflichten liegend. Wie sie jedoch einerseits gern bereit ist, eine Anerkennung der Verfassung bei den Regierungen zu vermitteln, so erachtet sie es andererseits als durch die ihrer Obhut anvertraute Wohlfahrt und Sicherheit Deutschlands geboten, allen ungesetzlichen und gewaltsamen Bewegungen, welche die Durchführung der Verfassung zum Vorwand oder Anlaß haben, mit allen ihr zu Gebote stehenden Mitteln entgegenzutreten, sobald die Hülfe und Vermittelung der Centralgewalt von der betreffenden Regierung nachgesucht wird.

„2) Wie die Centralgewalt innerhalb der ihr durch das Gesetz vom 28. Juni angewiesenen Competenz von der der Reichsversammlung zustehenden Errichtung des Verfassungswerkes sich durchaus fern gehalten hat und ferner zu halten entschlossen ist, also erachtet sie es auch als eine Pflicht, die ihr ausschließlich zustehende Regierungsgewalt vor jeder Einmischung zu bewahren, und jeden Eingriff in dieselbe zurückzuweisen."

v. Lerchenfeld, konnte, da er ohne Instruction war, keine bindende Erklärung abgeben, bemerkte aber zugleich, daß seine Regierung niemals in die vorgeschlagene Gestaltung des Reichsoberhaupts willigen werde, denn dadurch würde lediglich ein mächtiges Preußen, aber keineswegs ein conföderirtes Teutschland geschaffen. Sachsen und Hannover gingen freilich auf den preußischen Vorschlag ein, jedoch nur unter einer Reihe von Clauseln. Der sächsische Bevollmächtigte, Freiherr v. Beust, erklärte am 26. Mai zum Schlußprotocoll, daß Sachsen ohne Süddeutschland, namentlich ohne Baiern, dem neuen Reichsverband seine definitive Zustimmung nicht geben würde; wenn auch in der nächsten Zeit der Eintritt Österreichs in den Reichsverband nicht stattfinden könne, so müßten der österreichischen Regierung jedenfalls die durch die alte Bundesverfassung garantirten Rechte gesichert werden; die Hauptbedingung der Zustimmung sei jedoch, daß sämmtliche deutschen Staaten dem Bundesstaate beitreten, und daß endlich die sächsische Kammer ihre Zustimmung zu der deutschen Reichsverfassung gebe.

In ähnlichem Sinne lautete die hannoversche Erklärung von demselben Tage; sie betonte es namentlich, daß Österreich in voller Bedeutung bei Deutschland bleiben und das geistige Band der Einheit enger geschlungen werden müsse. Wenn auch der preußische Verfassungsentwurf keineswegs den Bedürfnissen Deutschlands genüge, so wolle man vorläufig seine Einwilligung geben; doch müsse man sich, wie der sächsische Gesandte, im Fall der gegenwärtige Versuch einer Einigung zu nichts als zur Herstellung eines nord- und mitteldeutschen Bundes führen möchte, die Erneuerung der Verhandlungen und die Umgestaltung des vereinbarten Verfassungsentwurfs ausdrücklich vorbehalten. Unter diesen verschiedenen Bedingungen wurde am 26. Mai zwischen Preußen, Königreich Sachsen und Hannover das f. g. **Dreikönigsbündniß** geschlossen.[1] Nach dem Statute war der Zweck des Bündnisses die Erhaltung der äußeren und inneren Sicherheit Deutschlands und die Unabhängigkeit und Unverletzlichkeit der einzelnen deutschen Staaten. Bis zum 1. Juni 1850 übertrug das Statut die Oberleitung der Krone Preußens. Träte die Reichsverfassung vor Ablauf dieser Zeit ins Leben, so sollten lediglich deren Bestimmungen gelten. Ein **Verwaltungsrath**, zu welchem die Verbündeten einen oder mehrere Bevollmächtigte schicken, tritt zur Führung der auf Erreichung des Zweckes des Bündnisses bezüglichen Geschäfte sofort in Berlin zusammen. Preußen hat die militairischen Operationen zu leiten und die diplomatischen Verhandlungen zu führen. Über ein **provisorisches Schiedsgericht**, dessen Sitz in Erfurt sein sollte, kamen die Contrahenten in der Weise überein, daß Preußen 3, Hannover und Sachsen je 2 Schiedsrichter stellte zur Aburtheilung aller Streitigkeiten über das Bündniß.

Zu gleicher Zeit wurde der verabredete Entwurf der Verfassung des deutschen Reichs vom 28. Mai 1849 und der Entwurf, betreffend die Wahlen der Abgeordneten zum Volkshause, publicirt. Derselbe gab Preußen die **Reichsvorstandschaft** mit der Execution und mit den Rechten einer Regierungsgewalt, die es mit dem Fürstencollegium, hauptsächlich nur dem Namen nach, theilte. Das Fürstencolleg,

---

[1] Über die Conferenzen existiren gedruckte Protocolle, die wichtigsten Punkte finden sich auch in der Deutschen Chronik für das Jahr 1849. Der Vertrag daselbst S. 237 f. An demselben Tage hatte der jüdische Literat Wolff die Frechheit, bei Berathung des Antrags auf Erlaß eines Aufrufs an das deutsche Volk in der Nationalversammlung zu erklären: „Wenn überhaupt eine Proclamation zu erlassen ist, so erlassen Sie eine, in welcher Sie von vornherein den ersten Volksverräther, den Reichsverweser, für vogelfrei erklären. Ebenso alle Minister. (Zur Ordnung! Lebhafter Beifall von den Gallerien.) O! ich lasse mich nicht stören, er ist der erste Volksverräther!"

aus sechs Stimmen bestehend,[1] sollte zugleich mit dem Reichstage die gesetzgebende Gewalt haben. Der Reichstag bestand aus einem Staatenhause von 160 Mitgliedern, die zur Hälfte von den Regierungen, zur Hälfte durch die Volksvertretungen der einzelnen Staaten gewählt werden sollten, und aus einem Volkshause, vom Volk durch indirecte Wahl in der Weise gewählt, daß auf je 100,000 Seelen ein Abgeordneter käme. Auch die Grundrechte der Frankfurter Reichsverfassung waren zum größten Theil in die neue Verfassung hinübergenommen. Zur Prüfung dieses Entwurfes sollte endlich eine Reichsversammlung berufen werden.

Wir sind den Ereignissen in Hannover ziemlich weit vorangeeilt, um die Darstellung der deutschen Verfassungswirren möglichst übersichtlich zu geben, und kehren nun zu dem Anfang des Jahres 1849 zurück.

Die Ereignisse in Frankfurt und in der hannoverschen Ständeversammlung hatten der Bewegungspartei reichen Stoff zu Demonstrationen aller Art gegeben. Nachdem sie in den Wahlkämpfen zu Anfang Januar 1849 fast überall einen leichten Sieg über die zersplitterten conservativen Elemente davon getragen, wurden im ganzen Lande auf den 21. Jan. große Feierlichkeiten für die Grundrechte angeordnet, welche von den aufreizenden Reden abgesehen, im Ganzen ziemlich ruhig verliefen. Die Ehre, das neue Jahr mit Excessen der gröbsten Art einzuweihen, gebührte der Umsturzpartei zu Hildesheim. Schon vom Anfange der Bewegung an war das Streben dieser Partei darauf gerichtet gewesen, das Militair zum Treubruch und Verrath zu verleiten. Flugschriften, welche in diesem Sinne das Militair bearbeiteten, wurden aus-

---

[1] Nämlich: 1 für Preußen, 1 für Baiern, 1 für Sachsen mit Thüringen und Anhalt, 1 für Hannover mit den kleineren norddeutschen Staaten, 1 für Württemberg mit Baden, Hohenzollern und Liechtenstein, 1 für Kurhessen, Großherzogthum Hessen, Luxemburg, Nassau, Waldeck, Lippe, Hessen-Homburg, Frankfurt.

gestreut, namentlich ein s. g. Soldaten-Katechismus, den ein Buchdrucker Veese zu Hannover schon 1848 in mehrerer hundert Exemplaren verbreitet hatte. In Hildesheim versuchte man namentlich durch Tractiren der Soldaten diesen Zweck zu erreichen, und es gelang durch dieses fortgesetzte Manöver wirklich, eine freilich nur sehr geringe Zahl Soldaten zu veranlassen, bei einem sogenannten Freiheitsfeste mit den Bürgern zu fraternisiren. Als durch Verlegung des Militairs diesem Unwesen ein Ende gemacht war und alle Versuche scheiterten, die neue Garnison zu verführen, versuchte man ein anderes Manöver. Überall wurde Haß und Verachtung gegen das Militair gepredigt; wo sich Soldaten sehen ließen, wurden sie von der alten und der jungen Garde der Demokratie verhöhnt, und als es den Agitatoren auch auf diese Weise nicht gelang, das Militair zu Excessen zu veranlassen, erfolgten verschiedene Anfälle auf Soldaten. Ein Sergeant trug bei einer solchen Gelegenheit eine lebensgefährliche Verwundung durch einen Messerstich davon, und ein anderer erhielt einen Messerstich durch den Arm. Als mehrere Kameraden dem Verwundeten zu Hülfe eilten, entstand eine allgemeine Schlägerei. Die Aufrührer feuerten mit scharfen Patronen auf das Militair, welches seinerseits von dem Seitengewehr Gebrauch machte und drei oder vier Bürger tödtlich verwundete. Im Mai 1849 wurde in Hannover noch einmal der Versuch gemacht, einen Aufruf an das Hannoversche Militair zu verbreiten, dessen Inhalt ebenfalls auf Verrath an dem Kriegsherrn und Übergang zum „Volke" berechnet war. Allein glücklicher Weise ohne allen Erfolg, und als einige radicale Blätter es wagten, die Stimmung einzelner Truppenabtheilungen als zweideutig zu schildern, erfolgten so derbe Proteste der Verleumdeten, daß die Agitatoren es vorläufig aufgaben, das undankbare Feld noch weiter zu bearbeiten

Besser gelang es dagegen den Anhängern des Fortschritts in infinitum mit der Inscenirung von Volksversammlungen, mit Adressen und Sturmpetitionen.

In Celle hatten sich am 26. März[1] in Folge einer Einladung des Dr. Gerding und des Literaten Cohen-Lonés ungefähr 40 Mitglieder demokratischer Vereine eingefunden, um wo möglich eine Sturmpetition wegen Einführung der Grundrechte zu Stande zu bringen. Ein jeder der Anwesenden wurde zu einer Erklärung darüber aufgefordert, welche Mittel und Wege einzuschlagen seien, **um das Ministerium Stüve zu verdrängen**, da es mit dem Willen des Volks und den Kammern im offenen Widerspruche stehe. Die Mehrzahl der Redner sprach sich Anfangs für ein schriftliches Mißtrauensvotum aus; allein das genügte den Heißspornen der Versammlung bei Weitem nicht. Der Dr. Schläger beantragte eine Klage gegen das Ministerium bei dem Ober-Appellationsgerichte; Dr. Gerding schlug eine Massendeputation vor, und der Canzlei-Auditor Planck wollte eine Klage an die Nationalversammlung und zu gleicher Zeit an die hannoverschen Kammern richten. Dieser Antrag wurde schließlich gegen die eine Stimme des Lehrers Callin aus Hannover angenommen, der sich mit einem Mißtrauensvotum begnügen wollte.

Für den 3.[2] bis 5. April schrieben die beiden Veranstalter der erwähnten Versammlung einen neuen Congreß in **Celle** aus. Sämmtliche schon vereinigten Volksvereine

---

[1] An demselben Tage ernennt der Reichscommissar den Grafen Reventlow-Preetz und W. Beseler zu Statthaltern von Schleswig-Holstein; am 27. Schluß der Berathung der deutschen Verfassung; am 28. Kaiserwahl.

[2] An diesem Tage Audienz der Frankfurter Deputation beim Könige Friedrich Wilhelm IV.; in der preußischen zweiten Kammer ein Antrag auf eine mißbilligende Adresse an den König wegen der Ablehnung. Am 5. April Gefecht bei Eckernförde. Das Linienschiff von 84 Kanonen, Christian VIII., fliegt in die Luft, die Fregatte Gefion (46 Kanonen) streicht die Flagge.

und alle andern freisinnigen Vereine wurden zu einer Zusammenkunft eingeladen, an welcher sich 52 Deputirte wirklich betheiligten, u. A. Dr. Oppermann, Tischler Stechan, Dr. Mensching, Dr. Schläger, Lehrer Callin, Canzlei-Auditor Planck. Die Resultate bestanden in der Annahme eines Antrags Planck's, eine Beschwerde gegen das Ministerium an die hannoverschen Kammern zu richten und dieselbe der Nationalversammlung in Abschrift zugehen zu lassen, und eines von Dr. Mensching gestellten Antrags, eine Massen-Deputation in der Weise zu veranstalten, daß jeder Verein zwei Deputirte stelle. Verschiedene Redner wollten freilich so viel Mitglieder wie möglich auf die Beine bringen, und namentlich warf der Dr. Gerding der Versammlung vor, sie führe mit einem so zahmen Beschlusse dieselbe Kinderei auf, wie in Frankfurt; dort wie hier wolle man die Sache, aber scheue stets ängstlich die nothwendigen Mittel. Allein die Argumentation des Dr. Oppermann, daß man sich mit dem Versuche einer eigentlichen Massendemonstration gründlich blamiren werde, da eine solche schwerlich imposant ausfallen würde — ein bemerkenswerthes Geständniß! — trug schließlich den Sieg davon, so daß also jeder Verein nur zwei Mitglieder stellen sollte.

Die Auflösung der zweiten Kammer durch die Proclamation vom 25. April 1849[1] war das Signal zu neuen Agitationen im Lande. Überall begann die s. g. Volkspartei sich zu rühren und für eine großartige Massendemonstration zu agitiren. Der Hildesheimer Volksverein hatte nämlich einen Aufruf an das hannoversche Volk erlassen „in friedlichen Schaaren zu dem Könige zu ziehen und ihm mit männlicher Grabheit zu erklären, daß es um keinen Preis ablassen wolle vom Reich und der Reichsverfassung."

---

[1] Schluß der viertägigen Debatten über die Antwort des Königs von Preußen vom 3. April; am 28. Veröffentlichung der deutschen Reichsverfassung im Reichsgesetzblatt.

In Göttingen ließ der Dr. Plathner seine Getreuen zu einer Versammlung auf dem Schützenhofe zusammen trommeln, um möglichst viele Einwohner zu diesem Zuge in „friedlicher Absicht" nach Hannover zu bewegen und so das Ministerium zu zwingen, abzutreten. Da sich jedoch nur drei bis vier Personen fanden, welche die Reise auf eigne Kosten unternehmen wollten, so erklärte der Dr. Plathner, alle diejenigen, welchen die Mittel zur Reise fehlten, sollten freie Hin- und Herfahrt haben. Das wirkte; es meldeten sich 31 Personen, welche die Reise auf Fremdenrechnung mitmachen wollten, Holzhacker, Stiefelputzer u. s. w. Am Abend darauf wurde Bürgerversammlung gehalten, woselbst der Privatdocent Dr. Seelig den Antrag stellte, den Magistrat und das Bürgervorsteher-Collegium aufzufordern, sich durch eine Deputation aus ihrer Mitte an dem beabsichtigten Zuge zu betheiligen. Sofort wurde eine Deputation gewählt, Bürgerwehrmajor, Lieutenant a. D. Poten, Schneidermeister Kolze u. A., welche baldigst die Nachricht zurückbrachte, daß eine Sitzung, behuf der Berathung angesetzt werden sollte. Ein anderer Antrag ging dahin, auf den folgenden Tag sämmtliche Urwähler zusammenzurufen, damit dieselben dem „volksfeindlichen Ministerium" die Stimmung des Landes zu erkennen gäben.

In Hildesheim hielt der Advocat Gottsleben eine große Volksversammlung, welche er mit einer schwungvollen Rede eröffnete, „das Volk müsse seine Sache selbst in die Hand nehmen, aber die unermüdlichste und nachsichtsvollste Geduld des guten deutschen Volks solle sich auch jetzt nicht verleugnen, darum noch einmal Adressen und Petitionen." Darauf begründete Dr. Weinhagen folgenden Antrag, der unter begeisterter Acclamation angenommen wurde, „daß die hohe Nationalversammlung die Petenten zu allen Mitteln autorisiren möge, welche dazu dienen, die endgültig beschlossene

Reichsverfassung zu vollziehen. Zu diesen Mitteln werde gerechnet als gelindestes die Steuerverweigerung, auch bewaffnete Selbsthülfe nicht ausgeschlossen."

In Emden luden am 28. April "die Vorsteher der in der heiligen Sache des deutschen Vaterlandes jetzt ohne alle Parteiung brüderlich verbundenen Vereine der Stadt"[1] die Mitglieder der Vereine und alle Bürger der Stadt Emden zu einer großen Volksversammlung auf den folgenden Tag ein, "um zu berathen und zu beschließen, was bei der großen Gefahr, worin sich das Vaterland durch die neuesten Maßregeln unserer unvolksthümlichen Regierung befindet, Gemeinsames zu thun sei." Vier Punkte, als Forderungen der Emdener Bürgerschaft mit ihren gesetzlichen Vertretern, Magistrat und Stadtverordneten an der Spitze, werden sodann aufgezählt, nämlich:

1) unbedingte Anerkennung der deutschen Reichsverfassung;
2) unbedingte Unterordnung und Unterwerfung der hannoverschen Regierung unter das von der deutschen Reichsversammlung gewählte oder ferner zu wählende Reichsoberhaupt;
3) sofortige Abdankung des gegenwärtigen Ministeriums;
4) sofortiges Ausschreiben neuer Wahlen zur zweiten Kammer der allgemeinen Ständeversammlung.

Außerdem sollte zur Geltendmachung dieser "Forderungen" schleunigst eine Deputation gewählt werden. Daß diese Vorschläge mit allgemeiner Acclamation angenommen wurden, verstand sich von selbst. "Ehre der Emdener Bürgerschaft!" ruft die Ostfriesische Zeitung mit Emphase bei der Berichterstattung aus. Tags darauf nahmen auch der Magistrat und die Stadtverordneten einstimmig jene Beschlüsse an, und ein Publi-

---
[1] Volksverein, Bürgerverein, Vaterländischer Verein und Arbeiterverein. Als Vorsteher hatten unterzeichnet Dr. Metger, Dr. Semler, J. G. Ewen, Neumark, Jung, Dr. med. J. H. Reese, L. Bruns, Prestel.

candum des Magistrats und des Wahlcommissarius Dr. Bueren citirte auf den 1. Mai alle Bürger und Einwohner auf das Rathhaus, um dort — (freilich ein sehr passender Platz für solche Agitationen) — die Wahl von fünf Mitgliedern der erwähnten Deputation vorzunehmen.

Wörtlich derselbe Aufruf, welcher in Emden verbreitet war, mit der Unterschrift „der Vorstand des Bürgervereins und die Präsidenten des politischen Clubs und des demokratischen Vereins" rief auch die Bürger der Stadt Verden zusammen. Hier war es der Dr. med. Pauls, der die Standrede hielt. Daß auch hier die Propositionen in der Volksversammlung einstimmig angenommen wurden, bedarf kaum der besonderen Hervorhebung.

Das Fiasco, welches der Dr. Oppermann im Juni des Jahrs 1848 mit seiner Volksversammlung in Eystrup gemacht, hielt ihn nicht ab, aufs Neue sein Glück auf demselben Schlachtfelde zu versuchen. In einem Aufruf wurde als Hauptzweck der auf Sonntag den 6. Mai [1] beabsichtigten

---

[1] Die ersten Tage des Mai scheinen fast in ganz Deutschland von der revolutionären Partei zu bewaffneten Schilderhebungen bestimmt gewesen zu sein; ein paar Data mögen genügen: Am 5. begannen in Breslau wieder grobe Pöbelexcesse; am 6. wird dort offen der Aufruhr gepredigt; Barrikadenbau; Einschreiten des Militairs; am 7. Erneuerung des Tumults, die Garnison hat 3 Officiere und 21 Mann todt und verwundet. Der 6. Mai war zur Bearbeitung der preußischen Landwehr bestimmt. Die Crefelder Landwehr stellt sich der Nationalversammlung zur Verfügung und erklärt, einer Einberufungs-Ordre des preußischen Ministeriums nicht Folge zu leisten. In Elberfeld protestirt die Landwehr gegen ihre Einberufung durch das „volksverrätherische Ministerium Brandenburg-Manteuffel". Dieselbe Geschichte passirt an demselben Tage zu Altenhagen in Westphalen.
Noch schlimmer sah es in den ersten Tagen des Mai in Dresden aus. Am 1. Mai. Erste Symptome des Aufruhrs in Dresden. Am 2. Geheimer Rath Dr. Zschinsky übernimmt die Bildung des neuen Cabinets. Freiherr v. Beust und Oberst Rabenhorst treten in das neue Cabinet über, jener als Minister des Auswärtigen, dieser als Kriegsminister. An demselben Tage bestürmen vielfache Deputationen den König wegen unbedingter Anerkennung der Reichsverfassung. Am 3. Mai. Vollständiger Ausbruch der Revolution. Die Eingänge zum Schloß werden verrammelt, um den König darin festzuhalten.

Volksversammlung angegeben, „der durch die Nationalversammlung in Frankfurt endgültig beschlossenen und publicirten Reichsverfassung Treue und Gehorsam zu loben und die Mittel zu berathen, dieselbe particularistischen und rein dynastischen Interessen gegenüber ins Leben zu rufen und zu schützen." Der Aufruf war nicht allein an die Hannoveraner gerichtet; jeder Deutsche, dem solches Ziel am Herzen liege, sollte willkommen sein, insbesondere die Mitglieder der politischen Vereine der nächstgelegenen Provinzen und der freien Stadt Bremen.[1] Die Versammlung, zu welcher sich ungefähr 1500 Personen, mit Einschluß des stark vertretenen schönen Geschlechts, eingefunden, wurde von dem Dr. Oppermann eröffnet, welcher den Syndicus Dr. Lang I. aus Verden zum Präsidenten vorschlug. Angenommen. Dieser empfahl den Dr. Bueren aus Emden und den Öconomen Hornay aus Marßel zu Vicepräsidenten; der Dr. Oppermann und der

---

Barrikaden. In Leipzig werden die Versuche, Barrikaden zu bauen, durch die Communalgarde verhindert. Am 4. Abreise der Königlichen Familie aus Dresden. Angriff auf das Schloß abgeschlagen. Provisorische Regierung (Geheimer Regierungsrath Todt, Kreisamtmann Heubner, Advocat Tzschirner). Am 5. Neuer Kampf. Gegen Abend treffen die ersten erbetenen preußischen Truppen ein. Am 6. Fortsetzung des Gefechts. Die Insurgenten verbrennen das alte Opernhaus. Die Gemeinde Leipzig stellt sich bis zum Austrag des Conflicts zwischen Krone und Volk unter den Schutz der deutschen Centralgewalt. Abends Kampf in Leipzig. Die Communalgarde überwältigt zuletzt das Gesindel. Am 7. Neue preußische Truppen langen in Dresden an. Die Rebellen versuchen, das Schloß durch Minen in die Luft zu sprengen. Am 8. trifft das dritte preußische Bataillon ein. Am 9. werden die letzten Positionen der Rebellen erstürmt.

[1] Der Aufruf war unterzeichnet von dem Vorstand des Volksvereins zu Hoya: A. Oppermann, Dr.; M. Vollmann, Kaufmann; Heiliger, Advocat; C. Elias, Kaufmann; C. Köllner, Candidat. Vorstand des Volksvereins zu Bilsen, Bruchhausen und Moor: Dr. jur. Holscher; zu Asendorf vem Lehrer Wrampelmeier und Kaufmann C. Burmann; von dem Dr. jur. Horst, Vorstand des Volksvereins zu Rotenburg; C. Leymann, Kaufmann in Eulingen. Von Thies als Vorsitzenden und Hußmann als Schriftführer des Volksvereins in Stolzenau, und von den beiden Präsidenten des Volksvereins in Syke, Advocat Schanz daselbst und Pastor Vollmeyer zu Barrien.

Advocat Adolph Weber aus Stade, welcher zur Feier des Tages in Stader Bürgerwehr-Uniform erschienen war, wurden zu Schriftführern ernannt. Nach der farblosen Eröffnungsrede des Dr. Lang beantragte Hornay, eine Deputation nach Frankfurt zu senden, um die hannoversche Regierung zur Anerkennung der Reichsverfassung zu zwingen. Trotz des kriegerischen Gewandes wollte Adolph Weber sich mit einer friedlichen Adresse begnügen, während Dr. Bueren und Dr. Mathaei aus Verden beantragten, Steuerverweigerung zu beschließen, wogegen Lang I. siegreich durchführte, das Ministerium habe verfassungsmäßig das Recht, die Steuern bis 1. Januar 1850 zu erheben. Der Tischler Stürke aus dem Bremenschen beabsichtigte, mit der ganzen Versammlung sofort nach Hannover aufzubrechen, der Lehrer Vehre und der Advocat Ebhardt aus Hannover hielten es aber für Unsinn, sich zu Kanonenfutter herzugeben. Schließlich trat noch ein angeblicher Agent des demokratischen Vereins zu Bremen auf, der einen Vollziehungsausschuß mit Waffen u. s. w. beantragte, und als der Advocat Weber und der Dr. Oppermann den ganzen Vortrag für baren Unsinn erklärten, behauptete der Fremde, die Versammlung stehe nicht mehr auf gesetzlichem Boden. Jetzt erscholl ein lautes Lärmen; Oppermann und Bueren erklärten die Versammlung für geschlossen, wozu sie allerdings kein Recht hatten Endlich gab es eine augenblickliche Pause, welche Lang I. sehr kunstgerecht benutzte, um die Versammlung zu schließen. Die Ehre war gerettet; hatte auch in der Versammlung keine "republikanische Ruhe" geherrscht, wie sich die Hildesheimsche Zeitung auszudrücken pflegte, so waren doch wenigstens die Fäuste in der Tasche geblieben, und ein Resultat war auch vorhanden, nämlich die von Weber beantragte Adresse nach Frankfurt.

Daß der Antrag des Tischlers Stürke, an dem Widerwillen einzelner Theilnehmer der Versammlung gescheitert war,

sich zu Kanonenfutter herzugeben, mochte freilich Manchem
einen dicken Strich durch die Rechnung machen. Man hatte
gehofft, die ganze Versammlung würde von Eystrup nach
Hannover aufbrechen, um sich dort, am folgenden Tage, am
7. Mai, bei der lange vorbereiteten Massendemonstration zu
betheiligen, welche man wohlweislich auf den größten Jahrmarkt
verlegt hatte. An dem Versammlungsorte, in Remy's Hofe,
fanden sich jedoch nur 300 bis 400 Personen zusammen; denn
eine energische Bekanntmachung der Königlichen Polizeidirection der Residenzstadt, daß massenhafte Zuzüge zu Sr. Majestät dem Könige oder zu den Behörden nicht geduldet,
und daß jeder Versuch, dem entgegenzutreten, nöthigenfalls
mittelst der zum Schutze für Ruhe und Ordnung in hinlänglicher Stärke herbeigezogenen Waffengewalt von vornherein
unterdrückt werden würde, — hatte den Schreiern, welche in den
Volksversammlungen immer Gut und Blut zu opfern sich
bereit erklärten, die Lust an dem Spectakelstück recht gründlich
verdorben. Unter dem Vorsitze des Dr. Bueren beschloß
die Versammlung, an Se. Majestät eine Deputation von sechs
Personen zu senden, welche erklären solle, das „Volk verlange unbedingte Anerkennung der Reichsverfassung,
einschließlich des Reichswahlgesetzes; unbedingte Unterwerfung unter das von der Nationalversammlung gewählte
oder zu wählende Reichsoberhaupt; sofortige Einberufung der
Ständeversammlung; Entlassung des jetzigen und Einberufung eines neuen volksthümlichen Ministeriums."

Mit dem provisorischen Commandanten der Bürgerwehr,
dem Kaufmann Kraul,[1] war die Verabredung Seitens der

---

[1] Von verschiedenen Vereinen waren nämlich Aufforderungen an das
Generalcommando der Bürgerwehr ergangen, welche dasselbe veranlassen
sollten, der gesammten Bürgerwehr eine Gelegenheit zu geben, sich darüber zu
erklären, ob sie die von der Nationalversammlung beschlossene Reichsverfassung als rechtsbeständig anerkennen und derselben Gehorsam
leisten und verschaffen wolle, also mit anderen Worten, ob die Bürger-

zuständigen Behörde getroffen, die Leinstraße, von Robby's Hause bis zum Holzmarkte, durch die Bürgerwehr abzusperren und nur die Deputation durch die Reihen zu lassen. Trotz dieser Abrede wollte Kraut sämmtliche „Landesdeputirte" durchlassen, allein der General Halkett erklärte, daß er die Straße mit dem consignirten Militär sofort säubern lassen werde, falls die Abrede nicht aufrecht erhalten würde. Dies energische Auftreten half; durch die erste Absperrung waren die Erschienenen durchgelassen, doch wurde die zweite aufrecht erhalten. Daß Se. Majestät die Deputation, welche dem Könige die „Forderungen" des Volks überbringen sollte, nicht zur Audienz zulassen würde, ließ sich voraussehen. Als sie im Palais erschien, erklärte ihr der Flügeladjutant, Se. Majestät werde die Deputation nicht annehmen, sie könne jedoch ihre Wünsche schriftlich überreichen. Die Deputation kehrte mit diesem Bescheide in das Berathungslokal zurück, um die Debatten aufs Neue zu eröffnen; zugleich wurde wieder der Versuch gemacht, das Militär zum Treubruch zu verleiten. In zahllosen Exemplaren verbreiteten einzelne Theilnehmer der Versammlung einen „Aufruf an das hannoversche Militair" unter die „Landesdeputirten" und unter die zahlreich erschienenen Neugierigen, welche die angrenzende Straße füllten. „Laßt Euch nicht von Denen verführen," heißt es in dem Aufruf wörtlich, „die euch

---

wehr sich zur offenen Revolution gegen die Regierung bekennen wolle; denn die Königlich hannoversche Regierung erkannte ja die Reichsverfassung nicht als rechtsbeständig an. In einem Memorandum an die gesammte Wehrmannschaft erklärte der Commandeur der Bürgerwehr, Hofrath Dr. Holscher, er habe jene Aufforderungen ablehnend beantwortet, weil nach seiner innersten Überzeugung das Institut der Bürgerwehr nur dann bestehen und seiner Bestimmung entsprechend wirken könne, wenn es in allen politischen Fragen die größte Unparteilichkeit bewahre. Eine solche Erklärung würde die traurigste Spaltung hervorrufen und die Kraft, welche in der Einheit liege, vollständig brechen. Er forderte deshalb die Wehrmannschaft auf, sich zu erklären, ob sie der ablehnenden Antwort des General-Commando an die Vereine ihre Billigung ertheile. Als die Bürgerwehr zum großen Theil das besonnene und einzig vernünftige Verfahren Holscher's mißbilligte, legte er das Commando nieder.

und uns zugleich verrathen! Steht vielmehr zu Denen, zu welchen ihr nach zurückgelegter Dienstzeit zurückkehren, und dann mit ihnen dasselbe fordern werdet." Daß der schmähliche Versuch vollkommen mißlang, war nach der musterhaften Haltung des Militairs und den zahllosen früher gescheiterten Versuchen nicht anders zu erwarten.

Das Resultat der Debatten bestand in der Wahl eines ständigen Ausschusses, dem die weiteren Schritte übertragen wurden. Die Ehre der Wahl wurde dem Stadtsyndicus Dr. Bueren, dem Tischler Fr. Stürke, dem Advokaten Rolte, dem Dr. Plathner, dem Tabacksfabrikanten Bauermeister und dem Sprachlehrer Eduard Lüder, einem entlassenen Zuchthaussträfling, zu Theil.[1] Noch an demselben Tage erließ der Ausschuß einen Aufruf an das hannoversche Volk, welcher mit den Worten anhebt "die Stunde der Entscheidung ist gekommen auch für unser Land". Die schon oben erwähnten "Forderungen" werden alsdann als "unerläßlich" dargestellt, und zum Schluß heißt es. "Möge das hannoversche Volk erkennen, daß alle friedlichen Mittel zur Lösung der großen deutschen Frage erfolglos angewandt sind, und zurückwälzen darf es alle traurigen Folgen auf eine Regierung, welche hartnäckig der deutschen Einheit widerstrebt, ihr Ohr verschließt den Wünschen des ganzen Landes. Zeigen möge auch nun das hannoversche Volk, daß es werth ist, ein deutsches Volk zu heißen."

Am 11. und 12. Juni wurde in Folge einer Aufforderung der geschäftsführenden Mitglieder des Centralcomités vom 28. Mai in Bremen ein s. g. **Volkstag**[2] gehalten. In dem

---

[1] Derselbe war zuerst wegen verschiedener Diebstähle und Betrügereien im Hause seines Lehrherrn, des Hofgalanterie-Händlers Schneider in Hannover, zu neun Monat Zuchthaus verurtheilt und später in Belgien zu fünf Jahr reclusion ebenfalls wegen Diebstahls, nachdem er zuvor als adjudant sous-officier entlassen war.

[2] Die nachstehenden Data sind den gedruckten Protocollen (Bremen, gedruckt bei Chr. Schmidt u. Comp.) entlehnt.

Lokale der Demokraten, welches stattlich mit Fahnen und Fähnlein von schönstem Roth decorirt und mit dem Bildnisse Robert Blum's geziert war, tagten 136 Gesinnungsgenossen.

I. **Aus dem Landdrosteibezirk Hannover.**

Aus **Hannover**: Maler van Bree, Advocat Dr. Mensching, Candidat der Advocatur Albrecht, Schriftsteller Cohen, Lehrer Behre. Aus **Diepholz**: Dr. jur. Schrader, Oeconom Ripling. Aus **Hemmendorf**: Advocat von Harz, Bürgermeister A. Th. Trumpff. Aus **Hoya**: Gerichtsauditor Köllner. Aus **Nienburg**: Kaufmann Röpke. Aus **Coppenbrügge**: Fabrikant Rock. Aus **Liebenau**: Kaufmann Ritscher. Aus **Wallensen**: Kaufmann Claude. Aus **Salzhemmendorf**: Drechsler Greve. Aus **Kirchwehre**: Kaufmann Kulenkamp. Aus **Arzen**: Candidat der Advocatur Lauenstein. Aus **Wülfinghausen**: Dr. phil. Volger. Aus **Kl. Buchholz**: Postmeister Stucke. Aus **Bothfeld**: Hofbesitzer Feuerhirt. Aus **Barsinghausen**: Landwirth Gerke. Aus **Eyle**: Advocat Schanz. Aus **Düendorf**: Dr. jur. Dencker. Aus **Harpstedt**: Bürgermeister Vade. Aus **Stenerberg**: Färbermeister Kielbeck. Aus **Vorstel**: Bauermeister Wöltje. Aus **Siedenburg**: Müller Dobrmann.

II. **Aus dem Landdrosteibezirk Hildesheim.**

Aus **Hildesheim**: Advocat Weinhagen, Kaufmann Reinecke. Aus **Münden**: Kaufmann Nülsen, Tabacksfabrikant Bauermeister. Aus **Göttingen**: Dr. phil. Platkner. Aus **Gimte**: Floßmeister Menz. Aus **Peine**: Blecharbeiter G. Hommel, Kaufmann Decker. Aus **Herzberg**: Holzherr Degener. Aus **Lauterberg**: Cantor Harms. Aus **Osterode**: Candidat theol. Baumgarten, Tischler Wolf. Aus **Lamspringe**: Advocat Freudenthal. Aus **Gr. Algermissen**: Oeconom Bruns. Aus **Nettlingen**: Thierarzt Jornesett. Aus **Hollen**: Thierarzt Jordan.

III. **Aus dem Landdrosteibezirk Lüneburg.**

Aus **Celle**: Kaufmann Diedrichs, Syndicus Schwarz, Schlachter Mewinckel, Syndicus Bierwirth, Advocat Dr. Gerding, Kaufmann Görg, Bürgervorsteher Stegemann, Büchsenmacher Chevalier. Aus **Harburg**: Kaufmann Hasenkamp. Aus **Soltau**: Bürgermeister Weinlig, Apotheker Schaper. Aus **Fallersleben**: Advocat Conring. Aus **Winsen a. d. L.**: Bürgerrepräsentant Backhaus. Aus **Remitz**: Oeconom Meinert. Aus **Isernhagen**: Oeconom Peters. Aus **Niendorf**: Dorfschulze Pflughaupt. Aus **Asendorf**: Lehrer Wrampelmeier. Aus **Burgdorf**: Thierarzt Hoffmann. Aus **Rienhagen**: Einnehmer Buchholz.

IV. **Aus dem Landdrosteibezirk Stade.**

Aus **Stade**: Advocat A. Weber. Aus **Verden**: Dr. Matthaei, Lehrer Pabst. Aus **Ottersberg**: Advocat Eeekamp, Gastwirth Gieschen. Aus

Das Präsidium wurde dem Dr. Gerding übertragen, als dessen Stellvertreter der Dr. Freudenthal ernannt. Der Zweck der Versammlung bestand namentlich in der Organisation der demokratischen Partei; so wurde denn zuvörderst beschlossen, einen Ausschuß von fünf Personen zu wählen, welcher die hannoverschen Wahlen im Sinne der Versammlung bearbeiten sollte. Die Erwählten waren Cohen-Honed, der Candidat adv. Albrecht, jetzt Obergerichtsanwalt zu Hannover, und die Doctoren Oppermann, jetzt zu Nienburg, Freudenthal und Detering, jetzt Mitglied des Magistrats der Stadt Osnabrück. Der zweite Beschluß ging dahin, die „volksthümliche Presse," — wohin nicht allein die Hannoversche Volkszeitung, das Os-

---

Lehe: Dr. jur. Joppert, Kaufmann Otto Weber, Spediteur Zimmermann. Aus Rotenburg: Advocat Lübbren. Aus Bremervörde: Advocat Biedenweg, Kaufmann Reinhold. Aus Lilienthal: Organist Thorne, Schreiber Repe, Oeconom A. Brüning. Aus Burgdamm: Arzt Neander. Aus Osten: Advocat Hurtzig. Aus Marßel: Tischler Stürke, Fabrikant Jackson, Kaufmann Wischbusen. Aus St. Magnus: Oeconom Ficke. Aus Rechtenfleth: Ortsvorsteher H. Almers. Aus Wolterdingen: Pastor Mathaei. Aus Gnarrenburg: Kaufmann Günther. Aus Schönebeck: Candidat theol. Kottmeyer, Fabrikant Rieckers, Goldarbeiter K. Heckel. Aus Oberende: Landesbevollmächtigter Poppe. Aus Neuenlande: Ortsvorsteher J. Betjemann. Aus Sandstedt: Deichgräfe Harje. Aus Otterndorf: Tischlermeister Stelling. Aus Braak: Oeconom Schmoldt. Aus Friedrichsdorf: Kaufmann Ad. Mahler.

V. Aus dem Landdrosteibezirk Aurich.

Aus Aurich: Musiklehrer Köhl. Aus Emden: Fabrikant Meyer, Kaufmann Even, Stellmacher Wortmann. Aus Norden: Weinhändler Kylena, Kaufmann Jacobi, Auditor Paal.

VI. Aus dem Landdrosteibezirk Osnabrück.

Aus Osnabrück: Advocat Kruse, Kaufmann Lammers. Aus Melle: Advocat Meyer. Aus Beckerode: Hüttenbesitzer J. Meyer. Aus Essen: Candidat der Advocatur Benthe.

VII. Aus dem Bezirk der Berghauptmannschaft Clausthal.

Aus Clausthal: Privatsecretär Woge.

Außerdem haben noch 10—15 Nichthannoveraner an der Versammlung Theil genommen, sämmtlich unbekannte Größen.

nabrückſche Tageblatt, ſondern auch die aufreizende Schrift des bekannten Paſtors Dulon „Vom Kampf um Völkerfreiheit", gerechnet wurde, — auf alle mögliche Weiſe zu unterſtützen und namentlich ſo, daß auf je 25 Mitglieder der verbundenen Volksvereine je ein Exemplar der Hannoverſchen Volkszeitung (Redacteur Dr. Menſching) gehalten werde. Dieſer letzte Beſchluß war ſchon am 5. April in Celle gefaßt, aber nicht ausgeführt. Sodann ſtellte der Advocat Adolph Weber aus Stade im Auftrage des dortigen Bürgervereins den Antrag, die Familien einiger Unterofficiere, welche wegen aufrühreriſchen Betragens zu Arbeitshausſtrafe verurtheilt waren, zu unterſtützen. Offen erklärte der Redner, daß ſeine Partei „das Militair zu ſeiner Pflicht zurückführen wolle, die es dem Volke gegenüber habe, zu ſeiner Pflicht, das Volk zu vertheidigen gegen ſeine **Feinde, das ſind die undeutſchen Regierungen.**" Die Tiraden gegen den „Leichnam der abſoluten Monarchie, der nur mit Bajonetten aufrecht erhalten werde", die Exclamationen über Tyrannen u. ſ. w. waren ſo widerwärtig, daß ſelbſt Weinhagen, der doch ſelbſt ſeine Reden mit allen möglichen Märzredeblumen zu verzieren pflegte, dringend bat, den Zweck des Antrags nicht durch eine weitere Discuſſion zu ſchwächen.

Den Glanzpunkt des Tages bildeten die Verhandlungen über die deutſche Frage. Das Reſultat derſelben beſtand in der Wahl eines Siebener-Ausſchuſſes, der mit allen „geſetzlichen" Mitteln — dieſen ſchon damals üblichen, vom ſ. g. Nationalverein wieder beliebten Ausdruck zur Beruhigung ängſtlicher Gemüther — auf das große Ziel, **Einführung der Reichsverfaſſung**, hinarbeiten ſollte. Namentlich wurde ihm aufgetragen, nach vorgängiger Anordnung der Reichsregentſchaft, die für den 15. Auguſt bevorſtehenden Wahlen zum nächſten Reichstage auch gegen den Willen der Regierung zu leiten und ihm die Ausführung eines von dem Dr. Schrader aus Diepholz geſtellten Antrags

überwiesen, auf Unterstützung der „Braven" hinzuwirken, welche
noch auf Seiten der Opposition fallen oder doch zeitweise den
Familien als Ernährer entzogen würden. Man sieht, das
Vertrauen des rechtsgelehrten Herrn auf den „gesetzlichen"
Weg muß doch nicht so sehr stark gewesen sein, wenn er für
seine „Braven" Tod oder Gefängniß fürchtete. In den Ausschuß wurden gewählt: v. Honstedt zu Eilte, welcher wörtlich
erklärte: „Ich nehme die auf mich gefallene ehrenwerthe Wahl
an; des Volkes Stimme, Gottes Stimme, und wenn das
Volk durch seine Abgeordneten mir befiehlt, so
bin ich ihm Gehorsam schuldig. Ich werde ihm
gehorchen, wie meinem Commandeur."[1] Der blinde
Gehorsam, zu dem Herr v. Honstedt sich hier bekennt, würdigt
die Soldaten zu bedauernswerthen Maschinen herab, wie
Tags zuvor behauptet war, für die Mitglieder der Volksvereine
soll er aber ganz an der Tagesordnung sein, denn das steno-
graphirte Bravo der Versammlung billigte ja die Erklärung
des Erkorenen. Als zweites Mitglied wurde der Dr. Plathner
gewählt; sodann Dr. Gerding, Julius Meyer aus Beckerode,
Dr. Wyneken, jetzt Mitglied des Magistrats zu Stade, Syndicus Dr. Bueren und Advocat v. Harß. Als Ersatzmänner
zählt der stenographische Bericht folgende Herren auf: Dr.
Ellissen, Justizrath Schlüter aus Stade, Dr. Mensching aus
Hannover, Stadtsyndicus Schwarz, „den Nestor der Liberalen" aus Celle, Advocaten Westrum aus Hildesheim, Dr.
Mathaei aus Verden.

Die Siebener und die Fünfer ließen nicht lange auf
sich warten; schon am 24. Juni versandten die letzteren, das
„Centralcomité für die hannoverschen Wahlen,"
ein Circular in alle Weltgegenden, um eine festgeschlossene

---

[1] Mit ähnlicher Naivetät erklärte Lang I. in der zweiten Kammer am
17. Mai 1850: „Ich bin von Haus aus ein Republikaner und daher gewohnt,
die Majorität für mich als maßgebend anzusehen."

Phalanx bei den bevorstehenden Wahlen in das Feld führen zu können. Nur derjenige soll nach dem Circulare gewählt werden, welcher sich dahin verpflichtet, an der von der Nationalversammlung beschlossenen Reichsverfassung nebst dem Wahlgesetze unwandelbar festzuhalten und dafür nach besten Kräften und Gewissen zu wirken, und zweitens verspricht „er werde sich in der Kammer jeder Mitwirkung an der Bildung des in der octroyirten Verfassung vorgeschriebenen Staatenhauses enthalten." [1]

Auch der Siebener-Ausschuß versuchte durch ein vom 21. Juli datirtes Circular seine Aufgabe zu erfüllen.[2] Von den zu Bremen gewählten Mitgliedern mußten inzwischen Bueren Gründe zum Rücktritt gehabt und ebenso Ellissen und Schlüter die Ehre abgelehnt haben, als Ersatzmänner einzutreten; denn das Circular trägt neben den Namen v. Honstedt, Gerding, Plathner, v. Hartz, Julius Meyer, die Unterschrift des Dr. Mensching. Vielleicht hatten die ablehnenden Herren eingesehen, daß es Zeit sei, den Rückzug anzutreten, da der Aufruhr überall mit bewaffneter Hand niedergeschlagen wurde. Die letzten Positionen der Rebellen in Dresden waren schon am 9. Mai in Sturm genommen, der Aufruhr in Breslau und Düsseldorf gedämpft, Iserlohn bezwungen (17. Mai), die preußischen Colonnen waren am 13. Juni in die baiersche Pfalz, am 17. desselben Monats in Baden eingerückt, und die Reichsregentschaft hatte am 18. Juni ihre letzte Tragikomödie in Stuttgart aufgeführt.

---

[1] In der Hannoverschen Zeitung von 1848, Nr. 184, S. 1014 ist das Circular vollständig abgedruckt.

[2] Im Auszuge in der Hannoverschen Zeitung von 1849, Nr. 195, S. 1057.

§. 10.

Der Verfall des Dreikönigsbündnisses.

Die Opposition in Hannover gegen das Dreikönigsbündniß. Die Erklärung von fünfundvierzig Professoren in Göttingen. Die Versammlung der Gothaer oder das Nachparlament. Das Interim. Die Union. Das s. g. Vierkönigsbündniß. Der Reichstag zu Erfurt. Der Berliner Congreß. Der s. g. halbe Bundestag.

Das Dreikönigsbündniß[1] vom 26. Mai schien Anfangs den besten Fortgang zu haben. In Folge der erwähnten Aufforderung an die deutschen Regierungen war eine ganze Reihe derselben theils durch förmliche Accessionsurkunden,[2] theils mit dem Vorbehalt der Ratification beigetreten.[3] Der Verwaltungsrath trat am 18. Juni zu Berlin zusammen[4] und die Installirung des provisorischen Schiedsgerichts zu Erfurt erfolgte am 2. Juli.[5] Selbst eine große Anzahl der gemäßigtern früheren Mitglieder der deutschen Nationalversammlung sah das Dreikönigsbündniß mit so günstigen Augen an, daß sie dasselbe unterstützen zu müssen glaubten. Am 3. Juni luden neun Anhänger des Kaiserprojects ihre politischen Freunde zu

---

[1] Sämmtliche Verhandlungen und Protocolle finden sich in den Aktenstücken von 1849. Heft 5.

[2] Baden, Kurhessen, Nassau, Sachsen-Weimar, Anhalt-Bernburg, Braunschweig, Sachsen-Altenburg, Mecklenburg-Strelitz.

[3] Hessen-Darmstadt, Mecklenburg-Schwerin, Sachsen-Coburg-Gotha, Sachsen-Meiningen, Schwarzburg-Rudolstadt, Reuß, Hamburg, Bremen.

[4] Für Hannover: der Klosterrath von Wangenheim und als militairischer Commissarius der Oberst Jacobi.

[5] Für Hannover: der Ober-Appellations-Rath von Lape und der Stadtrichter Dr. Francke.

einer Besprechung nach Gotha ein.¹ Den hannoverschen Radicalen war dagegen das Dreikönigsbündniß ein Dorn im Fleische, und sie versäumten nicht, ihrem Zorne Luft zu machen. Von allen Seiten regnete es wieder Adressen, welche mit energischen Worten erklärten, die Unterzeichner würden an der alten Reichsverfassung festhalten und alle „friedlichen Mittel" anwenden, um sie zur Geltung zu bringen. An die Spitze dieser Demonstrationen traten 35 Abgeordnete zur Nationalversammlung, zur ersten und zur aufgelösten zweiten Kammer² mit folgender Erklärung:

„1) Die Reichsverfassung vom 28. März 1849 und das Reichswahlgesetz vom 12. April 1849 sind rechtlich und endgültig festgestellt. Der von den Regierungen Preußens, Sachsens und Hannovers, sowie von anderen deutschen Regierungen dagegen erhobene Widerspruch ist rechtswidrig.

„2) Beide Gesetze können nur abgeändert werden durch einen in Gemäßheit dieser Gesetze zu berufenden Reichstag und nur in dem durch die Reichsverfassung gebilligten Wege.

„3) Die Versammelten halten es weder für recht noch rathsam, das Zustandebringen einer Versammlung zu unterstützen, welche über Abänderung der Reichsgesetze beschließen soll. Sie verwahren feierlichst die Rechte des Vaterlandes, namentlich gegen die Berliner Aufstellung, und werden den Maßnahmen, welche auf das Zustandebringen einer solchen Versammlung gerichtet sind, widerstreben.

[1] Dahlmann, Francke, H. von Gagern, M. von Gagern, Graf Giech, Mathy, Rümelin, von Soiron, Wiedemann.

[2] Nämlich Lang I., Lang II., Siemens, Wachsmuth, Lantelmann, von Honstedt, Fründt, Dr. Witte, Gödeke, Riehl, Wißmann, Schmidt aus Fallingbostel, Krönke, Ahrens, Gravenhorst, Henniger, Böse, Kotzebue, Schayer, Heimbrodt, Wrede, Thies, Lintze, Hoppe, Weinhagen, Thormeyer, Wisch, Müller aus Schellerten, Nicol, Breußing, Rumann, Rosenthal, Wyneken, Brackebusch, Grumbrecht. Senator Tischlermeister Meyer in Göttingen, Dr. Thiermann, Dr. Ellissen, Dr. Obrock, Ahlborn, Pabst und Harms erklärten in ihrer Abwesenheit zu allen Majoritätsbeschlüssen, welche die gesetzliche Durchführung der Reichsverfassung bezweckten, im Voraus ihre Zustimmung.

„4) An den Wahlen, welche auf Grund des von den drei Regierungen einseitig und willkürlich aufgestellten Wahlgesetzes ausgeschrieben werden möchten, wird kein Theil genommen.

„5) Das hannoversche Volk wird aufgefordert, sich in unwandelbarer Treue gegen die Reichsverfassung vom 28. März gleichfalls jeder Betheiligung an solchen Wahlen zu enthalten; bei den bevorstehenden Wahlen zur zweiten Kammer der Landesversammlung aber nur solche Männer zu wählen, von denen es vorher sich überzeugt hat, daß sie jede Wahl zum Staatenhause, welche ihnen etwa auf Grund des octroyirten Wahlgesetzes angesonnen werden möchten, ablehnen."

Dieser Erklärung gegenüber müssen wir wenigstens eine andere anführen, in welcher sich die Ansichten des größeren Theils der Gebildeten über die damaligen Bestrebungen der Regierung wiederspiegeln möchten. Fünfundvierzig Professoren der Georgia Augusta[1] richteten nämlich unterm 23. Juni an drei ihrer Collegen, Zachariae, Waitz, Thoel, welche Mitglieder der deutschen Nationalversammlung gewesen, ein Schreiben, in welchem sie erklärten, „daß sie die Verfassung, wie sie in Frankfurt in zweiter Lesung festgestellt worden, weder ihrer einseitigen Entstehung und Veröffentlichung nach für zu Recht beständig, noch ihrem Inhalte nach für etwas Erstrebenswerthes halten könnten."

„Wir können sie nicht", heißt es wörtlich in dem Schreiben, „für zu Recht beständig halten, weil wir nach einer rechtlichen Begründung der von der Versammlung in Anspruch genommenen Vollmacht, den Fürsten und Völkern Deutschlands eine

---
[1] Francke, W. Kraut, Ribbentrop, H. H. Briegleb, Herrmann, H. Ritter, Hanßen, Gieseler, R. Wagner, A. Griesebach, Fuchs, Bertheau, Lücke, Wöhler, Gauß, Goldschmidt, von Siebold, Duncker, Wappäus, Hausmann, Osiander, Marx, Meyer, Höck, Mitscherlich, Schneidewin, Bartling, Berthold, Langenbeck, Trefurt, Krämer, Ehrenfeuchter, Bohß, Listing, C. Oesterley, C. W. Wolff, Havemann, Conradi, Herbst, Lotze, Reiche, A. Wiggers, J. Wüstenfeld, Rüte, G. von Leutsch.

Verfassung zu octroyiren, vergebens suchen, ja wir können das von zahlreichen und trefflichen Männern der Versammlung jüngst wiederholt benutzte, durch bekannte Ausdrücke des Bundestages veranlaßte, von der schiedsrichterlichen Gewalt entlehnte Gleichniß, nur als das eigene Bekenntniß der Unmöglichkeit einer solchen Begründung betrachten. Denn wie ließe es sich denken, daß man eine solche Gewalt, welche die damit Bekleideten hoch über die Fürsten und Völker gestellt, und zugleich ausschließlich auf eine leidenschaftslose und unparteiische Abwägung der Ansprüche Beider angewiesen hätte, einer so zahlreichen und nur aus und von dem Volke gewählten Versammlung sollte haben anvertrauen wollen! In der That würde man hier unter anderen Fehlern auch den begangen haben, zwei bis jetzt für völlig unverträglich gehaltene Eigenschaften, die des Richters und des Vertreters der einen Partei, in denselben Personen zu vereinigen.

„Aber auch ihrem Inhalte nach können wir jene Verfassung nicht für erstrebenswerth halten. Wir wollen uns hier auf eine Prüfung ihrer einzelnen Bestimmungen nicht einlassen, welche keineswegs geeignet sind, eine feste Rechtsgrenze zwischen der Gewalt des Einzelstaates und der des Reichs zu ziehen. Genug, daß eine volle, ehrliche und aufrichtige Durchführung dieser Verfassung unmöglich ist, weil eine solche (nach den eigenen unzweideutigen Äußerungen hervorragender Mitglieder der Nationalversammlung) bedingt wäre durch eine Auflösung des preußischen Großstaates. Denn wie ließe sich bei den jetzt zur Herrschaft gelangten Vorstellungen noch ein preußischer Staat ohne eine allgemeine preußische Ständeversammlung denken, deren Fortdauer man aber als unverträglich bezeichnet hat mit einer, mit so großen Prärogativen ausgestatteten Reichsversammlung. Eine solche Auflösung Preußens in seine Provinzen wäre dann wieder ohne die Gleichstellung der übrigen deutschen Staaten mit diesen, mithin auch der Ständeversammlungen jener mit den Provinzialständen dieser u. s. w. kaum denkbar. Früher hätte man sich so ungeheure Veränderungen nur als Resultat eines furchtbaren inneren und auswärtigen Krieges zu denken vermocht. Sollte man sie jetzt, dem allen Wesen, auch allen Staatswesen innewohnenden mächtigen Trieb der Selbsterhaltung zum Trotz durch Gesetzgebung willkürlich und planmäßig herbeiführen zu können glauben? Wir wissen nicht, ob Deutschland sich besser befinden würde, wenn es Gott gefallen hätte, die preußische Monarchie nicht entstehen und zu dieser Macht und Größe anwachsen zu lassen; wir wissen nicht, daß die preußische Monarchie ihre Mission erfüllt habe und nun zum Heile Deutschlands zu existiren wieder aufhören müsse. Aber das wissen wir, daß der Gedanke, die Monarchie Friedrich des Großen im Wege der Gesetzgebung beseitigen zu können, eine entschiedene Illusion sein würde. Diese Reichsverfassung, auch angenommen und eingeführt, würde auf dem Papiere stehen bleiben, und statt ihrer in Wahrheit eine andere noch unbekannte Verfassung wirklich geübt werden."

Mit Entschiedenheit treten sodann die Unterzeichneten der landläufigen Behauptung entgegen, der von den drei Regierungen aufgestellte Entwurf sei eine octroyirte Verfassung, nur „Leichtfertigkeit oder Bosheit" könne ihn so bezeichnen. Er sei als ein „wesentlich verbesserter" zu betrachten; die wenig zahlreichen Abweichungen von dem Frankfurter Entwurfe seien fast sämmtlich zur Verhütung eines völligen Aufgebens der Einzelstaaten in das Ganze unentbehrlich. Das Wahlgesetz verdiene die höchste Beachtung und eine reifliche Prüfung; jedenfalls hätte ein Wahlgesetz beseitigt werden müssen, „dessen Bestimmungen allein genügt hätten, die Annahme der unveränderten Frankfurter Verfassung den der Agitation gegenüber nicht zu völliger Ohnmacht herabgesunkenen Regierungen unmöglich zu machen". Zum Schluß wird der Wunsch ausgesprochen, die Gothaer Versammlung möge den Vorschlägen der Regierung eine ruhige, leidenschaftslose Prüfung zu Theil werden lassen, sich nicht eine, mit dem Begriffe der Vereinbarung oder Verständigung geradezu im Widerspruch stehende, endgültige Entscheidung zuschreiben und nicht die Bahn einzuschlagen beabsichtigen, welche von dem Vorparlament und dem Funfziger-Ausschuß verfolgt worden.¹

Vom 26. bis 28. Juni fand in Gotha die angekündigte Versammlung statt, (Versammlung der Gothaer, Nachparlament) deren Theilnehmer,² unter gewissen Voraussetzungen, sich schließlich dahin verpflichteten: so viel ihnen möglich, auf den Anschluß der noch nicht beigetretenen Staaten an den von der Berliner Conferenz vorgelegten Entwurf hinzuwirken, und an den Wahlen zum nächsten Reichstage sich zu betheiligen. Allein wenn auch eine große Anzahl der deutschen Regierungen ihren Beitritt erklärt hatte, so lehnte doch Baiern, nach verschiedenen scharfen Noten, welche mit dem Berliner Cabinet gewechselt waren, am 8. September 1849 unumwunden den Beitritt zu dem Bündnisse ab;³ Hessen-Homburg folgte am 14. und Würtemberg am 20. desselben Monats diesem Beispiele.⁴

---

¹ Deutsche Chronik von 1849. S. 331 ff. Hannoversche Zeitung von 1849. Nr. 154. S. 872.

² Von den anwesenden Hannoveranern hatten das Programm nicht unterzeichnet: Freudentheil aus Stade; Grumbrecht aus Lüneburg; von der Horst aus Rotenburg; von Quintus-Icilius aus Fallingbostel.

Gegen die Verpflichtung, das Wahlgesetz zu befördern, verwahrten sich: Röben aus Derum, Dammers aus Nienburg, Groß aus Leer, Prakebusch, Wachsmuth, Siemens aus Hannover, Plaß aus Stade, Lang aus Verden, Breusing aus Osnabrück.

Ohne Vorbehalt hatten ihre Übereinstimmung erklärt: Bebncke aus Hannover, Brons aus Emden, Oberg aus Hildesheim, Waitz und Zachariae aus Göttingen.

³ Die Erklärung ist abgedruckt in der Deutschen Chronik von 1849. S. 12⁰

⁴ Daselbst S. 177.

Inzwischen hatten Österreich und Preußen noch einmal den Versuch gemacht, eine provisorische Centralgewalt zu schaffen. Am 7. September fand eine persönliche Zusammenkunft der beiden Monarchen von Österreich und Preußen bei dem Könige von Sachsen in Pilnitz statt, in Folge dessen ein vom Reichsverweser aufgestellter Entwurf Gegenstand von diplomatischen Verhandlungen zwischen beiden Mächten wurde. Am 30. September wurde nach erfolgter Einigung eine „Übereinkunft zwischen den Regierungen von Preußen und Österreich über einen, den übrigen Mitgliedern des deutschen Bundes vorzulegenden Vorschlag wegen Bildung einer neuen provisorischen Bundes-Central-Commission" publicirt,[1] welche der Reichsverweser am 6. October, Preußen am 10. October ratificirte.[2] Nach dieser Übereinkunft verabredeten die deutschen Bundesregierungen mit dem Reichsverweser ein Interim, in Folge dessen Österreich und Preußen die Ausübung der Centralgewalt für den deutschen Bund bis zum 1. Mai 1850 übernehmen sollten, insofern dieselbe nicht schon früher an eine definitive Gewalt übergehen könne. Die von dem Reichsverweser geleiteten Angelegenheiten, jedoch nur soweit sie der Competenz des engern Raths der Bundesversammlung angehörten, wurden einer Bundes-Central-Commission von 4 Mitgliedern übertragen, zu der Österreich und Preußen je zwei Mitglieder ernannten.[3] Als Zweck stellte die Übereinkunft die Erhaltung des deutschen Bundes auf und überließ, während des Interims, die deutsche Verfassungsangelegenheit der freien Vereinbarung der einzelnen Staaten.[4]

---

[1] Abgedruckt in der Deutschen Chronik. Bd. 2. 1849. S. 186.

[2] Daselbst S. 223 die wichtigsten Stellen der Ratificationsurkunde.

[3] Österreich ernannte den Freiherrn von Kübeck und den Feldmarschall-Lieutenant von Schönhals, Preußen den General von Radowitz und den Ober-Präsidenten Bötticher, in deren Hände der Reichsverweser am 20. December 1849 seine Würde niederlegte. Am 1. Januar 1850 verließ derselbe Frankfurt.

[4] Der Entwurf des österreichischen Cabinets, Deutsche Chronik von 1849. S. 143. Die preußische Antwort S. 149. Der Vertrag S. 186 ff.

Schon am 30. August hatte Nassau in dem Verwaltungsrathe die Frage wegen Ausschreibung der Wahlen zum Reichstage angeregt. Als nun die oben erwähnten Erklärungen Baierns und Würtembergs, welche entschieden den Beitritt zum Dreikönigsbündniß abgelehnt, im September eingelaufen, machten Sachsen und Hannover von dem ausdrücklichen Vorbehalte beim Abschluß des Bündnisses Gebrauch und erhoben gegen die Ausführung jener Verfassung den lebhaftesten Widerspruch. Beide Staaten erklärten, der Zweck des Bündnisses vom 26. Mai sei gewesen, die Verfassung für ganz Deutschland zu begründen, sie seien aber durch jenes Bündniß durchaus keinem s. g. engeren Bunde beigetreten, welcher den Verträgen von 1815 widerstreite. Sie bestritten selbst auf Grund des Bündnisses vom 26. Mai die Berechtigung zur Gründung eines engeren Bundesstaats und verlangten jetzt neue Verhandlungen, um ein neues Bündniß zur Ausführung zu bringen. Demnach protestirten sie gegen die Ausschreibung der Wahlen zum Reichstage, und als dessenungeachtet der Verwaltungsrath am 19. October die Ausschreibung derselben auf den 15. Januar 1850 beschloß, reichten der Königlich sächsische und hannoversche Bevollmächtigte am 20. October eine gleichlautende Erklärung dahin ein: dieser Beschluß sei eine Maßregel, welche dem Bündnisse vom 26. Mai zuwiderlaufe, den Zweck desselben gefährde, die innere und äußere Sicherheit Deutschlands bedrohe, weshalb sie hiermit Protest dagegen einlegten. Tags darauf (21. October) erklärten die Bevollmächtigten beider Regierungen, sie würden an den nächsten Sitzungen, in denen namentlich dieser Gegenstand berathen werden sollte, nicht Theil nehmen, sondern Berlin verlassen. Eine Denkschrift der hannoverschen Regierung vom 1. November motivirte ausführlich diese Maßnahmen der Königlichen Regierung.

Der Versuch des preußischen Cabinets, durch scharfgeschriebene Noten, welche den Ausführungen der sächsischen und hannoverscher Regierung in ziemlich undiplomatischem Stile den Vorwurf der „Monstruosität" u. s. w. machten, eine Änderung in der Auffassung der beiden Regierungen zu bewirken, mußte voraussichtlich ohne allen Erfolg bleiben. Beide Regierungen hatten mit den klarsten Worten von dem Beitritte sämmtlicher deutschen Staaten den Abschluß des Bündnisses vom 26. Mai abhängig gemacht, und diese Bedingung war mit der Weigerung Würtembergs und Baierns, dem Dreikönigsbündniß beizutreten, deficirt. Diese Sachlage war so klar und einfach, daß alle Noten des Berliner Cabinets nicht im Stande waren, dieselbe zu verwirren. Die beiden protestirenden Staaten beabsichtigten eine Einigung von ganz Deutschland, welche auf diese Weise durch den Nichtbeitritt von Süddeutschland unmöglich geworden war, Preußen wollte aber jetzt einen engeren Bundesstaat gründen, hauptsächlich im preußischen Interesse. Hannover und Sachsen gingen von der Ansicht aus, daß der Bund von 1815, nicht nur seinem ursprünglichen Zwecke, sondern auch seiner ursprünglichen Organisation nach, fortwährend zu Recht bestehe, während die preußische Regierung nur anerkannte, daß der Bund in seinem Zwecke und gegenseitigen Rechten und Pflichten freilich fortbestehe, die Organisation aber durch die „rechtlichen Thatsachen" des Jahres 1848 aufgehoben sei.

Bald genug stellte es sich übrigens heraus, daß auch Österreich die sächsische und hannoversche Auffassung vollkommen theilte. Schon am 12. November[1] protestirte Österreich gegen die preußische Auffassung über die Rechtsbeständigkeit der Bundesverfassung und stellte einen Protest gegen die Berufung des preußisch-deutschen Reichtags in Aussicht. Als dessenungeachtet der Verwaltungsrath am 17. November den definitiven Beschluß gefaßt, die Wahlen zum Reichstage auf den 31. Januar

---

[1] Deutsche Chronik von 1849. Th. 2. S. 340.

auszuschreiben, erfolgte der österreichische Protest am 25. November mit der bestimmtesten Erklärung, daß Österreich den preußischen Bundesstaat nicht anerkenne. Dennoch beschloß der Verwaltungsrath am 13. Februar 1850, den Reichstag auf den 20. März nach Erfurt zusammenzuberufen; es wurde eine Additionalacte entworfen, welche den Bundesstaat in Union umtaufte, die im deutschen Bunde stehen bleiben, aber darin als Gesammtheit die Rechte und Pflichten ihrer einzelnen Mitglieder ausüben sollte. Am 21. Februar 1850[1] sagte sich endlich Hannover völlig von dem Dreikönigsbündniß los. Der Verwaltungsrath erklärte diesen Schritt der hannoverschen Regierung für unzulässig und beauftragte Preußen, die erforderlichen Schritte zu thun, das angebliche Recht und die Würde der Verbündeten zu wahren. Preußen sandte wiederum eine scharfe Note nach Hannover, welche zu den früheren ad acta gelegt wurde, und rief am 7. März vorläufig seinen Gesandten, den Grafen von Bülow, ab. Der preußische Landtag bewilligte auf desfallsigen Antrag einen außerordentlichen Credit von 18 Millionen zu militairischen Zwecken, und Preußen begann seine Rüstungen, um die Widersacher der Union nöthigenfalls mit Gewalt zu der preußischen Auffassung zu bekehren.

Schon seit Januar 1850 hatten inzwischen Hannover und Sachsen mit Baiern und Würtemberg unterhandelt,[2] um dem preußischen Bundesstaate einen selbstständigen Entwurf für die Neugestaltung Deutschlands entgegenzusetzen. Die s. g. Münchener Übereinkunft vom 27. Februar 1850, fälschlich Vierkönigsbündniß genannt, da Hannover nicht unterzeichnete, sollte »diejenigen Zusagen erfüllen, welche sämmtliche Bundesregierungen durch die Bundesbeschlüsse vom 30. März und

---

[1] Das Schreiben in den Aktenstücken von 1850. S. 1356.
[2] Die Noten finden sich in den Aktenstücken von 1850. S. 1359 ff.; daselbst auch die Münchener Übereinkunft. S. 1365.

7. April 1848 der Nation gegeben hatten«. Die Hauptbedenken, welche Hannover gegen die Übereinkunft geltend machte, bestanden darin, daß man zur parlamentarischen Repräsentation nur ein Volkshaus, aber kein Staatenhaus beschlossen hatte, und daß Gesammt-Österreich in den Bundesstaat aufgenommen werden sollte.[1] Während Baiern, Sachsen und Würtemberg mit dem österreichischen Cabinet über den Beitritt zur Münchener Übereinkunft unterhandelten, trat am 20 März zu Erfurt der Reichstag zusammen. Hannover und Sachsen hatten nicht wählen lassen, in Folge dessen von Radowitz in der Eröffnungsrede gegen beide Mächte eine Klage beim Bundesschiedsgericht in Aussicht stellte, um dieselben zur Erfüllung ihrer angeblich vertragsmäßigen Obliegenheiten anzuhalten.[2] Die Hoffnung der preußischen Regierung, daß die Opposition im Volkshause ihr Gelegenheit geben würde, die Verfassung fallen zu lassen, ging trotz der Warnungen des Herrn von Radowitz vor einer En-bloc-Annahme nicht in Erfüllung. Die Partei der Gothaer, welche die überwiegende Majorität bildete, wollte um jeden Preis jetzt zu einem Abschluß gelangen; sowohl das Staatenhaus wie das Volkshaus erklärten ihre Zustimmung zu der Maiverfassung und der Additionalacte und ließen den Regierungen völlig freie Hand, die vom Parlamente nachträglich beschlossenen Abänderungen anzunehmen oder zu verwerfen. Unmittelbar nach der Beendigung der Berathungen wurde der Reichstag am 29. April »vertagt«, denn Österreich hatte wenige Tage zuvor eine Mine gegen die preußischen Pläne gelegt, welcher nothwendiger Weise in aller Eile entgegengearbeitet werden mußte, wenn nicht die ganze politische Position Preußens in die Luft gesprengt werden sollte. Da nämlich

---

[1] Das Detail bei von Kaltenborn. Bd. 2. S. 187 ff.

[2] Am 27. lief in Hannover ein an das Gesammt-Ministerium adressirtes, mit dem Siegel des Bundesschiedsgerichts zu Erfurt verschlossenes Paquet ein. Die Annahme der Sendung wurde jedoch verweigert. Hannoversche Zeitung vom 27. April 1850.

das österreichische Cabinet eingesehen, daß eine Operation mit der Münchener Übereinkunft gegen die preußischen Pläne sehr wenig Aussicht auf Erfolg habe, hatte es den Beschluß gefaßt, die alte Bundesverfassung wieder in Wirksamkeit zu setzen. Eine Circulardepesche vom 26. April 1850 schrieb eine s. g. **Bundes-Plenar-Versammlung der Bundesglieder** auf den 10. Mai nach Frankfurt aus, zur Errichtung einer definitiven oder provisorischen Centralbehörde, da das Interim mit dem 1. Mai abgelaufen war.

Um die österreichischen Pläne zu durchkreuzen, lud der König von Preußen am 1. Mai sämmtliche Unionsfürsten auf den 8. d. M. nach Berlin zu einem Congreß ein, um namentlich über Verbesserungen der Unionsverfassung zu berathen, ein vorläufiges Unionsorgan ins Leben zu rufen, die Fortdauer des Interims festzustellen und eine Übereinkunft über die vorläufige Stellung zum Frankfurter Bundestage zu treffen. Sämmtliche Eingeladene, mit Ausnahme des Königs von Sachsen, der gänzlich ablehnte, des Großherzogs von Hessen-Darmstadt und des Herzogs von Nassau, welche persönlich behindert waren, zu erscheinen, fanden sich am 9. Mai zur Eröffnung des Congresses ein. **Hannover allein hatte keine Einladung erhalten.**

Während Herr von Radowitz in Erfurt die hannoversche Regierung mit einer Klage beim Bundesschiedsgericht bedroht hatte, erklärte jetzt die preußische Regierung plötzlich, daß es völlig in dem Belieben der einzelnen Regierungen stehe, bei der Union zu beharren oder auszuscheiden, — der beste Beweis, daß Preußen endlich die praktische Durchführung des Projects für unmöglich erkannt und ebenso wie in Erfurt durch seine Warnung vor der En-bloc-Annahme der Verfassung, jetzt durch diese Erklärung das Bündniß vom 26. Mai zu begraben wünschte, ohne selbst den Todtengräber zu spielen. Das Resultat der Conferenzen, welche vom 10. bis 15. Mai dauerten, bestand zuvörderst in dem Beschlusse einer **provisorischen Unionsregierung**, welche vorläufig bis zum 15. Juli dauern sollte, da sich schon in der ersten Sitzung solcher Widerstand gegen die Unionsverfassung kund gegeben hatte, daß an eine Ausführung derselben gar nicht zu denken war. In Betreff des Frankfurter Congresses (Bundestages) einigte man sich zu der Erklärung, die von Österreich beanspruchte Präsidialbefugniß sei unberechtigt, da die Bundesversammlung rechtmäßig aufgelöst sei; die Zusammenkunft in Frankfurt habe also nicht den ihr von Österreich beigelegten Charakter des Plenums der früheren Bundesversammlung, sondern sei lediglich eine Vereinigung der 35 deutschen Regierungen, deren Beschlüsse nur die Zustimmenden bänden; die Unionsregierungen würden aber keiner Neugestaltung der Bundesversammlung zustimmen, welche der Union nicht eine berechtigte Stellung in derselben sichere.

Am 10. Mai wurde in Frankfurt die erste Sitzung gehalten. Die feierliche Eröffnung der s. g. **Plenarsitzungen** erfolgte, trotz der Proteste der Unionsgesandten, am 16. Mai. Da die Versammlung sich als Plenum der Bundesversammlung gerirte, so hielten sich die meisten Gesandten der Unionsregierungen von den Sitzungen entfernt,[1] und als bald darauf mehrere Staaten ihren Austritt aus der Union anzeigten,[2] verließen die übrigen Bevollmächtigten der unionstreuen Regierungen endlich Frankfurt im Laufe des Monats Juli. Die Bundesversammlung, der s. g. **halbe Bundestag**, ließ sich durch die Proteste der Unionsregierungen nicht beirren, sondern ernannte einen Ausschuß zur Berichterstattung über den von

---

[1] An den Sitzungen betheiligten sich nur die Bevollmächtigten von Österreich, Baiern, Sachsen, Hannover, Würtemberg, Hessen-Darmstadt, Dänemark wegen Holstein, Niederlande wegen Limburg, Mecklenburg-Strelitz, Liechtenstein, Schaumburg-Lippe und Hessen-Homburg.

[2] Das Königreich Sachsen erklärte seinen Austritt am 25. Mai, die beiden Hessen, Mecklenburg-Strelitz und Schaumburg-Lippe im Juni u. s. w.

Österreich gestellten Antrag, die Errichtung eines anderen Centralorgans betreffend. In dem Berichte vom 7. August widerlegte der Ausschuß zuvörderst ausführlich die Ansicht, die Bundesversammlung sei für immer rechtmäßig aufgelöst, und stellte alsdann den Antrag, "es wolle der hohen Plenarversammlung belieben, sich sofort zum engeren Rath zu bilden und zunächst die dem berichterstattenden Ausschusse gestellte Aufgabe zum Gegenstande der Wirksamkeit desselben zu machen."[1] Als dieser Antrag von den zwölf anwesenden Bevollmächtigten[2] sofort angenommen war, erließ der österreichische "Präsidialhof" eine Circulardepesche vom 14. August 1850 an alle Bundesregierungen mit der Aufforderung, zu dem erwähnten Zwecke ihre Gesandten zum 1. September nach Frankfurt zu senden.

---

[1] Der Bericht im Auszuge bei von Kaltenborn. Bd. 2. S. 209 ff.
[2] Hannover war durch den früheren Reichsminister (S. 185), Advocaten Detmold vertreten.

§. 11.

Die erste Diät der XI. allgemeinen Ständeversammlung vom 8. November 1849 bis 23. Juli 1850.

Die Zusammensetzung der Kammern. Die Thronrede. Anträge: Thiermann's auf Amnestie für politische und Preßvergehen; Gerding's für Jagdvergehen und auf Auslieferung der in Baden verhafteten Hannoveraner; Ellissen's auf Erlaß eines Bürgerwehrgesetzes; Freudentheil's auf Beseitigung des Seitengewehrs außer Dienst; Bueren's auf Civilehe. Pastor Pfaff über die „beste Juden-Mission." Die deutsche Frage. Lang's II. Antrag auf ein Mißtrauensvotum. Rückblick auf die Ständeversammlung.

Lange bevor die Königliche Proclamation vom 15. Juli 1849 die Ständeversammlung des Königreichs Hannover auf den 8. November d. J. zusammenberufen, begann die Bewegungspartei, die Wahlen für die Kammern vorzubereiten. Schon auf dem Bremer Volkstage war, wie oben Seite 203 erwähnt, ein Ausschuß von fünf Personen ernannt, um die Wahlmänner im Sinne der demokratischen Partei zu bearbeiten. Das Emissärwesen stand wieder in schönster Blüthe. Überall wurden Versammlungen gehalten, in welchen die Aspiranten auf einen Sitz in der Kammer die Wähler haranguirten und ihnen die Zukunft rosenfarben malten, wenn sie die rechten Männer, d. h. solche, welche der demokratischen Partei mit Leib und Leben ergeben, in das Ständehaus schicken würden. Sendschreiben machten die Runde, und die gesinnungstüchtige Presse tönte von den Lobliedern auf die Anhänger ihrer Partei wieder, während sie vor der Wahl von Beamten und sonstigen „Reactionären" warnte. Wenn die Bestrebungen der radikalen Partei dennoch nicht vollständig mit dem erwarteten Erfolge gekrönt wurden, so lag dies

Fehlschlagen mancher schönen Hoffnung nicht etwa an der mangelhaften Organisation der Volkspartei, sondern namentlich an den Ereignissen, welche mehrere deutsche Staaten erschütterten, wo die Umsturzpartei die Maske abgeworfen und die Perspective auf den blutigsten Bürgerkrieg eröffnet hatte. Die Tragikomödie in Stuttgart und der Aufruhr in Baden hatten Manchem noch in der zwölften Stunde die Augen geöffnet, der kurze Zeit vorher dem Wahne der Volkssouveränetät mit vollen Händen Weihrauch gestreut und das schwarz-roth-goldne Band stolz im Knopfloch getragen.

Immerhin waren aber die Wahlen zur zweiten Kammer noch ziemlich entschieden g e g e n die Politik der Regierung ausgefallen. Von den 40 Abgeordneten, welche aus der aufgelösten zweiten Kammer wiedergewählt waren, hatten 31 in der deutschen Frage gegen das Ministerium gestimmt. Die conservative Partei hatte 17 Mitglieder der früheren Kammer verloren, die Opposition 23, unter ihnen Böse, Rumann, Obrock, Gödeke, Riehl; dagegen war sie durch mehrere Matadore der Volksversammlungen, u. A. Dr. Gerding, Dr. Oppermann, Advocat Detering, Dr. Schläger, Gutsbesitzer v. d. Horst II., Syndicus Bueren, wieder verstärkt und über den Verlust getröstet. Außerdem war Weinhagen wiedergewählt, dem noch Ellissen, Freudentheil, Thiermann, Siedenburg u. A. als Führer zur Seite standen, so daß also die Kammer als Grundfarbe noch immer ein scheinendes Roth zeigte.[1]

---

[1] Mitglieder zweiter Kammer. Zwei vom König ernannte Mitglieder, welche Minister sind: 1) v. Düring, 2) Lebzen.
Der Commissarius für das Schulden- und Rechnungswesen: Schatzrath Dr. Lang.
Achtunddreißig Abgeordnete der Städte und Flecken: 1) Ministerial-Vorstand Stuve, 2) Senator Meyer, 3) Dr. phil. Ellissen, 4) Landdrost Meyer, 5) Amtsassessor Heise, 6) Advocat Grumbrecht, 7) Dr. jur. Rothmann, 8) Amtsassessor v. Hagen, 9) Bürgermeister Wehmann, 10) Ober-

Bei weitem farbloser war dagegen die erste Kammer. Das Gros bildeten 23 Landleute; hieran reiheten sich 9 Gewerbetreibende, 4 Geistliche, 2 Advocaten, 3 Professoren, 2 Landräthe, 8 Beamte u. s. w. Daß es hiernach keinen Überfluß an politischen Capacitäten in der Kammer gab, bedarf keiner ausdrücklichen Erwähnung. Als Führer der demokratischen Partei traten v. Honstedt, der Procurator

---

sorster Wißmann, 11) Amtsassessor Grosse, 12) Ministerial-Vorstand Lebzen, 13) Amtsassessor Kannengießer, 14) Oberbürgermeister Dr. Lindemann, 15) Archidiaconus Willems, 16) Kaufmann Brammer, 17) Stadtrichter Dr. Francke, 18) Dr. Schläger, 19) Dr. Freudentheil, 20) Kaufmann Richter, 21) Stadtsyndicus Dr. Lang, 22) Stadtgerichtsassessor Dammers, 23) Advocat Dr. Oppermann, 24) Lederfabrikant Weber, 25) Justizrath Pagenstecher, 26) Landes-Oeconomie-Commissair Dr. Staffhorst, 27) Advocat Kaulen, 28) Stadtrichter Hirsch I., 29) Advocat Weinhagen, 30) Dr. phil. Thiermann, 31) Bürgermeister Merkel jun., 32) Stadtsyndicus Dr. Bueren, 33) Amtsassessor v. Langerow, 34) Collaborator Bojunga, 35) Amtsassessor Groß, 36) Amtmann Meyer, 37) Justitiar Winter, 38) Advocat Detering.

Einundvierzig Abgeordnete der Landgemeinden u. s. w.: 1) Consistorialrath Bergmann, 2) Oeconom Hanstein, 3) Hofbesitzer Beispermann, 4) Advocat Dr. Schmidt, 5) Amtsassessor v. Hinüber, 6) Hofrath Wilhelmi, 7) Dr. jur. Gerding, 8) Amtsassessor Eggers, 9) Gerichtshalter Dr. Klöe, 10) Hofbesitzer Hinze, 11) Regierungsrath Böhmer, 12) Cantor Riechelmann, 13) Gräfe Büttner, 14) Dr. jur. v. d. Osten, 15) Gutsbesitzer Kröncke, 16) Gutsbesitzer Adickes, 17) Pastor Reese, 18) Justizrath Schlüter, 19) Hofbesitzer Siedenburg, 20) Gutsbesitzer v. d. Horst II., 21) Senator Rehe, 22) Pastor Pfaff, 23) Siebenmeier Meyer, 24) Lieutenant a. D. Ahlborn, 25) Hofbesitzer Lange, 26) Hofbesitzer Stubbe, 27) Ober-Appellations-Rath Windthorst, 28) Dr. jur. Heilmann, 29) Notar Buddenberg, 30) Amtsassessor Heyl, 31) Amtsassessor Buß, 32) Notar v. Garßen, 33) Oeconom Mackensen, 34) Oeconom Heinemann, 35) Oeconom Fründt sen., 36) Hofbesitzer Freriche, 37) Hofbesitzer Düffel, 38) Advocat Röben, 39) Landwirth Vegemann, 40) Syhlrichter Thedinga, 41) Kreiseinnehmer Köhler.

Die Wahl Weinhagen's wurde vergeblich von der Regierung angefochten. Das Urtheil wegen des Hildesheimer Aufruhrs, welches Weinhagen zu 2 Jahr Arbeitshausstrafe verurtheilte und ihn rücksichtlich eines Punkts nur von der Instanz entband, war noch nicht rechtskräftig. Verschiedene andere Untersuchungen aus früherer Zeit waren in terminis einer General-untersuchung geblieben, und die Mißhandlung eines Polizeidieners, weswegen Weinhagen nur von der Instanz entbunden war, und das Verbrechen des Hausfriedensbruchs wurden als in der öffentlichen Meinung nicht entehrend von der Ständeversammlung erklärt.

Dr. Wyneken von Stade und der Lehrer Rosenthal von Osnabrück auf, welche sich freilich mit den demokratischen Capacitäten der zweiten Kammer nicht im Entferntesten messen konnten.[1]

Auch dieser Landtag wurde, auf Befehl Sr. Majestät des Königs, von dem Grafen von Bennigsen mit folgender Thronrede eröffnet:

„Meine Herren!

„Seine Majestät der König, unser allergnädigster Herr, welcher auch heute verhindert ist, Sich persönlich in Ihre Mitte

---

[1] Mitglieder erster Kammer: Erblandmarschall Graf v. Munster, Graf Stolberg-Wernigerode durch seinen Sohn den Grafen Rudolph vertreten. Vier vom Könige ernannte Mitglieder, wovon zwei Minister: 1) Ministerialvorstand General-Lieutenant Prott, 2) Ministerial-Vorstand Braun, 3) Regierungsrath Freiherr v. Hammerstein, 4) Kammer-Rath v. Münchhausen. Der Commissarius für das Schulden- und Rechnungswesen: Schatzrath v. Bothmer. Dreiunddreißig Abgeordnete der größeren Grundbesitzer: 1) Hofbesitzer Schaper, 2) Hofbesitzer Knigge, 3) Rittmeister v. Münchhausen, 4) Hofbesitzer Sieling, 5) Hofbesitzer C. Meyer, 6) Hofbesitzer H. Meyer, 7) Gutsbesitzer Bormann, 8) Gutsbesitzer Bothe, 9) Ministerial-Vorstand Graf v. Bennigsen, 10) Halbspänner Müller, 11) Bauermeister Harriehausen, 12) Hofbesitzer Schlote, 13) Oecanom Meine, 14) Oecanom Dr. Witte, 15) Hofbesitzer Michaelis, 16) Amtsassessor Wolff, 17) Hofbesitzer Resardt, 18) Land-Commissär v. Honstedt, 19) Hofbesitzer Harms, 20) Kammer-Rath v. d. Decken, 21) Hofbesitzer Kellets, 22) Posthalter Blome, 23) Oecanom zum Felde, 24) Gutsbesitzer Wisch, 25) Schultheiß Beckmann, 26) Deichvorsteher v. d. Osten, 27) Colon J. H. Meyer, 28) Colon Eilermann, 29) Gutsbesitzer v. Exterde, 30) Gutsbesitzer van Santen, 31) Landrath Hilling, 32) Landrath Neupert, 32) Landwirth Mammen.

Zehn Abgeordnete für Schule und Kirche: 1) Professor Dr. Herrmann, 2) Pastor Sander, 3) Superintendent Sager, 4) Consistorial-Rath Hicken, 5) Ober-Appellations-Rath Pezin, 6) Dompastor Beckmann, 7) Hofrath Dr. Kraut, 8) Professor Tellkampf, 9) Lehrer Steinvorth, 10) Lehrer Rosenthal. Vier Abgeordnete des Standes der Rechtsgelehrten: 1) Canzlei-Procurator Dr. Wyneken, 2) Advocat v. Wehren, 3) Ober-Appellations-Rath Kirchhoff, 4) Rath Wachsmuth.

Im Laufe der Diät resignirten: Lünzel, Ahrens, Mohrmann, Hostmann, Briegleb, Büttner, Wachsmuth, Tellkampf, Herrmann.

Zu Regierungscommissären für beide Kammern waren ernannt: der General-Secretaire des Kriegs- und Finanz-Ministeriums, Geheimer Kriegsrath Wedemeyer und Ober-Finanzrath Par; die Ministerial-Referenten Lichtenberg, Leonhardt und Brüel.

zu begeben, hat mir abermals den ehrenvollen Auftrag ertheilt, in Seinem Namen Sie beim Beginne Ihrer verfassungsmäßigen Thätigkeit zu begrüßen.

"Ist auch in den meisten Staaten Europas die Ordnung, freilich nicht ohne Waffengewalt hergestellt; sind auch in Deutschland die Gefahren, welche im Frühjahre die Auflösung der Ständeversammlung herbeiführten, entfernt: so ist doch für Deutschland zur Zeit weder der äußere Friede mit Sicherheit hergestellt, noch die nothwendige Entwickelung und Vervollkommnung seiner Gesammtverfassung, welche seit länger als einem Jahre den Mittelpunkt aller Thätigkeit bildet, erreicht worden. Se. Majestät haben befohlen, Ihnen vollständige Kenntniß von den Verhandlungen zu geben; und je mehr die Bedingungen ruhiger Entwickelung hergestellt sind, um desto ernster werden Allerhöchstdieselben dahin streben, der übernommenen Verpflichtung gemäß, Deutschlands Einigung und die Erreichung einer Gesammtvertretung des deutschen Volkes im verfassungsmäßigen Wege zu verwirklichen.

"Wenn aber Hannover vor den Schrecken der Anarchie und des Bürgerkrieges bis jetzt glücklich bewahrt geblieben ist, so fordert dieses um so dringender auf, diejenigen Einrichtungen ins Leben zu rufen, welche erforderlich sind, um dem Gesetze vom 5. September 1848 volle Ausführung zu sichern.

"Die Regierung wird zu diesem Ende an die letzte Ständeversammlung gerichtete Anträge erneuern. Sie hat die Zwischenzeit benutzt, theils das Vorliegende wiederholter Prüfung zu unterziehen, theils das annoch Fehlende zu vollenden; und hofft noch während des Laufs der ständischen Berathung den Kreis der jetzt erforderlichen Gesetze völlig abgeschlossen vorlegen zu können. Je mehr aber Ruhe und Ordnung zurückkehren und so auch in den Nachbarländern Kräfte und Mittel großen Unternehmungen zur Entwickelung von Wohlstand und Verkehr zugewendet werden, um so dringender wird es auch für Hannover, neben Erhaltung der bisher ungetrübten Ordnung in den gewöhnlichen Geschäften und Bedürfnissen, auch jene größeren Pläne nicht hintanzusetzen, deren Ausführung durch jene Ereignisse der letzten Jahre unterbrochen ist.

„Unter diesen Umständen kann die Regierung mit doppelter Befriedigung Ihnen mittheilen, daß der Staatshaushalt — abgesehen freilich von den großen Opfern, welche die außerordentlichen Ereignisse der beiden letzten Jahre mit sich brachten — einen ermuthigenden Anblick gewährt. Eine die Anschläge abermals übertreffende Steuereinnahme und ein Staatscredit, welcher von dem keines Staates übertroffen wird, gewähren dem Lande den sicheren Beweis, wie sehr seine eigene Haltung in den Stürmen dieser Zeit die eigene Wohlfahrt gesichert und die Achtung vermehrt hat, die es genießt und verdient. In diesem wohlgeordneten und gesicherten Haushalt besitzt das Land die erste Bedingung und die Mittel zu jeder Kraftentwickelung, welche seine eigene Wohlfahrt fordern mag.

„So liegt denn, wenn auch unter schwierigen Verhältnissen, vor Ihnen ein weites Feld heilbringender Thätigkeit. Mögen Ihre Verhandlungen dazu dienen, die Früchte, welche es verspricht, zu zeitigen und die Schwierigkeiten, welche noch im Wege liegen, zu überwinden.

„Im Namen Sr. Majestät des Königs erkläre ich die Ständeversammlung für eröffnet."

Die Wahlen zum Bureau in den beiden Kammern gaben folgendes Resultat. Zum Präsidenten wurde in erster Kammer Professor Dr. Briegleb,[1] Baurath Hausmann, Ober-

---

[1] Professor Briegleb trat im März 1850 aus der Ständeversammlung und Professor Herrmann wurde am 14. März primo loco zum Vicepräsidenten gewählt und bestätigt; secundo loco Wachsmuth, tertio loco Wolff.

Appellationsrath Bezin gewählt; in zweiter Kammer Oberbürgermeister Dr. Lindemann, Dr. Ellissen, Landdrost Dr. Meyer. Zum Vicepräsidenten in erster Kammer Baurath Hausmann, Ober-Appellationsrath Kirchhoff, Rath Wachsmuth; in zweiter Kammer Dr. Ellissen, Landdrost Dr. Meyer, Justizrath Schlüter. Von den Gewählten wurden die je zuerst Genannten von Sr. Majestät bestätigt. Zum Generalsyndicus und Vice-Generalsyndicus wählte die erste Kammer Bezin und Procurator Dr. Wyneken, die zweite Kammer Advocat Hantelmann II. und Stadtrichter Hirsch.

Da die in der Thronrede in Aussicht gestellte Mittheilung der Aktenstücke über die deutsche Frage voraussichtlich in der nächsten Zeit noch nicht erfolgen konnte, und die zahlreichen Gesetzesvorlagen[1] eben so wenig Gelegenheit boten, eine aufregende Politik in den Kammern zu treiben, so ergriffen die Ultraliberalen mit mehreren Anträgen die Initiative. Schon auf dem vorigen Landtage hatte der Abgeordnete Dr. Thiermann den Antrag gestellt, die Königliche Regierung zu ersuchen, allen wegen politischer und Preßvergehen Verurtheilten oder in Untersuchung Befindlichen Amnestie zu ertheilen. Durch die Auflösung der zweiten Kammer war damals die Debatte über diesen Antrag unmöglich gemacht; der Antragsteller beeilte sich deshalb, denselben aufs Neue einzubringen. Er sollte, wie das bei den Berathungen deutlich genug ausgesprochen wurde, namentlich dem Redacteur der Zeitung für Norddeutschland, Theodor Althaus, zu Gute kommen, welcher wegen Aufforderung zum Staatsverrath zu dreijährigem Staatsgefängnisse verurtheilt war. Hätte übrigens auch dieser Fall nicht vorgelegen, so würde die demokratische Partei dennoch sich schwerlich die schöne Gelegenheit haben entgehen lassen,

---

[1] Die der vorigen Ständeversammlung gemachten und auch für die jetzige geltenden Vorlagen waren allein schon 28 Nummern. Aktenstücke von 1849. Thl. 1. Nr. 8. S. 12, 13.

für eine solche Amnestie in die Schranken zu reiten. Die Geschichte aller Länder lehrt es, daß jedesmal, wenn eine politische Bewegung einen Staat durchzittert, und die Regierung endlich die nöthige Kraft wiedergewonnen, dem Treiben der Agitatoren energisch ein Ziel zu setzen, das Kokettiren mit den Sympathien für die politisch Compromittirten beginnt, und in der Tagespresse und in den Ständeversammlungen die Agitation für Amnestie als ein großes politisches Capital verwerthet wird. Daß eine solche Agitation Nichts ist, als eine oratio pro domo wird freilich stets mit Entschiedenheit in Abrede gestellt. Nur das wohlverstandene Interesse des Staats soll den Fürsten veranlassen, die Strafgesetzgebung für die Vergangenheit aufzuheben, während in Wahrheit die Amnestie allen den Wühlereien aufs Neue Thor und Thür öffnen und das Volk zu dem Glauben veranlassen soll, daß der Staat selbst jene verletzten Güter nicht mehr so hoch wie früher achte, da er ja auf deren unbedingte Aufrechterhaltung durch Ertheilung der Amnestie verzichtet habe.

Die Berathung über den Thiermann'schen Antrag erinnerte lebhaft an die Debatten über die deutsche Frage in der Ständeversammlung des Jahres 1848. Derselbe Pathos, dieselben schönen Citate, dieselben Angriffe gegen die Regierung, welche viel schuldiger erschien, als die Märtyrer, „denen die Liebe des Volks in den Kerker folgte." Der Antragsteller berief sich zur Unterstützung seines Antrags auf die landläufigen Argumente, welche stets ins Gefecht geführt werden, wenn es an stichhaltigen Gründen fehlt, vor Allem auf die Wünsche des Volkes.[1] Ob denn die Herren es ganz vergessen, daß sie dasselbe Argument auch 1848 geltend machten, als der Siebenburg'sche Antrag die Ständeversammlung zu einem

---

[1] Diese Begründung ist freilich noch Nichts im Vergleich mit dem Antrage des Notars Schumann, des Vorstands des Altenburger Märzvereins, welcher bei dortiger Landesregierung beantragte: einem wegen Meuchelmorde

Organe politischer Verfolgung herabwürdigen sollte? Damals wie jetzt mußte das „Volk" seinen Namen herleihen, um dem Antrage einen erlogenen Nimbus zu verleihen. Im Jahre 1845 verlangte die Partei des geflügelten Fortschritts Verfolgung wegen bloßer politischer Gesinnung; denn es handelte sich darum, ihre entschiedensten politischen Gegner zu beseitigen. Im Jahre 1849, als der Wind von der andern Seite in die Segel fiel, predigte sie Milde und Versöhnung, eine Aufhebung der bestehenden Strafgesetze, deren Verletzung sich ihre Gesinnungsgenossen schuldig gemacht, und wollte so ihren Gegnern und ihren Freunden mit verschiedenem Maße gemessen wissen. Hätte Thiermann auch nicht am Schlusse seiner Rede die Thränendrüse seiner Partei gedrückt und die weinenden Frauen und Kinder der Compromittirten auf die Bühne geführt, die Annahme des Antrages wäre dennoch gesichert gewesen, da er ganz im Sinne der compacten Majorität gestellt war.[1]

Anders dagegen in erster Kammer, woselbst namentlich Wyneken die Vertheidigung des Beschlusses zweiter Kammer

---

inhaftirten Republikaner die Erlaubniß zur Auswanderung nach Amerika zu ertheilen, weil 1) der Inhaftat diese wünsche (freilich sehr glaublich) und 2) nach §. 6 der Grundrechte die Auswanderungsfreiheit von Staatswegen nicht beschränkt werden dürfte." Die Deutsche Chronik bestätigt ausdrücklich die Wahrheit dieses Vorganges.

[1] Für den Antrag 41 Stimmen: Adickes, Ahlborn, Begemann, Brammer, Bueren, Buß, Detering, Düffel, Ellissen, Frerichs, Freudenthal, Fründt sen., v. Garßen, Gerding, Groß, Hantelmann II., Heinemann, Heyl, Hinze, v. d. Horst II., Raulen, Kreiseinnehmer Köhler, Sattlermeister Köhler, Kröncke, Lang II., Merkel jun., Senator Meyer, Münster, Oppermann, v. d. Osten, Pfaff, Reye, Richter, Rohrmann, Schläger, Schlüter, Siedenburg, Thiermann, v. Langerow, Wilkens, Wißmann.

Dagegen 34 Stimmen: Bergmann, Böhmer, Bojunga, Buddenberg, Büttner, Dammers, von Düring, Eggers, Grosse, von der Hagen, Hanstein, Heilmann, Heise, von Hinüber, Hirsch I., Kannengießer, Klee, Lang I., Lange, Lehzen, Mackensen, Amtmann Meyer, Landdrost Meyer, Siebenmeier Meyer, Pagenstecher, Riechelmann, Schmidt, Stubbe, Stüve, Thediuga, Bespermann, Weber, Wilhelmi, Windthorst.

übernahm. Er suchte die Bewegung als einen "Act der Nothwehr" darzustellen und erklärte, er halte sich als "Staatsbürger, Christ und Jurist" verpflichtet, für die Compromittirten aufzutreten. Jedoch vergeblich. Alle die schönen Redensarten von Volkswillen, von Vergessen und Vergeben u. s. w. konnten vor den gründlichen Erörterungen des Regierungscommissärs Bacmeister und des Professors Herrmann nicht Stich halten. Namentlich der letztere wies nach, wie eine jede Amnestie als ein Übel zu betrachten sei, das ein Regent nur dann über sein Land verhängen dürfe, wenn dadurch die Beseitigung eines größern Übels zu erwarten sei, und diese Ansicht machte sich auch bei der Abstimmung geltend, welche den Antrag der zweiten Kammer mit 36 gegen 20 Stimmen ablehnte.[1]

In der gemeinschaftlichen Conferenz der Mitglieder erster und zweiter Kammer hatte man sich endlich nach langen Debatten zu folgendem Vorschlag geeinigt: "Stände beschließen, Königliche Regierung zu ersuchen, in denjenigen seit März v. J. vorgekommenen Straffällen, wo die Gesetzesübertretung, ihrem letzten Grunde nach, auf die der Zeit herrschend gewesene Aufregung sich zurückführen läßt, und die Persönlichkeit der Schuldigen, sowie die Umstände des einzelnen Falls eine milde Beurtheilung gestatten, thunlichst Gnade walten zu lassen."

Am 15. December stand dieser Commissionsantrag auf der Tagesordnung der zweiten Kammer. Inzwischen waren ver-

---

[1] Für den Antrag: Blome, Ehrenholz, Harms, Hillingh, von Honstedt, Kellers, Mammen, Meine, Senator Meyer, Mohrmann, von der Osten, Rosenthal, Schaper, Thormeyer, von Wehren, Winter, Wisch, Witte, Wynelen.
Gegen den Antrag: Graf zu Münster, Graf von Stolberg-Stolberg, Ahrens, Angerstein, Beckmann, Graf von Bennigsen, Braun, Brieglet, Dörrien, Eilermann, zum Felde, Goßling, von Hammerstein, Harriehausen, Herrmann, Hicken, Hoßmann, Kirchhoff, Leppert, Vollmeier E. Meyer, Vollmeier H. Meyer, Colon Meyer, Michaelis, E. R. von Münchhausen, Rittmeister von Münchhausen, Neupert, Prott, Sander, van Santen, Sarer, Schlote, Stelling, Tellkampf, Vezin, Wachsmuth, Wolff.

schiedene Petitionen, die Amnestie betreffend, bei der allgemeinen Ständeversammlung eingelaufen, über welche der Vice-Generalsyndicus Hirsch vor der Debatte über den in Frage stehenden Antrag referirte. Sehr charakteristisch war die Petition des hannoverschen Volksvereins. Die Theilnahme, welche derselbe, in Verbindung mit den anderen Volksvereinen, stets dem hannoverschen Militair geschenkt, verleugnete sich auch hier nicht. Der Verein beantragte ausdrücklich auch Amnestie für diejenigen, welche wegen Vergehen gegen den militairischen Gehorsam in Untersuchung oder in Strafhaft waren, und um zu beweisen, daß man auch im Jahre 1849 die Sprache des Jahres 1848 noch nicht verlernt habe, war die Petition aus einer Reihe solcher Floskeln gewoben, welche die Petenten der Zahl jener hätten anreihen können, für welche jetzt Milde und Versöhnung beansprucht wurde. Daß der Vorstand des Volksvereins in Celle, daß die Herren Stadtverordneten in Emden sich die Gelegenheit nicht entgehen ließen, auch ihr Votum für die Amnestie abzugeben, war vorauszusehen.

Durch den Commissionsantrag war dem Thiermann'schen Antrag vollständig die Spitze abgebrochen. Es handelte sich also jetzt nicht um die Befürwortung einer Aufhebung der betreffenden Criminalgesetzgebung für die Vergangenheit, sondern lediglich um eine Empfehlung der Untersuchung in den einzelnen Fällen, ob nicht einzelnen bestimmten Subjecten, aus Gründen der höheren Gerechtigkeit, die verwirkte Strafe erlassen werden könne. Mochte auch von einzelnen Seiten das Bedenken geltend gemacht werden, daß ein solcher Antrag durchaus überflüssig sei, so wurde er doch schließlich, ebenso wie in erster Kammer, mit großer Majorität angenommen.

Ein ganz ähnliches Schicksal hatte ein von Gerding gestellter Antrag, »die Königliche Regierung zu ersuchen, alle wegen Jagdvergehen auf eigenem Grund und Boden, so wie auf

Grund und Boden der Gemeinde, zu welcher der Contravenient gehört, eingeleiteten Untersuchungen niederzuschlagen, und die deshalb bereits erkannten und noch nicht abgebüßten Strafen im Wege der Gnade gänzlich aufzuheben, oder doch wegen der seit März v. J. bis zur Publication der am 25. August v. J. erlassenen Bekanntmachung des Gesammt-Ministeriums[1] begangenen Vergehen vorbezeichneter Art, oder doch für die besonders aus irriger Anschauung der damaligen Zustände entstandenen Jagdvergehen aus jener Zeit, soweit sie nicht abgebüßt seien, Gnade in vollem Maße eintreten zu lassen."

Gegen den Antrag sprachen sich nur von Düring und Stüve aus, während die oppositionelle Majorität alle ihre besten Lanzen ins Feld sandte. Der kindische Haß gegen das Jagdrecht und eine mysteriöse Erzählung des Antragstellers, wonach eine große Anzahl Mitglieder einer Gemeinde zu 700 bis 800 Thlr. Strafe verurtheilt sein sollte, obgleich mehrere derselben nicht einmal zur gerichtlichen Verhandlung geladen, gaben den Ausschlag. Nachdem Dr. Schläger sich mit großem Pathos liebevoll der gefangenen Unterofficiere angenommen, von denen absolut keine Rede war, billigte die Kammer am 12. Januar den Antrag mit überwiegender Majorität.

Allein die erste Kammer war anderer Ansicht. Trotzdem v. Honstedt für den Beschluß zweiter Kammer das geistreiche Argument geltend machte, 23 Mann hätten ja nur einen elenden Hasen geschossen, das doch gewiß kein **großes Vergnügen** gewesen und noch weniger in gewinnsüchtiger Absicht geschehen sei, trotzdem Thormeyer erklärte, für die Amnestie stimmen zu wollen, weil die Jagdgesetze bisher so sehr streng

---

[1] In demselben hatte das Gesammt-Ministerium darauf aufmerksam gemacht, daß das Jagdrecht noch nicht aufgehoben sei, und eine unnachsichtige Vollstreckung der verwirkten Strafen in Aussicht gestellt. Gesetzsammlung von 1848. Abth. I. S. 219.

gewesen, daß sogar Hinrichtungen statt gefunden hätten, — (Herr Thormeyer glaubte wahrscheinlich, da es sich um die Jagd handele, dürfe auch eine handgreifliche Jagdgeschichte nicht fehlen) — trotz alledem und alledem lehnte die erste Kammer (16 Januar) den Beschluß zweiter Kammer ab. In einer gemeinschaftlichen Conferenz einigte man sich endlich über einen später angenommenen Antrag dahin, es der Regierung zur Erwägung zu verstellen, ob, und inwieweit auf den früheren ständischen Beschluß über Niederschlagung der Untersuchung in den Fällen, wo ein Irrthum nachgewiesen oder sehr wahrscheinlich gemacht wäre, noch hingewirkt werden könne. Also ein so nichtssagender Antrag, daß er nicht das Papier werth, auf welchem er niedergeschrieben wurde.

Ein anderer Antrag, welchen wir hier hervorzuheben haben, wurde von Gerding dahin gestellt, "Königliche Regierung zu ersuchen, über die Lage der in Baden inhaftirten Hannoveraner schleunigst und auf zuverlässigem Wege Erkundigungen einzuziehen und zugleich deren baldige Auslieferung zu erwirken."

Die Jungfernrede des Antragstellers (am 20. November) enthält einige sehr schöne Kraftstellen, welche lebhaft an seine Eigenschaft als Volksredner erinnern. "Sehen wir hin auf Baden und Ungarn, declamirte Gerding, so scheint es wahrlich mehr als gewiß, als sei aller Sinn für Recht und Gerechtigkeit verschwunden; wir müssen annehmen, daß jedes edele Gefühl auf Seite der Sieger gegen die Besiegten erloschen ist. Wir sehen dort, gleich Kannibalen, Rache schnaubende Sieger ihre Opfer zerfleischen, die Besiegten als Dulder, die Sieger als Richter, die Weisheit nicht anerkannt, von Unparteilichkeit keine Spur!" Die Gerding'sche Rede bildete unstreitig den Glanzpunkt der Berathung, selbst Detering, Freudentheil und Bueren waren nicht im Stande, die "Kannibalen und die Rache schnaubenden Sieger, welche ihre Opfer zerfleischen" zu überbieten. Zei-

tungsberichte voll ähnlicher, haarsträubender Tiraden wurden
als vollgültige Beweise citirt, welche freilich von der Minister-
bank sofort als Unwahrheiten bezeichnet werden konnten. Namentlich erklärte Lehzen die Behauptung für durchaus irrig,
daß die inhaftirten Hannoveraner Standgerichten überwiesen
seien, da sie in Wahrheit den ordentlichen Gerichten aus-
geliefert waren. Die badische Regierung hatte sich außerdem
in einem Circulare an die deutschen Regierungen bereit erklärt,
die Verhafteten auszuliefern, falls jene die Schuldigen bestrafen
und nicht, wie bei der früheren Veranlassung, die Ausgelieferten
straflos entlassen würden. Von der hannoverschen Regierung
war dieses Anerbieten jedoch abgelehnt, da eine Untersuchung
der hannoverschen Gerichte über die Vorgänge in Baden mit
solchem Zeitverluste verbunden gewesen wäre, daß die Verhafteten nur darunter hätten leiden können.

Wenn auch die ganze Frage lediglich als Humanitätsfrage
vom Antragsteller angekündigt war, der sich ausdrücklich dagegen verwahrte, als ob es sich um eine Parteifrage handele,
so bewiesen die Debatten klar genug, daß der Hauptzweck
eine Demonstration zu Gunsten der politisch Compromittirten
war, und daß man daneben die Gelegenheit benutzen wollte,
seinem Unmuthe gegen das Ministerium die Zügel schießen
zu lassen. Gerade weil dieses letztere Streben zu offenkundig
hervortrat, fiel der Gerding'sche Antrag durch die Annahme
eines von Windthorst gestellten Verbesserungsantrages, welcher
nur der Königlichen Regierung empfahl, nähere Erkundigungen
über die Behandlung der in Baden gefangenen Hannoveraner
einzuziehen und nach Ausfall der Erkundigungen zur Erleich-
terung derselben zu thun, was die Umstände irgend gestatten
würden.[1]

---

[1] Für den Windthorst'schen Antrag stimmten 39 Abgeordnete: Bergmann, Böhmer, Buddenberg, Buß, von Düring, Eggers, Jerichs, von Gar-
sen, Grosse, von Hagen, Hanstein, Heilmann, Heinemann, Heise, Heubel,

Selbst in dieser abgeschwächten Form würde der Antrag in erster Kammer schwerlich durchgegangen sein, wenn nicht der Graf von Bennigsen erklärt hätte, er habe vom Standpunkte der Regierung aus keine erhebliche Bedenken gegen denselben geltend zu machen; nur insofern als das wichtige Petitionsrecht nicht ohne dringenden Grund benutzt werden dürfe, wenn es nicht seinen Werth verlieren solle, halte er den Antrag für bedenklich, da ja die hannoversche Regierung schon mit der badischen in Communication getreten sei. Mit Entschiedenheit wurde der Antrag namentlich von Herrmann bekämpft, dem sich von Hammerstein und Braun anschlossen, weil sie in demselben Nichts als eine leere Demonstration und den Vorwurf wegen ungerechten Verfahrens der badischen Regierung fanden, — ein Vorwurf, der sich lediglich auf vollkommen unbewiesene Behauptungen der Zeitungen stütze. Der Antrag wurde jedoch schließlich mit 35 Stimmen angenommen.

Zu den Anträgen, welche aus der Mitte der Oppositionspartei zur Förderung ihrer Interessen hervorgegangen, haben wir alsdann den Antrag Ellissen's zu erwähnen auf „Erlaß eines allgemeinen Bürgerwehrgesetzes, weil das Institut der Bürgerwehr als eine der wirksamsten Staatseinrichtungen zur Aufrechterhaltung der öffentlichen Ordnung und zum Schutze der bürgerlichen Freiheit (!) in den meisten civilisirten Staaten anerkannt sei; weil ferner das Institut auch im Königreiche Hannover bereits factisch zur Geltung gekommen, jedoch, um zu festerer Gestaltung und er-

---

Kannengießer, Köhler von Quakenbrück, Lange, Lebzen, Mackensen, Amtmann Meyer, Landdrost Meyer, Senator Meyer, Siebenmeier Meyer, Merkel, Münster, Pagenstecher, Riechelmann, Schmidt, Stubbe, Stüve, Ihedinga, von Pangerow, Bespermann, Weber, Wehmann, Wilhelmi, Willens, Windthorst.

Dagegen 36 Stimmen: Adickes, Ahlborn, Bosunga, Brammer, Bueren, Buttner, Dammers, Detering, Düffel, Ellissen, Freudentheil, Fründt, Gerding, Groß, Hantelmann, Heyl, Hinze, Hirsch, von der Horst, Klee, Köhler, Kröncke, Lang I., Lang II., Oppermann, von der Osten, Pfaff, Reye, Richter, Rohrmann, Schläger, Schlüter, Siedenburg, Ibietmann, Wißmann, Weinhagen.

sprießlicherer Wirksamkeit zu gelangen, einer Organisation nach allgemeinen gesetzlichen Normen bedürfe."

Der Wunsch, diese Communaleinrichtung, wie sie auf dem s. g Tumultgesetze vom 16. April 1848 basirte, durch ein allgemeines Landesgesetz zu regeln, war lediglich der Überzeugung entsprungen, daß die Bürgerwehrmänner höchstens noch so lange auf den Exercierplätzen erscheinen würden, als die alten Uniformen ausreichten, daß sie aber alsdann dem Soldatenspielen sicher Valet sagen würden, wenn nicht gesetzlicher Zwang sie aus den Arbeitsröcken in die Uniformen triebe. Schon damals war der Begeisterung die Entnüchterung gefolgt. Mancher Handwerker mochte am Schlusse des Jahres mit Schrecken das Deficit in seinen Büchern überrechnet haben, welches er den fortwährenden Störungen seines Geschäfts durch Exerciren und Manövriren zu danken hatte. Mancher mochte sich die Gefahren in das Gedächtniß rufen, in welchen sein theures Ich geschwebt, oder doch geschwebt haben würde, wenn er sich nicht zur rechten Zeit aus der Hinterthür seines Hauses soweit hinaus in das Freie geschlichen, daß die Alarmtrompeten der Bürgerwehr mit gutem Gewissen überhört werden konnten. Kurz, die größere Anzahl der Bürgerwehrmänner hatte es längst eingesehen, das Vergnügen, eine Uniform zu tragen, müsse mit zu großen Opfern erkauft werden. Mochte auch immerhin die Bürgerwehr in einzelnen Fällen ihre volle Schuldigkeit gethan haben, — wir haben von verschiedenen solchen Fällen berichtet — so konnte man für jeden solchen einzelnen Fall ein halbes Dutzend aufzählen, wo sie erst post festum aufmarschirte und den Ruhestörern gegenüber erst dann eine straffe Haltung annahm, wenn jene schon längst das Feld geräumt.

Nur zwei Redner erhoben sich gegen den Antrag, welche wohl selten auf derselben Seite gestanden; nämlich Stüve und Gerding, freilich aus sehr verschiedenen Gründen. Jener, weil man nothwendig erst mehr Erfahrungen machen müsse. Sollte ein Gesetz erlassen werden, so würde es sich namentlich darum handeln, das Recht, aber auch die Pflicht zur Theilnahme an der Bürgerwehr festzustellen, und gerade rücksichtlich des letzteren Punktes seien bei der Regierung zahlreiche Klagen eingelaufen. Gerding bekämpfte dagegen den Antrag aus dem Grunde, weil der Regierung der rechte Geist zu einem solchen Gesetze fehle, und man deshalb nur ein Gesetz erwarten dürfe, welches jedem "guten" Bürger dieses Institut verleiden würde. Die Sympathien für die Parole des Jahrs 1848, "Allgemeine Volksbewaffnung", waren aber in der zweiten Kammer viel zu lebendig, als daß nicht eine überwiegende Majorität den Antrag gebilligt hätte, welcher bei der zweiten Berathung ohne alle Debatte wiederholt wurde.

Wenn auch in der ersten Kammer (4. April) einzelne Abgeordnete dem Antrage selbst das Wort redeten, so erregten doch die Motive bei mehreren Rednern den gerechtesten Anstoß. Namentlich Herrmann machte darauf aufmerksam, daß man in England und Nordamerika keine Bürgerwehr kenne, und die Geschichte der letzten Jahre beweise, daß die Bürgerwehr in ihrem Verhalten etwas ganz Anderes repräsentirt habe, als den Schutz der Freiheit. Bei der Abstimmung wurde der Antrag mit sammt den Motiven verworfen. Auch bei der zweiten Berathung hatte der Antrag kein glücklicheres Schicksal, er wurde nach kurzer Debatte mit 24 gegen 18 Stimmen abgelehnt.

Durch die Verhandlungen in den Conferenzen trug die Majorität der zweiten Kammer jedoch schließlich noch insofern den Sieg davon, als man sich dahin einigte, in dem Erwiederungsschreiben an die Königliche Regierung (d. d. 9. Mai 1850), den Antrag zu richten, daß dieselbe einen, unter Festhaltung des im §. 2 des s. g. Tumultgesetzes vom 16. April 1848 ausgesprochenen Princips, auszuarbeitenden Entwurf eines Bürgerwehrgesetzes Ständen vorzulegen geneigen wolle. Der Beschluß der Ständeversammlung wollte die Bürgerwehr also nicht als eine der **wirksamsten** Einrichtungen zur Aufrechterhaltung der **öffentlichen Ordnung und der bürgerlichen Freiheit** anerkennen, sondern gab nur zu, daß sie an manchen Orten dem Zwecke gemäß gedient habe, und beschränkte das ganze Institut durch die Berufung auf den §. 2 cit. lediglich auf die Erhaltung der Ruhe und Ordnung in jeder Stadt- und Landgemeinde, während Ellissen's Antrag dahin ging, die Bürgerwehr mit gezogenem Schwerte als Kämpfer für den Bestand der Verfassung und die verfassungsmäßige Freiheit aufmarschiren zu lassen. Eine bewaffnete Macht im Staate als Hüter der Verfassung den möglichen Angriffen der Regierung gegenüber, eine bewaffnete Macht, welche auf Befehl der selbstgewählten Führer die angeblich verletzte Verfassung mit dem Schwerte zu schützen gehabt hätte, wahrlich, die Tendenz des Vorschlags liegt zu klar am Tage, als daß wir die Gefahren auch nur mit einem Worte glaubten nachweisen zu müssen.

Einen interessanten Gegensatz zu dem Bestreben, die Bürgerwehr als eine bewaffnete Macht im Staate zum Schutze der Verfassung zu organisiren, bilden die Angriffe gegen die militairische Einrichtung des Tragens eines Seitengewehrs außer Dienst. Verschiedene Excesse, welche sich **angeblich** einzelne Soldaten in Stade hatten zu Schulden kommen lassen, veranlaßten den Magistrat, durch Vermittelung der Landdrostei, Allerhöchsten Orts zu beantragen, das Tragen des Seitengewehrs möge außer Dienst dem Militair untersagt werden. Auf Befehl Seiner Majestät war jedoch das Gesuch abschläglich beschieden, da ein solches Verbot nur als Strafe zeitweilig gegen solche Truppen verfügt werde, welche sich wiederholt gegen die Mannszucht vergehen würden. Die Thäter waren in keinem Falle entdeckt worden, so daß sich der Antrag also lediglich auf die Aussagen einer Partei stützte. In Folge der abschläglichen Resolution hatte sich darauf der Magistrat mit einer Petition an die Ständeversammlung gewandt und gebeten, dieselbe möge sich bei der Königlichen Regierung dahin verwenden, daß das Tragen des Seitengewehrs außer Dienst, oder wenigstens beim Besuch öffentlicher Schenk- und Tanzhäuser, in der Armee untersagt werde.

Der Petitionsausschuß wollte die Petition der Königlichen Regierung zwar übersandt wissen, um derselben Gelegenheit zu geben, nöthigenfalls wiederholt in Erwägung zu ziehen, ob möglicher Weise den geschilderten Gefahren noch wirksamer abgeholfen werden könne, als dies schon durch einzelne Präventivmaßregeln der Commandantur in Stade geschehen sei. Eine Befürwortung der Petition war jedoch abgelehnt, einmal: „weil Stände nicht in der Lage seien, alle hier einschlagenden militairischen Rücksichten vollständig zu übersehen; sodann weil die fragliche Angelegenheit der unmittelbaren Competenz der Stände entzogen sei,[1] und zu einem Vorschreiten nach §. 75 des Gesetzes vom 5. September 1848[2] offenbar keine genügende Veranlassung vorliege."

Mit diesem Antrage des Petitionsausschusses war jedoch die Majorität der Kammer keineswegs einverstanden. Wenn auch nur ein Mitglied des Hauses, von der Horst II., die beantragte Erklärung: „Stände befänden sich nicht in der Lage alle hier einschlagenden militairischen Rücksichten vollständig zu übersehen", für ein im höchsten Grade unangemessenes

---

[1] §. 1 des Gesetzes vom 5. September 1848. „Die bewaffnete Macht und deren Einrichtung, wie auch alle in Beziehung auf dieselbe vorzunehmenden Anstellungen, zu machenden Anordnungen und zu erlassenden Befehle hängen allein vom Könige ab."

[2] §. 75 daselbst: „Die allgemeine Ständeversammlung ist berechtigt, in Beziehung auf alle Landesangelegenheiten, insbesondere über Mißbräuche und Mängel in der Rechtspflege und Verwaltung ihre Beschwerden und Wünsche dem Könige vorzutragen. Weiter darf sie aber in die Landesverwaltung sich nicht einmischen."

Armuthszeugniß zu erklären wagte, so vindicirte doch die Mehrzahl der Redner in dieser Angelegenheit der Kammer die Competenz, da es sich hier um Mißbräuche handele, wodurch die persönliche und öffentliche Sicherheit gefährdet werde. Stellen wir alle die einzelnen Excesse zusammen, welche Pueren zu der kühnen Behauptung veranlaßten, man würde willenlos einem „Säbelregimente" entgegengehen, wenn die Stände nicht einschritten, so erhalten wir folgendes Sündenregister:

Im Laufe von zwei Jahren waren in Stade vier derartige Excesse begangen, durch welche ein Bürger das Leben verloren haben sollte." Die Thäter waren nicht entdeckt, es lag also nicht einmal vor, wer die Veranlassung zu den Raufereien gegeben, durch wen die Verwundung geschehen war. Sodann berichtete Detering ebenfalls von einem Todesfall, ohne nähere Data anzugeben. Wir wollen aber selbst zu Gunsten der Kammermajorität auch diesen Todten in das Schuldbuch der Armee eintragen. Ferner waren 40 bis 50 Infanteristen aus Stade in ein Tanzlokal eingedrungen, wo eine geschlossene Gesellschaft stattgefunden; dieselben hatten das Lokal erst nach mehrmaliger Aufforderung von Seiten eines Gensd'armen verlassen, weil sie behaupteten, der Nichtbesuch des fraglichen Lokals sei ihnen für den Abend nicht befohlen gewesen. Als sie sich entfernten, waren sie mit lautem Hurrahrufen hinausgestürmt und hatten drei Fensterscheiben ihrer Rache geopfert. Das ganze Protocoll, welches Freudentheil verlas, enthält auch nicht ein Wort von dem Mißbrauch des Seitengewehrs. In dem folgenden Falle, welchen Freudentheil als einen sehr ernsthaften darzustellen suchte, der aber trotz der elegischen Schilderung nur die größte Heiterkeit des Hauses hervorrief, hatten übermüthige Infanteristen sämmtliche Dienstknechte aus einem Lokale hinausgejagt und alsdann mit ihrem Seitengewehr eine Verwüstung sonder Gleichen unter den — Kohlköpfen im Garten angerichtet. Endlich — um auch nicht das geringste Vergehen zu verschweigen, mit welchem die Soldateska ihre Seele beladen, — waren fünf betrunkene Soldaten in einer engen Gasse, wo ein Ausweichen unmöglich, dem Abgeordneten Pfaff begegnet, hatten ihn gestoßen und mit Schimpfworten überhäuft. Das Seitengewehr war aber auch hier friedlich in der Scheide geblieben.

Das sind sämmtliche Anklagen, welche man in der zweiten Kammer zu erheben im Stande war. Erwägt man nun, auf welche perfide Weise die Umsturzpartei zwei Jahre lang an der Lockerung des militairischen Gehorsams gearbeitet, so kann man sich nur darüber wundern, daß die bedauerlichen Excesse, im Verhältnisse zu jenem Treiben, so unbedeutend geblieben. Wir brauchen die einzelnen Manöver, wie man die Soldaten zu verführen suchte, und dadurch auf der anderen Seite Erbitterung bei allen ihrem Kriegsherrn treuen Soldaten hervorrief, hier nicht zu wiederholen, wir wollen nur an die Verbreitung des Soldaten-Katechismus erinnern; an die Verdächtigungen in der Presse; an den Haß und Hohn, mit dem man diejenigen Truppenabtheilungen verfolgte, welche mit Protest die Verführungen zurückgewiesen; an die wiederholten Mordanfälle auf Soldaten; an die Agitation für Amnestie zu Gunsten Derjenigen, welche wegen Verletzung des militairischen Gehorsams die gerechten Strafen abbüßten; an die Beschlüsse des Bremer Volkstages u. s. w. Vergleicht man ferner diese Excesse, welche sich auf den Zeitraum von zwei Jahren vertheilen, mit denen, welche sich die Bürgerwehr an einzelnen Orten hatte zu Schulden kommen lassen, so kann man wahrlich nicht in Zweifel sein, welches Sündenregister das größere ist. Wir wollen nur an den einen oben geschilderten Vorgang erinnern, als die Göttinger Bürgerwehr den Einwohnern von Bovenden eine förmliche Schlacht geliefert, in der mehr Unheil geschehen, mehr Blut geflossen war, als bei allen jenen bedauerlichen Vorgängen in Stade. Von solchen Excessen war aber in der zweiten Kammer keine Rede. Der Bürgerwehrmann sollte auf den Tanzböden mit dem Seitengewehr einherstolziren dürfen, dem Soldaten wollte man die Waffen nehmen, und diese Befürwortung geschah zu einer Zeit, als die Tinte, mit welcher der Beschluß zweiter Kammer in Betreff der Bürgerwehr niedergeschrieben war, kaum trocken geworden. Am 16. April beschloß nämlich eine überwiegende Majorität zweiter Kammer auf Antrag Freudentheil's, der Königlichen Regierung die fragliche Petition mit dem dringenden Ersuchen um Erlaß des beantragten Verbots zugehen zu lassen. Ein übereinstimmender Beschluß beider Kammern war in Betreff der Petition jedoch nicht zu erreichen; denn die erste Kammer glaubte mit der Annahme des von dem Petitionsausschusse gestellten Antrags Alles gethan zu haben, was möglicher Weise in der Angelegenheit geschehen könne und lehnte deshalb sämmtliche Conferenzvorschläge ab.

Amnestie für politische und Preßvergehen, Amnestie für Jagdvergehen, Hebung der Bürgerwehr und Organisirung derselben zum bewaffneten Hüter der Verfassung, Beseitigung des Seitengewehrs außer Dienst — es fehlte nur noch eine Forderung der Zeit, um das Register vollständig zu machen, nämlich die Civilehe, und damit beabsichtigte Bueren das Land zu beglücken (22. Januar 1850). Der Antragsteller stand noch immer mit beiden Füßen auf dem Boden der Reichsverfassung; die Gültigkeit der Grundrechte war sein oberster politischer Glaubenssatz, daß also auch hier diese Begründung eine Hauptrolle spielte, ließ sich voraussehen. Daneben wurde auch namentlich der §. 6 des Gesetzes vom 5. September 1848 [1] angeführt, um daran die Argumentation

---

[1] Jeder Landeseinwohner genießt völlige Glaubens- und Gewissensfrei-

zu knüpfen, die Ehe zwischen Christen und Nichtchristen müsse möglich gemacht werden, da die Ehe ein bürgerliches Recht sei. Seltsamer Weise wurde dieser Argumentation von keiner Seite mit Bestimmtheit die Behauptung entgegengestellt, daß die Consequenz, welche man aus §. 6 cit. zog, durchaus falsch, weil es sich gar nicht um ein bürgerliches Recht handelte.

Nachdem Bueren sein politisches Gewissen dadurch salvirt, daß er sich auf die Grundrechte und die Reichsverfassung als gültiges Recht berufen, verzichtete er auf die dem Antrage beigefügten Motive, weil er sehr bald einsah, daß dieselben einen großen Stein des Anstoßes bildeten. Er formulirte demnach seinen Antrag einfach dahin, „Königliche Regierung zu ersuchen, baldigst ein Gesetz über Civilehe und über die Führung der Standesbücher den Ständen vorzulegen."

Allein selbst diesen Antrag vermochte Bueren nicht durchzubringen, obgleich die meisten Capacitäten der Oppositionspartei zur Vertheidigung desselben auftraten. Am genialsten vertheidigte aber unstreitig der Pastor Pfaff den Bueren'schen Antrag. Der „christliche Standpunkt", von dem der geistliche Herr fortwährend redete, bestand nämlich darin, daß er die Ehe für einen „reinen bürgerlichen Vertrag" erklärte und unbekümmert um „das starre Judenthum und das orthodoxe Pfaffenthum" die gemischten Ehen als die beste „Judenmission" proclamirte. Jeder Christ müsse dahin streben, daß Gottes Reich immer weiter komme, und das geschehe am besten durch solche Heirathen. Es fehlte also in der geistreichen Begründung eigentlich nur noch der Vorschlag, solche Missionsehen namentlich der christlichen Geistlichkeit zu em-

---

beit und ist zu Religionsübungen mit den Seinigen in seinem Hause berechtigt

Die Ausübung der politischen und bürgerlichen Rechte ist von dem Glaubensbekenntnisse unabhängig.

pfehlen, da ihr doch die Verbreitung des Reiches Gottes zuvörderst obliegt, und die Anheimgabe, jene Ehen ähnlich zu prämiiren, wie das römische Recht den Kindersegen belohnte. Trotz der Ansicht über das Wesen der Ehe als eines reinen bürgerlichen Vertrages — eine Ansicht, deren juristische Absurdität wir dem geistlichen Herrn nicht hoch anrechnen wollen — hatte derselbe „zu den deutschen Jungfrauen das Vertrauen, daß sie sich bei einem so ernsten, entscheidenden Schritte nicht mit dem Ausspruche des Bürgermeisters begnügen, sondern die Weihe der Religion und den Segen des Priesters in Anspruch nehmen würden." Jedenfalls originell; der Jude soll vor dem christlichen Altar die Weihe der Religion empfangen! Daß dieser „christliche Standpunkt" den rauschendsten Beifall der Gallerien fand, brauchen wir wohl kaum zu bemerken; in der Kammer dagegen wurde diese Ansicht unumwunden als eine „gemeine Proselytenmacherei" bezeichnet, und der Windthorst'sche Antrag, welcher nur dahin ging, die Königliche Regierung zu ersuchen, in Erwägung zu ziehen, welche Änderungen in der Ehegesetzgebung zur Ausführung des §. 6 cit. nöthig sein möchten, und die erforderlich scheinenden gesetzlichen Bestimmungen zur verfassungsmäßigen Erklärung den Ständen vorzulegen — mit einer Majorität von 33 gegen 24 Stimmen angenommen.

Die Niederlage, welche die radikale Partei durch die Ablehnung des Bueren'schen Antrags erlitten, empfand der Antragsteller so schmerzlich, daß er Tags darauf, bei der zweiten Berathung, das verlorene Terrain durch die zornigsten Philippiken wieder zu erobern versuchte. Die maßlosen Angriffe und Vorwürfe gegen die Ständeversammlung, welche den Kern der Freiheit nicht wie Bueren in der Einführung der Civilehe zu finden vermochte, waren denn doch selbst Freudentheil zu stark, der seinem politischen Freunde sehr ernstlich zu Gemüthe führte, daß ihrer Partei Nichts mehr schade, als solche maßlose Übertreibungen und Vorwürfe. Auch bei der zweiten Abstimmung wurde der Bueren'sche Antrag abgelehnt und der Windthorst'sche angenommen.

Am 20. December stand die **Vertagungsfrage**[1] neben der **deutschen Frage** auf der Tagesordnung beider Kammern. Der in der Thronrede in Aussicht gestellten Mittheilung sämmtlicher Actenstücke über die deutsche Frage war die Regierung durch ein Schreiben vom 10. December nachgekommen, welchem als Anlagen die Verhandlungen über das Bündniß vom 26. Mai, die Protocolle des Verwaltungsraths u. s. w. beigegeben waren.[2] Hatte bis dahin die Oppositionspartei fortwährend gedrängt, daß die deutsche Frage zur Berathung komme, so versuchte sie jetzt, als nun endlich die Berathung bevorstand, einen Aufschub zu erreichen. Als oster übeler Grund wurde geltend gemacht, man habe innerhalb der kurzen Frist seit dem Druck der Actenstücke, von denen auch noch eine Nummer fehle, unmöglich Zeit zu einer sorgfältigen Prüfung derselben gehabt. Wir sagten als oster übelen Grund, weil wir es für ganz undenkbar halten, daß nicht jedes Mitglied der Oppositionspartei seine ganz bestimmte Ansicht über das Verhalten der Königlichen Regierung in der deutschen Frage mit in das Ständehaus gebracht haben sollte. Der wahre Grund, weshalb man jetzt um jeden Preis einen Aufschub der Debatte zu erreichen suchte, lag vielmehr in einer augenblicklichen Uneinigkeit, welche unter den verschiedenen Fractionen der liberalen Partei ausgebrochen war. Die Abgeordneten Hirsch, Grosse, Wißmann und einige andere, "welche der vorigen Oppositionspartei

---

[1] In einem Schreiben vom 18. December hatte nämlich das Königliche Gesammt-Ministerium die Stände ersucht, ihre Ansicht über eine etwaige Vertagung auszusprechen, um den Commissionen während derselben mehr Zeit zu ihren ständischen Arbeiten zu geben.

[2] Actenstücke von 1849, Heft 5.

durch ihre Namensunterschrift sich verbündet,"[1] hatten sich von ihren politischen Freunden losgesagt. Die Befürchtung lag also sehr nahe, daß die radicale Partei mit ihren Anträgen Fiasco machen würde, wenn sie nicht Zeit gewönne, die theils gelockerten, theils zerrissenen Fäden unter den einzelnen Coterien aufs Neue anzuknüpfen.

Als der Antrag Lang's I., die Vertagungsfrage vor der deutschen Frage zu berathen, mit 41 gegen 34 Stimmen abgelehnt war, beantragte Lang II. die Entfernung der deutschen Frage von der Tagesordnung. Allein auch mit diesem Antrage unterlag die Oppositionspartei, indem die Hildesheimer Deputirten, mit ihrem Führer von Garßen an der Spitze, gegen ihre früheren Freunde stimmten und so der rechten Seite des Hauses eine Majorität von fünf Stimmen sicherten. Auf Windthorst's Antrag wurde sodann die Überweisung der deutschen Frage an eine Commission von fünf Mitgliedern beschlossen, und der Antrag Lang's II. angenommen, welcher eine zweite Berathung verlangte. Tags darauf, als man zur zweiten Berathung schreiten wollte, stellte Lang II. einen Antrag dahin, die Berathung bis zum 4. Januar zu vertagen. Die Furcht, daß die deutsche Frage "lautlos begraben werde", hatte Abends zuvor in einer Versammlung sämmtlicher Fractionen der Oppositionspartei den Ausschlag gegeben, so daß diejenigen Mitglieder, welche für die Rechte gestimmt, jetzt den Lang'schen Antrag unterstützten und die Annahme desselben durchsetzten. Sämmtliche Anträge auf eine längere Vertagung wurden abgelehnt, und die Kammer machte nur von dem ihr zustehenden Rechte Gebrauch, sich auf drei Tage zu vertagen.

Auch in der ersten Kammer standen die beiden erwähnten Fragen am 20. December auf der Tagesordnung. Die Ab-

---

[1] Hannoversche Morgen-Zeitung von 1849. Nr. 558. S. 2235.

änderung der Tagesordnung stieß hier auf kein Bedenken, und so beschloß die Kammer auf Briegleb's Antrag, der Regierung zu erwiedern, daß man, so lange nicht von den Ständen eine Entschließung in der deutschen Angelegenheit gefaßt sei, eine über den 7. Januar 1850 hinausreichende Vertagung nicht angemessen halte und deshalb beantrage, dieselbe nur bis zu diesem Termine eintreten zu lassen. Später ließ die Kammer jedoch diesen Beschluß wieder fallen und einigte sich, ebenso wie die zweite Kammer, über eine dreitägige Vertagung. Der Antrag Wyneken's, die deutsche Frage von der Tagesordnung zu entfernen, scheiterte auch hier wie in der zweiten Kammer an dem Widerspruch der Majorität, welche die Niedersetzung einer Commission von fünf Mitgliedern beschloß und diesen Beschluß am folgenden Tage gegen 14 Stimmen wiederholte.[1]

Am 5. Januar 1850 stand die deutsche Frage zum zweiten Male auf der Tagesordnung der zweiten Kammer. Der früher gefaßte Beschluß auf Verweisung des Ministerialschreibens an eine Commission kam bei der zweiten Berathung gar nicht wieder in Frage. Vier Tage lang dauerten die Debatten, welche mit einer Leidenschaftlichkeit geführt wurden, wie kaum die früheren Verhandlungen zum Sturze des Ministeriums Stüve in Folge des Lang'schen Antrages. Es war voraus-

---

[1] Gegen die Commission: von Exterde, Harms, von Honstedt, Mammen, Meine, Mohrmann, Müller, v. d. Osten, Rosenthal, Schaper, von Wehren, Wisch, Witte, Wyneken.
Für die Commission stimmten: Graf zu Münster, Graf zu Stolberg-Stolberg, Ahrens, Angerstein, Dompastor Beckmann, Schultheiß Beckmann, Graf von Bennigsen, Blome, von Bothmer, Braun, Dörrien, Ehrenboltz-Gilsermann, zum Felde, Gosling, von Hammerstein, Harriehausen, Hausmann, Herrmann, Hicken, Hillingh, Hofmann, Kellere, Kirchhoff, Knigge, Leppert, Lunkel, C. Meyer, H. Meyer, Colon Meyer, Senator Meyer, Michaelis, Kammerrath von Münchhausen, Rittmeister von Münchhausen, Neupert, Prott, Reiardt, Sander, van Santen, Sager, Schlote, Sieling, Steinvorth, Tellkampf, Thormeyer, Tezin, Wachsmuth, Winter, Wolff.

sichtlich für längere Zeit die letzte Gelegenheit, unumwunden seinem bittern Grolle über das Scheitern des Frankfurter Reichstages freien Lauf zu lassen und dem Ministerium Stüve gegenüber ohne Rückhalt seine Erbitterung auszusprechen. Alle Schleusen der Beredsamkeit wurden deshalb geöffnet; kein Wunder also, wenn sie rechts und links über die Grenzen fluthete, und der Präsident zu wiederholten Malen gezwungen war, die Debatte wieder in die rechte Bahn zu leiten. Alle die politischen Ergüsse zu filtriren lohnt sich der Mühe nicht, da wir als Ausbeute unter den schillernden Wasserblasen nur wenige Goldkörner finden würden. Ebenso wenig können wir die zahllosen Verbesserungs- und Unterverbesserungsanträge sämmtlich ausführlich mittheilen; wir müssen uns darauf beschränken, die beiden Anträge, welche sich am schärfsten gegenüberstehen, ihrem Wortlaute nach mitzutheilen, da die übrigen eben nur, je nach der Persönlichkeit des Antragstellers, einen Ton mehr oder weniger ins Rothe spielten.

Die radikalste Partei wurde von Bueren vertreten, der es sich angelegen sein ließ, die ernsten Verhandlungen mit zahlreichen, platten Späßen zu würzen, welche zu wiederholten Malen einen so rauschenden Beifall der Tribünen hervorriefen, daß nur die Drohungen des Präsidenten, die Tribünen sofort räumen zu lassen, die gestörte Ruhe wiederherstellen konnten. Der Antrag, welchen Bueren stellte, lautete wörtlich:

"Stände beschließen, der Königlichen Regierung auf das Schreiben vom 10. December 1849, die deutsche Verfassung betreffend, zu erwiedern:

"1) daß sie die von den gesetzlichen Vertretern des deutschen Volks in Frankfurt beschlossene Reichsverfassung vom 28. März 1849 nebst dem Reichswahlgesetze vom 12. April 1849 als rechtsgültig für ganz Deutschland anerkennen;

"2) daß sie demnach der hannoverschen Regierung alles

und jedes Recht absprechen, diesen Volksgesetzen den Gehorsam zu versagen;

„3) daß sie mithin das von der hannoverschen Regierung abgeschlossene Dreikönigsbündniß, den Entwurf einer Gegenverfassung und das octroyirte Reichswahlgesetz der drei Könige und ihrer Bundesgenossen und Alles, was zu deren Ausführung bereits geschehen ist und ferner geschehen mag, als einen Eingriff in die unveräußerlichen Rechte des deutschen Volkes verwerfen;

„4) daß sie ebenfalls die Interims-Regierung für Deutschland, die von Österreich und Preußen und sonstigen Groß- und Kleinmächten kraft Vertrages vom 30. September 1849 proclamirt worden ist, nicht anerkennen können;

„5) daß sie vielmehr keine andere Reichsgewalt für ganz Deutschland anerkennen, als eine solche, die aus dem Willen des nach freier Volkswahl zu ergänzenden deutschen Parlaments hervorgehen wird;

„6) daß sie nach allem diesen das bisherige Verfahren der hannoverschen Regierung in der deutschen Sache entschieden mißbilligen, jetzt aber von ihr erwarten, daß sie mit allen Kräften dahin wirken werde, das gesprengte deutsche Parlament durch freie Volkswahlen nach dem Wahlgesetze vom 7. April 1848 ergänzen zu lassen, und daß sie dessen Beschlüssen in Bezug auf die Verfassung und Reichsgewalt für ganz Deutschland sich unbedingt unterwerfen, vorab aber die reichsgesetzlichen Grundrechte des deutschen Volkes als hannoversches Landesgesetz anerkennen und zur Geltung bringen werde."[1]

---

[1] Der besseren Übersicht wegen lassen wir hier schon die Abstimmung über die einzelnen Anträge folgen.
Für den I. Antrag stimmten: Adickes, Begemann, Bojunga, Brammer, Bueren, Detering, Düffel, Ellissen, Freudentheil, Gerding, Kaulen, Kröncke, Lang II., Pfaff, Rohrmann, Schlüter, Siedenburg, Thiermann, von Bangerow.

Der erste deutsche Gegensatz zu diesem Bueren'schen Antrage [...] der vom Kundtwort gehörte, welcher wörtlich folgendermaßen lautet:

„In Erwägung, daß der Grundgedanke und das Ziel
der deutschen Bewegung des Jahres 1848, sowie die Aufgabe der deutschen Nationalversammlung die politische und
sociale Einigung aller deutschen Stämme gewesen ist, und
daß dieser Grundgedanke und dieses Ziel unter allen Umständen aufrecht erhalten werden muß, die Königliche Regierung
auch unter Festhaltung dieses Gesichtspunktes den damit nicht
übereinstimmenden, auch die Begründung einer bundesstaatlichen Verbindung selbst einzelner weniger deutschen Staaten
gerichteten Bestrebungen mit Recht entgegengetreten ist,

„In Erwägung, daß der Vertrag vom 30. September die
Bildung einer provisorischen Bundes-Centralcommission betreffend, wenngleich der Beitritt der Königlichen Regierung zu
demselben unter den vorliegenden Umständen durch die Nothwendigkeit geboten sein mochte, den Ständen keine Veranlassung zu einer Rückäußerung giebt, da die Königliche Regierung eine Genehmigung dieses Vertrages bei den Ständen
nicht beantragt hat, und es sich von selbst versteht, daß die
Rechte des Königreichs und der Stände insbesondere dadurch
in keiner Weise alterirt werden dürfen:

Der Antrag wurde also mit 56 gegen 20 Stimmen abgelehnt, und bei jeder der folgenden Abstimmungen wurde das Häuflein der Getreuen kleiner.

Für den II. Antrag: Brammer, Bueren, Detering, Ellissen, Freuden-theil, Gerding, Weinhagen.

Für den III. Antrag: Brammer, Bueren, Detering, Ellissen, Gerding, Weinhagen.

Für den IV. Antrag: Brammer, Bueren, Detering, Ellissen, Freuden-theil, Gerding, Weinhagen.

Für den V. Antrag: Brammer, Bueren, Detering, Gerding, Wein-hagen. Ellissen motivirte sein Nein „wegen der in dem Antrage undemo-kratischer Weise beantragten Ergänzungswahlen für das alte aufgelöste Parlament".

Für den VI. Antrag: Brammer, Bueren, Detering, Gerding, Weinhagen.

„aus diesen Gründen gehen Stände über das Schreiben der Königlichen Regierung vom 10. v. M., die deutsche Frage betreffend, insoweit zur motivirten Tagesordnung über.

„In Erwägung jedoch, daß ein baldiges Zustandekommen einer den wirklichen Bedürfnissen Deutschlands entsprechenden und auf dem Wege der weiteren Entwickelung des bestehenden Rechts zu erstrebenden Verfassung Deutschlands dringend geboten ist, ersuchen Stände die Königliche Regierung:

„Das bezeichnete Ziel mit Entschiedenheit, Offenheit und Selbstverleugnung fortdauernd zu verfolgen und zu diesem Ende mit allen Kräften insbesondere dahin zu wirken, daß baldthunlichst nach einem, das Vertrauen des Volkes erweckenden Wahlgesetze eine Vertretung desselben von den Regierungen berufen und von diesen mit der also berufenen Volksvertretung die Verfassung Deutschlands vereinbart werde."[1]

Der Schatzrath Lang wollte es in seinem Antrage dahin gestellt sein lassen, ob die Gründe der Königlichen Regierung den Rücktritt derselben von dem Dreikönigsbündniß rechtfertigten, da die Regierung zum Abschluß des Bündnisses überall nicht berechtigt gewesen; „die einseitige unbefugte Zurückrufung" der hannoverschen Abgeordneten von Frankfurt sollte gerügt, das Interim verurtheilt und die Fortdauer desselben höchstens bis zum 1. Mai von den Ständen genehmigt werden. „Sodann ersuchen Stände die Königliche Regierung, auf die Wiederberufung einer Nationalversammlung in Gemäßheit der Bundesbeschlüsse vom 30. März und

---

[1] Für den Windthorst'schen Antrag, der schließlich mit 42 gegen 34 Stimmen angenommen wurde, stimmten: Bergmann, Böhmer, Buddenberg, Büttner, Puß, von Düring, Eggers, Fründt, von Garßen, Grosse, von Hagen, Hanstein, Heilmann, Heinemann, Heise, Heul, von Hinüber, Hirsch, Kannengießer, Kée, S. Köhler, Lange, Lehzen, Mackensen, Merkel, Amtmann Meier, Landdrost Meyer, Senator Meyer, Siebenmeier Meyer, Pagenstecher, Riechelmann, Schmidt, Stubbe, Stuve, Thedinga, Vespermann, Weber, Wehmann, Wilhelmi, Willens, Windthorst, Wißmann.

7. April 1848 hinzuwirken. Österreichische Abgeordnete sollten jedoch aus dem österreichischen Kaiserstaate nicht zugezogen werden, so lange Österreich eine solche Vereinigung seiner zu Deutschland gehörenden Theile mit dem übrigen Kaiserstaate und eine solche Trennung in Deutschland aufrecht erhalte, wie sie durch die österreichische Verfassung vom 4. März v. J. herbeigeführt sei."

Der Amtsassessor Groß vertrat mit seinem Antrage die Partei der Gothaer: „Stände beschließen die Königliche Regierung zu veranlassen, dem bekannten Vorbehalte bei Schließung des Bündnisses vom 26. Mai vor Zusammenberufung des Reichstages keine weitere Folge zu geben, den Verwaltungsrath aufs Neue zu beschicken und die Wahlen zum Erfurter Reichstage ungesäumt auszuschreiben", also mit andern Worten, ganz sich den Forderungen Preußens unterzuordnen. Daß zur Begründung eines solchen Antrages kein Vorwurf gegen Österreich zu scharf, kein Stein, den der Antragsteller auf den Kaiserstaat warf, zu kantig, daß für Preußen das Weihrauchfaß mit beiden Händen geschwungen wurde, war freilich nöthig; weniger nöthig vielleicht dagegen, daß der Redner ein Gedicht auf Ostfriesland declamirte, „welches sich mit blutendem Herzen von Preußen getrennt habe." Mit großem Pothos rief der Antragsteller am Schluß seiner Rede aus, „die Würfel liegen — wählen Sie, werfen Sie!"

Der Umstand, daß eine so große Anzahl verschiedener Anträge zum größten Theile aus dem Schooße der sonst festgeschlossenen oppositionellen Phalanx gestellt werden konnte, war ein glückliches Prognostikon für die gemäßigtere Partei. Alle die zahlreichen Anträge wurden abgelehnt, und schließlich wurde der von Windthorst gestellte mit 42 gegen 34 Stimmen angenommen.

Da die zweite Kammer den Beschluß der ersten auf Nieversetzung einer gemeinschaftlichen Commission beider Kammern abgelehnt, einen materiellen Beschluß gefaßt hatte und demnach nicht wieder auf eine Vorprüfung eingehen konnte, so ließ die erste Kammer ihren früheren Beschluß fallen (10. Januar) und berieth am 11. Januar die Materialien des Ministerialschreibens vom 10. December 1849, die deutsche Frage betreffend. Bei der ersten Berathung hatte Rosenthal, einer der erbittertsten Gegner des Ministeriums in der ersten Kammer, den Bueren'schen Antrag gestellt, damit aber ein solches Fiasco gemacht, daß er es nicht wagte, denselben bei der zweiten Abstimmung noch einmal zu befürworten. Während in der zweiten Kammer mehr als ein Dutzend Anträge gestellt war, handelte es sich in der ersten Kammer nur um drei, welche Kirchhoff, Wyneken und Herrmann stellten. Der von Kirchhoff gestellte war der des Abgeordneten Windthorst, welchen die zweite Kammer zum Beschluß erhoben hatte. Der Antrag Wyneken's hatte große Ähnlichkeit mit dem vom Schatzrath Lang gestellten, er sprach jedoch im Eingange einen noch schärferen Tadel über die Haltung der Königlichen Regierung aus, als der Lang'sche Antrag.

"In Erwägung," lautet der Antrag wörtlich, "daß die Königliche Regierung nicht befugt war, sich der, von den gesetzlichen Vertretern des deutschen Volks in Frankfurt am 24. März 1849 festgestellten Reichsverfassung einseitig zu entziehen,

"in Erwägung, daß die Königliche Regierung um so weniger berechtigt war, für sich allein und ohne Zustimmung der Stände das s. g. Dreikönigsbündniß vom 26. Mai 1849 einzugehen und dem Bundesschiedsgericht sich zu unterwerfen, als das diesem einseitigen Bündnisse unterliegende Statut de 26. Mai 1849 offenbar die Selbständigkeit des Königreichs auch schon während des Provisoriums arg gefährdet,

„in Erwägung, daß die von den gesetzlichen Vertretern der deutschen Nation eingesetzte provisorische Centralgewalt in Frankfurt nicht einseitig von den Regierungen durch das s. g. Interim de 30. September 1849 ersetzt werden kann,

„erklären Stände, daß dem hannoverschen Volke aus diesen einseitigen Handlungen und Bündnissen der Königlichen Regierung keinerlei Verpflichtungen erwachsen können, noch dürfen."

Das Petitum entsprach vollkommen dem Lang'schen Antrage: Aufforderung, auf eine Wiederberufung einer deutschen Nationalversammlung hinzuwirken, und die Erklärung, wie es sich von selbst verstehe, daß Abgeordnete aus den zu Deutschland gehörenden Theilen des österreichischen Kaiserstaates nicht zugezogen werden könnten, so lange Österreich eine solche Vereinigung seiner zu Deutschland gehörigen Theile mit dem übrigen Kaiserstaate in einer Trennung von Deutschland aufrecht erhalte, wie sie in der österreichischen Verfassung vom 4. März 1849 ausgesprochen sei.[1]

Von einem wesentlich verschiedenen Gesichtspunkte ging dagegen Herrmann mit folgendem Antrage aus:

„In Erwägung, daß der Grundgedanke und das Ziel der deutschen Bewegung des Jahres 1848, sowie die Aufgabe der deutschen Nationalversammlung eine engere politische und materielle Einigung des gesammten Deutschlands auf Grundlage einer parlamentarischen Verfassung gewesen ist,

„in Erwägung, daß dieses Ziel nicht dadurch vereitelt werden darf, daß Österreich durch seine Reichsverfassung vom 4. März 1849 die Theilnahme seiner deutschen Lande an jener engern Einigung für jetzt thatsächlich ausgeschloßen und deshalb nur die Möglichkeit einer dem bisherigen Bun-

---

[1] Für den Wyneken'schen Antrag stimmten 15 Abgeordnete: von Erteide, Harms, Fillingh, von Honstedt, Kellers, Mammen, Meine, Senator Meyer, Müller, v. d. Osten, Schaper, Steinvorth, von Wehren, Winter, Wyneken.

desverhältnisse analogen völkerrechtlichen Union übrig gelassen hat;

„in Erwägung, daß dem hiernach modificirten Grundgedanken die Theilnahme der Königlichen Regierung an dem Bündnisse vom 26. Mai v. J. ebenso entsprach, als der Widerspruch, welchen die Königliche Regierung der sofortigen Constituirung eines engern Bundesstaates ohne Heranziehung des gesammten außer-österreichischen Deutschlands entgegen gesetzt hat; wobei jedoch Stände die daraus hervorgegangene Stellung der verbündeten Staaten, insbesondere Preußens und Hannovers, als eine sowohl für die Interessen unsers Landes, als des gesammten Deutschlands höchst bedenkliche aufrichtig beklagen;

„in fernerer Erwägung, daß der Vertrag vom 30. September v. J., die Bildung einer provisorischen Bundes-Centralcommission betreffend, wenngleich der Beitritt der Königlichen Regierung zu demselben unter den vorliegenden Umständen durch die Nothwendigkeit geboten sein mochte, den Ständen keine Veranlassung zu einer Rückäußerung giebt, da die Königliche Regierung eine Genehmigung dieses Vertrages bei den Ständen nicht beantragt hat, und es sich von selbst versteht, daß die Rechte des Königreichs und der Stände desselben insbesondere dadurch in keiner Weise alterirt werden dürfen;

„aus diesen Gründen gehen Stände über das Schreiben der Königlichen Regierung vom 10. v. M., die deutsche Frage betreffend, in so weit zur motivirten Tagesordnung über.

„In Erwägung jedoch, daß Recht und Wohlfahrt des deutschen Volkes die Verwirklichung jenes in Verein mit der preußischen Regierung angestrebten Grundgedankens dringend erheischen, ersuchen Stände die Königliche Regierung:

„das bezeichnete Ziel mit Entschiedenheit, Offenheit und Selbstverleugnung fortdauernd zu verfolgen und zu diesem

Ende mit allen Kräften dahin zu wirken, daß, im Einvernehmen mit den verbündeten Regierungen über die Veränderungen des Verfassungs-Entwurfs vom 26. Mai v. J., baldigst eine solche Einigung erfolge, welche den Beitritt der Regierungen des gesammten außer-österreichischen Deutschlands herbeiführt, sowie, daß demnächst nach einem das Vertrauen des Volkes erweckenden Wahlgesetze eine Vertretung desselben von den Regierungen berufen und von diesen mit der also berufenen Volksvertretung die deutsche Reichsverfassung vereinbart werde."[1]

Herrmann behauptete also, Österreich sei durch seine Reichsverfassung vom 4. März 1849 aus dem Bunde ausgeschieden, eine Ansicht, deren Unrichtigkeit die Erklärungen des K. K. österreichischen Cabinets ganz unzweifelhaft nachgewiesen. Österreich hatte weder auf seine Rechte aus dem Bunde verzichtet, noch die Erfüllung seiner Bundespflichten verweigert, und eine Verzögerung derselben, welche allerdings eingetreten, stand durchaus in keinem Zusammenhange mit dem Erlaß der Verfassung vom 4. März. Sodann wollte der Herrmann'sche Antrag der Königlichen Regierung als Basis fernerer Verhandlungen lediglich das Programm vom 26. Mai anweisen, also im Wesentlichen das Gothaer Programm, während der Windthorst'sche Antrag der Regierung freie Hand ließ, einen der vielen verschiedenen Wege einzuschlagen, welcher möglicherweise zu der Einigung Deutschlands führen könne. Dieser letztere Punkt war es wohl hauptsächlich, welcher die Verwerfung des Herrmann'schen Antrags zur Folge hatte, obgleich ganz im Gegensatz zu den Verhandlungen zweiter Kammer,

---

[1] Für den Antrag stimmten 26 Mitglieder: Graf Münster, von Botmer, Ehrenholz, von Exterde, Harmé, Herrmann, Hicken, Hillingh, von Honstedt, Hostmann, Kellers, Leppert, Mammen, Senator Meyer, Müller, Neupert, v. d. Osten, van Santen, Schaper, Thormeyer, Wachsmuth, von Wehren, Winter, Wisch, Witte, Wynecken.

und im entschiedensten Gegensatze zu der Stimmung des Landes, sich in der ersten Kammer auffallend viele Sympathien für das Dreikönigsbündniß geltend machten. Als der Wynekenʼsche und Herrmannʼsche Antrag verworfen waren, entschied sich die Kammer endlich für den Beschluß zweiter Kammer mit 37 gegen 16 Stimmen.

Im engsten Zusammenhange mit dem Schreiben des Gesammt-Ministeriums vom 10. December 1849 stand ein anderes vom 15. December d. J., das Bundesschiedsgericht betreffend, in welchem die Königliche Regierung beantragte, „daß die allgemeine Ständeversammlung mit Rücksicht auf die über das provisorische Bundesschiedsgericht und über die Competenz desselben am 26. Mai d. J. getroffenen Verabredungen der Regierung die Autorisation ertheile, für die weitere Entwickelung des Instituts, unter Ausdehnung seiner Wirksamkeit über ganz Deutschland, in Gemeinschaft mit den übrigen Regierungen die geeigneten Schritte zu thun."

Als das Schreiben[2] am 9. Januar in der zweiten Kammer zur Berathung kam, hatte die erste Kammer noch keinen Beschluß in der deutschen Frage gefaßt; man beschloß deshalb auf Antrag von Garßenʼs, dasselbe vorläufig von der Tagesordnung zu entfernen. Nachdem die deutsche Frage durch den Beschluß erster Kammer vom 11. Januar erledigt, wurde das Schreiben vom 15. December in der zweiten Kammer am 15. Januar berathen. Der Abgeordnete Böhmer hatte den

---

[1] Für den Antrag: Graf Münster, Ahrens, Angerstein, Pastor Beckmann, Schultheiß Beckmann, Graf von Bennigsen, Blome, von Bothmer, Braun, Dörrien, Eilermann, zum Felde, Göbling, von Hammerstein, Harrisbausen, Hausmann, Herrmann, Hilen, Hoßmann, Kirchhoff, Knigge, Leppert, C. Meyer, H. Meyer, Colon Meyer, Michaelis, Kammerrath von Münchhausen, Rittmeister von Münchhausen, Prott, Refardt, van Santen, Sager, Schlote, Sieeling, Vezin, Wolff.

[2] Aktenstücke von 1849. Nr. 131. S. 601; unter den folgenden Nummern sind die hierher gehörigen Aktenstücke abgedruckt.

Vorantrag gestellt, das Schreiben einer gemeinschaftlichen Commission von je fünf Mitgliedern jeder Kammer zu überweisen, allein dieser Antrag wurde ebenso verworfen wie der Regierungsantrag, für welchen sogar nur neun Abgeordnete stimmten.[1]

Tags darauf fand die auf Antrag des Schatzraths Lang beschlossene zweite Berathung statt, in welcher zwei Anträge gestellt wurden, der eine von Windthorst, der andere vom Schatzrath Lang. Beide Anträge hatten in mehreren Punkten große Ähnlichkeit mit einander, und als beide Antragsteller erklärten, daß möglicherweise eine Einigung erzielt werden könne, beschloß das Haus einstimmig, die Angelegenheit vorläufig von der Tagesordnung zu entfernen, um eine Vermittelung zu versuchen. Allein der Versuch blieb ohne Erfolg. Der Hauptdifferenzpunkt bestand darin, daß man sich nicht über die Art und Weise einigen konnte, wie ein Schiedsgericht zu Stande kommen sollte, indem Lang und seine Partei die Befürwortung verlangten, daß es nur durch eine Nationalvertretung geschehen solle, während der Windthorst'sche Antrag verschiedene Formen andeutete, in denen man möglicherweise zu einem solchen Gerichte gelangen könnte. Ob es politisch klug war, die Stände zu einer Erklärung über das Bundesschiedsgericht zu veranlassen, da dasselbe ja gar keiner Bestätigung bedurfte, möchten wir bezweifeln; jedenfalls muß sich die Königliche Regierung in einem vollkommenen Irrthume über die Ansichten der zweiten Kammer befunden haben, denn an eine Annahme des Regierungsantrages war gar nicht zu denken, da sogar nicht viel daran fehlte, daß Lang mit seinem Antrage durchdrang. Aber selbst die Annahme des Windthorst'schen Antrags war eine Niederlage der Regierung, wie aus dem Wortlaute

---

[1] Nämlich: Büttner, Dammers, von Düring, Groß, von Hagen, von der Horst II., Lebzen, Amtmann Meier, Ovpermann, ohne Präjudiz für die nächste Berathung.

ohne weitern Nachweis erhellen wird. Der Antrag lautete nämlich folgendermaßen:

„Stände vereinigen sich mit Königlicher Regierung in der Anerkennung des Grundsatzes, daß bei dem deutschen Verfassungswerke das Wesen des Rechtsstaats, sowohl für die Verhältnisse der einzelnen Staaten unter einander, als für die Verhältnisse im Einzelstaate seine Geltung finden müsse, und daß aus diesem Grunde die Einsetzung eines mit der gehörigen Competenz ausgerüsteten Bundesgerichtes ein wesentlicher Theil der zu schaffenden deutschen Verfassung werde sein müssen.

„Stände tragen jedoch Bedenken, dem durch die von der Königlichen Regierung mit den Regierungen von Preußen und Sachsen unterm 26. Mai v. J. geschlossenen Vertrag begründeten provisorischen Bundesschiedsgerichte ihrerseits eine Competenz einzuräumen.

„Wenn es sich dabei von selbst versteht, daß das definitive Bundesgericht als ein wesentlicher und integrirender Theil der deutschen Verfassung nur auf demselben Wege zu Stande gebracht werden kann, auf welchem diese Verfassung selbst zu erzielen ist, so wollen Stände doch nicht verkennen, daß, insofern der Abschluß des deutschen Verfassungswerkes wider Erwarten sich verzögern sollte, eine Einigung der deutschen Regierungen über ein provisorisches, möglichst für alle deutschen Staaten bestimmtes, unabhängiges Bundesgericht sich empfehlen kann.

„Stände müssen sich ihre weiteren Erklärungen inzwischen bis dahin vorbehalten, daß das Resultat der in diesem Sinne zu verfolgenden Verhandlungen zur verfassungsmäßigen Erklärung ihnen vorgelegt sein wird."

Die erste Kammer hatte Anfangs die Niedersetzung einer Commission beschlossen, ließ jedoch diesen Beschluß fallen (19. Januar), um ebenfalls die Materialien der Angelegenheit zu berathen. Während Bezin den in der zweiten Kammer angenommenen Antrag vertheidigte, traten namentlich Herrmann und Priegleb für den Regierungsantrag auf, und der Graf von Bennigsen erklärte, er finde keinen Unterschied zwischen dem Beschlusse zweiter Kammer und dem Regierungsantrage. Wie es möglich ist, beide Anträge zu identificiren, ist uns unerklärlich geblieben; wir haben in dieser Behauptung nur den Versuch finden können, die Niederlage der Regierung möglichst zu bemänteln, welchen Stüve ebenso in der zweiten Kammer durch die Erklärung versuchte, die Regierung habe eigentlich gar keinen Antrag gestellt. Nachdem der Beschluß zweiter Kammer mit 27 gegen 26 Stimmen abgelehnt war, wurde der Regierungsantrag sogar mit 31 gegen 22 Stimmen verworfen. Eine Ausgleichung der verschiedenen Beschlüsse beider Kammern erfolgte nicht; denn die Königliche Regierung sah sich durch den Verlauf, welchen die deutsche Frage inzwischen genommen,[1] veranlaßt, die in dem fraglichen Schreiben vom 15. December 1849 gestellten Anträge und Äußerungen über die weitere Entwickelung des Bundesschiedsgerichts durch ein Schreiben vom 8. April 1850 zurückzunehmen.[2]

Wenn die Opposition es sich einmal vorgenommen hat, die Regierung fortwährend anzugreifen und sich mit radikalen Hetzjagen zu unterhalten, so ist ein Vorwand leicht gefunden, wie der Schatzrath Lang im Laufe dieser Diät schon zu wiederholten Malen bewiesen. Eine unbegründetere Polemik aber, als im Anfange des Monats März Lang II. aufs Neue durch einen Urantrag provocirte, war kaum bis dahin vorgekommen. Die Königliche Regierung hatte nämlich um jene Zeit zwei officielle Schreiben des Königlichen Ministeriums der auswärtigen Angelegenheiten in der Hannoverschen Zeitung veröffentlicht. Lang II. fand in dieser Veröffentlichung der beiden Aktenstücke

---

[1] Vergleiche oben S. 214 ff.
[2] Aktenstücke von 1850. Nr. 269. S. 1399.

durch eine Zeitung, vor Mittheilung derselben an die allgemeine Ständeversammlung, eine solche Rücksichtslosigkeit der Regierung, daß er den Urantrag auf ein Mißtrauensvotum stellte und damit das Ersuchen auf Vorlegung der Aktenstücke über die deutsche Frage verband. Der ganze Antrag hatte eben nur den Zweck, einmal wieder hohe Politik mit Redensarten zu treiben, weil die Zeit vorüber, wo Lang und seine Partei handelnd auftreten konnten. Alle Schleusen des Unmuths gegen die Regierung wurden denn auch geöffnet, und eine große Zahl von Mitgliedern der Opposition zog theils mit schalen Witzen, z. B. Ellissen und Bueren, theils mit hochpathetischen Redensarten von „einem Opfer, das die Mächtigen bekränzen", wie Lang II. sich ausdrückte, gegen die Regierung zu Felde. Kein Redner wollte angeblich auf die deutsche Frage eingehen, und doch bestanden die weitschweifigen Debatten eigentlich in nichts Anderem, als in Klagen über den Verlauf der deutschen Frage und in Vorwürfen, welche richtiger an den Souveränetätswahn des Frankfurter Parlaments, als an die Regierungen Deutschlands adressirt wären.

Von allen Seiten war die hannoversche Regierung wegen ihres Rücktritts von dem Dreikönigsbündnisse angegriffen. Die preußische Presse lamentirte fortwährend über den „Vertragsbruch" Hannovers — ein Vorwurf, welchen auch Grumbrecht zu erheben wagte — und ein großer Theil der Presse des übrigen Deutschlands stimmte in diesen Vorwurf ein, weil Preußen den Correspondenzen seines Central=Preßbureaus in den meisten deutschen Zeitungen Aufnahme zu verschaffen gewußt. Was lag also der hannoverschen Regierung näher, als durch Veröffentlichung einzelner, wichtiger Documente jene landläufigen Vorwürfe zu widerlegen, und wie ist es möglich, darin eine solche Mißachtung der Ständeversammlung zu finden, daß geradezu ein Antrag auf einen Tadel der Regierung nur mit einem Scheine Rechtens gestellt werden konnte? Hätte die

Regierung zu jener Zeit den Ständen die Aktenstücke vorlegen wollen, so konnte eine solche Vorlegung nur eine theilweise sein, weil eine Reihe jener Aktenstücke eine noch schwebende Frage betraf; sie hätte ferner durch ein solches Verfahren voraussichtlich eine Erklärung der Stände über den Gang der Verhandlungen provocirt, welche ihr möglicher Weise zum entschiedensten Nachtheile die Hände gebunden hätte. Die Regierung veröffentlichte deshalb nur die wenigen Aktenstücke, welche dem Lande nicht länger unbekannt bleiben durften, wenn sie nicht selbst die Verantwortlichkeit einer unrichtigen Beurtheilung ihres Verhaltens in der deutschen Frage übernehmen wollte.

Ob die ziemlich unumwundene Drohung Stüve's, das Ministerium werde zurücktreten, wenn die Kammer den Antrag Lang's II. annehme, oder eine ruhige Erwägung der thatsächlichen Verhältnisse den Ausschlag gab, muß dahin gestellt bleiben; kurz, die Kammer lehnte den Antrag auf einen Tadel ab und nahm den von Francke gestellten Antrag an, die Regierung nur um Vorlegung der Aktenstücke, die deutsche Frage betreffend, zu ersuchen.[1]

Am 3. April kam die Königliche Regierung dem Wunsche der zweiten Kammer nach und machte der Ständeversammlung eine ausführliche Mittheilung über die Gründe ihres Rücktritts

---

[1] Für den Antrag auf ein Mißtrauensvotum stimmten: Adickes, Ahlborn, Begemann, Bojunga, Brammer, Bueren, Dammers, Detering, Düffel, Elüssen, Frerichs, Freudentheil, Gerding, Groß, Grumbrecht, Hinze, Kaulen, Köhler, Krönke, Lang I., Schatzrath Lang, von der Osten, Reese, Reve, Richter, Röben, Schläger, Schlüter, Siedenburg, Thiermann, von Vangerow, Weinhagen.
Gegen ein Mißtrauensvotum: Böhmer, Buddenberg, Büttner, Buß, von Düring, Eggers, Francke, Fründt, von Garßen, Grosse, von Hagen, Hanstein, Heilmann, Heinemann, Heyl, von Hinüber, Hirsch, Kannengießer, Klée, Lange, Lebzen, Madensen, Merkel, Amtmann Meyer, Landdrost Meyer, Senator Meyer, Siebenmeier Meyer, Münster, Riechelmann, Rohrmann, Schmidt, Stubbe, Stüve, Thedinga, Vespermann, Weber, Wehmann, Wilhelmi, Willens, Winkelhorst, Wißmann.

von dem Dreikönigsbündniß und über ihre Stellung zu den Münchener Conferenzen.[1] Wenige Tage darauf, am 8. April, erklärte die Königliche Regierung in einem Schreiben, das provisorische Bundesschiedsgericht zu Erfurt betreffend,[2] daß sie das, nach Artikel 5 des Bündnisses vom 26. Mai 1849 in Erfurt zusammen getretene provisorische Bundesschiedsgericht als erloschen betrachte und sich deshalb veranlaßt sehe, die hinsichtlich jenes Schiedsgerichts in dem Schreiben an die Stände des Königreichs vom 15. December 1849 gestellten Anträge und Äußerungen über die Entwickelung des gedachten Instituts hierdurch zurückzunehmen. Zu einer Berathung des Schreibens vom 3. April kam es jedoch nicht.

Die zahlreichen Vorlagen der Königlichen Regierung beschäftigten die Ständeversammlung vom 8. November 1849 bis zum 23. Julius 1850, während zweimal durch Vertagung, nämlich vom 23. Januar bis 28. Februar, und vom 23. März bis 3. April, den Commissionen Zeit gegeben werden mußte, die nothwendigen Arbeiten zu erledigen. Die wichtigsten Resultate der Berathungen, um dieselben wenigstens mit ein paar Worten anzuführen, bestanden in folgenden Gesetzen:

Gesetz über die Bildung der Schwurgerichte vom 24. November 1849;

Provisorisches Gesetz, das mündliche und öffentliche Verfahren mit Geschwornen betreffend, von demselben Tage;

Gesetz, betreffend Aufhebung der Mannsstifter, vom 17. Januar 1850;

Gesetz über Aufhebung der Marken- und Holzgerichtsbarkeit vom 13. Februar;

Gesetz über Eidesleistungen vom 25. April;

Gesetz über die Stolgebühren der Juden vom 6. Juni;

---

[1] Aktenstücke von 1850. S. 1346—1372.
[2] Aktenstücke von 1850. S. 1399. Vergleiche oben S. 255.

Gesetz über die Aufhebung des Jagdrechts auf fremdem Grund und Boden vom 29. Juli;

Gesetz über die Verjährung persönlicher Klagen vom 22. September;

Gesetz über die Gerichtsverfassung, die bürgerliche Proceßordnung;

Gesetz, die Gebührentaxe in bürgerlichen Rechtsstreitigkeiten betreffend;

Gesetz über das gerichtliche Verfahren in Steuer-Contraventionssachen;

Gesetz, die Errichtung von Anwaltskammern betreffend, sämmtlich am 8. November publicirt, so jedoch, daß deren Gültigkeit vorläufig suspendirt blieb.

Auch die Geschäftsordnung für die allgemeine Ständeversammlung wurde in dieser Diät erledigt. Schon unterm 1. Februar 1849 hatte die Königliche Regierung den Entwurf zu einer neuen Geschäftsordnung vorgelegt, welcher von den Ständen mit einigen wesentlichen Modificationen angenommen war. Ganz im Sinne der herrschenden Zeitrichtung, die Rechte des Monarchen so viel nur immer möglich zu beschränken, hatten nämlich die Stände beantragt, das Recht des Königs, die Wahl der Präsidenten und Vicepräsidenten zu bestätigen, in dem Entwurfe zu streichen, um auf diese Weise die Ständeversammlung wenn nicht über die Krone, wenigstens selbständig neben dieselbe zu setzen. Allein die Regierung wies diesen Eingriff in die Rechte der Krone zurück, obgleich sie zu den sonstigen beantragten Modificationen ihre Einwilligung gab, und beanspruchte in einer neuen Vorlage das Bestätigungsrecht des Königs in Betreff jener Wahlen. Als die Ständeversammlung eingesehen, daß sie ihre Absichten nicht erreichen würde, gab sie schließlich nach (23. Januar 1850), so daß die neue Geschäftsordnung schon am 7. Februar 1850 publicirt werden konnte.

Von besonderer Wichtigkeit war diese Diät für das Land durch die endliche Erledigung über die schon im Jahre 1846 gemachte Vorlage, den Bau der Süd- und Westbahn betreffend. In einem Schreiben vom 4. April 1848 hatte die Königliche Regierung die Bewilligung der zu den ferneren Vorarbeiten erforderlichen Mittel beantragt; allein die Ständeversammlung theilte damals die Ansichten über die nothwendige Beschleunigung nicht und beantragte, die Arbeiten nur so weit fortzusetzen, um das vorhandene Material für die Folgezeit nutzbar zu machen. Am 13. April 1850 erfolgte eine neue Vorlage der Königlichen Regierung, welche die unvermeidliche Nothwendigkeit einer schleunigen Erledigung dieser wichtigen Angelegenheit nachwies und die Bewilligung der zum Bau nothwendigen Mittel beantragte. Die Nachtheile des Zögerns waren inzwischen schon so deutlich zu Tage getreten, daß sich in den Kammern nur einzelne Stimmen gegen das Project der Regierung aussprachen, und die Ständeversammlung in einem Schreiben vom 18. Julius die nothwendigen Mittel bewilligte.

§. 12.
Die Restauration des Bundestages.

Der s. g. halbe Bundestag. Die Warschauer Conferenzen. Die Olmützer Convention. Die Dresdener Conferenzen. Die Rückkehr nach Frankfurt.

Wir müssen noch einmal den geschichtlichen Verlauf der Ereignisse unterbrechen, um mit ein paar Worten das endliche Schicksal der deutschen Frage zu schildern. Schon oben S. 217, sahen wir, wie sich in Frankfurt der s. g. halbe Bundestag versammelt[1] und der österreichische "Präsidialhof" in einer Circulardepesche vom 14. August 1850 alle Bundesregierungen aufgefordert hatte, ihre Gesandten zum 1. September nach Frankfurt zu senden. Am 2. September wurde der engere Rath der Bundesversammlung durch den österreichischen Präsidialgesandten eröffnet, während in Berlin noch immer das Unions-Fürstencollegium tagte und den Zusammentritt in Frankfurt vergebens durch verschiedene Proteste zu verhindern suchte.

Am 15. Juli war das Provisorium der Union abgelaufen; da sich die unionsfreundlichen Regierungen aber noch immer nicht über ein Definitivum einigen konnten, so begnügten sie sich damit, das Provisorium auf drei Monate zu verlängern, in der stillen Hoffnung, daß inzwischen irgend ein Ereigniß eintreten werde, welches ihnen gestatten würde, mit Ehren von der Union sich zurückzuziehen. Die holsteinsche und die hessische Frage drängten endlich zur Entscheidung. Eine Zeit-

---

[1] Hannover war durch den früheren Advocaten und Reichsminister Detmold vertreten.

lang schien es, als ob Preußen es auf eine Entscheidung durch das Schwert ankommen lassen wollte; allein noch in der zwölften Stunde gab es seine Pläne auf und entschloß sich zur Rückkehr nach Frankfurt.

Am 2. Juli 1850 hatte Preußen im Auftrage und Namen des deutschen Bundes[1] den s. g. Berliner Frieden mit Dänemark unter Vermittelung Englands abgeschlossen. Als nun in Folge des Friedensschlusses die Pacifization Holsteins erfolgen sollte, lehnte Preußen die Execution ab und arbeitete so dem Frankfurter Bundestag geradezu in die Hände. Der letztere zauderte keinen Augenblick, davon Vortheil zu ziehen. Der Frieden wurde im October ratificirt, die Urkunden in Gegenwart der vermittelnden Macht ausgewechselt, und die Ausführung des Friedens von Bundeswegen beschlossen. Preußen erklärte freilich, der Frieden sei nicht von Bundeswegen ratificirt, es würde deshalb der Bundesexecution entgegentreten; allein da die auswärtigen Mächte den Frankfurter Bundestag bereits als Organ des Bundes anerkannt hatten, so blieb der preußische Protest ebenso ohne Erfolg, wie die früheren.

Noch schroffer gestaltete sich das Verhältniß zwischen Preußen und den Anhängern der Union dem Bundestage gegenüber wegen der kurhessischen Frage. Am 7. September hatte die kurfürstliche Regierung, welche durch den Widerstand der Behörden vollständig gelähmt war, den Kriegszustand über das Land verhängt und Mitte September die Hülfe des Bundes angerufen. Schon am 21. d. M. beschloß die Bundesversammlung, die kurhessische Regierung aufzufordern, alle einer Bundesregierung zu Gebote stehenden Mittel anzuwenden, um die ernstlich bedrohte landesherrliche Autorität sicher zu stellen. Zugleich wurde die Einmischung des Bundes nöthigenfalls in Aussicht gestellt. Als die kurfürstliche Regierung

---

[1] Eine Widerlegung der entgegenstehenden Ansicht bei von Kaltenborn. 2. Th. S. 216.

den Bundesbeschluß am 23. d. M. publicirte, erklärte der ständische Ausschuß, jener Beschluß vom 21. September sei gar kein Bundesbeschluß, sondern nur der Beschluß einzelner deutscher Regierungen, welcher ein Attentat auf die Sicherheit und Unabhängigkeit des Kurstaates enthalte. Schließlich stellte der Ausschuß in seinem Proteste den Staat unter den Schutz des Völkerrechts. Der Protest, an das Völkerrecht adressirt, war hauptsächlich für das Berliner Cabinet bestimmt, welches sofort für eine selbständige preußische Intervention thätig wurde. Allein vergebens; die kurfürstliche Regierung protestirte ausdrücklich gegen die preußischen Pläne, und da Preußen eine Execution von Bundeswegen nicht annehmen konnte, denn es erkannte den Bundestag nicht an, so ward auch diese Angelegenheit, ebenso wie die holsteinsche Frage, zunächst ohne Preußen entschieden.

Am 30. September publicirte die kurfürstliche Regierung den Bundesbeschluß vom 21. d. M. Allein ohne allen Erfolg. Das oberste Militairgericht, das General-Auditoriat, erklärte die September-Verordnungen sogar für verfassungswidrig, und als das Gericht am 8. October suspendirt wurde, reichte Tags darauf eine große Anzahl Officiere ihre Entlassung ein.[1] Nach diesem Vorgange blieb der kurfürstlichen Regierung Nichts übrig, als die Hülfe des Bundes anzurufen, der auch sofort beschloß (16. October), mit militairischer Macht einzuschreiten.

[1] **Beeidigung des Militairs auf die Verfassung** ist von jeher das Streben der revolutionären Partei gewesen. Im Jahre 1831 hatte die Revolution in Kurhessen die Aufnahme dieser Bestimmung in die Verfassung durchgesetzt, jetzt endlich erntete sie die süßen Früchte davon. Die Officiere interpretirten ihren Verfassungseid, und damit war die Wirksamkeit des ganzen Heeres gelähmt.

Als am 7. Mai 1849 in der Nationalversammlung der Wesendonck'sche Antrag wegen Beeidigung des Militairs auf die Reichsverfassung berathen wurde, äußerte sich der Antragsteller mit anerkennenswerther Offenheit dahin: „Eins dieser Mittel ist der Eid; er soll dazu dienen, daß das Volk und selbst das Heer in Preußen für die Verfassung und gegen seine Regierung sich erhebt. Das ist der Zweck, **die Insurrection des Volkes herbeizuführen.**"

Baiern übernahm mit einigen österreichischen Truppen die Execution. Inzwischen hatte Preußen ebenfalls bedeutende Truppenmassen an die hessische Grenze vorgeschoben, um für alle Eventualitäten gerüstet zu sein. Ein Conflict zwischen Preußen und der Executionsarmee schien unvermeidlich, als das Berliner Cabinet die Vermittelung Rußlands anrief. Allein die in Warschau seit dem 28. October abgehaltenen Conferenzen[1] blieben völlig resultatlos, da Preußen die Anerkennung des jetzigen Bundestags entschieden ablehnte. In Folge dessen überschritt am 1. November die Executionsarmee die hessische Grenze und besetzte Hanau.

Der preußische Minister des Auswärtigen, von Radowitz, drang jetzt auf energisches Auftreten; allein vergebens, er legte deshalb sein Portefeuille nieder, und Herr von Manteuffel trat am 3. November an seine Stelle. Eine preußische Note von demselben Tage erklärte dem Wiener Hofe, Preußen würde den „Bundesbeschlüssen" in Hessen und Holstein keinen Widerstand entgegensetzen, es verlange dagegen, daß die von ihm schon in Warschau proponirten freien Conferenzen abgehalten würden, und Österreich seine Rüstungen einstelle. Nach längeren Verhandlungen, während welcher der österreichische Gesandte, Herr von Prokesch, schon seine Pässe gefordert, und mehrere Mitglieder der Union ihren Austritt angezeigt hatten,[2]

---

[1] Preußen sandte seinen Ministerpräsidenten Grafen von Brandenburg, Österreich den Fürsten Schwarzenberg, Rußland den Kanzler Grafen von Nesselrode, ferner war der preußische Gesandte in Petersburg von Rochow und der russische am Berliner Hofe von Meyendorf zugegen.
An demselben Tage tritt das Ministerium Stüve zurück.

[2] Z. B. Baden am 23. November; Mecklenburg-Schwerin 26. November. In der Sitzung des Fürstencollegiums vom 15. November hatte nämlich der preußische Bevollmächtigte, von Bülow, erklärt: „Preußen werde als Unionsvorstand die Verfassung vom 28. Mai 1849 nicht ins Leben rufen und betrachte dieselbe seinerseits als vollständig aufgehoben. Ein definitives Aufgeben könne nur mit Zustimmung der verbündeten Regierungen geschehen. Indem die Königliche Regierung diese Zustimmung hiermit in Anspruch nehme, erkläre sie ihre volle Bereitwilligkeit, auch unter den veränderten Verhältnissen

entschloß sich Herr von Manteuffel auf den Rath des Kaisers
Nicolaus zu einer persönlichen Zusammenkunft mit dem Fürsten
Schwarzenberg. Am 27. November trafen die beiden Minister
in Olmütz zusammen, und am 29. wurde die s. g. Olmützer-
Convention abgeschlossen. Preußen ließ seine bis dahin
befolgte Politik fallen und stellte sich materiell auf die Rechts-
basis seiner bisherigen Gegner;[1] denn wenn es auch formell
die Frankfurter Versammlung nicht als Bundestag anerkannte,
so lag doch in der Betheiligung an der holsteinschen und
hessischen Execution deutlich genug eine materielle Anerkennung.

Die Olmützer Convention rief in den preußischen Kammern einen Sturm des Unwillens hervor, so daß die Königliche Regierung sich schon am 4. December veranlaßt sah, eine
Vertagung bis auf den Januar 1851 eintreten zu lassen.
Ebenso scharf wurde aber die preußische Regierung von ihren
Verbündeten angegriffen. Nassau, Oldenburg und Braunschweig erklärten geradezu, sie würden sich an den provisorischen
Maßregeln in Betreff Hessens und Holsteins gar nicht betheiligen. Die letzte Sitzung des Fürstencollegiums fand am
18. December statt, bald darauf zeigten mehrere Regierungen
ihren Austritt an, und die wenigen, welche auch jetzt noch
treu an Preußen hielten, beschlossen ebenfalls die in Olmütz
verabredeten Conferenzen zu beschicken.

Am 23. December begannen die **Dresdener Conferenzen**, auf welchen alle deutschen Staaten vertreten waren.[2]
Der anfängliche Beschluß, in Dresden die beabsichtigten Re-

---

in der Union mit den dazu gehörigen Regierungen zu immer festerer Ver-
brüderung der betheiligten Staaten zu bleiben." v. Kaltenborn 2. S. 239.
Diese Erklärung ist doch kaum anders, als dahin zu verstehen: Preußen giebt
nicht allein die Unionsverfassung, sondern die Union selbst auf und bietet den
Unionsregierungen ein neues Bündniß an.

[1] von Kaltenborn Thl. 2. S. 242 ff. Daselbst ist auch die Punktation
abgedruckt.

[2] Hannover durch den Staatsminister von Münchhausen, und den Geheimen Cabinetsrath von Schele.

formen zum vollständigen Abschluß zu bringen, kam nicht zur Ausführung. Man beschloß die Berathungen in den Schooß des Bundestags zu verlegen, und so wurden in der zehnten Sitzung, am 15. Mai, die Conferenzen für geschlossen erklärt. Schon während dieser Verhandlungen hatte Preußen durch eine Circulardepesche vom 27. März 1851 seinen früheren Verbündeten erklärt, daß die Königliche Regierung es am zweckmäßigsten halte, die frühere Bundesversammlung wieder in Wirksamkeit zu setzen. Bald darauf erließ dieselbe eine neue Depesche mit der Anzeige, daß sie am 12. Mai wieder in die Bundesversammlung eintreten werde, und mit der Einladung zum gemeinschaftlichen Beitritt. Einzelne Regierungen entsprachen der Einladung sofort, andere zögerten noch eine Zeitlang; allein nach der erwähnten Erklärung Preußens blieb ihnen ebenfalls nichts Anderes als die Rückkehr zum alten Bundestage übrig, der auf diese Weise Mitte Juni des Jahres 1851 als vollständig restaurirt wieder dastand.

———

§. 13.

Der Rücktritt des Ministeriums Stüve und die so genannte Volkspartei im Sommer 1850.

Fortwährende Ministerkrisen. Die Civilcommission. Rücktritt des Ministeriums Stüve am 28. October. Berufung des Ministeriums von Munchhausen-Lindemann. Die Königliche Proclamation über den Ministerwechsel. Demonstration gegen den Berliner Frieden. Robert Blum-Feier. Volksversammlung bei Gelegenheit des Durchmarsches der österreichischen Truppen. Ein Hildesheimer Aktenstück.

Schon im Laufe des Sommers begann die Ministerkrisis, welche endlich im October des Jahrs 1850 mit dem Rücktritt des Ministeriums endete. Der eintretende Umschwung hatte die Stellung des Ministeriums Stüve immer unhaltbarer gemacht. Es hatte zu schroff mit der ganzen historischen Grundlage gebrochen und den, mit der Geschichte des Königreichs und dessen ganzen Verhältnissen eng verwachsenen Stand, den grundbesitzenden Adel zu rücksichtslos von aller Theilnahme am öffentlichen Leben ausgeschlossen. Die oppositionellen Elemente hatten auf Kosten der Rechte des Monarchen durch die Verfassung vom 5. September 1848 zu großen Einfluß gewonnen, als daß sich nicht dagegen unausbleiblich ein Rückschlag hätte geltend machen müssen. Die conservative Partei verhehlte ihren Unmuth über die fortwährenden Ministerkrisen nicht, welche man — ob mit Recht oder Unrecht müssen wir dahin gestellt sein lassen — durch Stüve's Überzeugung von seiner Unentbehrlichkeit ohne hinreichende Gründe provocirt glaubte. Ebenso unzufrieden war aber auch die Partei des geflügelten Fortschritts; denn während der wiederholten Ministerkrisen konnte die organische Gesetzgebung nicht gefördert werden, und eine Durchführung der beabsichtigten Reformen war der sehnlichste Wunsch gerade dieser Partei. Ein deutlicher

Fingerzeig, was das Land von den Organisationen zu erwarten habe.

Gegen die unveränderte Durchführung erhoben sich nämlich von vielen verschiedenen Seiten die gewichtigsten Bedenken. Es hatte eine Reihe unabhängiger Collegien, unter andern das ostfriesische Landrathscollegium, sich direct an Se. Majestät gewandt, um auf die Nachtheile einer unveränderten Einführung hinzuweisen, so daß der König eine nochmalige Prüfung der Gesetze seinen Unterthanen glaubte schuldig zu sein. Das Ministerium suchte vergebens diesen Beschluß des Königs zu hintertreiben, und so gab es schließlich nach, diejenigen wichtigen Gesetze, welche nicht in unmittelbarem Zusammenhange mit der Verfassungsurkunde standen, vor ihrer Publication durch Sachverständige prüfen zu lassen.

Diese Prüfungscommission, Civilcommission,¹ schlug den Weg ein, Praktiker aus den verschiedenen Landestheilen vorzuladen und anzuhören, und fast ohne Ausnahme erklärten sich dieselben gegen die unveränderte Durchführung der Gesetze. Selbst Lindemann, ein vertrauter Freund Stüve's, trat in Beziehung auf eine Reihe von Punkten, namentlich in Ansehung der neuen Städteordnung, als Gegner der Stüve-

---

¹ Landdrost Freiherr von Bülow, Ober-Appellationsrath von Rössing, Oberbürgermeister Dr. Lindemann.

Zu gleicher Zeit tagte in Hannover auch eine Militair-Commission zur Bearbeitung eines Plans, die Reduction resp. Neuformation der Armee betreffend. Die Ständeversammlung hatte nämlich in einem Erwiederungsschreiben vom 7. Mai 1850 auf die Mittheilungen der Königlichen Regierung, die außerordentlichen Ausgaben der Königlichen Kriegsverwaltung betreffend, erklärt, daß die Stände die der Königlichen Regierung unterm 5. Juli 1848 ertheilte Befugniß zu außerordentlichen Verwendungen spätestens am 1. Juli als erloschen betrachten müßten. Diese Militair-Commission bestand aus dem General-Lieutenant und Vorstand des Kriegs-Ministeriums Prott, dem General-Major und Commandeur der zweiten Cavallerie-Brigade von Schnehen, dem General-Major und General-Adjudanten Jacobi und dem zur General-Adjudantur commandirten Major von Hammerstein.

schen Pläne auf. Anfangs war die Ansicht verbreitet, Stüve selbst habe die Unhaltbarkeit der Gesetzentwürfe und das Bedenkliche der inneren Reform in manchen wichtigen Punkten zugestanden, und er selbst werde die stark modificirten Entwürfe vor den Kammern vertreten. Allein plötzlich ließ sich eine ernstliche Ministerkrisis nicht mehr bezweifeln. Mochte nämlich Stüve es auch vielleicht über sich haben gewinnen können, in die von der Civilcommission beantragten Modificationen zu willigen, so war doch jetzt bei der Wendung, welche die deutsche Frage genommen, die Stellung des Ministeriums vollkommen unhaltbar geworden. Die Regierung hatte den Bundesbeschluß vom 21. September, die kurhessische Frage betreffend, nachträglich anerkannt und in einer ausdrücklichen Note an Österreich das Versprechen geleistet, im Falle der Bundesexecution acht Bataillone in Kurhessen einrücken zu lassen. Die oben geschilderten Vorgänge in Kassel, das Auftreten des Generalauditoriats, das Entlassungsgesuch einer großen Anzahl Officiere der hessischen Armee u. s. w. deuteten darauf hin, daß die kurfürstliche Regierung in kürzester Frist um Realisirung der in Aussicht gestellten Execution die Bundesversammlung angehen werde. Was sollte das Ministerium in diesem Dilemma beginnen? Entweder die der österreichischen Regierung gemachten Zusagen erfüllen und damit die letzten Sympathieen aller seiner liberalen Freunde verscherzen, oder diesen Sympathieen jene feierliche Zusage opfern, das war die trostlose Alternative, welche dem Ministerium übrig blieb, wenn es nicht sein Entlassungsgesuch einreichen wollte. Das Ministerium wählte das Letztere schon ein paar Tage bevor die Bundesversammlung ein militairisches Einschreiten in Kurhessen beschloß (16. October).

Über die letzten Vorgänge der Krisis wird wohl kaum je eine völlig zuverlässige Darstellung geliefert werden; allein so viel steht fest, daß das Ministerium eine Reihe von

Bedingungen für sein Verbleiben im Amte aufstellte. Die gleichzeitigen Tagesblätter berichten, vielleicht mit Übertreibung, es seien sogar dreißig solcher Bedingungen gewesen. Dem Vernehmen nach hatte Stüve dieselben redigirt; die übrigen Ministerialvorstände, mit Ausnahme des Generalmajors von Prott, erklärten sich mit denselben einverstanden, und der Graf von Bennigsen übernahm es, dieselben Sr. Majestät dem Könige vorzutragen. Der Vortrag fand jedoch eine sehr ungnädige Aufnahme, und der König nahm sofort das Entlassungsgesuch an.[1]

Die definitive Constituirung des neuen Ministeriums verzögerte sich jedoch noch beinahe vierzehn Tage lang. Schon am 14. October berichteten die Zeitungen von einem Ministerium Münchhausen-Lindemann; am 17. d. M. traf der Freiherr von Schele in Hannover ein, und mit ihm wurden Unterhandlungen wegen der Bildung eines neuen Ministeriums angeknüpft, welche indeß scheiterten. Endlich, am 28. October[2] verkündeten die amtlichen Nachrichten den Rücktritt des Ministeriums Stüve und die Berufung folgender Herren zu Staatsministern: des Kammerraths von Münchhausen zum Vorsitzenden des Gesammt-Ministeriums und zum Vorstande des Ministeriums der auswärtigen Angelegenheiten; des Oberbürgermeisters Dr. Lindemann zum Vorstande des Ministeriums des Innern; des Ober-Appellationsraths von Rössing zum Justizminister; des Generalmajors Jacobi zum Kriegsminister und des Landdrosten Dr. Meyer zum Minister der geistlichen und Unterrichtsangelegenheiten. Das Portefeuille für die Finanzen war einstweilen dem Staatsminister Lindemann übertragen, bis der

---

[1] Kurze Zeit darauf hielten die Ministerialvorstände, v. Prott ausgenommen, eine Zusammenkunft in Bielefeld, den s. g. Bielefelder Congreß, welcher die damaligen Tagesblätter lebhaft beschäftigte, ohne daß irgend zuverlässige Nachrichten darüber in die Öffentlichkeit gedrungen wären.

[2] An demselben Tage begannen in Warschau die Conferenzen.

Geheime Regierungsrath Freiherr von Hammerstein am 1. December 1850 in das Ministerium eintrat.

Die Proclamation, durch welche dem Lande der Rücktritt des Ministeriums angezeigt wurde, lautete wie folgt:

„Ernst August, von Gottes Gnaden König von Hannover u. s. w.

„Wir haben Uns veranlaßt gefunden, Unseren bisherigen Ministerialvorständen die von denselben wiederholt nachgesuchte Entlassung von dem Amte am heutigen Tage in Gnaden zu ertheilen.

„Eingedenk der wichtigen Dienste, welche die Ministerialvorstände Uns und dem Amte in gefahrvoller Zeit geleistet, haben Wir zu dieser Entlassung nur ungern Uns entschließen können. Um ihren nützlichen Rath für wichtige Fälle der Regierung auch ferner zu erhalten, haben Wir dieselben sämmtlich zu Mitgliedern Unsers Staatsraths ernannt.

„In der von Uns getroffenen Wahl der neuen Minister werden Unsere Unterthanen die Gewähr finden, daß Wir den Gang, welchen Wir in der Regierung Unsers Landes während der Dienstführung der nun entlassenen Ministerialvorstände eingehalten, im Wesentlichen nicht zu verändern beabsichtigen. Um so sicherer erwarten Wir, daß Unsere geliebten Unterthanen das Vertrauen und die Anhänglichkeit, welche sie während der schweren Zeit der letzten Jahre fast mehr, als irgend ein anderer deutscher Stamm bewährt haben, auch ferner Unserer Regierung unverändert bethätigen werden. Dann dürfen Wir mit Zuversicht auch hoffen, daß unter dem Schutze des Allmächtigen es Uns gelingen werde, das Land durch die noch immer drohenden Gefahren sicher hindurch zu führen.

„Hannover, 28. October.

Ernst August.

von Münchhausen. Lindemann. von Rössing. Jacobi. Meyer."

Der Rücktritt des Ministeriums Stüve ging ohne großen Eindruck an dem Lande vorüber. Die Pseudoconservativen, welche zufrieden sind, wenn nur die Ruhe und Ordnung im Lande nicht gestört wird, ohne viel danach zu fragen, ob auch das monarchische Princip unverletzt erhalten werde, glaubten auch in dem neuen Ministerium die Garantie für eine fernere ruhige Entwickelung des Staatslebens gefunden zu haben. Die wahrhaft conservative Partei aber war schon um deswillen mit dem Rücktritt des Ministeriums zufrieden, weil sie darin den ersten Anfang zu einer Umkehr von der abschüssigen Bahn erblicken zu dürfen glaubte, auf welche jenes die hannoversche Verfassung geleitet hatte. Mochte man die Verdienste Stüve's um das Land noch so hoch schätzen — und wer wollte sie verkennen? — so mußte doch jeder Unbefangene eingestehen, daß noch nie ein Ministerium das monarchische Princip so sehr gefährdet, wie das Märzministerium. Und die radikale Partei? Sie hatte Stüve längst als einen Abtrünnigen aufgegeben, weil sie sich zum großen Theil in ihren hochfliegenden Erwartungen getäuscht sah. Die Schmähungen, mit denen Stüve in den Volksversammlungen zu Hildesheim und andern Orten überhäuft wurde, legten deutlich genug Zeugniß von der Erbitterung ab, mit welcher jetzt die Männer den abgetretenen Minister verfolgten, welche ihm im März des Jahres 1848 am lautesten zugejubelt hatten, — Schmähungen, deren jede übrigens als eine Ehrenerklärung in den Augen aller Gemäßigten erscheinen mußte.

Die politischen Demonstrationen, deren die Demokraten vom 1848ger Jahrgang noch immer nicht müde wurden, wollten im Sommer und Herbst des Jahres 1850 trotz aller Mühe nicht mehr recht gedeihen. Der Abschluß des Berliner Friedens am 2. Juli wurde zwar zu einigen Volksversammlungen ausgebeutet, welche aber selbst die radikale Presse nicht mehr wie früher als "erhebende Feierlichkeiten" zu schildern wagte. Am 28. Juli tagte z. B. unter dem Präsidium des Lehrers Callin auf dem Schützenhause zu Hannover eine solche Versammlung, welche Weinhagen und Gottsleben durch ihre Anwesenheit und durch patriotische Reden verherrlichten. Zwei fertige Petitionen, die eine an Se. Majestät den König, die andere an die Regierung gerichtet, tauchten aus der Tasche eines der Anwesenden auf. „Das ganze hannoversche Heer sollte Schleswig-Holstein zur Verfügung gestellt werden, mindestens aber den Officieren und Unterofficieren Urlaub bewilligt werden, um in den Dienst der Herzogthümer treten zu können." Die Petitionen wurden selbstverständlich genehmigt, denn der Modus der Abstimmung war der oft erprobte, welcher nie im Stiche läßt. Wenn ein paar Redner, die ja immer aufzutreiben waren, für einen Antrag gesprochen, und die Versammelten stillschweigend der Weisheit des Redeflusses gelauscht, so übersetzte der Präsident dieses Schweigen in „Angenommen mit erhebender Einmüthigkeit".

Auch bei dieser Gelegenheit wurde von einzelnen Personen der Versuch gemacht, eine Massendemonstration zu veranstalten. Mensching, Weinhagen und Gottsleben verlangten nämlich, die ganze Versammlung solle sich sofort zu Sr. Majestät begeben, um ihren Wünschen „Nachdruck" zu verleihen. Zweimal war dieses Manöver geglückt: zuerst am 19. März 1848 und zum zweiten Male einige Wochen später, als Stüve gezwungen wurde, sich nach dem Hause des Grafen von Bennigsen zu begeben. In diesem Falle wurde jedoch der Versuch durch die Erklärung eines Polizeibeamten vereitelt, er sei autorisirt, einen solchen Zug zu verbieten und diesem Verbote nöthigenfalls „Nachdruck" geben zu lassen. Es blieb also Nichts übrig, als auf den voraussichtlichen Scandal zu verzichten; man begnügte sich mit einer Deputation, welche die im Namen von „3000 Bürgern" vom Präsidium unterzeichneten Petitionen überreichen sollte. Da man wahrscheinlich nicht im

Stande gewesen, zum zweiten Male einen Notar zu finden, der sich dazu hergegeben hätte, die Unterschriften zu beglaubigen, so war die Zahl der „3000 Bürger" gegen die Verkleinerungssucht nicht so sicher gestellt wie früher, und alle Welt behauptete, es hätten nicht 3000 Bürger, sondern höchstens 100 Bürger an jener Demonstration Theil genommen, und außerdem ungefähr 1400 Personen, Polytechniker, Ladendiener, Gesellen und namentlich eine große Anzahl von Personen aus den niedrigsten Schichten der Bevölkerung der Residenzstadt.[1]

Die Robert Blum-Feier, welche im Jahre 1849 an allen Orten von den Führern der Bewegung zu Demonstrationen ausgebeutet war, fiel im Jahre 1850 ebenfalls sehr kläglich aus. Die radikale Presse wärmte die schon einmal benutzten Gedichte wieder auf, und einzelne Vereine feierten den Tag

---

[1] Am 3. November erließ das Königliche Gesammt-Ministerium eine Bekanntmachung dahin lautend: Mit der am 26. October erfolgten Auswechselung der Ratificationen des Friedens mit Dänemark seien gegenwärtig alle Schritte diesseitiger Unterthanen zur Unterstützung des Krieges wider das Königreich Dänemark als unvereinbar zu betrachten und demgemäß den Bestimmungen des Criminalgesetzbuches unterworfen. Dasselbe bedrohe aber denjenigen, welcher „die mit anderen Mächten errichteten, die Aufrechterhaltung des äußeren Friedens unmittelbar beziehenden Staatsverträge oder die bestehenden Neutralitäts-Verhältnisse absichtlich verletze", so wie denjenigen, welcher als „Werber hiesige Unterthanen zum auswärtigen Kriegsdienste verleite", — mit Arbeitshausstrafe.

In einem Aufrufe zur Sammlung für Schleswig-Holstein erklärte Weinhagen darauf in der Hildesheimer Zeitung: „Es soll schon Sorge getragen werden, daß den in der Ministerial-Bekanntmachung vom 3. November d. J. angezogenen Strafgesetzen, für deren Anwendung das „Schuldig" von Geschworenen erforderlich, nicht verfallen werde. Der verleitende Werber hiesiger Unterthanen zum auswärtigen Kriegsdienste wird fehlen, und die absichtliche Verletzung eines Staatsvertrages, der entgegen der fast einstimmigen Erklärung der gesetzlichen Repräsentanten des hannoverschen Volks von dessen Regierung ratificirt sein soll, sowie der bestehenden Neutralitätsverhältnisse, wird nimmer bewiesen werden können.

Hildesheim, den 9. November 1850.   Fr. Weinhagen."

mit größeren als den üblichen Gastereien. Einzelne unermüdliche Redner hielten patriotische Standreden, das war aber auch Alles, und an keinem Orte wurde wiederum ein so schmählicher Cultus getrieben, wie im Herbste des verflossenen Jahres.

Der bevorstehende Durchzug der österreichischen Bundestruppen nach Holstein gab noch einmal Veranlassung zu einer Demonstration, welcher aber durch das energische Auftreten der Behörden von vornherein die Spitze abgebrochen wurde. In dem Wehrverein zu Hannover war nämlich der Beschluß gefaßt, eine Sturmdemonstration gegen den erwähnten Durchmarsch zu veranstalten. Der Dr. jur. Nicol, der Rechtscandidat Albrecht und der Lederfabrikant Lutenberg hatten die oberste Leitung übernommen, während der Tischlermeister Stechan[1] große Plakate an die Straßenecken kleben ließ, welche zur Theilnahme an der Versammlung am 24. November aufforderten. Sobald die Absicht bekannt geworden, verbot das General-Commando der Bürgerwehr den Wehrmännern, der Auffor-

---

[1] Der Tischler Stechan wurde im Sommer 1851 wegen Hochverraths verhaftet. Als das Anerbieten einer Caution abgelehnt war, beschloß das Bürgervorsteher-Collegium mit 7 gegen 5 Stimmen auf Antrag des Kürschners Müller, bei dem Stadtgericht und dem Präsidenten des Schwurgerichts sich dahin zu verwenden, daß dem Verhafteten gestattet werde, während der Haft an den Sitzungen des Bürgervorsteher-Collegiums Theil zu nehmen. Für den Antrag stimmten: Kürschner Müller, Bäcker Matthäus, Revisor Halenbeck, Samenhändler Lüllemann, Bäckermeister Engelke, Kaufmann Wicke, Branntweinbrenner Stille. Dagegen: Generalconsul Hausmann, Hoffürschner v. d. Linde, Bäckermeister Thies, Reitlehrer Grünewald, Schmied Harten, Kaufmann Gröning. Als dieser Antrag betreffenden Orts abgewiesen war, und in Folge der Ergebnisse der Untersuchung eine schärfere Haft eintreten sollte, entfloh Stechan aus dem städtischen Gefängnisse, ohne daß es gelungen wäre, ihn wieder zu verhaften. Zur Feier der glücklich vollführten Flucht veranstaltete die Demokratie auf dem Schützenhofe ein solennes Festessen, bei welchem der Redacteur der „Hannoverschen Presse", Freese, der Advocat Günther Nicol, der Dr. Mensching und der Candidat Albrecht, jetzt Obergerichtsanwalt in Hannover, die Hauptrollen spielten.

derung gemäß mit ihrem Dienstzeichen, der Binde, zu erscheinen, und die Landdrostei gab dem Magistrate der Residenz auf, die Leiter der Versammlung vor jeglicher Demonstration in massenhaften Zügen bei persönlicher Verantwortlichkeit zu warnen, die Züge Namens der Königlichen Landdrostei zu verbieten und dem Verbote durch die Bürgerwehr selbst den nöthigen Nachdruck zu geben. Durch diese Erklärung hatte die beabsichtigte Demonstration den größten Theil ihrer Anziehungskraft verloren, und die Leiter der Bewegung sahen sich gewaltig in der freien Bewegung gehemmt.

Nachdem der Dr. Mensching unter einer gewaltigen schwarz-roth-goldenen Fahne eine Rede gehalten und reichen Applaus geerntet, trat der unermüdliche Adressenfabrikant Cohen-Honed hervor und verlas eine Petition, welcher Stechan lebhaft das Wort redete. Alles schwieg; wer aber schweigt, willigt ein, folglich war die Petition einstimmig angenommen. Die Versammlung würde vielleicht noch länger gemüthlich gerüttelt haben, wenn nicht einer der Parteiführer den unglücklichen Gedanken gehabt hätte, für irgend einen milden Zweck auf einem Teller zu sammeln. Der größere Theil des Publikums, das auf eine unentgeltliche Vorstellung gehofft und deshalb die Geldbörsen zu Hause gelassen, gab eiligst Fersengeld und ließ nur sehr Wenige zurück, welche der Aufforderung nachkamen. Hatte die Versammlung auch nur wenig klingendes Geld geopfert, so hatte sie den Reden desto reichlichern Beifall gespendet, und der höhere Zweck war ebenfalls erreicht. Nicht vergebens hatte Stechan die Straßenecken mit großen Plakaten verziert, nicht vergebens hatte der Dr. Mensching von Novemberluft und Österreich, von Ministerium und Volk geredet, und Cohen-Honed hatte nicht vergebens stilisirt. Die Leiter hatten also alle Ursache, in gehobener Stimmung heimzugehen.

In Hildesheim [1] und einigen anderen Orten wurden an demselben Tage ähnliche Vorstellungen gegeben, welche nach dem stereotypen, demokratischen Programm glücklich zu Ende gespielt wurden.

---

[1] Als Zeichen der Zeit theilen wir nachstehendes Aktenstück aus der Hildesheimer Zeitung vom 10. Januar 1850 mit:

„An unsere Mitbürger!

„Näher und näher wälzen sich einher die Kriegerschaaren, welche Kaiserliche und Königliche und Fürstliche Regierungen entboten, Kain's That zu verrichten, die treuen Brüder in Schleswig-Holstein niederzuschlagen, auf daß sie durch s. g. deutsche Regierungen unterliegen in ihrem glorreichen Kampfe gegen den Fremdling, für des geträumten Vaterlandes Recht und Ehre — auf daß die Gewalt der Herrscher das Recht der Völker sei, der Glaube an Gott und dessen Gerechtigkeit auf Erden vertilgt werde, Menschenfurcht an dessen Stelle trete, Lüge und Meineid dem Volke als öffentliche Tugenden vorleuchten, und das Maß des Verbrechens überlaufe.

„Mitbürger! Vielen von Euch blutet das Herz, solchen Kriegern Gastrecht zu gewähren, durch welches selbst des eigenen Heimathlandes heiligstes Recht zertrümmert wird. Aber gewährt es, gewährt es gern! — Bewirthet Jeden mit guter leiblicher und geistiger (!) Speise. Laßt Keinen von hinnen ziehen ohne herzlichen Gruß an unsere, an seine Mitbürger in Schleswig-Holstein. Keiner scheide mit Mordgelüsten gegen ein treues Brudervolk.

„Mitbürger! Einzelnen der Kommenden mag bereits Bruderblut an den Händen kleben. Aber sie mußten vielleicht jenem teuflischen Wahne folgen, der schon seit Jahrtausenden zum Brudermorde treibt. Den Meisten pocht gewiß eben so laut das Herz für Freiheit und gegen Tyrannei, als Einem von uns. Viele unserer Gäste haben schon für der Völker Befreiung geblutet und schmachten mit Begierde dem Augenblick entgegen, in dem sie die Kette zerreißen können, an welche sie die Tyrannei geschmiedet, damit Religion Heuchelei, Freiheit nur für Satanswerk und die Nächstenliebe Haß und Mord des Bruders bleibe.

„Mitbürger! Trösten wir uns! Der Tag der Sühne kommt. Nicht lange mehr, und wieder wird ein Kelch geschwungen, ein Kelch zum großen Völkerliebesmahl. Reichen wir unseren Gästen solchen Kelch auf das Wohl Schleswig-Holsteins! Gott hilft jedem Volke, welches sich selbst hilft.

„Hildesheim, den 7. Januar 1851.
Der Vorstand des Volksvereins.
Fr. Weinhagen.   A. Gottsleben.   C. Brehme."

§. 14.

Die zweite Diät der XI. allgemeinen Ständeversammlung vom 12. Februar bis 3. Juli 1851.

Die Zusammensetzung der Kammern. Eine seltsame Interpellation. Bueren über demokratische Unterofficiere. Lang's II. Antrag über die deutsche Frage. Schreiben der Regierung vom 15. Februar über die deutsche Frage. Anträge von v. Garßen, Ellissen, Hausmann, Erxerde. Ein Excitatorium in Betreff der Provinziallandschaften. Verhandlungen über einen Protest des Schatz-collegiums. Enttäuschung der Opposition. Ein Compromiß. Niederlagen der Regierung. Stüve tritt aus der zweiten Kammer. Vertagung der Ständeversammlung am 3. Juli.

Kurz vor dem Zusammentritt der Stände am 12. Februar 1851 legten mehrere Abgeordnete ihr Mandat nieder, unter Anderen Francke, Frerichs, Mammen, Hirsch, Thiermann, Wißmann, Reye, Gosling, Ahrens, Tellkampf. Mochten auch einzelne derselben zu dem Rücktritt durch persönliche Gründe veranlaßt sein, so war doch wohl bei den meisten die politische Situation schuld; sie räumten unmuthig das Feld, weil sie einsahen, daß sie nicht im Stande sein würden, dem Umschwung, welcher sich schon seit längerer Zeit vorbereitet, mit Erfolg entgegenzutreten. Im Ganzen wurde die Physiognomie der beiden Kammern jedoch nicht wesentlich verändert, da durch die Ersatzwahlen so ziemlich die politische Richtung der ausgeschiedenen Abgeordneten wieder vertreten war. Die Wahlen in Ostfriesland fanden namentlich in der demokratischen Presse die größte Anerkennung; den Abgeordneten Mert Ohling von Wolthusen lobte die Zeitung für Norddeutschland als „einen echt Emdener Demokraten vom besten Schrot und Korn"; was ein solches

Lob bedeutet, kann der Leser nach den früher geschilderten Vorgängen in Emden leicht selbst ermessen. Als Ersatzmann des Dr. Thiermann wurde der Advocat Dr. Eckels gewählt, „ein Mann, der nach seiner Theilnahme an den Volks- und Bürgervereinen ein warmer Vertreter des Volkes ist." Für Wißmann trat der Bruder desselben, der Dr. phil. Wißmann, ein, für Pagenstecher der Stadtrichter Westerkamp, die Städte Aurich und Esens wählten den Dr. Metger, das Land Hadeln den Gerichtsactuar Hincke u. s. w.[1]

---

[1] Mitglieder zweiter Kammer. Zwei vom Könige ernannte Mitglieder, welche Minister sind: 1) von Kösting, 2) Jacobi. Der Commissarius für das Schulden- und Rechnungswesen: Schatzrath Dr. Lang.

Achtunddreißig Abgeordnete der Städte und Flecken: 1) Dr. Stüve, 2) Senator L. Meyer, 3) Dr. phil. Ellissen, 4) Staatsminister Dr. Th. Meyer, 5) Amtsassessor Heise, 6) Advocat Grumbrecht, 7) Dr. jur. Rohrmann, 8) Amtsassessor von Hagen, 9) Bürgermeister Wedmann, 10) Gutsbesitzer Dr. Wißmann, 11) Amtsassessor Grosse, 12) Ministerialvorstand Lehzen, 13) Amtsassessor Kannengießer, 14) Staatsminister Dr. Lindemann, 15) Archidiaconus Wilkens, 16) Advocat Detering, 17) Kaufmann Brammer, 18) Generalsecretär Lichtenberg, 19) Dr. Schläger, 20) Dr. Freudentheil, 21) Kaufmann Richter, 22) Stadtsyndicus Dr. Lang, 23) Stadtgerichtsassessor Dammers, 24) Advocat Dr. Oppermann, 25) Lederfabrikant Weber, 26) Stadtrichter Dr. Westerkamp, 27) Landes-Oeconomiecommissär Staffhorst, 28) Advocat Kaulen, 29) Pastor Riedtmann, 30) Advocat Weinhagen, 31) Dr. jur. Eckels, 32) Bürgermeister Merkel jun., 33) Stadtsyndicus Dr. Bueren, 34) Subrector Dr. Metger, 35) Collaborator Pojunga, 36) Amtsassessor Groß, 37) Amtmann a. D. Meyer, 38) Justitiar Münster.

Einundvierzig Abgeordnete der Landgemeinden und der übrigen Städte und Flecken: 1) Consistorialrath Bergmann, 2) Oeconom Hanstein, 3) Hofbesitzer Vespermann, 4) Advocat Dr. Schmidt, 5) Amtsassessor von Hinüber, 6) Hofrath Wilhelmi, 7) Dr. jur. Gerding, 8) Amtsassessor Eggers, 9) Gerichtshalter Dr. Klée, 10) Hofbesitzer Hinße, 11) Regierungsrath Böhmer, 12) Hofbesitzer Cantor Riechelmann, 13) Landesdeputirter Redder, 14) Gutsbesitzer Abickes, 15) Dr. jur. von der Osten, 16) Gutsbesitzer Krönske, 17) Pastor Reese, 18) Justizrath Schlüter, 19) Gutsbesitzer Siedenburg, 20) Gutsbesitzer von der Horst II., 21) Gerichtsactuar Hincke, 22) Pastor Pfaff, 23) Siebenmeier Meyer, 24) Lieutenant a. D. Ahlborn, 25) Hofbesitzer Lange, 26) Vollmeier Stubbe, 27) Ober-Appellationsrath Windthorst, 28) Dr. jur. Heilmann, 29) Advocat und Notar Buddenberg, 30) Amtsassessor Heyl, 31) Amtmann Buß, 32) Notar von Garßen, 33) Oeconom Mackensen, 34) Oeco-

Die Wahlen für die Büreaus der beiden Kammern lieferten folgendes Resultat: zum Präsidenten wurde in erster Kammer der Graf von Bennigsen, in zweiter Kammer Windthorst gewählt; zum Vicepräsidenten Hausmann und Ellissen. Zu Generalsyndiken Bezin und Wyneken resp. Dammers und Garßen. Die Wahl für den Redactionsausschuß fiel in der ersten Kammer auf Kraut, Wolff, von Wehren und in der zweiten Kammer auf von der Horst II., Böhmer und Westerkamp; für die Finanzcommission in der ersten Kammer auf Schatzrath von Bothmer, von Hammerstein, Hausmann, Wyneken, Winter, und in der zweiten Kammer auf Schatzrath Lang, Lehzen, Lindemann, Stüve, Bergmann. Für den Petitionsausschuß endlich in der ersten Kammer Canzleidirector von Bothmer, Wolff, von Erlerde und in der zweiten Kammer Grumbrecht, Lehzen, Schlüter.

Das Hauptgeschäft der Kammer bis zu ihrer Vertagung vom 4. April bis 8. Mai bestand in der Erledigung der von der vorigen Diät zurückgebliebenen Gegenstände. Das Gesetz über die Zwangs- und Bannrechte, über die Chausseen, über die Entschädigung wegen der im Jahre 1822 gewährten, im Herbst 1848 aufgehobenen Grundsteuerfreiheit, die Angelegenheit des Hadelnschen Entwässerungscanals u. s. w. wurden ziemlich rasch erledigt, da sie wenig Gelegenheit boten, Politik zu machen. Wo sich jedoch nur irgend eine Gelegenheit dazu bot, ließ die Linke dieselbe nicht unbenutzt vorübergehen. Den Reigen eröffnete der Schatzrath Lang, indem er der Minister des Innern wegen der Gründe interpellirte, welche dem entlassenen Ministerium das Vertrauen der Krone entzogen und dessen Rücktritt veranlaßt haben!

Die Sorge für das Wohl der Unterofficiere und Gemeinen,

---

vom Heinemann, 35) Ackermann Fründt sen., 36) Kaufmann Bossel, 37) Hofbesitzer Düffel, 38) Senator Roben, 39) Wirt Ehling, 40) Syblichter Thedinga, 41) Kreiseinnehmer Köhler.

welche die Führer der äußersten Linken, namentlich Weinhagen, "der Schutzpatron der Unterofficiere," Gerding und Andere stets bethätigt hatten — wir erinnern an die Beschlüsse des Bremer Volkstages — trat wieder recht deutlich bei den Berathungen über die Officier-Pensionscasse hervor. Wir würden auf dieses Parteimanöver hier nicht besonders wieder aufmerksam machen, wenn nicht Bueren mit anerkennenswerther Offenheit ein helles Licht auf die Tendenzen seiner Partei hätte fallen lassen. Ein kurzer Auszug aus dem Landtagsblatte giebt Aufschluß darüber:

"Bueren. Ich habe noch einen Punkt, worüber ich den Herrn Kriegsminister fragen möchte. Ob nämlich bei der Pensionirung von solchen Unterofficieren auch das in Betracht kommt, ob sie vielleicht Demokraten sind? (Bewegung.)

"Kriegsminister Jacobi. Ich muß bemerken, daß es in dem Unterofficierstande keine Demokraten giebt. (Unruhe.)

"Bueren. Dann muß ich bemerken, daß es schlechte Unterofficiere sind. (Große Bewegung.)

"Jacobi. Herr Präsident! Ich muß bitten — —

"Präsident. Ich muß diesen Ausdruck auf das Entschiedenste zurückweisen. (Aufregung.)

"Bueren. Ein Demokrat ist ein Volksfreund, und das sollen auch die Unterofficiere sein. Ich wiederhole das noch einmal."

Einen Commentar zu diesem Vorgange wird der Leser nicht verlangen. Die Hoffnungen der Demokratie, daß die Bearbeitung des Militairs nicht erfolglos gewesen, erhellen deutlich genug aus den Worten Buerens.

Den Haupttummelplatz der Bestrebungen der Linken mußte das Staatsdienergesetz hergeben. Es gebricht uns an Raum, um auch nur annähernd den Streit über die Unabhängigkeit der Anstellung von jedem Glaubensbekenntniß zu schildern;

es genügt für unsern Zweck hier anzuführen, wie die Opposition ihr Hauptstreben darauf richtete, die Bestimmungen über die Disciplin auf alle mögliche Weise abzuschwächen, das Recht des Angestellten auf seine Stelle und auf ein regelmäßiges Fortrücken zu stärken und damit das Staatsdienerthum vollständig zu einer Dienstaristokratie zu stempeln. Die Staatsdiener in beiden Kammern stimmten hier pro domo, und so kamen Beschlüsse zu Stande, die nothwendiger Weise die Modificationen provocirten, welche wir im spätern Verlaufe zu schildern haben.

Ungeachtet der Interpellation Lang's II. wegen der deutschen Frage konnte die Linke doch Niemanden darüber täuschen, daß sie jetzt selbst jene Frage am liebsten ohne Sang und Klang begraben hätte, da von einem Siege in ihrem Sinne ja längst nicht mehr die Rede sein konnte. Als jedoch die Königliche Regierung in einem Schreiben vom 15. Februar diesen Gegenstand zur Sprache brachte, suchte Lang II. sehr diplomatisch seiner Partei eine Brücke zum Rückzuge zu bauen. Er interpellirte nämlich den Minister des Innern dahin, ob die Königliche Regierung beabsichtige, den Ständen die Aktenstücke vorzulegen, aus welchen sich das Verhalten der Königlichen Regierung in der deutschen, speciell aber in der schleswig-holsteinschen und hessischen Angelegenheit näher beurtheilen lasse, und als der Minister erklärte, eine solche Mittheilung sei unthunlich, da jene Aktenstücke fast ausschließlich schwebende Fragen beträfen, daß jedoch einer etwa beschlossenen Commission vielleicht einzelne Aktenstücke mitgetheilt werden können — stellte Lang nun sofort dennoch den Antrag auf eine möglichst schleunige und vollständige Vorlegung der Aktenstücke.

Über den Zweck des Antrages konnte kein Zweifel obwalten; er sollte im Falle der Ablehnung der Oppositionspartei die Ausrede verschaffen, man könne die Fragen ohne Einsicht der Aktenstücke nicht behandeln, oder dem Ministerium ein Mißtrauensvotum decretiren, falls die Majorität der Kammer den Antrag auf Vorlegung der Aktenstücke beschließen würde. Als am 1. März der Lang'sche Urantrag auf der Tagesordnung stand, benutzte der Antragsteller die Gelegenheit, sowohl das abgetretene wie das gegenwärtige Ministerium scharf zu geißeln; der Gang, den die vorige Regierung in der deutschen Frage genommen, habe ihm (dem Redner) oft „Thränen des Unmuths und des Schmerzes erpreßt," aber die vorige Regierung sei wenigstens offen gewesen, er möchte deshalb an das Ministerium die Frage richten, ob es zugeben wolle, daß der einzige Unterschied zwischen der jetzigen und der vorigen Regierung nur in dem Mangel an Offenheit bestehen solle. Wolle die Regierung die Aktenstücke nicht vorlegen und so die „Öffentlichkeit antasten," so würde nur die Apathie im Lande noch zunehmen. „Worin die Apathie besteht?" rief der Redner aus, „ich will es mit einem Worte sagen: daß man mit Gewalt gegen die gewaltsamen Zustände der Gegenwart Hülfe hofft, nur mit einer Gewalt, die ebenso entschieden mit der Vergangenheit als mit der Gegenwart bricht, wie die Regierungen vielfältig mit den Zuständen des Jahres 1848 gebrochen haben."

Hatte Lang darauf gerechnet, daß die Vorlage der Aktenstücke abgelehnt würde, da sie sich auf schwebende Fragen bezogen, so traf seine Rechnung zu; wollte er dem Ministerium dagegen ein Mißtrauensvotum durch den Beschluß auf Vorlegung decretiren lassen, so schlug seine Berechnung fehl; denn die Kammer lehnte den Antrag auf Vorlegung mit 39 gegen 34 Stimmen ab.[1]

Wenige Tage nach dieser Niederlage der Opposition stand

---

[1] Für den Antrag stimmten: Abickes, Ahlborn, Bojunga, Brammer, Bueren, Dammers, Detering, Düffel, Eckels, Ellissen, Freudentheil, Werding, Groß, Gossel, Grumbrecht, Horst II., Kaulen, Köhler, Kröncke, Lang I. (je, weil er nichts weniger als ein Mißtrauensvotum in dem Antrag erblickt), Lang II., Münster, Ohling, Oppermann, Pfaff, Reese, Richter, Röben (Ja,

das Schreiben des Königlichen Gesammt-Ministeriums auf der Tagesordnung der zweiten Kammer (4. März). Das Schreiben lautete wörtlich:

"Für das Verhalten der Königlichen Regierung in Beziehung auf die Angelegenheiten Deutschlands ist, auch unter der jetzigen Verwaltung, im Allgemeinen dasjenige entscheidend gewesen, was die Regierung nach gewissenhafter Prüfung für bestehendes Recht erkannt hat.

"Die Wechselfälle der Ereignisse haben eine solche Prüfung häufig erschwert.

"Aber die Überzeugung, zu welcher die Regierung dabei immer hat zurückkehren müssen, ist keine andere geblieben, als daß Recht und Verfassung in Deutschland nach dem Inhalte der Grundgesetze und der verfassungsmäßigen Beschlüsse des deutschen Bundes bestehen; daß dieses Recht verfassungsmäßig beseitigte Ausnahmegesetze ausschließt und die Erfüllung verfassungsmäßig ertheilter Zusagen in sich aufnimmt.

"Dem in seiner grundgesetzlichen Unauflösbarkeit allseitig anerkannten deutschen Bunde war in Folge der Ereignisse der Jahre 1848 und 1849 das Organ seines Gesammtwillens genommen. Die Unterbrechung der Thätigkeit eines solchen Organs hatte bereits die traurigsten Wirkungen geäußert. Der fühlbare Mangel an Ordnung und Recht, die zunehmende Verwirrung in den gegenseitigen Verhältnissen der Staaten

---

aus Mißtrauen), Rohrmann, Schläger, Schlüter, Siekenburg, Weinhagen, Wißmann (Ja, aber ohne Mißtrauensvotum).

Gegen den Antrag stimmten: Bergmann, Böhmer, Buß, Eggers, Fründt, Gaßen, v. Hagen, Hanstein, Heilmann, Heinemann, Heise, Heyl ("Nein, weil in der Annahme ein Mißtrauensvotum liegen würde. Die Regierung hat erklärt, daß sie keine Actenstücke vorlegen könne; wenn trotzdem die Vorlegung beschlossen wird, so ist das ein Mißtrauensvotum"), v. Hinüber, Jacobi, Kannengießer, Klee, Lange, Lehzen, Lichtenberg, Lindemann, Mackensen, Merkel, Amtmann Meyer, Staatsminister Meyer, Senator Meyer, Riedemann, Osten, Redder, Riechelmann, von Rössing, Schmidt, Staffhorst, Stubbe, Stüve, Thedinga, Vespermann, Weber, Wehmann, Wilhelmi.

Deutschlands, die dadurch immer dringender hervortretende Unentbehrlichkeit einer dauerhaft begründeten, den Verhältnissen und Interessen des Gesammt-Vaterlandes entsprechenden Verfassung, hatten die Herstellung des zur Wiederaufrichtung einer Verfassung für Deutschland berechtigten Organs als unabweisbares Bedürfniß erscheinen lassen. Um diesem Bedürfnisse zu genügen, hatte die Regierung zu der am 10. Mai v. J. zusammen getretenen Bundes-Plenarversammlung, wie zu der am 2. September v. J. wieder in Thätigkeit getretenen Bundesversammlung einen Königlichen Bevollmächtigten entsandt. Die Regierung hat aber der an sie ergangenen Aufforderung zur Theilnahme an der Bundesversammlung nicht ohne förmliche Annahme der mit der Aufforderung verbundenen feierlichen Versicherung beigestimmt, daß ihr nicht die Absicht zum Grunde liege, zu den früheren Zuständen und Formen als letztem Zwecke zurückzukehren, sondern zu einer den Bedürfnissen der Zeit entsprechenden Umgestaltung des Bundes zu gelangen und bis dahin die Leitung der gemeinsamen Angelegenheiten des Vaterlandes auf eine, seine Würde, seine Bedeutung im europäischen Staatensysteme, sowie seine Einheit und Interessen wahrende, den Grundsätzen des Bundes gemäße Weise sicher zu stellen.

„In dieser Sachlage — bezeichnet durch diesseits ausgesprochene Anerkennung und durch Mitwirkung in der Bundesversammlung nach ihrer oben dargelegten Bedeutung — hat die gegenwärtige Verwaltung die Regierung des Landes übernommen.

„Die aus den Verhältnissen Deutschlands ihr dabei entgegentretenden Schwierigkeiten erschienen durch die mit der früheren Verwaltung von ihr getheilten Auffassung des bestehenden Rechts keineswegs gehoben.

„Die deutsche Verfassungsfrage stand nach allen, bisher erfolglosen Versuchen ungelöset.

„Deutschland erschien des anerkannten Rechts, der Ruhe, der Ordnung, der Eintracht im Innern immer bedürftiger, in seiner Machtstellung nach Außen immer mehr beeinträchtigt;

„die deutschen Bundesregierungen in ihren Ansichten über den Umfang des geltenden Bundesrechts gespalten;

„die Gegensätze, unter dem Eindrucke drängender Fragen des Augenblicks, in zunehmender Schroffheit entwickelt;

„die drohende Gefahr eines förmlichen Bruches zwischen Deutschlands Großmächten, durch beiderseitige Rüstung ihrer Streitkräfte bis zu der Gefahr eines deutschen Bruderkrieges erhöhet;

„die Gefahr für das Königreich, in das Verderben eines ausbrechenden Kampfes verwickelt, allen Nachtheilen seiner geographischen Lage Preis gegeben zu werden, immer näher heranwachsend;

„die der Entfaltung einer wirksamen Thätigkeit nach Außen entgegentretenden Schwierigkeiten durch den Wechsel in der Verwaltung vermehrt.

„Ein benachbarter Bundesstaat im Süden des Königreichs bot den beklagenswerthen Anblick eines völligen Zerwürfnisses zwischen Landesherrn und Unterthanen; dem Einschreiten der Bundesgewalt ward von dritter Seite thatsächlich entgegengetreten; das Land behuf Sicherung eigener Rechte und Interessen wider den Willen des Landesherrn besetzt.

„An die Regierung des Königreichs war die Aufforderung ergangen, an einer bewaffneten Dazwischenkunft sich zu betheiligen;

„Im Norden des Königreichs standen ein deutsches Bundesland und dessen rechtmäßiger Landesherr gegen einander in den Waffen;

„das Land nach unsäglichen Opfern an Blut und Habe des Friedens und der Ruhe bedürftig;

"der Deutschlands Rechte wahrende Frieden zwischen dem Landesherrn und Deutschlands Regierungen war geschlossen;

"dennoch blutiger Kampf;

"die Bundesgewalt war angerufen zur Ausführung des Friedens, zur bundesgesetzlichen Herstellung der Waffenruhe und landesherrlichen Autorität;

"der Regierung des Königreichs die Theilnahme an einem bewaffneten Einschreiten auch hier angesonnen, wo es die Entwaffnung eines Volksstammes galt, mit dem die Söhne des eigenen Landes in Waffenbrüderschaft vereint gefochten hatten.

"Die Aufgaben, welche, im Interesse Deutschlands, im Interesse Hannovers der Regierung sonach gestellt waren, konnten nicht zweifelhaft sein.

"Es handelte sich um die Anwendung aller ihr zu Gebote stehenden Mittel zur Erhaltung des Friedens;

"es handelte sich um thätigste Mitwirkung zur Wiederherstellung eines allseitig anerkannten Rechtszustandes in Deutschland;

"um Erstrebung einer versöhnlichen, nicht gewaltsamen Beseitigung der Conflicte in den Nachbarstaaten;

"um die Sicherung der Rechte Deutschlands ohne Verlängerung eines erfolglosen blutigen Krieges;

"um möglichste Fernhaltung von Last und Bürde für das eigene Land.

"Das Machtverhältniß des Königreichs verleihet seiner Regierung keine so entscheidende Bedeutung, als das consequente Festhalten am Rechte nach Außen und im Innern ihr zu sichern vermag.

"Zu diesem Festhalten am Rechte hat auch die jetzige Regierung eine Stütze in dem Antrage der allgemeinen Ständeversammlung vom 16. Januar v. J.[1] auf Erstrebung einer

---

[1] Aktenstücke XI. Landtag 1. Diät von 1849/50 pag. 915.

den wirklichen Bedürfnissen entsprechenden Verfassung Deutschlands im Wege der weiteren Entwickelung des bestehenden Rechts angetroffen."

„Die Regierung hat ihr vertrauensvolles Festhalten am Rechte in den bisherigen Erfolgen und dem Entwickelungsgange der Ereignisse nicht zu beklagen.

„Auf eine dauernd gleiche Gesinnung bei ihren mächtigern Bundesgenossen auch da zählend, wo das Recht des Bundes vorübergehend mißkannt zu werden schien, hat die Regierung, gestärkt durch eine Zuversicht, wie eben nur das Bewußtsein des Rechts sie gewähren kann, inmitten der kriegerischen Rüstungen des größten Theils von Deutschland, dem Lande die schwere Last der Mobilmachung auch seiner Streitkräfte zu ersparen vermocht;

„hat sie die hohe Befriedigung empfunden, ein freundliches Verständniß an die Stelle drohender Zerwürfnisse zwischen Deutschlands Großmächten, an die Stelle einer befürchteten Spaltung zwischen Nord- und Süddeutschland treten, die nahe Gefahr des Krieges mit seinen auch für das Königreich nothwendig verderblichen Folgen entfernt und beide Mächte in dem Entschlusse einer Neugestaltung Deutschlands auf dem Wege der Revision eben der Bundesverfassung vereint zu sehen, deren Geltung als Basis des bestehenden Rechts noch vor Kurzem vielseitig in Frage gestellt ward.

„Hannovers Beharren bei dem bestehenden Bundesrechte; die friedliche Haltung des westlichen Norddeutschlands dürfen ihren Antheil an diesem glücklichen Erfolge beanspruchen.

„An den zum Zwecke der Verfassungsrevision eröffneten Conferenzen hat die Regierung sich beeilt, durch einen Bevollmächtigten Theil zu nehmen, in dessen Instructionen die eigene Sorge der Regierung für die Erfüllung ertheilter Verfassungszusagen ihren bestimmten Ausdruck gefunden hat.

„Beseelt von der Achtung vor dem erkannten Rechte, hat die

Regierung auf das Bestimmteste sich der Anerkennung von Ausnahmsbeschlüssen versagt, die sie aus der Gesetzgebung des Bundes entfernt erachtet.

„Sie hat von jeder Theilnahme an einem materiellen Einschreiten im betroffenen Nachbarstaate sich fern gehalten, und wenn ihre Bemühungen für eine versöhnliche Beilegung der fraglichen Irrungen nicht von dem Erfolge begleitet gewesen sind, auf den sie gehofft, so hat die Regierung in diesen Bemühungen weder nachgelassen, noch wird sie darin ermüden.

„In gleichem Sinne hat die Regierung, die Verpflichtungen eines geschlossenen Friedensvertrages und die Gebote des Bundesrechts anerkennend, an den Verhandlungen der Bundesversammlung über die Angelegenheiten jenes anderen Bundeslandes Theil genommen.

„Unter Beitritt zu dem Beschlusse der Bundesversammlung, welcher die Lösung auch dieser Frage in die Hände der beiden Großmächte legt, hat die Regierung die Wahrung der Rechte Deutschlands auf den Grundlagen des Bundesbeschlusses vom 17. September 1846 ausdrücklich bevorwortet.

„Die Regierung hofft, ihr Verhalten in den angedeuteten Beziehungen von der allgemeinen Ständeversammlung beistimmend gewürdigt zu sehen.

„Hannover, den 15. Februar 1851.

Königlich Hannoversches Gesammt-Ministerium.

von Münchhausen. Lindemann. von Rössing. Jacobi. Th. Meyer, Dr. Freiherr von Hammerstein."

Nachdem das Schreiben verlesen war, entstand eine lange Pause; endlich erklärte der Präsident, da Niemand über den Gegenstand das Wort ergreifen zu wollen scheine, so könne die Kammer zu dem nächsten Gegenstande übergehen. Grunbrecht unterbrach jedoch den Präsidenten mit den Worten: er halte es erforderlich, daß diejenigen, von denen man einen

Antrag erwartet habe, obgleich sie die Politik der Regierung in der deutschen Frage nie gebilligt, wenigstens Dasjenige mittheilten, was sie veranlasse, nicht mit einem Antrage hervorzutreten.

Der Lang'sche Antrag auf Vorlegung der Aktenstücke, kam der Opposition jetzt vortrefflich zu statten, und Detering säumte nicht, von demselben Vortheil zu ziehen, indem er erklärte, seine Partei befinde sich bei der Verweigerung der Aktenstücke außer Stande, ein gründliches Urtheil abzugeben, und unter solchen Umständen sei das Schweigen beredt genug. v. Garßen stellte den Antrag: das Schreiben zu den Akten zu nehmen, weil ein Theil der in dem Schreiben erwähnten Ereignisse vollständig abgeschlossen sei, und der Königlichen Regierung gerade auf diese fast gar keine Einwirkung zugestanden habe. In Betreff der noch schwebenden Verhältnisse habe die Königliche Regierung die Aktenstücke nicht vorlegen können; eine gründliche Beurtheilung sei also gar nicht möglich, und die Kammer komme in die Gefahr, durch einen dennoch gefaßten Beschluß, welcher auf die Sache eingehe, die Regierung in eine Richtung zu drängen, durch welche ihr nur zum Nachtheile des Landes die Hände gebunden würden.

Diese ruhige und besonnene Auffassung der Sachlage stimmte jedoch wenig mit den Plänen Ellissen's überein; „um nicht die heiligste Sache des Vaterlandes zu begraben," stellte er daher einen besondern Antrag, indem er ausdrücklich bemerkte, derselbe enthalte nur seine individuelle Ansicht, er sei deshalb auch nicht berechtigt, auf den Beistand seiner politischen Freunde zu rechnen. Der Antrag lautete:

„Indem Stände es beklagen, daß die Königliche Regierung laut ihrer Erklärung in der Lage gewesen, der Theilnahme an der versuchten Reactivirung der aufgehobenen deutschen Bundesversammlung sich nicht entziehen zu können;

„indem sie ferner über die von der genannten Versammlung veranlaßte bewaffnete Unterstützung eines notorischen Rechts- und Verfassungsbruchs in Kurhessen,

„sowie über den Durchmarsch einer sogenannten Bundes-Executionsarmee durch das Königreich zur Förderung der Gewaltmaßregeln Dänemarks gegen die Herzogthümer Schleswig-Holstein,

„ihr der tiefen und allgemeinen Mißstimmung des Landes über diese Vorgänge entsprechendes Bedauern auszudrücken, sehen sie, in Ermangelung der zur Feststellung eines Urtheils erforderlichen näheren und aktenmäßig belegten Auskunft über das Verhältniß der Königlichen Regierung zu den berührten Vorgängen, vor der Hand sich außer Stande, auf das Schreiben des Gesammt-Ministeriums vom 15. Februar, die deutsche Frage betreffend, die gewünschte Rücäußerung zu ertheilen. Sie müssen vielmehr bis auf weitere Mittheilungen, sich auf das Gesuch beschränken:

„Königliche Regierung wolle in Gemäßheit des ständischen Vortrages vom 16. Januar 1850 nach Kräften dahin wirken, daß baldigst, nach einem das Vertrauen des Volkes verdienenden Wahlgesetze eine allgemeine deutsche Nationalvertretung berufen, daß auf diesem Wege der unheilvollen Herrschaft der Gewalt und Zwietracht, welcher Deutschland gegenwärtig Preis gegeben ist, ein Ziel gesetzt und durch die Herstellung eines geordneten Rechtszustandes, wie sie den Bundesbeschlüssen vom März und April 1848 und den damaligen feierlichen Zusagen sämmtlicher deutschen Regierungen entspricht, dem gänzlichen Ruin des Vaterlandes vorgebeugt werde."

Daß der Antragsteller in Wahrheit nur seine individuelle Ansicht mit diesem Antrage ausgesprochen, daß derselbe namentlich nicht in der regelmäßigen Versammlung der Linken in Victoria-Hôtel als Parole ausgegeben war, erhellte sofort aus dem Widerspruch, welchen verschiedene Koryphäen der Linken dagegen erhoben. Selbst Bueren, Detering und Weinhagen traten dem Ellissen'schen Antrage[1] entgegen, indem namentlich Detering, ebenso wie mehrere Mitglieder der conservativen Partei, auf die Inconsequenz aufmerksam machte, so tief auf die deutsche Frage einzugehen, da man ja nach der frühern Erklärung, ohne die Aktenstücke ein gründliches Urtheil für unmöglich erklärt habe.

Noch weniger Beifall fand der Antrag Grumbrecht's, das Schreiben an eine gemeinschaftliche Commission beider Kammern von je fünf Mitgliedern zu verweisen, und so wurde der von Garßen'sche Antrag mit 43 gegen 30 Stimmen angenommen.[2]

Hatten bei der Berathung des Staatsdienergesetzes verschiedene Mitglieder der Rechten den Anträgen der extremsten Linken dem Ministerium gegenüber den Sieg verschafft, so sicherte der Zwiespalt der Linken in der wichtigsten Frage der Regierung den Sieg, über welchen ein Theil der oppositionellen Presse in lautes Klagen ausbrach, während sich ein anderer damit tröstete, daß eine so geringe Majorität ja doch in Wahrheit nichts Anderes als eine Niederlage der Regierung gewesen, in Folge deren jeder constitutionelle Minister zurück-

---

[1] Für Ellissen's Antrag stimmten nur: Abickes, Ahlborn, Bojunga, Brammer, Düffel, Eckels, Ellissen, Freudentheil, Gossel, Groß, Grumbrecht, Hintze, v. d. Horst, Kaulen, Köhler, Cröncke, Lang I., Lang II., Senator Meyer, Münster, Ohling, Oppermann, Pfaff, Reese, Richter, Röben, Rohrmann, Schläger, Schlüter, Siebenburg, Wißmann.

[2] Für den von Garßen'schen Antrag stimmten: Bergmann, Böhmer, Bueren Detering, Eckels, Eggers, Fründt, von Garßen, Gerding, von Hagen, Hanstein, Heilmann, Heise, Heyl, von Hinüber, Jacobi, Kannengießer, Klee, Lange, Lebzen, Lichtenberg, Lindemann, Mackensen, Merkel, Amtmann Meyer, Staatsminister Meyer, Senator Meyer, Siebenmeier Meyer, Riedtmann, Rebder, Riechelmann, von Rössing, Schmidt, Staffhorst, Stubbe, Stüve, Thedinga, Bespermann, Wehmann, Wilhelmi, Wilkens. Gegen denselben: Abickes, Ahlborn, Bojunga, Brammer, Düffel, Ellissen, Freudentheil, Gossel, Groß, Grumbrecht, Hintze, v. d. Horst, Kaulen, Köhler, Cröncke, Lang I., Lang II., Münster, Ohling, Oppermann, v. d. Osten, Pfaff, Reese, Richter, Röben, Rohrmann, Schläger, Schlüter, Siebenburg, Wißmann.

getreten sein würde. Daran schien man jedoch nicht zu denken, daß in constitutionellen Staaten kein Führer der Opposition einen Antrag, wie den von Lang, auf Vorlage von Aktenstücken stellen wird, nachdem zuvor die Regierung die Erklärung abgegeben, die Aktenstücke könnten nicht vorgelegt werden, weil sie schwebende Fragen beträfen. Mag man den Beschluß der zweiten Kammer drehen wie man will, die Niederlage der Opposition ist nicht wegzudeuten, und sie fiel um so schwerer in das Gewicht, als nicht etwa die zwischen rechts und links schwankenden Abgeordneten für die Regierung gestimmt, sondern mehrere Führer der Opposition selbst die Niederlage ihrer Partei veranlaßt hatten.

In der ersten Kammer[1] kam das Schreiben Tags darauf (5. März) zur Berathung und endete mit einer wenn auch unbedeutenden Niederlage der Regierung, die gewiß zum großen

---

[1] Mitglieder erster Kammer: Erblandmarschall Graf v. Munster, Graf Stolberg-Wernigerode durch seinen Sohn den Grafen Rudolph vertreten. Vier vom Könige ernannte Mitglieder, wovon zwei Minister sind: 1) Staatsminister von Münchhausen und 2) Freiherr von Hammerstein, 3) Geheimer Regierungsrath Bening, 4) Oberstaatsanwalt Bacmeister. Der Commissarius für das Schulden- und Rechnungswesen: Schatzrath v. Bothmer. Dreiunddreißig Abgeordnete der größeren Grundbesitzer: 1) Hofbesitzer Schaper, 2) Hofbesitzer Knigge, 3) Rittmeister v. Münchhausen, 4) Hofbesitzer Sieling, 5) Hofbesitzer C. Meyer, 6) Hofbesitzer H. Meyer, 7) Hofbesitzer Bormann, 8) Gutsbesitzer Bohte, 9) Graf v. Bennigsen, 10) Halbspänner Müller, 11) Bauermeister Harnebausen, 12) Hofbesitzer Schlote, 13) Oeconom Meine, 14) Oeconom Dr. Witte, 15) Hofbesitzer Michaelis, 16) Amtsassessor Wolff, 17) Hofbesitzer Resardt, 18) Land-Commissär v. Honstedt, 19) Hofbesitzer Harms, 20) Kammerrath v. d. Decken, 21) Hofbesitzer Kellers, 22) Posthalter Blome, 23) Oeconom zum Felde, 24) Gutsbesitzer Wisch, 25) Schultheiß Peckmann, 26) Deichvorsteher v. d. Osten, 27) Colon J. H. Meyer, 28) Colon Eilermann, 29) Gutsbesitzer v. Exterde, 30) Gutsbesitzer van Santen, 31) Landrath Hillingh, 32) Landrath Neupert, 33) Landwirth Tjack Hinrichs.
Zehn Abgeordnete für Handel und Gewerbe: 1) Baurath Hausmann, 2) Kaufmann Dörrien, 3) Glasermeister Thormeyer, 4) Tischlermeister, Senator Meyer, 5) Senator Angerstein jun., 6) Senator Stegemann, 7) Hutmacher Leppert, 8) Papierfabrikant Winter, 9) Banquier Breusing, 10) Kaufmann Ehrenholz.

Theil durch eine Bemerkung des Minister-Präsidenten von Münchhausen veranlaßt wurde, der in dem Beschlusse zweiter Kammer eine Art von Vertrauensvotum erblicken zu dürfen glaubte. Verschiedene Redner, unter andern Bezin, erklärten wenigstens ausdrücklich, daß jene Motivirung sie veranlasse, gegen den Beschluß zweiter Kammer zu stimmen; denn man könne unmöglich eine Billigung des Verhaltens der Königlichen Regierung aussprechen, da man die betreffenden Verhandlungen nicht kenne. Der Antrag Hausmann's auf Niedersetzung einer Commission, welche die Regierung anfänglich vorgeschlagen, später jedoch selbst nicht mehr zu wünschen schien, fand fast gar keinen Anklang; dagegen wurde der von Exterde'sche Antrag, das Schreiben vorläufig, von der Tagesordnung zu entfernen, da die Stände sich nicht in der Lage befänden, die einzelnen in dem Schreiben angedeuteten Beziehungen beistimmend zu würdigen — mit 34 gegen 21 Stimmen angenommen.[1]

Die Verhandlungen über die deutsche Frage waren im Ganzen zu wenig ergiebig ausgefallen, als daß die Opposition dieselben längere Zeit hindurch hätte mit Erfolg ausbeuten

---

Zehn Abgeordnete für Kirche und Schule: 1) Canzleidirector v. Bothmer 2) Pastor Sander, 3) Superintendent Sazer, 4) Ober-Appellationsrath Bezin, 5) Pastor prim. Gerding, 6) Dompastor Beckmann, 7) Hofrath Dr. Kraut, 8) Director Karmarsch, 9) Oberlehrer Westermann, 10) Lehrer Rosenbal.

Vier Abgeordnete des Standes der Rechtsgelehrten: 1) Advocat Rautenberg, 2) Canzleiprocurator Dr. Wyneken, 3) Advocat v. Wehren, 4) Ober-Appellationsrath Kirchhoff.

[1] Für den Antrag stimmten: Blome, Bobte, Bormann, Dörrien, Ehrlenholz, Eilermann, von Exterde, zum Felde, Harms, Hillingh, Hinrichs, von Honstedt, Keller, Knigge, Kraut, Meine, Senator Meyer, Müller, Neupert, Rautenberg, Rosenthal, van Santen, Schaper, Schlöte, Sieling, Stegemann, Thormeyer, Vezin, von Wehren, Westermann, Winter, Wisch, Witte, Wyneken. Gegen den Antrag: Bacmeister, Dompastor Beckmann, Schultheiß Beckmann, Bening, Schatrath von Bothmer, Canzleidirector von Bothmer, von der Decken, Freiherr von Hammerstein, Harriehausen, Hausmann, Kirchhoff, Leppert, G. Meyer, H. Meyer, Michaelis, Minister-Präsident von Münchhausen, Rittmeister von Münchhausen, Resardt, Sander, Sazer, Wolff.

können. Die Ungeduld über die schwebende Organisations-
frage wuchs mit jedem Tage, eine Interpellation folgte der
andern, und da die Antworten wenig befriedigten, kam es zu
Anträgen, z. B. wegen sofortiger Einführung der Gerichtsor-
ganisation, wegen der Städteordnung und namentlich wegen
der Provinziallandschaften, welche Veranlassung zu einer leiden-
schaftlichen Debatte gaben. In beiden Kammern, in der ersten
von Breusing, in der zweiten von Abides, war nämlich folgender Antrag gestellt:

„In Erwägung, daß mit dem 12. d. Mts. die Frist abgelaufen ist, innerhalb welcher in Gemäßheit des Schreibens
der allgemeinen Ständeversammlung vom 11. Juni 1850 die
Regierung ermächtigt war, die Verhältnisse der Provinziallandschaften ohne weitere Communication zu regeln; in Erwägung der großen Wichtigkeit dieses Gegenstandes und seines
Zusammenhanges mit der Frage der allgemeinen Organisation,
ersuchen Stände die Königliche Regierung: in Gemäßheit des
§. 33 des Gesetzes vom 5. September 1848 den Ständen
eine Vorlage in Betreff dieser Angelegenheit baldthunlichst zukommen zu lassen.

„Stände sprechen zugleich aus, daß vor schließlicher Er-
ledigung derselben, sie zu einer ferneren Bewilligung für die
Provinziallandschaften, insoweit es nicht auf privatrechtliche
Verpflichtungen ankommt, sich nicht würden verstehen können."

Also ein Excitatorium an die Regierung und die
Drohung, daß Stände kein Geld mehr für die Provinziallandschaften bewilligen würden. Der erste Theil des Antrags
hätte billigerweise durch die Erklärung des Ministerpräsidenten,
er sei überzeugt, daß noch in dieser Diät eine Vorlage über
den betreffenden Gegenstand erfolgen werde, für erledigt erklärt werden sollen. Der zweite Theil des Antrags enthielt
aber eine offenbare Verfassungswidrigkeit; denn der Schlußsatz
des §. 33 des Landesverfassungs-Gesetzes sagt ausdrücklich:

„Bis zu solcher Regelung bleiben die Provinziallandschaften in ihrer gegenwärtigen Einrichtung bestehen." Zur Vertheidigung dieser Verfassungswidrigkeit wurde denn auch nicht eine einzige Stimme laut, selbst Wyneken und von Honstedt erklärten sich gegen den Zusatz, so daß Breusing denselben endlich selbst zurückzog, nachdem der Canzleidirector von Bothmer auf die Bemerkung Breusing's, „er wolle mit seinem Antrage die Provinziallandschaften zwingen, ihre Renitenz zu erwägen", sehr treffend erwidert hatte, „wenn der Antragsteller die Provinziallandschaften als Renitenten betrachte, die er durch solche Mittel zwingen wolle, so irre er sich; **wer auf dem Boden des Rechts stehe, lasse sich durch solche Mittel nicht zwingen**" Breusing hatte aber wenigstens die Genugthuung, daß sein Excitatorium mit einer Majorität von 34 Stimmen angenommen wurde. (18. März.)

Glücklicher war Abicke in der zweiten Kammer. Am 18. März 1851 feierte die Königlich hannoversche Demokratie den Geburtstag ihrer Herrschaft mit Sing und Sang und obligatem Festessen. Die Opposition der zweiten Kammer hatte bei dieser Gelegenheit nicht versäumt, die Dissonanzen, welche noch immer seit der Abstimmung über den Ellissen'schen Antrag in den Herzen einzelner Parteiführer nachklangen, in den schönsten Accord aufzulösen; wenigstens trat seit dem 18. März die Linke wieder als eine fest geschlossene Phalanx in die parlamentarische Arena und folgte wieder, wie in der Blüthezeit der Märzerrungenschaften, ohne zu zaudern und zu zögern, ihren Führern auf das Wort. Gegen das Excitatorium erhoben sich nur die Staatsminister Meyer und Lindemann und außerdem Lichtenberg, weil dasselbe vollständig überflüssig sei; gegen den zweiten Theil des Antrages aus dem Grunde der Verfassungswidrigkeit sprachen nur Lindemann und Röben, während Lehzen bei der Abstimmung erklärte, er halte denselben nicht für verfassungswidrig Gegen die „renitenten" Ritterschaften legte dagegen die ganze Oppositionspartei mit einem wahren Märzeifer die Lanzen ein, und fast jede Rede war mit den üppigsten Märzredeblumen verziert. Bueren spottete über die „Junkerpartei", welche sich herausnehme, dem Willen des Volkes Trotz zu bieten, diese „Junkerpartei, die allerdings das Recht habe, die rothen Uniformen der Ritterschaft zu tragen, von diesem Rechte in Ostfriesland aber keinen Gebrauch mache, weil sie vor der rothen Farbe bange sei."

Weinhagen erklärte „das Volk von 1848, das sich mit den Opfern des Junkerthums begnügt habe, werde jetzt wahrscheinlich ungenügsamer sein und mit dem Junkerthume von Neuem den gänzlichen Kehraus abermals beginnen und nicht eher wieder aufhören, als bis jedes Thum abgeschafft sei, und noch andere Thume würden nicht so billig abkommen, wie im Jahre 1848, wenn einmal die Zeit wiederkehre" u. s. w.

Bei einer solchen Stimmung gegen die Provinziallandschaften, welche sich in allen Reden der Linken mehr oder weniger aussprach, war der Erfolg des Antrages vorauszusehen, der weniger gegen die Regierung, als gegen die Provinziallandschaften gerichtet war. Man wollte ihnen nicht drohen, wie Lang II. behauptete, man wollte sie warnen, „wenn auch auf eine sehr wohlwollende Weise", und deshalb lehnte die Kammer Röben's Antrag auf getrennte Abstimmung ab und beschloß in namentlicher Abstimmung, welche Bueren auch in dieser Diät mit eiserner Consequenz beantragte, die Annahme des Abickes'schen Antrages mit 41 gegen 34 Stimmen.[1]

---

[1] Für den Antrag stimmten: Abickes, Ahlborn, Bojunga, Brammer, Bueren, Dammers, Detering, Düffel, Eckelö, Flüssen, Freudentheil, Fründt, Gerding, Gossel, Grumbrecht, Heinemann, Hincke, Hinze, v. d. Horst, Kaulen, Klee, Köhler, Kröncke, Lang I., Lang II., Metger, Ohling, Oppermann, v. d. Osten, Pfaff, Reese, Rehder, Richter, Rohrmann, Schläger, Schlüter, Siebenburg, Thedinga, Vespermann, Weinhagen, Wißmann.

Gegen den Antrag: Bergmann, Böhmer, Buß, Eggers, v. Garßen,

Von noch größerer Bedeutung war ein Beschluß zweiter Kammer, der wenige Tage nachher (26. März) auf Veranlassung eines Protestes des Schatzcollegiums gefaßt wurde. Am 21. September 1850 hatte, wie schon früher kurz erwähnt, die Bundesversammlung in Betreff der kurhessischen Frage den Beschluß gefaßt, die kurhessische Regierung aufzufordern, alle einer Bundesregierung zustehenden Mittel anzuwenden, um die ernstlich bedrohte landesherrliche Autorität im Kurfürstenthume sicher zu stellen; zugleich behielt sich die Bundesversammlung alle zur Sicherung und Wiederherstellung des gesetzlichen Zustandes erforderlichen Mittel vor und stellte somit die damals noch nicht direct für nöthig befundene sofortige Einmischung des Bundes unmittelbar selbst in Aussicht, indem sie sich zur Motivirung dieses Beschlusses auf die fortdauernde Gültigkeit der Bundesbeschlüsse vom 28. Juni 1832 berief.

Als dieser Beschluß gefaßt wurde, waren die Stände des Königreichs Hannover nicht versammelt. Das Schatzcollegium hielt sich deshalb, unter Berufung auf die ihm durch §. 181 des Landesverfassungs-Gesetzes übertragene Verpflichtung auf Wahrung der landständischen Rechte, für befugt, unterm 2. October 1850 den nachstehenden "Vortrag und Verwahrung" dem Königlichen Gesammt-Ministerium zu überreichen:

"In einer Zeit, wo in mittelbarer Folge der immer tiefern Zerrissenheit Deutschlands auch die Verfassungen der einzelnen deutschen Staaten mit so schweren Gefahren bedroht sind, in einer Zeit, wo das verletzte öffentliche Recht noch weniger als vor 1848 einen höhern Schutz findet, vielmehr Gewalt an die Stelle des Rechts zu treten droht, und vor Allem die vollendete

---

Grosse, von Hagen, Hanstein, Heise, Heyl, von Hinüber, Jacobi, Kannengießer, Lange, Lebzen, Lichtenberg, Lindemann, Merkel, Amtmann Meyer, Staatsminister Meyer, Senator Meyer, Siebenmeier Meyer, Niedmann, Niechelmann, Röben, von Rössing, Schmidt, Staffhorst, Stubbe, Stüve, Weber, Westerkamp, Wilhelmi, Wilkens.

Thatsache entscheidet, in einer solchen Zeit muß das Schatz-collegium des Königreichs der ihm durch §. 151 des Landes-verfassungs-Gesetzes übertragenen Verpflichtung auf Wahrung der landständischen Verfassung sich um so lebendiger bewußt werden.

„Zwar sind wir weit entfernt, der hiesigen Königlichen Regierung eine von ihr selbst ausgehende Verfassungsverletzung zuzutrauen, zumal die fortwährend so durchaus ruhige und gesetzliche Haltung unseres Landes dazu ohnehin nicht die entfernteste Veranlassung würde darbieten können.

„Die Gefahr kommt aber von außen her und liegt in der, unter Zustimmung der Königlichen Regierung versuchten Wiederzusammenkunft einer Bundesversammlung zu Frankfurt und in dem beklagenswerthen Beschlusse dieser Versammlung, welcher unterm 21. v. Mts. in der kurhessischen Verfassungsfrage gefaßt worden ist.

„So wie dieser Beschluß in der Sache selbst notorische geschichtliche Thatsachen und wesentliche Verfassungsbestimmungen jenes Landes gänzlich ignorirt, so sind es vor Allem und zunächst die dem Beschlusse untergelegten Motive, welche bei allen Vaterlandsfreunden die schwersten Bedenken und die dringendste Sorge für den Bestand aller übrigen deutschen Verfassungen haben hervorrufen müssen.

„Jene Versammlung ist nämlich dazu geschritten, die Bundesbeschlüsse vom 28. Juni 1832, welche mit allen seit 1819 erlassenen s. g. Ausnahmegesetzen und Beschlüssen des vormaligen deutschen Bundes zufolge Bundestagsbeschlusses vom 2. April 1848 förmlich aufgehoben und beseitigt sind, — wie denn jene Beschlüsse in der sächsischen Gesetzsammlung Nr. 33 ganz ausdrücklich mit aufgezählt worden — als fortwährend geltend zu betrachten und solche ihrer gedachten Entscheidung in der hessischen Sache zu Grunde zu legen.

„Wir können nun zwar nicht glauben, daß die hiesige

Königliche Regierung diese verderbliche Ansicht gutgeheißen hat oder gutheißen wird, wir können auch nicht dafür halten, daß der Beschluß einer Versammlung, deren rechtliche Existenz mit Preußen die Hälfte Deutschlands leugnet, Geltung erlangen wird.

"Es ist aber seit 1848 so viel Unglaubliches im deutschen Vaterlande in die Wirklichkeit getreten, die Combinationen der Politik auf dem Felde der Diplomatie sind so wandelbar, daß wir uns nicht bei bloßen Ansichten beruhigen können.

"Wir müssen uns vielmehr jetzt daran halten, daß die hiesige Königliche Regierung die gedachte Versammlung zu Frankfurt als zu Recht bestehend ansieht, daß Sie Selbst durch einen Bevollmächtigten daran Theil nimmt, und daß Sie Sich consequenter Weise durch die Beschlüsse dieser Versammlung, selbst durch Beschlüsse der bloßen Majorität, wo es nur auf die Ausführung bestehender Bundesgesetze ankommt, gebunden halten wird.

"In dieser Stellung der Königlichen Regierung zu der Frankfurter Versammlung und insbesondere zu dem Beschlusse vom 21. v. Mts. liegt die sichtbare und unmittelbare Gefahr auch für unsere Landesverfassung; denn daß diese in manchen Bestimmungen mit den Bundesbeschlüssen von 1832 und ihren alle ständische Selbstständigkeit lähmenden Vorschriften nicht würde bestehen können, liegt offenbar genug zu Tage.

"Hier mehr wie irgendwo muß das principiis obsta Platz greifen, da die verhängnißvollen Consequenzen je nach den Umständen sich nur zu leicht und zu bald dem Willen der Einzel-Regierungen und Stände würden entziehen können.

"Mag nun der Ausgang sein, welcher er wolle, wir halten uns auf Grund des §. 181 des Landesverfassungs-Gesetzes dringend verpflichtet, das Land und die allgemeine

Ständeversammlung gegen alle etwa aus dem in Frage stehenden Beschlusse vom 21. v. Mts. und dessen Motiven auch unserer Verfassung drohenden Nachtheile hiermit feierlichst zu verwahren, und es wird danach kaum noch der Bemerkung bedürfen, daß wir unsererseits Ausgaben, welche etwa wider Erwarten zur Vollziehung jenes Beschlusses erforderlich werden sollten, für ungerechtfertigt halten würden.

"Das Recht zu einer solchen Verwahrung wird uns nicht bezweifelt werden können, da, wo die Pflicht zur Vertheidigung der Verfassung gegeben ist, sicher auch die Befugniß zusteht, sie gegen so unmittelbar drohende Gefahren zu verwahren.

von Bothmer. Lang. Merkel. Grote."

Schon am 12. October 1850 erwiderte das Königliche Gesammt-Ministerium auf den Protest wie folgt:

"Der Vortrag der Herren Schatzräthe von Bothmer, Lang, Merkel und Grote vom 2. d. Mts., welcher den Beschluß der deutschen Bundesversammlung vom 21. v. Mts. — die Verhältnisse des Kurfürstenthums Hessen betreffend — zum Gegenstande hat, giebt dem Gesammt-Ministerium Anlaß darauf aufmerksam zu machen, daß zu einer Pflichterfüllung, wie der §. 100 des Gesetzes vom 5. September 1848 und der §. 181 des Landesverfassungs-Gesetzes sie den ständischen Commissarien und den General-Secretairen der beiden Kammern der allgemeinen Ständeversammlung eventuell vorschreiben, ein verfassungsmäßiger Grund wohl um so weniger vorliegt, als der Beschluß vom 21. September, wie über die Motive desselben auch zu urtheilen sein mag, erst durch die bislang nicht vorhandene Königliche Verkündigung desselben die im §. 2 des Landesverfassungs-Gesetzes näher ausgedrückte Bedeutung für das Königreich erlangen würde.

"Zu anderen die Aufrechthaltung der Landesverfassung

bezielenden Schritten als denen, die der §. 181 des Landesverfassungs-Gesetzes auferlegt, sind die bezeichneten Mitglieder des Schatzcollegiums von der Verfassung nicht ermächtigt, und diese Schritte sind an den Fall einer verfassungswidriger Aufhebung der Landesverfassung gebunden.

„Ein solcher, hoffentlich niemals eintretender Fall liegt auch dermalen nicht vor, und eine Gefahr desselben hat, nach Lage der Sache, bei Erstattung des Vortrages vom 2. d. Mts. im Ernste wohl um so weniger angenommen werden mögen, da die Verfasser des Vortrages, wenngleich mit den Ansichten die, rücksichtlich des Beschlusses vom 21. September, von der Regierung gefaßt worden, keineswegs bekannt, dennoch sowohl hierüber als über eine von der Regierung ausgehende Verfassungsverletzung ihre völlige Beruhigung auszusprechen.

„Unter diesen Umständen vermag das Gesammt-Ministerium in dem Vortrage vom 2. d. Mts. nur eine Beschwerde über eine vermeintlich mangelhafte Regierungsmaßregel zu erblicken, zu welcher, nach §. 75 des Gesetzes vom 5. September 1848, allein die allgemeine Ständeversammlung des Königreichs berufen sein würde.

„Hannover, den 12. October 1850.

  Königliches Gesammt-Ministerium.

          Bennigsen."

In einer Replik vom 8. November erklärte das Schatzcollegium, es könne sich nicht davon überzeugt halten, daß es durch seine Rechtsverwahrung die verfassungsmäßige Competenz überschritten habe, es müsse vielmehr nothgedrungen und Pflichten halber dabei verharren und werde demnächst der Ständeversammlung Rechenschaft über diesen Schritt ablegen.

Am 12. Februar hatte das Collegium der Ständeversammlung diese Correspondenz mitgetheilt, die Berathung über den Protest verzögerte sich jedoch bis Ende des Monats März. Am

25. d. Mts. stand derselbe auf der Tagesordnung der ersten Kammer; hier mißglückte jedoch der Versuch, dem Schatzcollegium eine Anerkennung für seinen Protest zu verschaffen, vollkommen. Ungeachtet Wyneken, Karmarsch und Kraut die Berechtigung des Schatzcollegiums nachzuweisen versuchten, ungeachtet Preusing seine volle Überzeugung zu Gunsten des Schatzcollegiums in die Wagschale warf, wurde dennoch der von Wyneken beantragte „Übergang zur Tagesordnung, jedoch unter Anerkennung der vom Schatzcollegium geschehenen Schritte", mit 25 gegen 21 Stimmen abgelehnt,[1] dagegen der Antrag des Canzleidirectors von Bothmer auf einfache Tagesordnung mit allen gegen 7 Stimmen angenommen.

In der zweiten Kammer, in welcher die Ankündigung des Beschlusses der Ersten von der einen Seite mit lautem Bravo von der andern mit unwilligem Oho empfangen wurde, vertheidigte der Schatzrath Lang den Protest des Schatzcollegiums und stellte den Antrag:

„Der Königlichen Regierung eine Ausfertigung des Schreibens des Schatzcollegiums vom 12. Februar d. J. zu übersenden und ihr zu erklären, daß Stände die vom Schatzcollegium gegen den Frankfurter s. g. Bundesbeschluß vom 21. September v. J. eingelegte feierliche Verwahrung sich aneignen und selbige ihrerseits hiermit wiederholen."

Während der Schatzrath von Bothmer in der ersten Kammer

---

[1] Für den Wyneken'schen Antrag stimmten: Blome, Breusing, Dörrien, von Exterde, zum Felde, Harms, Hillingh, Hinrichs, Karmarsch, Keller, Kraut, Meine, Senator Meyer, Michaelis, Rosenthal, Sieling, Stegemann, Winter, Wisch, Witte, Wyneken.

Gegen denselben: Angerstein, Bacmeister, Dompastor Bedmann, Bening, Bohte, Canzleidirector von Bothmer, v. d. Decken, Ehrlenholz, Eilermann, von Hammerstein, Hausmann, Kirchhoff, Leppert, C. Meyer, H. Meyer, J. H. Meyer, Ministerpräsident von Münchhausen, Neupert, Refardt, Sander, van Santen, Saxer, Vezin, Westermann, Wolff.

erklärte, die ganze Angelegenheit habe für den Augenblick
keinen praktischen Werth, nach seiner Ansicht würde es genügen,
wenn die Ständeversammlung beschlösse, zur Tagesordnung
überzugehen, oder die Anzeige ʒu ᷓen Acten zu nehmen; er
halte es aber für wünschenswerth, daß das Verfahren im
Wesentlichen die Billigung der Ständeversammlung finde
— beanspruchte Lang nicht allein eine Billigung jenes Protestes, er verlangte eine Wiederholung und wollte zu gleicher
Zeit einen Beschluß über die angeblich rechtswidrige Wiederherstellung des Bundestages zu Stande bringen. Freilich hatte
der Antragsteller die ganze neu verbrüderte Phalanx aus dem
Victoria-Hôtel hinter sich und konnte deshalb auch ganz anders
als der Schatzrath von Bothmer auftreten. Gegen die Prä-
tension des Lang'schen Antrages wäre freilich — abgesehen
von dem Umwege, auf welchem man die in der deutschen
Frage verlorene Position wiederzugewinnen strebte — Nichts
einzuwenden gewesen, wenn das Schatzcollegium verfassungsmäßig zu jenem Proteste berechtigt war. Es konnte ihm Niemand verdenken, wenn es die ihm durch das Schreiben des
Gesammt-Ministeriums vom 12. October 1850 gewordene Zu-
rückweisung durch einen Beschluß der Ständeversammlung als
ungerechtfertigt darzustellen versuchte. Bei der ganzen Debatte
handelte es sich also lediglich darum: war der Protest des
Schatzcollegiums verfassungsmäßig, war er verfassungswidrig?, aber nicht, wie die politischen Freunde des
Schatzraths Lang bis zum Überdruß wiederholten, ob das
Collegium im guten Glauben und patriotisch gehandelt habe,
oder nicht.

Bei der Beurtheilung der Rechtsfrage kommen zwei Paragraphen in Betracht, nämlich zuerst der §. 100 Nr. 4 des
Gesetzes vom 5. September 1848, welcher lautet:

„Außerdem haben die Commissarien nebst den General-
secretairen diejenigen Befugnisse auszuüben, welche durch den

§. 181 des Landesverfassungs-Gesetzes dem Schatzcollegium beigelegt sind."

Sodann der erwähnte §. 181:

„Die Rechte des Landes auf die Unverletzlichkeit dieser Verfassung sind von der allgemeinen Ständeversammlung bei dem Könige, oder nöthigenfalls bei der deutschen Bundesversammlung wahrzunehmen.

„Wenn aber die in dieser Verfassungsurkunde begründete landständische Verfassung auf verfassungswidrige Art aufgehoben würde, wozu namentlich auch der Fall gehört, wenn die Ständeversammlung nicht zu der Zeit, wo dies verfassungsmäßig geschehen muß (§. 116), zusammenberufen würde, so ist das Schatzcollegium verpflichtet, den König um Aufrechthaltung jener Verfassung oder um schleunige Berufung der in Gemäßheit derselben bestehenden allgemeinen Ständeversammlung zu bitten, und wenn dieser Schritt fruchtlos bleiben sollte, den Schutz des deutschen Bundes für die aufgehobene landständische Verfassung anzurufen.

„An der Ausübung dieser Amtspflicht des Schatzcollegiums nehmen die vom Könige ernannten Mitglieder desselben keinen Antheil, und die Functionen des Präsidenten werden dabei von dem im Dienstalter am höchsten stehenden, von Ständen erwählten Schatzrathe versehen."

Hieraus ergiebt sich also unzweifelhaft, daß die Rechte des Landes auf die Unverletzlichkeit der Verfassung im Allgemeinen ausschließlich von der Ständeversammlung wahrzunehmen sind, daß dagegen das Schatzcollegium nur in dem ganz besonderen Falle einzutreten berechtigt und verpflichtet ist, wenn die Ständeversammlung hieran durch verfassungswidrige Aufhebung der in der Verfassungsurkunde begründeten landständischen Verfassung verhindert ist, oder durch unterlassene verfassungsmäßige Zusammenberufung factisch das ihr principaliter zustehende Recht nicht ausüben kann. Stüve, der zum ersten Male in einer politischen Debatte das Wort ergriff, wies aus der Entstehungsgeschichte des §. 181 schlagend nach, daß man durchaus keinen ständischen Ausschuß habe creiren, sondern die dem Schatzcollegium ertheilten Befugnisse, zum Zweck der Aufrechterhaltung der Verfassung thätig zu werden, nur auf den einen angegebenen Fall habe beschränken wollen. Man habe eingesehen, daß eine Regierung mit verantwortlichen Ministern neben einem solchen ständischen Ausschusse nicht bestehen könne; denn entweder gehe die Verantwortlichkeit von den Ministern auf den Ausschuß über, oder das Ministerium verhandele mit dem Ausschusse, der alsdann an die Stelle der Ständeversammlung selbst trete.

Sollte hiernach die Thätigkeit des Schatzcollegiums begründet gewesen sein, so mußte der Bundesbeschluß vom 21. September 1830 irgend einen Angriff auf die in der Verfassungsurkunde begründete landständische Verfassung enthalten, oder den verfassungsmäßigen Zusammentritt der Stände verhindern. Davon konnte aber doch wenigstens vor der Publication des Bundesbeschlusses durch die Königliche Regierung nicht die Rede sein, und eine solche Publication war nicht erfolgt. Das Schatzcollegium hatte sich also aus Anlaß von bloßen Befürchtungen verfassungswidrig das Recht des Einschreitens angemaßt. Es hatte endlich dieser materiellen Verfassungswidrigkeit noch eine formelle hinzugefügt. Nehmen wir an, das Schatzcollegium sei zum Einschreiten berechtigt gewesen, so mußte es verfassungsmäßig sich zuerst mit einer Bitte an den König wenden, und wenn diese erfolglos geblieben, den Schutz des Bundes anrufen. Zu einer an die Regierung gerichteten Verwahrung dagegen war schon der Form nach das Schatzcollegium nicht berechtigt. Mochten also immerhin die einzelnen Mitglieder des Collegiums ihre Bedenken gegen den Bundesbeschluß vom 21. September aussprechen, zu einem officiellen Schritte, für welchen das

„Recht" des §. 181 in Anspruch genommen wurde, war das Collegium nun und nimmermehr berechtigt.

Bei der Debatte, welche mit der äußersten Leidenschaftlichkeit von Seiten der Opposition geführt wurde, suchten die Vertheidiger des Lang'schen Antrages die Rechtsfrage, um welche es sich hier doch ganz allein handelte, einfach bei Seite zu schieben. Das Schatzcollegium war für den Patriotismus ins Feuer gegangen, folglich verdiente dasselbe eine Anerkennung, — das war der Springstock, mit welchem man über die Rechtsfrage am einfachsten hinweg kam. Die äußerste Linke versicherte wiederholt, sie wolle über die deutsche Frage kein Wort verlieren, und dennoch bestanden die Reden zum größten Theile nur in den erbittertsten Angriffen gegen den „sogenannten" Bundestag, wie sich der Antragsteller auszudrücken beliebte, und dem „verfassungsmäßigen" Verhalten der kurhessischen Unterthanen wurde mit beiden Händen Weihrauch gestreut. Obgleich der Staatsminister Lindemann zu wiederholten Malen erklärte, die gegenwärtige Regierung erkenne die Ausnahme-Gesetze durchaus nicht an, so wurde die Linke nicht müde, immer von Neuem über jene Gesetze herzufallen, um ihnen Stein und Schelle anzuhängen; denn es kam jetzt darauf an, nicht allein die Ehre des Schatzcollegiums zu retten, sondern auch durch ein beiläufiges Urtheil in der deutschen Frage den Stab über die Regierung zu brechen. Beides gelang vollkommen. In namentlicher Abstimmung wurde die Verfassungswidrigkeit des Schatzcollegiums mit 39 gegen 32 Stimmen sanctionirt.[1]

---

[1] Für den Antrag stimmten: Adickes, Ahlborn, Bojunga, Brammer, Bueren, Dammers, Detering, Düffel, Eckels, Ellissen, Freudentheil, Fründt, Gerding, Gossel, Groß, Grumbrecht, Hincke, v. d. Horst, Kaulen Köhler, Krönke, Lang I., Lang II., Metger, Senator Meyer, Münster, Ohling, Oppermann, v. d. Osten, Reese, Rehder, Richter, Röben, Rohrmann, Schläger, Schlüter, Siedenburg, Weinhagen, Wißmann.

Gegen den Antrag: Böhmer, Buß, Eggers, von Gartzen, von Hagen,

Nach den wiederholten Niederlagen, welche die Regierung schon erlitten, schien die letzte Abstimmung nur die Alternative: Rücktritt, oder Auflösung der Kammer, übrig zu lassen. Der letztere Schritt lag Anfangs in der Absicht des Ministeriums. Als am 28. März der Beschluß zweiter Kammer auf der Tagesordnung der ersten Kammer stand, sprach der Ministerpräsident von Münchhausen den Wunsch aus, „die Discussion um einige Tage hinauszusetzen. Aus den Verhandlungen der zweiten Kammer gehe hervor, daß die Regierung den Beschluß derselben als verfassungswidrig betrachten müsse. Nehme die erste Kammer den Beschluß an, so werde die Regierung mit einer Auflösung der Stände antworten müssen. Eine solche Auflösung sei indeß namentlich jetzt nicht im Interesse des Landes, weil in den nächsten Tagen die Vorlagen über die Organisation der Verwaltung in die Kammer kommen würden, und man es für dringend wünschenswerth halten müsse, daß, ehe jene Gefahr eintrete, die Vorlagen an die Stände gelangen, damit das Land sie kennen lerne." Die Kammer erklärte sich mit diesem Aufschub einverstanden, und damit war die Angelegenheit erledigt.

Dem Triumphe der Linken über das Ministerium folgte sehr bald die Entnüchterung. Das Land war durchaus nicht so entzückt über den Beschluß der zweiten Kammer, wie die Führer der Opposition vielleicht erwartet hatten, und das Schlimmste war, daß der Sieg sich bei Weitem nicht so ausbeuten ließ, wie dies mit einer Niederlage hätte geschehen können. Die Linke hatte einen verfassungswidrigen Antrag gestellt und durchgebracht, ihr fiel also auch die Verantwortlichkeit dieses Schrittes zu, ohne daß mit dem Siege ein

---

Hanstein, Heise, Heyl, von Hinüber, Jacobi, Kannengießer, Klöe, Lange, Lebien, Lichtenberg, Lindemann, Merkel, Amtmann Meyer, Staatsminister Meyer, Siebmeier Meyer, Niedtmann, Riechelmann, von Rössing, Schmidt, Staffhorst, Stubbe, Stüve, Thedinga, Weber, Westerkamp, Wilhelmi, Wilkens.

größerer Popularitätsgewinn verknüpft gewesen wäre, als mit einer Niederlage. Die in Aussicht gestellte Auflösung der Kammer war außerdem der Oppositionspartei im höchsten Grade unangenehm, denn sie hatte durchaus nicht die Aussicht, bei den neuen Wahlen ihre Partei zu verstärken. Noch unangenehmer mußte ihr aber der etwaige Rücktritt des Ministeriums sein. Von einem Ministerium Lang-Ellissen träumte wohl nicht ein Einziger der Partei des geflügelten Fortschritts im Frühjahr 1851 mehr. Die Organisation wäre nothwendiger Weise aufs Neue hinausgeschoben, und die Majorität hätte die ganze Mißstimmung wegen dieser Verzögerung zu tragen gehabt. Kurz, mochte die Linke den Sieg von allen Seiten betrachten, sie fand schwerlich große Ursache, sich desselben zu freuen.

Der Rückschlag auf die Spannung folgte denn auch sehr rasch. Die Geschäftslage der Kammern nöthigte zu einer dreitägigen Vertagung, und bei der Wiederaufnahme der Berathungen war die Stimmung so beruhigt und der Regierung entgegenkommend, wie sie während der früheren Berathungen kaum je gewesen war. Als das Schreiben des Königlichen Gesammt-Ministeriums vom 27. März, die Städteordnung betreffend, am 2. April auf der Tagesordnung der zweiten Kammer stand, handelte es sich um eine wichtige Vorfrage, welche zu Gunsten der Regierung entschieden wurde. Dieselbe hatte nämlich in der von den Ständen am 19. Juli 1850 abgegebenen Erklärung über die Städteordnung verschiedene Bedenken gefunden, und die Aufrechterhaltung einzelner von den Ständen abgelehnten Regierungsanträge für nöthig erachtet. Anstatt nun die vollständig berathene Vorlage zurückzuziehen und mit den beliebten Modificationen als neuen Entwurf der Ständeversammlung vorzulegen, beantragte die Königliche Regierung eine Berathung nur der von ihr vorgeschlagenen Abänderungen und versprach eine sofortige Publication des Gesetzes im Falle der ständischen Zustimmung. Die Bedenken, welche namentlich Weinhagen, Gerding, v. d. Horst gegen dieses Verfahren der Regierung geltend machten, wurden jedoch vor der Majorität der Kammer nicht getheilt, der Antrag Gerding's, die Stände könnten die Vorlage nicht in Berathung ziehen, verworfen und die einzelnen Punkte mit großer Willfährigkeit von der Kammer in zweimaliger Berathung angenommen.

In der ersten Kammer kam die Frage über die formelle Behandlung der Angelegenheit ebenfalls zur Sprache. Der Ministerpräsident von Münchhausen wollte das Schreiben als einen ganz neuen Entwurf betrachten und sprach sich deshalb für eine dreimalige Berathung aus, — eine Ansicht, welche die Kammer mit 30 gegen 20 Stimmen zum Beschluß erhob. Die Regierungsanträge wurden alsdann theils ohne alle Debatte, theils mit allen gegen 1 bis 3 Stimmen angenommen.

Das Regierungsschreiben vom 29. März über die Organisation der Provinziallandschaften wurde in zweiter Kammer ohne irgend eine Debatte einer Commission von 7 Mitgliedern [1] überwiesen.

In der ersten Kammer stellte der Kammerrath v. d. Decken den Vorantrag, die Regierung zu ersuchen, daß die Vertagungszeit zu abermaliger Verhandlung und zum Einigungsversuche mit den Provinziallandschaften benutzt und bis dahin das Eingehen der Stände auf die Vorlagen ausgesetzt werde. Allein die Kammer lehnte den Antrag ab; war ja auch die sofortige Erledigung der Angelegenheit ohne Einigung mit den Provinziallandschaften das Zugeständniß, wel-

---

[1] Lang I., Dammers, Heise, Alée, Heinemann, Stüve, Röben.
Wir gehen auf diese Vorlage hier nicht weiter ein, weil wir die ganze provinziallandschaftliche Frage im zweiten Abschnitte ausführlich behandeln werden.

ches das Ministerium den Ständen für eine fernere Unterstützung gemacht hatte. Auch hier, wie in zweiter Kammer wurde eine gemeinschaftliche Commission von je 7 Mitgliedern beschlossen,[1] und während der Vertagung der Stände vom 4. April bis zum 8. Mai der verfassungswidrige Beschluß zweiter Kammer begraben.

Nach dem Wiederzusammentritt beschäftigten sich beide Kammern namentlich mit dem Entwurf über die Provinziallandschaften,[2] der Amtsvertretung, mit dem revidirten Staatsdienergesetze, dem Gesetze über Disciplinarvergehen gegen Richter und dem Budget, welches der Opposition wieder in Betreff einzelner Positionen willkommene Gelegenheit bot, die deutsche Frage herbeizuziehen. Als die Ausgaben zu Zwecken des deutschen Bundes zur Berathung standen, erhob sich die äußerste Linke mit gewohnter Leidenschaftlichkeit gegen diese Position, und die Wogen der Aufregung gingen so hoch, daß der Schaum der Phrasen lebhaft an die Märzstürme des Jahres 1848 erinnerte. Detering sagte dem Bundestag seine nahe Todesstunde voraus, und die übrigen Führer der äußersten Linken überboten sich gegenseitig in den heftigsten Angriffen gegen den Bund. Ellissen erklärte die „angemaßte Gewalt der sich so nennenden Bundesversammlung erkenne er als rechtlich nicht an; den Anspruch, das höchste gesetzgebende und vollziehende Organ für Deutschland sein zu wollen, halte er für reine Usurpation."[3] Mit dieser Erklärung

---

[1] Bening, Graf von Bennigsen, Kirchhoff, Misch, Wolff, von Exterde, Kraut.

[2] Als die Berathung in erster Kammer begonnen, erklärte der Schatzrath v. Bothmer zu Protokoll, er erkenne die Competenz der Ständeversammlung in dieser Angelegenheit nicht an und glaube an den ferneren Berathungen nicht Theil nehmen zu können.

[3] Die Schmähungen der Bundesversammlung gehörten damals zum feinen Ton der Demokratie; durfte doch die Zeitung für Norddeutschland im November 1850 ungestraft die Gesandten mit „Eschenheimer Gassenbubenn tituliren.

war aber Bueren noch lange nicht zufrieden; nach der Behauptung des witzigen Ostfriesen war der deutsche Bund von Anfang an rechtswidrig geschlossen, weil die Völker damals nicht zugezogen seien, und man damals Land und Leute förmlich verschachert und Völker wie das liebe Vieh verhandelt und vertauscht habe. Kurz, die Angriffe waren so maßlos, daß endlich Stüve sich erhob, um an das Präsidium die Anfrage zu richten, ob es gestattet sei, die in unserer Verfassung[1] und von der Regierung als rechtlich bestehend anerkannte Bundesversammlung auf solche Weise anzugreifen.

Bei der zweiten Berathung über diese Position wiederholte sich dasselbe Schauspiel. Wieder declamirte Ellissen von der Indignation des Volkes über die Art, wie die Regierungen seit dem Jahre 1848 ihren Versprechungen nachgekommen seien; wieder zog er gegen das Organ zu Felde, „das länger als ein Menschenalter den Fluch Deutschlands auf sich geladen habe" u. s. w. Die ungewohnte Mäßigung, mit welcher die äußerste Linke nach dem stillschweigenden Übereinkommen mit der Regierung eine Zeit lang verfahren, war schon längst wieder in das Gegentheil umgeschlagen. Zu wiederholten Malen ging ein großer Theil der Rechten in das Lager der Opposition über, und die Regierung erlitt die empfindlichsten Niederlagen. Bei der mehrerwähnten Position des Budgets stellte z. B. Lang II. den Antrag, die Ausgabeposition für Zwecke des deutschen Bundes nur unter der Voraussetzung zu bewilligen, daß die Regierung mit allen ihr zu Gebote stehenden Mitteln auf die Verwirklichung

---

[1] §. 2 des Landesverfassungs-Gesetzes, welcher nicht aufgehoben war, lautet: „Das Königreich Hannover macht einen Theil des Deutschen Bundes aus und theilt als solcher alle aus der Bundesverfassung entstehenden Rechte und Verbindlichkeiten. Diese können durch die innere Landesverfassung nicht abgeändert werden.

„Alle Beschlüsse der deutschen Bundesversammlung haben, sobald sie vom Könige verkündigt sind, verbindliche Kraft für das Königreich."

der verheißenen Repräsentation des deutschen Volkes bei der Centralgewalt hinwirken werde. Nachdem das Wort „Voraussetzung", als eine unstatthafte Bedingung, in „Erwartung" modificirt worden, erhob sich fast die ganze Kammer für diesen vom Ministertische lebhaft mindestens als überflüssig bekämpften Antrag, der nach langen Debatten mit 70 gegen 5 Stimmen angenommen wurde.[1]

Derartige Abstimmungen wiederholten sich noch zu verschiedenen Malen und zeigten deutlich, daß die Regierung durchaus nicht auf eine festgeschlossene Partei rechnen konnte. Auch der Austritt Stüve's aus der Kammer (15. Juni) war noch ein Grund mehr, die ministerielle Partei zu lockern. Stüve war von Anfang an ein entschiedener Gegner der Modificationen gewesen, welche die von ihm entworfenen Organisations-Gesetze durch das neue Ministerium erleiden sollten. Er hatte deshalb eine Denkschrift ausgearbeitet und zuerst dem Ministerpräsidenten von Münchhausen zugehen lassen, der die Bedenken jedoch in keiner Weise getheilt haben soll. Darauf übersandte Stüve seine Denkschrift dem Schatzrath Lang als Berichterstatter der Finanzcommission; allein auch dieser hatte sich Punkt für Punkt dagegen erklärt, dieselbe jedoch, ohne einen Commissionsbeschluß, zu den Akten genommen. Der Wunsch Stüve's, das Aktenstück drucken zu lassen, war von dem Präsidenten der zweiten Kammer abgelehnt, und als der Antrag auf den Druck in der Kammer gestellt wurde, sich jedoch von verschiedenen Seiten Widerspruch dagegen erhoben, erklärte der Präsident, unter diesen Umständen könne er die Denkschrift ohne Kammerbeschluß nicht zum Drucke gelangen lassen. Diese Differenz wurde wenigstens übereinstimmend von den damaligen Tagesblättern als die äußere Veranlassung zum Rücktritt Stüve's ange-

---

[1] Mit Nein stimmten nur: Jacobi, Lichtenberg, Lindemann, Staatsminister Meyer, von Rössing.

geben. Die Resignation war freilich schon lange vorauszusehen gewesen. Wer die Gereiztheit des Stüve'schen Charakters und dessen Empfindlichkeit gegen Widerspruch kannte, mußte sich im Voraus sagen, daß der Bruch mit dem Ministerium unvermeidlich, und daß Stüve über kurz oder lang ausscheiden, oder die Führerschaft der Opposition gegen das Ministerium übernehmen werde. Das Bewußtsein, über einen reichen Schatz positiver Kenntnisse mit großer Gewandtheit in Rede und Schrift verfügen zu können, die Zähheit in der Verfolgung eines vorgesteckten Ziels, der Glaube an seine Unfehlbarkeit, — alle diese Eigenschaften machten es ihm unmöglich, eine passive Rolle in der Kammer zu übernehmen, da er eine active gegen die Regierung nicht übernehmen wollte.

Die Vertagung der Stände erfolgte am 3. Juli, wahrscheinlich früher, als Anfangs beabsichtigt war. Allein die fortwährenden Niederlagen der Regierung zwangen dieselbe, den parlamentarischen Kampfplatz auf eine Zeit lang zu verlassen, wenn sie nicht langsam an den wiederholten Wunden verbluten wollte.

§. 15.

Die Berufung des Ministeriums von Schele.

Die Stimmung im Lande. Der Bundesbeschluß vom 23. August 1851. Tod des Königs Ernst August am 18. November. Patent Georg's V. Rücktritt des Ministeriums.

Wenn auch die Publication einzelner in der letzten Diät berathener Gesetze, freilich auch unter der Festsetzung einer Fristbestimmung, ziemlich rasch erfolgte, so verzögerte sich die Publication der Organisationsgesetze doch länger, als die Ungeduld eines großen Theils der Oppositionspartei erwartet hatte. Bald hieß es, die Gesetze hätten die Allerhöchste Sanction erhalten, bald wurde mit der größten Bestimmtheit behauptet, Se. Majestät werde nie die Einwilligung zur Publication geben. Die fortwährenden Gerüchte von Ministerkrisen beunruhigten das Land und machten den Zustand der Ungewißheit, in welcher der ganze Beamtenstand schwebte, noch unerträglicher. Je länger übrigens die Publication auf sich warten ließ, je mehr brach sich die Ansicht Bahn, daß die gehofften Verbesserungen zum großen Theile auf irrigen Voraussetzungen beruhten. Man konnte sich der Überzeugung nicht verschließen, daß ein solches Experimentiren nach theoretischen Systemen, ein solches Reformiren mit so geringer Schonung der bestehenden Zustände und Einrichtungen denn doch ein zu gefährliches politisches Hazardspiel sei, dessen Folgen sich durchaus nicht übersehen ließen. Außerdem trug die Aussicht auf einen jährlichen Mehrbedarf von mindestens 400,000 Thlr. nicht dazu bei, die Stüve-Lindemann'schen Organisationen mit großem Jubelruf willkommen zu heißen. Die Spannung und die Aufregung im Lande stieg immer höher, endlich erfolgte die Entscheidung. Die wiederholten Vorstellungen der Ritterschaften waren erfolglos geblieben, die Regierung löste den für die Unterstützung der Stände ausgestellten Wechsel ein und publicirte das vom 1. August datirte Gesetz, betreffend die Organisation der Provinziallandschaften.

Gegen die Einführung der übrigen Organisationsgesetze schienen jedoch Allerhöchstenorts die Bedenken immer mehr und mehr zu wachsen. Wiederholte Prüfungen und Begutachtungen fanden statt, ohne daß nach der einen oder andern Seite hin entscheidende Schritte geschehen wären. Das Ministerium bestand auf Durchführung der Organisationen und wäre vielleicht am Ende damit durchgedrungen, wenn nicht von Frankfurt aus ein neuer Factor gegen die Durchführung sich geltend gemacht hätte.

Die Verfassungsveränderungen, welche unter dem Einflusse der revolutionären Bewegungen des Jahres 1848 in verschiedenen deutschen Staaten das monarchische Princip gefährdeten, hatten die Aufmerksamkeit des Bundestages auf sich gezogen. Mit Hinblick auf Art. 1 der Bundesacte und Art. 1 der Wiener Schlußacte, welche als Zweck des Bundes die äußere und innere Sicherheit des Bundes voranstellen, und in der Überzeugung, daß diese Sicherheit nothwendig von der Ruhe und Ordnung in den einzelnen Bundesstaaten bedingt sei, setzte der Bundestag durch einen Beschluß vom 23. August 1851 einen Ausschuß aus seiner Mitte nieder, welcher über diejenigen Fälle, in denen Verfassungsänderungen mit den Grundgesetzen des Bundes nicht in Einklang ständen, ohne Verzug Bericht erstatten und dabei jedesmal über die Art und Weise der bundesrechtlichen Einwirkung sein Gutachten abgeben sollte. Daß eine ganze Reihe der am 5. September 1848 publicirten Zusätze zu dem Landesverfassungs-Gesetze vom 6. August 1840 dem Ausschusse in Widerspruch mit den Grundgesetzen des Bundes erscheinen würden, war vorauszusehen.

In einem vertraulichen Schreiben vom 21. October 1851 theilte der Ausschuß dem hannoverschen Bundestagsgesandten, Freiherrn von Schele, seine Bedenken in Betreff des fraglichen Gesetzes mit und ersuchte um Auskunft darüber, ob etwa die Königliche Regierung selbst eine Revision der neuen Gesetzgebung beabsichtige. Diese Note wurde jedoch keineswegs von der Königlichen Regierung in der Weise aufgenommen, wie der Ausschuß erwartet hatte; denn in der Instruction, welche der Ministerpräsident von Münchhausen dem Freiherrn von Schele zukommen ließ, war ziemlich deutlich die Competenz des Bundes zu einem solchen Einschreiten geleugnet. Eine Revision wurde freilich in Aussicht gestellt, welcher jedoch der Erlaß neuer Organisationsgesetze vorangehen sollte. Ein Hauptgrund, der eine schleunige Erledigung der Angelegenheit unmöglich machte, lag außerdem in dem bedauerlichen und bei dem hohen Alter bedenklichen Unwohlsein Sr. Majestät des Königs. Wenn auch vorübergehend eine Besserung eintrat, die Kräfte des hohen Kranken schwanden immer mehr, seine Tage waren gezählt, und am 18. November verkündeten die Amtlichen Nachrichten den tödtlichen Hintritt des greisen Königlichen Herrn in folgender Weise:

„Nach dem unerforschlichen Rathschlusse des Allerhöchsten ist Seine Majestät Ernst August, König von Hannover, am heutigen Tage aus der Zeitlichkeit in die Ewigkeit hinübergegangen.

„Die dem Hinscheiden des Königs vorangegangene Krankheit beruhte auf allmäligem Entschwinden der Kräfte, und deren schmerzloser Fortgang führte die völlige Auflösung um 6 Uhr 45 Minuten Morgens herbei, während Ihre Königlichen Hoheiten der Kronprinz, die Kronprinzessin, Seine Durchlaucht der Prinz Alexander zu Solms-Braunfels und die in den nächsten Beziehungen zu Seiner Majestät stehenden Personen das Sterbelager umstanden.

"Die hohen Herrschertugenden Seiner Majestät des Königs lassen Ihn als den Gründer und Erhalter einer neuen Ära für das Königreich, dessen Beglücker und Stolz Er war und bleiben wird, erkennen; aus Seiner hohen Weisheit, aus Seiner Festigkeit im Beharren an dem für Recht Erkannten und aus seiner unparteiischen Gerechtigkeit erklärt es sich, daß Er die bewundernden Blicke Europa's auf sich zog; es erklärt sich daraus und aus der Ergebenheit des Hannoveraners an das angestammte Fürstenhaus die allgemeine Trauer, die tief empfundene Theilnahme jedes Hannoveraners an dem schweren Verlust, welcher das Land betroffen hat und das hoffnungsvolle Vertrauen, welches derselbe Seiner Majestät erhabenen Nachfolger auf dem Throne glorreicher Vorfahren mit Treue entgegenbringt."

Gleichzeitig verkündigte folgendes Patent den Regierungsantritt Seiner Majestät Georgs V.:

"Georg der Fünfte, von Gottes Gnaden König von Hannover, Königlicher Prinz von Großbritannien und Irland, Herzog von Cumberland, Herzog zu Braunschweig und Lüneburg u. s. w.

"Es hat Gott dem Allmächtigen gefallen, Unsern hochgeehrten Herrn Vater, den Allerdurchlauchtigsten Großmächtigsten Fürsten und Herrn, Herrn Ernst August, König von Hannover, Königlichen Prinzen von Großbritannien und Irland, Herzog von Cumberland, Herzog zu Braunschweig und Lüneburg ꝛc. ꝛc. am heutigen Tage aus diesem Leben abzurufen.

"Wir, Unser Königliches Haus und Unsere Unterthanen sind dadurch in tiefste Trauer versetzt. Da nunmehr kraft der in Unserm Königlichen Hause bestehenden Erbfolgeordnung die Regierung des Königreichs auf Uns übergegangen ist, so geben Wir Unsern Unterthanen und Unsern Behörden Unsern Regierungsantritt zu erkennen. Wir versprechen zugleich hiermit bei Unserm Königlichen Worte die unverbrüchliche Festhaltung der Landesverfassung.

„Indem Wir Unsere Staatsminister und alle Unsere Diener geistlichen und weltlichen Standes in ihren Ämtern bestätigen, vertrauen Wir zu denselben und zu allen Unsern Unterthanen, daß sie Uns den schuldigen Gehorsam leisten, auch mit Treue und Liebe Uns stets ergeben sein werden. Dagegen versichern Wir denselben Unserer Königlichen Huld und Gnade, Unsers landesherrlichen Schutzes und Unsers ernsten Willens, das Glück Unserer Unterthanen mit Hülfe des Allerhöchsten nach Unseren Kräften zu fördern. Wir haben verfügt, daß dieses Patent in der von Uns unterschriebenen und mit dem Regierungssiegel versehenen Urschrift dem Archive der allgemeinen Ständeversammlung übergeben, dasselbe auch durch die erste Abtheilung der Gesetzsammlung verkündet werde.

„Gegeben Hannover, 18. November 1851.

Georg.

von Münchhausen.   Lindemann.   von Rössing.   Jacobi. Meyer, Dr.   Freiherr von Hammerstein."

Nach §. 109 des Gesetzes vom 5. September 1848 war eine Berufung der Stände im Falle eines Thronwechsels sofort, spätestens binnen 14 Tagen, vorgeschrieben.[1]

---

[1] §. 109. Im Falle eines Thronwechsels wird der König die Stände sofort, spätestens binnen 14 Tagen, berufen.

Sollte dies unterlassen werden, so sind die zuletzt zusammen berufen gewesenen Stände berechtigt und verpflichtet, sich selbst zu versammeln und die Rechte des Landes wahrzunehmen.

In diesem Falle kann die Ständeversammlung innerhalb vier Wochen von Zeit ihres Zusammentritts ohne deren Antrag weder aufgelöst noch vertagt werden.

Sollten die Stände zur Zeit eines Thronwechsels versammelt sein, so können sie gleichfalls innerhalb der nächsten vier Wochen nur auf ihren Antrag aufgelöst oder vertagt werden.

Als Se. Majestät der König in Gemäßheit dieser Bestimmung die Ständeversammlung innerhalb der gesetzlichen Frist einberufen wissen wollte, erklärte das Ministerium, daß es vor den Kammern nicht zu erscheinen vermöchte, ohne in den Stand gesetzt zu sein, die Königliche Vollziehung der Organisation vorzulegen. Die Bedenken gegen eine sofortige Sanction der Organisation gestatteten es jedoch dem Könige nicht, dem Ministerium nachzugeben. Dieses wollte das Decret zur Einberufung der Stände nicht ohne jene Sanction unterschreiben; somit konnte der Knoten nur durch den Rücktritt des Ministeriums gelöst werden. Ein Extrablatt der Hannoverschen Zeitung vom 23. November verkündete, daß Se. Majestät die Staatsminister von ihren Ämtern unter Bewilligung von Pension in Gnaden zu entlassen und folgende Herren zu Staatsministern zu ernennen geruht habe: den bisherigen Geheimenrath und Bundestagsgesandten, Freiherrn von Schele, zum Staatsminister, Vorsitzenden des Gesammt-Ministeriums und Vorstand des Ministeriums der auswärtigen Angelegenheiten und des Königlichen Hauses; den Generalmajor von Brandis zum Staatsminister und Vorstand des Kriegsministeriums; den Oberstaatsanwalt Bacmeister zum Staatsminister und Vorstand des Ministeriums der geistlichen und Unterrichts-Angelegenheiten; den Oberappellationsrath Dr. Windthorst zum Staatsminister und Vorstand des Justizministeriums, und den Regierungsrath von Borries zum Staatsminister und Vorstand des Ministeriums des Innern.

Zu gleicher Zeit berief Se. Majestät in Beziehung auf den § 109 des Gesetzes vom 5. September die am 3. Juli d. J. vertagte allgemeine Ständeversammlung auf den 2. December.

www.ingramcontent.com/pod-product-compliance
Lightning Source LLC
Chambersburg PA
CBHW021205230426
43667CB00006B/572